一
九
色
鹿
一

COMMUNICATION
AND POWER

A Study on the Document Administration
in the Song Dynasty, 960-1279

信息 与 权力

宋代的文书行政

李全德　著

社会科学文献出版社
SOCIAL SCIENCES ACADEMIC PRESS (CHINA)

绪 言

一

宋代的文书、信息与中央决策机制中所体现的权力关系，是本书所关注的问题。

信息之于政治的重要性，在早期儒家经典里面即有描述。如《尚书·泰誓》所言："天视自我民视，天听自我民听。"《尚书·舜典》也说舜即位后，"明四目，达四聪"，广四方之视听，以决天下之壅蔽。而信息不通，则事关存亡。如《韩诗外传》所云，"人主之疾，十有二发"，非有贤医，不可救药。十二疾之七曰"隔"，即信息阻隔，故"无使下情不上通，则隔不作"。[1]《管子》提出过"国有四亡"：

---

1 韩婴撰，许维遹校释《韩诗外传集释》卷三，中华书局，1980，第 91、92 页。

> 夫国有四亡，令求不出谓之灭，出而道留谓之拥，下情求不上通谓之塞，下情上而道止谓之侵。故夫灭侵塞拥之所生，从法之不立也。[1]

"灭"谓"求不出令，则下无所禀，故灭"；"拥"谓令虽出，"中道而留止"，是政令不行，上情难以顺利下达；"塞"谓下情"求不上通"，下情不通"则与君隔绝"；"侵"谓"下情虽欲上通，中道为左右所止"，是下情无上通渠道，或虽通而不畅。灭、侵、塞、拥四亡之征其实皆与信息沟通有关。

民情上达的途径，据说在上古时期即已有制度上的保证，自尧舜至三代，"有进善之旌，有诽谤之木，有敢谏之鼓，鼓夜诵诗，工诵正谏，士传民语"，[2]其目的如汉文帝所言是"通治道而来谏者"。[3]主动搜集信息更为典型的制度是古之采诗。据《礼记》言，古之天子巡守，"命大师陈诗，以观民风"，即"命诸侯大师之官各陈其所采国中之风谣"，[4]天子由此可以"观风俗，知得失，自考正"，"不窥牖户而知天下"。[5]由采风之制，而有《诗经》的形成，从信息角度看，儒家经典《诗经》正是上古时期政府与民间信息沟通的产物，其作者，上至卿大夫，下至庶民，可见王者听言之广。后世常派遣使者分行天下，观风俗、察得失，正是对上古遗意的保留。

孙诒让《周礼政要》之《达情》篇纂集《周礼》中与信息沟通相关诸条，自公卿士大夫以至于庶民，皆有达于上之途径，故而他很感慨地说"其法善矣"，并以周人旧典比附西方政治云："西国民气最伸，自官

1　黎翔凤：《管子校注》卷一五《明法》，梁运华整理，中华书局，2004，第914页。

2　王聘珍：《大戴礼记解诂》卷三《保傅》，王文锦点校，中华书局，1983，第52页。

3　《史记》卷一〇《孝文本纪》，中华书局，1982，第423页。

4　孙希旦：《礼记集解》卷一二《王制》，沈啸寰、王星贤点校，中华书局，1989，第328页。

5　《汉书》卷三〇《艺文志》，中华书局，1962，第1708页；《汉书》卷二四上《食货志上》，第1123页。

吏以逮庶人，皆得亲见国主自陈。"[1]

　　民情如水，宜导之使言而非塞之，防民之口，甚于防川。西周末，邵公谏厉王弭谤时提到了周制"达情"诸途：

　　　　天子听政，使公卿至于列士献诗，瞽献曲，史献书，师箴，瞍赋，矇诵，百工谏，庶人传语，近臣尽规，亲戚补察，瞽史教诲，耆艾修之，而后王斟酌焉。是以事行而不悖。[2]

自"献诗"以下，所言皆是三代时王者的信息渠道。宋儒阐释说："三代之前，上则公卿大夫，朝夕得以纳忠，下则百工庶民，犹执艺事以谏。故忠言嘉谋日闻于上，而天下之情无幽不烛，无远不通。"[3]并由衷感叹："古者言路之广也如此！"[4]

　　上古时期的官方也同样面临着信息传播中真伪杂糅的困扰，《诗经》中就提到过"民之讹言""莠言"等虚假信息的传播。"无稽之言""流言""浮言"等则见于《尚书》。《尚书·盘庚》提到"浮言"之害："汝曷弗告朕，而胥动以浮言，恐沈于众？若火之燎于原，不可向迩，其犹可扑灭？则惟汝众，自作弗靖，非予有咎。"[5]浮言动众，如火之燎原。虽说天之视听来自于民，而民之视听有时又容易为浮言之类所惑，故王夫之曾感叹："唐、虞、三代之民固已难言之，而况后世乎？"[6]欲去谣言、息流言、止谤言，更需要广开言路、上下情通，而非相反，所以自古以来统治者多重视信息渠道的建设，使人人敢言，而不是禁言、禁

1　孙诒让：《周礼政要》卷上《达情》，许嘉璐主编《大戴礼记斠补（外四种）》，雪克点校，中华书局，2010，第352页。
2　徐元诰集解《国语集解·周语上》，王树民、沈长云点校，中华书局，2002，第11~12页。
3　李焘：《续资治通鉴长编》卷四四一，元祐五年四月丁酉条，上海师范大学古籍整理所、华东师范大学古籍整理所点校，中华书局，2004，第10614页。
4　《长编》卷三九〇，元祐元年十月壬寅条，第9483页。
5　蔡沈撰，朱熹授旨，朱杰人、严佐之、刘永翔主编《书集传》卷三《商书·盘庚上》，华东师范大学出版社，2010，第108页。
6　王夫之：《尚书引义》卷四《泰誓中》，王孝鱼点校，中华书局，1962，第80页。

书。至于暴戾如始皇黜百家书，行一家言，或愚蠢如厉王般动辄指为
谤言，杀人灭口，掩耳盗铃，终究是少数，而其效果如何也是显而易
见的。

信息，自上古始便是施政的基础，无信息，则无行政。后世随着疆
域、民众，以及政治经济条件、交通条件乃至书写材料等种种因素的变
化，不同时期不同政权下信息的类型、数量与获取手段以及信息沟通与
处理机制也会各有不同，呈现出各自不同的时代特征。

文书是信息的载体。以文书御天下，早在秦汉时期即已成为中国古
代国家官僚制度中的一个显著特征。[1] 文书与档案的相关制度在战国时
已经成熟，关于文书在行政中的使用，云梦秦简《秦律十八种》"内史
杂"条就有规定："有事请殹（也），必以书，毋口请，毋羁（羁）请。"[2]
不能口头请示，也不能托人转请。刘勰《文心雕龙·章表》更是把"章
表奏议"也就是决策的信息基础提高到"经国之枢机"的地位。[3] 庆历
二年（1042），欧阳修作《问进士策》云："秦既诽古，尽去古制。自汉
以后，帝王称号，官府制度，皆袭秦故，以至于今虽有因有革，然大抵
皆秦制也。"又曰："今自宰相至于州县有司，莫不行文书、治吏事。"[4] 我
们应该做一个很重要的补充，就是在"宰相"之上添加"君主"两字。
自君、相以至于州县有司，莫不行文书、治吏事，虽君临天下，亦莫能
自外于文书行政体制的规范。文书行政是国家最日常也是最重要的政务
运作方式。

1　东汉王充著《论衡》以国家之有文书拟富人之有财，以为治国肥家之术、刺世讥俗之
　　言，尽在其中，汉之得国，以文书之力，其所言文书似主要指档案性质的各类公私文书
　　（document），然"以文书御天下"又可作文书行政（document administration）理解。参见黄
　　晖《论衡校释》卷一三《别通篇》，中华书局，1990，第 591 页；阎步克《史官主书主法之责
　　与官僚政治之演生》，《国学研究》第 4 卷，1997，收入氏著《乐师与史官——传统政治文化
　　与政治制度论集》，三联书店，2001，第 33~82 页。
2　睡虎地秦墓竹简整理小组编《睡虎地秦墓竹简·秦律十八种》，文物出版社，1990，第 62 页。
3　刘勰著，黄叔琳注，李详补注，杨明照校注拾遗《增订文心雕龙校注》卷五《章表》，中华书
　　局，2012，第 302 页。
4　欧阳修：《欧阳修全集》卷四八《问进士策》三首之一、二，李逸安点校，中华书局，2001，
　　第 674、675 页。

二

何谓"文书行政"? 文书行政的核心问题与主要内容是什么? 宋代文书行政区别于其他时代的特色是什么?

富谷至教授《文书行政的汉帝国》对于汉代行政制度的基本认识是:"以身体血管为例,国家是身体,而维持、增强身体的血液和血流,则是文书行政。"[1] 富谷没有对文书行政的概念作出说明,而是以譬喻的形式说明汉代的文书行政的意义。所谓"文书行政的汉帝国",亦是就国家控制力的深度立论,认为汉代是"历代王朝之中延续时间最长的王朝,也是最为强大的中央集权制国家","使之得以实现的力量正是完备的文书行政,以及依靠文书确立起来的人员及物品流动管理检查体系",包括"延伸至末端机关的文书行政、文书检阅、往复于官署之间的公文、一丝不苟的副本制作等等"。永田英正也说:"中央通过簿籍制度将自己与地方的最末端机构紧密连接起来。这就是所谓的以簿籍为媒介的汉代的文书行政制度,县是制作行政文书基本内容的最末端机构。汉代能够维持前后长达四百余年强大帝国的理由之一,便是因为其拥有这种以簿籍为基础的文书行政制度。"[2] 亦有学者从信息沟通角度观察,提出"讯息传递呈现出一朝代的政权性格。以赵宋一朝而言,其国家控制力所及深度,非前朝可比,究其缘由之一端,实因赵宋政权重视讯息传递与其管道经营所致",[3] 其着眼处亦在国家的控制力。就强调政令的推行和国家的控制这一点而言,我们可以毫不犹豫地说,两千年文书政治皆秦政,自秦至清一以贯之,其间并无显著差别。

1　富谷至:《文书行政的汉帝国》,刘恒武、孔李波译,江苏人民出版社,2013。
2　永田英正:《居延汉简研究》第三章"各种簿籍简牍格式的分析",张学锋译,广西师范大学出版社,2007。参考永田英正《文书行政》,收入佐竹靖彦主编《殷周秦汉史学的基本问题》,中华书局,2008,第224~243页。
3　黄宽重、邓小南:《宋代的讯息传递与政令运行专辑·导言》,《汉学研究》第27卷第2期,2009,第1页。

　　"文书"后起，"行政"一词古已有之。既有两字连用之"共和行政"，亦有分用的"行其政事""行其政令"等，都是推行政令之意。推行什么样的政令，又如何推行呢？《管子》云："凡君国之重器，莫重于令。令重则君尊，君尊则国安。令轻则君卑，君卑则国危。故安国在乎尊君，尊君在乎行令。"又云："明君察于治民之本，本莫要于令。故曰：亏令者死，益令者死，不行令者死，留令者死，不从令者死。五者死而无赦，惟令是视。"[1] 如此，令为治民而设，行政，就是行令，"惟令是视"，并以五死以行之。这样的行政过程，重在明法、行令，完备的文书制度只是手段，其中罕有"信息沟通"之义。通常所说的秦汉时期的"以文书御天下""汉所以能制九州者，文书之力"，主要便是在强调政令的自上而下的推行。我们更应该关注的是作为决策结果的政令的形成，是在什么基础上形成的？是不是正确的或合理的决策？政令作为决策的结果，最终是要由最基层的人员来推行和承担，而这个决策的形成是否考虑到来自最基层的信息？决策推行链条中每一个环节的地方官员亦有各自不同的信息，这些信息是否能及时达上，是否会成为影响决策的因素？

　　《巽》卦《象传》曰："随风巽，君子以申命行事。"程颐解释说："两风相重，随风也。随，相继之义。君子观重巽相继以顺之象，而以申命令，行政事。随与重，上下皆顺也。上顺下而出之，下顺上而从之，上下皆顺，重巽之义也。命令政事，顺理则合民心，而民顺从矣。"[2] 他提出申命令，行政事，须上下皆顺。这就涉及"令"之形成的问题，重点不在君，而在于理，要顺理，理顺则民顺。南宋时叶适发挥此说，严厉批评管子行令之说：

　　　　上之所欲未必是，逆而行之不可也；民之所欲未必是，顺而

1　《管子校注》卷五《重令》，第284页。
2　程颐：《周易程氏传》卷四《周易下经下·巽》，王孝鱼点校，中华书局，2011，第327页。

行之不可也；非顺非逆，理有必可行而行之者也；先之以开其所知也，后之以熟其所信也，申重谆悉，终于无不知也，斯行矣。命令之设，所以为民，非为君也，焉有未能生之而已杀之者乎？数术家暗于先王之大意，私其国以自与，以为是命令者，特为我而发，民所未喻而操制之术先焉，故始于欲尊君而行令而其甚也无所不用矣。[1]

叶适说"命令之设，所以为民，非为君也"，所以既不能盲目地尊君而行令，也不能一味地顺民之欲，要顺理，因此君民上下要反复沟通，"申重谆悉，终于无不知也"，如此则令必行。这是一个行政过程，也是一个理想化的过程。实际过程中所成之令未必皆顺，推行不顺之令自然就不易。叶适论宋代县官难做，位卑责重，希望地方长官能够"因今之法度以行其政事之仁"。[2] 叶适之说是针对宋代格法之繁密，但"因今之法度以行其政事之仁"一语颇堪回味。当令之未成，要争取顺天理、民心，要沟通，这是一个复杂的决策过程；当令之成，不能尽顺天理民心，其推行时不能"以管子之言出令"，要"因今之法度以行其政事之仁"，至于如何"因"，又如何"行"，这又是一个复杂的行政过程。

对巽卦的解释和对管子的批评，体现了两种不同的关于文书行政的理解。一是尊君而行令以治民、"惟令是视"；一是顺理设令，为民非为君，"因今之法度以行其政事之仁"。由此也必然带来对于信息、权力以及君主责任等问题的不同理解，其背后则体现出思想境界的不同和行政主体的差异。在宋儒看来，无论是居庙堂之高，还是处江湖之远，"官无崇卑，皆可以行其政"。[3] 士大夫作为行政的主体，作为公共管理的承

1　叶适：《习学记言序目》卷四五《管子・重令》，中华书局，1977，第666~667页。
2　叶适：《叶适集》卷一二《送刘茂实序》，刘公纯、王孝鱼、李哲夫点校，中华书局，2010，第203页。
3　章颖：《上高县重修门楼记》，曾枣庄、刘琳主编《全宋文》第277册，上海辞书出版社、安徽教育出版社，2006，第69页。

担者、公共利益的维护者、天下为公的践行者，应该是如叶适所言"因今之法度以行其政事之仁"。以法为教、以吏治天下，同以士大夫治天下、顺天理而为，两种文书行政大异其趣。

文书行政的制度基础，一则是行政国家，行政组织、机构的充分发展，行政权力在政府职能、官员选任、行政事务等各方面扩张；二则是这种行政权力的施行以多元的信息沟通和发达的文书运行为依托。文书行政中的行为主体主要是君主和士大夫群体。政治的核心是权力，主要体现为决策行为。文书行政就是以行政文书为依托的，以决策为中心的一系列行政行为过程，因而文书行政研究的重点主要是对信息和文书基础上的决策行为的分析过程。

传统中国官僚体制的运作，围绕着信息沟通、政令推行而展开。决策和对政策的有效执行可以看作信息从下属机构向中央政府的流动以及随之发生的命令、批示发向有关专门机构的过程，因此权力的关键在于对信息的控制。[1]信息渠道，也就是权力的组织架构。所有信息都成为决策的依据，是为决策信息，其来源、数量、真伪、传递、共享程度等，反映出不同政权的性格。中古政治特色之大端，一为君主专制，二为中央集权。以宰相为中心的中央政府，处于君主与地方之间，形成君、相、地方三种权力主体和君权与相权、中央与地方两组矛盾。从信息角度着眼，帝制时期的信息沟通与控制，实际上也存在君—相、君主—地方、朝廷—地方三种渠道之争以及相应的文书运作方式，从而塑造了不同的政治秩序与权力格局。

由于经历了文书从书于竹帛到天下莫不用纸的划时代转变、雕版印刷术的推广与使用在宋代爆发性的增长，以及新儒学和士大夫政治的发展，宋代的文书行政所能达到的深度也就远迈前代。十余年来文书、信

1　Robert M. Hartwell, "Demographic, Political, and Social Transformation of China, 750–1550," *Harvard Journal of Asiatic Studies*, Volume 42, Issue 3 (1982), p.394.

息视角的宋代政治史与制度史研究已取得了令人瞩目的成绩，[1]而近年来对新出之碑刻、墓志、天圣令、黑城文书、徐谓礼文书等新资料和传统金石书画资料的利用，加之"今日观念"所带来的问题意识的刺激，为将宋代的文书行政研究进一步推向深入提供了新的契机：一则提出了新问题，二则增加了对"老问题"的新的观察角度与新的认识。

本书的分析与论证主要是围绕着信息沟通与文书运行基础上的政治决策进行的。首先，梳理宋代多渠道并存且相互竞争的信息沟通机制，进而分析文书处理机制，重点考察所谓"王言之制"成立之前的日常行政与决策行为。其次，从文书入手，以御笔为中心探究君主的日常行政，以批状、省札为中心审视宰相的日常行政，并以封驳为中心分析士大夫作为日常行政主体的政治参与。最后，从中观察信息如何成为权力，文书如何体现制度，主体行为如何影响决策，勾勒出文书行政视角下的宋代士大夫政治的权力运作机制、政权性格与政治文化特色。

1　参见李全德《宋代的信息沟通与文书行政研究述评》，收入邓小南主编《宋史研究诸层面》，北京大学出版社，2020，第20~83页。

第一章　宋代文书行政中的"言路"

历代皆重言路、谏诤，而以宋代相关议论最多。宋人感叹三代言路之广，实际上宋代作为典型的文书行政的时代，对信息的追求与掌控，自是远过三代。邓小南先生指出，宋代统治所达到的纵深层面，之所以前朝难以比拟，与宋廷"对于信息渠道的着意经营有直接的关系"。[1]宋廷在国家事务中，始终致力于疏通信息来源，建立信息网络，减少信息被垄断的可能性，建立了多渠道并行且互有竞争的信息沟通机制。

---

[1] 邓小南:《多途考察与宋代的信息处理机制：以对地方政绩的核查为重点》，邓小南主编《政绩考察与信息渠道——以宋代为重心》，北京大学出版社，2008，第55页。

第一节　宋代信息渠道中的"言路"与"耳目"之喻

宋人论君主之信息渠道，常有"言路"与"耳目"之喻。邓小南先生解释何为"言路"："广义上是指传统社会实现下情上达的制度化渠道，狭义则特指官员上呈消息、意见的途径。"同时又指出，宋代的"言路"一说有其特指。所谓"言路"，是指官员向皇帝进言的专有途径，也指担负言职的机构及官员。时人通常会说，"言路，台谏给舍也"，这可以说是狭义或曰严格意义上的言路官职。所谓"台谏"，是宋代监察部门御史台、谏诤部门谏院的合称。[1] 这些理解都没有问题，但我们应该注意到的是，虽然上古文献中便已讲到信息之于政治的重要性，但一直到宋以前都很少讲"言路"。"言路"作为一个有明确含义的概念，或者一种政治思想意识，应该说是从宋代才开始的。

将《国语》提到的"列士献诗""庶人传语"等用"言路"一词统摄，是宋代才有的事。宋以前的言谏事迹，宋人一般都将其置于"言路"的视角下阐释。如武德元年（618），万年县法曹孙伏伽以三事进谏，获得高祖嘉奖，[2] 范祖禹发挥道："谏者使下情得以上通，上意得以下达，如气血之周流于一身也。故言路开则治，言路塞则乱。治乱者系乎言路而已。高祖鉴隋之所以亡，王业初基，庶事草创，而首辟言路以通下情，可谓知所先务矣。"[3] 从"言路"的角度理解谏诤，并上升为治乱之本，这在宋人是很自然的事情，不过在宋人的"言路"中，谏诤只是其中很小的一部分。在宋人看来，职业化的谏官之设，从言路的角度看，反而是一种倒退。南宋葛洪在《涉史随笔》中就邹忌讽齐威王纳谏事议论道：

1　邓小南：《信息渠道的通塞：从宋代"言路"看制度文化》，《中国社会科学》2019年第1期，第101、107页。

2　《旧唐书》卷七五《孙伏伽传》，中华书局，1975，第2634页。

3　吕祖谦：《东莱音注唐鉴》卷一《高祖上》，李晨光点校，浙江古籍出版社，2017，第5页。

> 圣王之制，史在前书过失，工诵箴谏，瞽诵诗谏，公卿比谏，士传言谏，庶人谤于道，商旅议于市，然后君得闻其过失也。闻其过失而改之，所以永有天下也。后世此风既衰，谏有常职而言路始狭矣。[1]

葛洪所言的"圣王之制"云云，亦见于《汉书·贾山传》，大概是源自《国语》中邵公的那段话，要点在人人可得而言；而自有谏官以后，言谏有专职，不再是人人得预，"言路"反而变窄。

　　葛洪所批评的"后世"，是不包括本朝的。宋代士大夫总是不停地批评本朝言路弊端，而这种批评本身，正是言路不狭的表现；而他们在批评当下的时候，所引以为据的却正是祖宗时期的言路之广。"言路，台谏给舍也"，如邓小南先生所说，是"严格意义上的言路官职"，宋代言路之上的"人"与"机构"，要比这个广泛得多。更重要的是，"言路"之通塞，不仅表现在是否有尽可能多的可言之人，还系于可言之时、可言之事，以及保证言路通畅的配套制度。佯予以言说的权利与自由，而阴抑以动辄摇手触禁之网，与拒言、禁言同。[2] 而宋代言路，按照宋代士大夫自豪而又不无夸张的说法，是上自大臣下至庶民，无一人不可言，无一日不可言，无一事不可言。

　　与"言路"相通的是"耳目"之喻。君臣之间的关系以身取譬，古已有之。《尚书·益稷》"臣作朕股肱耳目"，宋儒释为"君资臣以为助，犹元首须股肱耳目以为用也"。[3] 这一用法毫无疑问在后世依然得到沿袭。吕公弼拜枢密副使，谏言事者数与大臣异议曰："谏官、御史，为

1　葛洪：《涉史随笔》"齐邹忌讽威王求谏"条，张剑光整理，朱易安、傅璇琮等主编《全宋笔记》第 6 编第 9 册，大象出版社，2013，第 33~34 页。

2　司马光在熙宁十年（1077）写信给宰相吴充，论一种所谓开言路，"所言当者一无所施行，又取其稍讦直者，随而罪之。此乃塞言路，非开之也"（《司马光集》卷六一《与吴相书》，李文泽、霞绍晖点校，四川大学出版社，2010，第 1275 页）。

3　《书集传》卷一《虞书·益稷》，第 36 页。

陛下耳目，执政为股肱。股肱耳目，必相为用，然后身安而元首尊。宜考言观事，视其所以而进退之。"[1]徽宗初立，以日食求言，崔鶠上书曰："……比年以来，谏官不论得失，御史不劾奸邪，门下不驳诏令，共持暗默，以为得计。昔李林甫窃相位十有九年，海内怨痛，而人主不知。顷邹浩以言事得罪，大臣拱而观之，同列无一语者，又从而挤之。夫以股肱耳目，治乱安危所系，而一切若此，陛下虽有尧、舜之聪明，将谁使言之，谁使行之。"[2]元首、股肱、耳目各有其职。股肱、耳目作用不同，所能提供的信息不同，对君主而言的意义也不同。"若起居得股肱之助，若听视繄耳目之明"，[3]王安石也说"为股肱当为身捍患，为耳目当听察广远"，[4]前者主于行，后者主于言，两者须相互为用。然而，吕、崔上疏的背景却都说明了两者经常处于冲突中。熙宁初，杨绘（元素）与滕甫（元发）遵循神宗意图，准备弹劾宰相曾公亮，结果滕元发弟滕申密以告曾，曾提前预防，事遂中辍。神宗责备说："卿等为朕耳目之官，不慎密乃尔。"[5]元首要利用耳目操控股肱。股肱与耳目之间，不仅是协作的关系，还存在竞争。

　　君为元首，宰执为股肱，台谏官为天子耳目，王、吕、崔所论都是结合本朝官制特点对《尚书》中譬喻的沿用，也是一种"严格意义"上的耳目之喻。实际上"耳目"的多少及具体何指，历代不尽相同。宋代的"言路"与"耳目"的内涵都要比旧喻宽广得多，不管是执政大臣，还是台谏，同处于君主的"言路"之中，都可以是君主的"耳目"。

1　《宋史》卷三一一《吕公弼传》，中华书局，1985，第10213页。
2　《宋史》卷三五六《崔鶠传》，第11215页。
3　徐自明撰，王瑞来校补《宋宰辅编年录校补》卷五，皇祐元年八月文彦博拜相制词，中华书局，1986，第284页。
4　《长编》卷二二三，熙宁四年五月乙未条，第5424页。
5　王明清：《挥麈后录》卷六"滕元发因舍弟申与杨元素失眷"，燕永成整理，《全宋笔记》第6编第1册，大象出版社，2013，第161页。

　　唐人甚少讲"言路"，偶尔讲"天子耳目"，专指御史，[1]宋人好谈言路，"耳目"也多。

1. 台谏给舍

　　宋人云："言路，台谏给舍也。"又云："台谏给舍，皆耳目之任。"[2]谏官、御史、给事中、中书舍人，是言路，也是天子耳目。元祐时期，哲宗、太后二圣临朝。文彦博记元祐五年（1090）御史贾易党于韩氏，"言路乃二圣耳目之官，而遂为执政鹰犬之用，显为大臣论列，然则御史之设专为是乎？"[3]其时贾为殿中侍御史。同年，刘安世乞宫观："二圣耳目之官，恐非贱臣养疾之地。"[4]其时，刘为左谏议大夫。

　　在宋代被视为耳目的官员很多，但在言事时很高调地以耳目自居的多是台谏官，[5]给舍不预，故台谏官是最狭义的"言路"，也是公认的最典型的天子耳目，正如嘉祐六年（1061）时仁宗诏书云："台谏，为朕耳目之官。"[6]熙宁三年（1070）六月，神宗贬知谏院胡宗愈通判真州，原因是觉得胡宗愈身为谏官，却"不为朕作耳目"。[7]实际上胡宗愈议论政事不少，但给神宗提供的地方信息不多，且其言事，"不出姓名"，不提供信

1　《旧唐书》卷八八《韦思谦传》："思谦在宪司，每见王公，未尝行拜礼。或劝之，答曰：'……耳目之官，固当独立也。'"《旧唐书》卷一〇一《张廷珪传》："御史宪司，清望耳目之官，有犯当杀即杀，当流即流，不可决杖。士可杀，不可辱也。"《旧唐书》卷一二八《颜真卿传》："郎官、御史者，陛下腹心耳目之臣也。"分别参见《旧唐书》，第2862、3153、3593页。《新唐书》卷一二三《萧至忠传》："御史，天子耳目也，其所请奏当专达。"《新唐书》卷一一七《吉顼传》："顼从武后游苑中，因间言：'臣为陛下耳目（按：顼时为右肃政台中丞），知俊臣状入不出，人以为疑。'"分别参见《新唐书》，中华书局，1975，第4371、4257页。

2　赵升编《朝野类要》卷二《称谓·言路》，王瑞来点校，中华书局，2007，第48页；《长编》卷四八九，绍圣四年七月甲寅条曾布语，第11609页。

3　《长编》卷四三七，元祐五年正月庚寅条引《文彦博私记》，第10542页。

4　刘安世：《引疾乞宫观事奏》，《全宋文》第118册，第160页。

5　殿中侍御史孙升曰："臣诚孤微，忝耳目之寄。"右正言刘安世弹劾尚书右丞胡宗愈，"臣备耳目之寄，而使陛下股肱心膂之任，容有此人，叨据经年，不能排斥，尚何面颜出入朝廷，而以谏官自名乎？"《长编》卷四三〇，元祐四年七月，第10404页；卷四二三，元祐四年三月戊寅条，第10234页。

6　《长编》卷一九四，嘉祐六年七月癸巳条，第4691页。

7　《长编》卷二一二，熙宁三年六月丙戌条，第5159页。

息来源，这也使神宗不满，视为"潜伏奸意""中伤善良"。[1]

胡宗愈言事不出姓名乃是依据台谏可"风闻言事"的惯例。台谏言事信息来源有风闻言事、公文关报与取索公事、台参辞谢、考绩监司、出巡采访等多种渠道，[2]其中以风闻言事最具特色。所谓风闻，有的信息确是通过"访闻""采访"而来的"舆论""众论"或者小道消息，正如哲宗时御史中丞邢恕所说："风闻言事，近于道听涂说。"[3]还有一种情况是有明确的信息来源，为保护信息提供者而有意略去姓名，托以风闻。不论何种情形，言事不实都比较常见，如果真要事事究实，则台谏官势必难以举职。风闻言事的特点是"不问其言所从来，又不责言之必实"，保障言官言事的积极性，即使不实亦不加罪。

言官信息有误，言事不实，出于无心乃可，若言官自身先存爱憎之心，则不免误采信息，乃至有意诬罔，使风闻言事之权成为徇私的手段。这种情况下是否该追究台谏风闻言事之信息来源，便成了一大问题。治平四年（1067）三月，殿中侍御史蒋之奇根据从御史中丞彭思永处获得的明知是"暧昧无实"的消息，弹劾欧阳修帷薄不修。神宗令二人分析，"具传达人姓名以闻"，思永辞以出于风闻，"若必问其所从来，因而罪之，则后不得闻矣，宁从重谪，不忍塞天子之言路"。其论看似甚正，然正如神宗所言："岂有致人大恶，便以风闻为托？"最终彭、蒋二人同降黜。[4]熙宁三年四月，右正言李常言常平钱"流毒四海"，有的州县"钱未尝出而徒使民入息"。神宗令李常分析，李常坚决拒绝，宰相曾公亮也认为"台谏官自前许风闻言事，难令分析也"。但神宗和王安石欲让李常"分析"的并不是其消息的来源，而是让他提供"钱未尝出而徒使民入息"的州县吏姓名，要行遣违法官吏。官不出钱却令百姓

1　"宗愈言事，不出姓名"，系据《长编》注引司马光《日记》，《长编》卷二一二，熙宁三年六月丙戌条，第5160页。
2　虞云国：《制度与具文之间：宋代台谏考察地方的信息渠道》，邓小南主编《政绩考察与信息渠道——以宋代为重心》，第83~101页。
3　《长编》卷四九三，绍圣四年十二月癸卯条，第11718页。
4　《长编》卷二〇九，治平四年三月，第5079~5080页。

出息，此弊不可不除，却辞云"体不合分析"，可见其用意根本不在于事之实与不实，只不过是假风闻之名，攻击新法而已。李常还采飞语言神宗"一宫殿之废百余万，一宴游之费十余万"，神宗笑言："近闻人谤如此，乃是常疏中语。"神宗能忍受李常采飞语谤己，但不能接受李常"言事反覆，专为诋欺"，李常出为通判。[1]

许台谏风闻言事，是欲"广其采纳，以辅朝廷之阙失"，故早在仁宗时期即曾多次申诫，风闻言事须务大体，非朝廷得失、民间利病，不得以风闻弹奏。[2]

2. 监司

熙宁三年，知谏院胡宗愈罢职，据神宗言，"朕尝面责以方镇监司事可言者众，略不为朕作耳目，专沮败朝廷所欲为"。[3]神宗认为"方镇监司事可言者众"，而胡宗愈作为自己的耳目，避而不谈，还专与朝廷作对。实际上，监司，亦是"天子耳目"。

御史之所以在唐宋时期是共有的最狭义的天子耳目之官，原因在于其监察之职，司耳目之寄，任刺举之事。宋代监司负有按察之责，号称"外台"，因而也就成了宋代特色的天子"耳目"，号称"外台耳目之官"，[4]为一路"耳目所寄"，[5]"澄察百吏，则上之耳目"，[6]须担负起"为上耳目而听视之"的责任。[7]监司的命官制词，也经常会申以"耳目"之责。如"宣力四方，为上耳目，使者之任也"；[8]"使者之任，寄朕耳目，

1　《长编》卷二一〇，熙宁三年四月壬午条，第5106~5107页。
2　参见《长编》卷一六六，皇祐元年正月辛酉条，第3983页；卷一九一，嘉祐五年六月乙巳条，第4627页；卷一九四，嘉祐六年七月癸巳条，第4691页。
3　《长编》卷二一二，熙宁三年六月丙戌条，第5159页。
4　李心传：《建炎以来系年要录》卷九六，绍兴五年十二月己未条，中华书局，1988，第1591页。
5　《长编》卷一〇二，天圣二年二月乙酉条，第2351页。
6　刘攽：《朝奉郎江东运判刘极可淮南转运判官制》，《全宋文》第68册，第359页。
7　刘攽：《转对言养民之要札子》，《全宋文》第69册，第72页（编者注：据《历代名臣奏议》卷一四〇，当为刘泾）。
8　刘攽：《新差知越州张询可福建转运副使新除开封府推官田子谅可河北西路提刑广东转运判官毛渐可湖北转运判官制》，《全宋文》第68册，第262页。

号称外台，维持纪纲，以肃所部"；[1]等等。

如苏轼所说"百姓之命，寄于郡县"，而守令贤否，有赖部使者为天子耳目而已，故两宋皆重监司人选。元祐元年（1086）正月，司马光上疏说朝廷欲整治天下，苏息疲民，"先须十八路各得好监司一两人，忠厚晓事，忧民忘私，使之进贤退不肖，兴利除害"，然后可以倚仗为股肱耳目，"苟非其人，则百事倒置矣"。[2]绍兴三年（1133）十二月，御史言监司任官非人："以一路耳目之寄，付新进望轻之人。或未历亲民，或少年轻锐，或起于罪戾。"于是朝廷下令监司人选由三省选择，个人不得陈请。[3]五年四月，殿中侍御史张绚"论外台耳目之寄"，举广东、广西、江东、江西等地"冒滥之尤者"七监司，朝廷同时罢之，[4]是为内台耳目论罢外台耳目。

3. 侍从近臣

元祐三年（1088）九月，苏轼上疏论灾异及修河事，其中说道："自祖宗以来，除委任执政外，仍以侍从近臣为耳目，请闲（间）论事，殆无虚日。今自垂帘以来，除执政、台谏、开封尹外，更无人得对，惟有迩英讲读，犹获亲近清光，若复暗默不言，则是耳目殆废。"[5]侍从官是宰执之下区别于庶官的清望官群体，"以论思献纳为职"，[6]本职之外，拥有非时献纳、顾问应对的权责。熙宁三年，翰林学士司马光坚辞枢密副使之任，因为自己如果接受新命，就"不敢更言职外之事"，不受新命，"犹是侍从之臣，于朝廷阙失无不可言者"。[7]侍从近臣的范围，在

1　刘一止：《林叔豹除江东运判制》，《全宋文》第152册，第33页。见于苏轼所草制词的，如"百姓之命，寄于郡县，而守令之贤，不能知其实，独赖部使者为朕耳目而已"；"汝自百里长，以才能选为朕耳目"（苏轼：《苏轼文集》卷三八《鲍耆年京东运判张崎京西运判》，孔凡礼点校，中华书局，1986，第1074页；卷三九《陈次升淮南提刑》，第1129页）。

2　《长编》卷三六四，元祐元年正月己酉条，第8733页。

3　《建炎以来系年要录》卷七一，绍兴三年十二月壬辰条，第1189页。

4　《建炎以来系年要录》卷八八，绍兴五年四月乙巳条，第1464~1465页。

5　《长编》卷四一四，元祐三年九月戊申条，第10057页。

6　《欧阳修全集》卷一一一《乞定两制员数札子》，第1684页。

7　《司马光集》卷四二《辞枢密副使第五札子》，第928页。

北宋前期，通常概称为"两制以上"，主要包括广义"两制"与本官阶在两省给舍、谏议以上的官员。元丰改制后，总的说来，其范围应包括职事官谏议大夫或权侍郎以上、职名待制以上和寄禄官太中大夫以上的官员。[1]这是有别于执政、台谏等所谓"股肱耳目"的一个范围更大的"耳目"群体。

4. "耳目之众"

在以上三类"耳目"之喻中，侍从、台谏为耳目，执政不预；外台监司是耳目，郡守不预。差异源于角度的不同，前者主于言责，后者主于按察。如果从为君主和朝廷提供决策信息的角度看，宰执、郡守皆是耳目。元祐五年（1090）九月，时为御史中丞的苏辙，上疏论台谏官的选用，他先是说道："人主耳目之官，不欲令执政用其私人，以防壅蔽。"接着又论祖宗耳目之众曰：

> 人君居高宅深，其势易与臣下隔绝，若不务广耳目，则不闻外事，无以预知祸福之原。臣不敢复论前代，请陈本朝故事：每当视朝，上有丞弼朝夕奏事，下有台谏更迭进见，内有两省侍从、诸司官长以事奏禀，外有监司、郡守、走马承受辞见入奏。凡所以为上耳目者，其众如此。[2]

苏辙在前文中说"人主耳目之官，不欲令执政用其私人"，用的是"耳目"之狭义，指台谏官；而后文中论祖宗朝耳目之众，则台谏之外，还包括"丞弼""两省侍从""诸司官长""监司""郡守""走马承受"等，用的是"耳目"之广义，凡可面君奏事者，皆为天子耳目，是从奏对的角度做出的理解。实际上早在即位初期，宋太宗就对新提拔的执政李穆、吕蒙正、张齐贤等人说过："朕厉精求治，卿等为朕股肱耳目，设

1　张祎：《宋代侍从官的范围及相关概念》，《国学研究》第 34 卷，北京大学出版社，2014。

2　《长编》卷四四八，元祐五年九月丁卯条，第 10766 页；苏辙：《苏辙集》卷四五《论用台谏札子》，陈宏天、高秀芳点校，中华书局，1990，第 794 页。

有阙政，宜悉心言之，断在必行，采访外事，条白于朕，虽浮泛之说，亦以闻也。"[1]执政不但是股肱，也是耳目。可以说"卿等为朕股肱耳目"在宋代的新义就是凡臣子皆可为天子之耳目。

宋代"言路""耳目"等用语含义的扩大化，正是其信息渠道趋于多元的表现。宋代的"耳目"之喻中，"耳目"含义有广、狭之别，然都是不同级别的官员，是官僚体制的一部分。他们或是具有监察的职能而成为天子广天下之视听的耳目，或是具有面奏的机会而被视作可以为天子提供信息的耳目，但"耳目"职能本身实际上并不是其本职所在。虽然地位、职能不一，所能提供的信息不一，但大部分情况下，他们的言事与耳目作用具有"公"的特点，他们提供的信息，通常会由君主与朝廷共享，成为决策的基础，所以有时候也会被看作朝廷耳目。朝廷耳目也是天子耳目，然对于天子而言，以天下视聪为视聪，仅仅依靠臣子为股肱耳目是不够的，这样的言路也是不完整的。

第二节　宋代君主的信息来源

宋宁宗嘉定元年（1208）知澧州曹彦约（1157~1228）应诏上疏，其中提及祖宗朝的求言之法，除去"二三大臣谋谟"外，其他共涉及12项：

（1）台谏之职所以议论是非；（2）给舍之官所以纠驳章奏；（3）侍从之有己见，则论思者可以无废职；（4）史官之有直前奏事，则记注者可以无隐情；（5）讲读之侍燕闲；（6）两制之备顾问；（7）朝殿之有轮对；（8）暇日之进故事；（9）主兵官之有倚仗子；（10）枢属之有承旨公事；（11）外任官之有朝见朝辞；（12）草茅

1　《长编》卷二四，太平兴国八年十一月壬申条，第558~559页。

韦布之有封章。[1]

此 12 项按照人员身份，可分为两类：第一类是在京各类官员的面奏或章疏（前 11 项），第二类是平民的上书（第 12 项）。

理宗端平元年（1234），魏了翁（1178~1237）上《应诏封事》，提出了复"祖宗旧典"的问题，其中第八是"复听言旧典以通下情"。他说："祖宗盛时受朝决事或至日午，其有奏事已久，余班不能悉引，则命太官即殿庐赐食，或辅臣未退，亦赐食殿门，食已再坐，复引余班。仁宗之初，群臣引对至十九班而未厌。其后前殿奏事不过五班，仍诏辰时以前常留一班以待御史谏官之请对者，累朝相承率用此道。"谈的是君主听政臣僚奏事之制。紧接着他所列出的祖宗朝"听言旧典"中，包括"御史谏官之请对"在内，计有 15 项之多：

（1）御史谏官之请对；（2）宰辅宣召；（3）侍从论思；（4）经筵留身；（5）翰苑夜对；（6）二史直前；（7）群臣召归（对）；（8）百官转对轮对；（9）监司帅守见辞；（10）三馆封章；（11）小臣特引；（12）臣民扣匦；（13）太学生伏阙；（14）外臣附驿；（15）京局发马递铺。

最后他很感慨地说祖宗朝"无一日而不可对，无一人而不可言"。[2]

1　曹彦约：《应求言诏书上封事》，《全宋文》第 292 册，第 265~266 页。序号为笔者添加。其中"倚仗"，《昌谷集》卷五《应求言诏书上封事》原文为"倚仗子"，《全宋文》"据文意删"，误。参见《政和五礼新仪》卷一五二《宾礼·崇政殿假日大辽使朝见仪·起居》："次殿前都指挥使至捧日天武四厢都指挥使，次侍御亲军马步都指挥使至龙神卫四厢都指挥使（原注：并窄衣执仗子）。"《景印文渊阁四库全书》第 647 册，台北：台湾商务印书馆，1986，第 687 页。又，《朝野类要》卷一《班朝·轮对》有三衙大帅轮对时奏事，谓之"执杖子奏事"（第 22 页）。

2　魏了翁：《应诏封事》，《全宋文》第 309 册，第 127 页。其中"召归"当作"召对"。南宋末吕中作《大事记讲义》，论及转对时，引用魏说。其中"扣匦"改为"投匦"，"百官转对轮对"省为"百官转对"，"群臣召归"改为"群臣召对"。参见吕中《类编皇朝大事记讲义》卷二《太祖皇帝·轮对》，张其凡、白晓霞整理，上海人民出版社，2014，第 61 页。

魏了翁所列诸项比曹彦约所列要完善。曹彦约提到的"主兵官之有倚仗子""枢属之有承旨公事"等，实际上即是三衙长官与枢密都副承旨轮对奏事。[1]曹彦约所列求言之法中，关注到了民，但没有提及在京的无由面圣的低级官员以及现任的外地官员。魏了翁所列的第7、11~15诸项则大致可以涵盖这些群体。这些人中除了极少数有可能获得特赐召对（第7项）的机会，绝大多数同庶民一样，罕有面上的机会，但仍有自己传达信息的渠道，比如通过驿递等方式或登闻鼓院检院等渠道上书，也就是魏提到的"外臣附驿""臣民扣匦"等，当然驿递本身只是传递的方式，文书至京，还得别有通进渠道。

熙宁六年（1073），枢密副使吴充言："朝廷开广言路，微至于庶人皂隶，苟有可言，皆得上闻，此至公之谊也。"[2]"庶人皂隶""草茅韦布"等微末之人亦有言事的权利及信息上传的渠道，才是对以民之视听为视听的践行，才构成相对完整的言路。

曹彦约、魏了翁所认可的祖宗求言之法、听言旧典，就是上自宰辅，下至草茅韦布，各有其道，通过面对、上书二途传达信息，不同程度地发挥参政议政的作用，其理想境界就是"无一日而不可对，无一人而不可言"。

一　"对"与"非时召对"

（一）宋代的"对"

通过各种制度化的奏对，直接面对臣僚，接受群臣奏事，是宋代君主最主要最直接的信息来源。

魏了翁所列听言旧典中与"对"相关的就有10项，专有名词就有"请对""召对""轮对""转对""引对""夜对"等，所以他说祖宗

1　"枢密都副承旨，谓之直前奏事。三衙大帅，谓之执杖子奏事。"陈世崇：《随隐漫录·佚文（三）》，孔凡礼点校，中华书局，2010，第57页。

2　《长编》卷二四六，熙宁六年八月己亥条，第6001页。

朝"无一日而不可对"。南宋蔡戡也说："在内又有轮对之制；在外间有召对之命。凡可以言者非一人也。"[1] "对"成为宋代君臣交流信息的重要渠道。

"对"的形式有很多，如"二史直前""翰苑夜对"之类都是基于本职工作所产生之对，对于大部分官员而言，制度化的方式是君主日朝时的分班奏对、引对，百官起居时的"轮对"、"转对"和"召对"等。[2]

北宋前期，皇帝的朝会之制主要有元正、冬至的大朝会，主要内容是朝贺、上寿。正衙常朝，无实际职任的升朝官每日赴，皇帝不御殿。常起居：宰臣枢密以下要近职事与武班日赴垂拱殿。百官大起居：每五日文武朝官厘务不厘务并赴。因为内殿起居与正衙立班存在重复与冲突之弊，元丰四年（1081），定新朝参制度，废罢虚仪化的正衙常朝，取消"起居"（即非正式朝见）称谓，在梳理、整合身份体系的基础上，重新订立日参、六参、望参、朔参四等朝参之制。据《石林燕语》记载：

> 元丰官制行，始诏侍从官而上，日朝垂拱，谓之"常参官"；百司朝官以上，每五日一朝紫宸，为"六参官"；在京朝官以上，朔望一朝紫宸，为"朔参官"。遂为定制。[3]

1　蔡戡：《廷对策》，《全宋文》第276册，第280页。
2　平田茂树可能是学者中最早根据吕中《大事记讲义》卷二"转对"的提示观察皇帝的信息网络问题的。氏著《宋代政治结构研究》（上海古籍出版社，2010）有多篇相关文章，最早论及此史料及问题的是1994年的《宋代政治结构试论——以"对"和"议"为线索》。关于轮对，参见徐东升《从转对、次对到轮对——宋代官员轮流奏对制度析论》，《厦门大学学报》2009年第5期；陈晔《北宋政情、政风下的转对制》，《史学月刊》2010年第11期。关于见谢辞制度，参见苗书梅《朝见与朝辞——宋朝知州与皇帝直接交流的方式初探》，《首都师范大学学报》2007年第5期。关于夜对，参见王化雨《宋朝的君臣夜对》，《四川大学学报》2010年第3期。关于"对"的全面论述，参见王化雨《面圣：宋代奏对活动研究》，三联书店，2019。
3　叶梦得：《石林燕语》卷二，侯忠义点校，中华书局，1984，第20页。"朔望一朝紫宸，为'朔参官'"，据《宋史》卷一一六《礼十九》，当作"朔望一朝紫宸，为朔参官、望参官"（第2751页）。

根据新制，宰执、侍从官的朝见频度保持不变（常起居、日参），庶官则依据差遣的有无与职要远近程度，分作百司、在京厘务、不厘务三个层次，五日一朝或朔、望参。[1] 所有的听政与奏对活动都在内殿进行，并形成早、午、晚听政地点、内容有别的流程。

《涑水记闻》载真宗日程："每旦，御前殿，中书、枢密院、三司、开封府、审刑院及请对官以次奏事，辰后入宫上食。少时，出坐后殿，阅武事，至日中罢。夜则召侍读、侍讲学士，询问政事，或至夜分还宫。其后率以为常。"[2] 据此则真宗时期的日朝听政已大致制度化，形成前殿早朝、后殿再坐、夜对的模式。其中前殿早朝、后殿再坐过程中的分班奏事具体次序及听政内容，据《宋会要辑稿》：

> 国朝之制，（1）垂拱殿受朝，先宰臣升殿奏事，次枢密使，次三司，次开封府，次审刑院，次群臣，以次升殿（大两省以上领务京师，若有公事，许时请对。自余授使出入事功者欲面奏事，先听进止）。（2）既退，进食讫，易服御崇政殿或延和殿。……舍人喝各祗候，最先库军四厢都指挥使以上告谢，次引改赐章服官告谢，次引应告谢官（并依见、谢、辞班次引）。次军头司祗候员僚起居，次军头司引公事，次三班、审官院、流内铨、刑部、群官以次奏事讫，左右骐骥院呈马（若呈试武艺诸色人，并杂次公事后，或令于三班院引对群官了呈试）。（3）诸司公事绝，内侍奏"门外无公事"，皇帝降座，或延和殿再座。复有内臣、近职、诸路走马承受奏，或阅馆阁所进新修写书籍、仓库衣粮器物之式，谓之"后殿再座"（内侍省公事则内侍祗应，阁门公事则舍人祗应）。如假日，则早御崇政殿，阅前殿公事既毕，

1　任石：《北宋元丰后的内廷朝参制度》，《史学月刊》2017年第9期。
2　司马光：《涑水记闻》卷六，邓广铭、张希清点校，中华书局，1989，第123页。

移座临轩，阅后殿公事焉。[1]

据"三司""审刑院""审官院"等可知，此处所叙"国朝之制"为元丰改制前之制。理政空间分前殿、后殿，前者是垂拱殿，后者是崇政殿或延和殿。前文曹彦约、魏了翁提到的大多数"对"都发生在日朝听政的这两个空间。自二府以下分班以次奏事，前殿未毕，则后殿再引，即是"次对""引对"，地点分别在垂拱殿和崇政殿或延和殿，故称"前殿公事""后殿公事"。又有个别部门负责官员的"请对"，在前殿，即"大两省以上领务京师，若有公事，许时请对"。新除地方差遣的京朝官赴任前的"朝辞"以及任满回京述职的地方官的"朝见"，总称为"见谢辞"，引对于后殿。及"诸司公事"皆毕，"后殿再坐"，接受"内臣、近职、诸路走马承受奏"，则基本是天子私人耳目了。

常朝的各种"对"之外，最重要的是转对、轮对之制。转对、轮对，含义相近，具体实施则有较大差别。《宋会要辑稿》职官类中有"转对""轮对"两门，其中"转对"内容始于太祖建隆三年（962），止于高宗绍兴二十九年（1159），"轮对"始于高宗绍兴二年（1132），止于光宗绍熙二年（1191），可见转对、轮对有别，前者为两宋通行之制，后者为南宋特有。

北宋转对始于建隆三年，据《长编》，该年二月诏"自今每五日内殿起居，百官以次转对"。[2]此诏实为太祖御札，见于《宋会要辑稿》，据御札，以次转对的官员为"在朝文班朝臣及翰林学士等"。[3]御札中并没有说明转对人数，据《宋史》，限为二人。太宗淳化二年（991），复百官次对，人数依旧为二人，官员则为"常参官"。[4]神宗治平四年（1067）十二月十八日，诏起居日转对官增二员，合计起居日有四人转

1 徐松辑《宋会要辑稿》仪制一之一，刘琳等校点，上海古籍出版社，2014，第2297页。序号为笔者所加，中间省略仪式部分，保留听政内容。
2 《长编》卷三，建隆三年二月甲午条，第62页。
3 《宋会要辑稿》职官六〇之一，第4665页。
4 《宋史》卷一一八《礼二十一》"百官转对"条，第2785页。

对。[1]元祐时，先是免侍从官转对，后又免权侍郎以上转对，"自此转对，止差卿、监、郎官而已"。徽宗时转对之制大变，原本的五日之转对，改为唯月朔行之，参加转对的"唯待制以上"，[2]然具体开始时间不详。徽宗前后的君主均试图增加转对人数，降低转对臣僚资格；徽宗时期的转对，频率降至一月一次，参与臣僚资格提高，相应地能够参与的人数减少，均逆势而为。

高宗建炎时期以及绍兴初，皆行转对之制。绍兴二年五月，下诏"用建隆故事，命百官日轮一人转对"，三个月后，诏"职事官轮对已周，复令转对"。[3]此处"转对""轮对"并举，可知"轮对"特指此前的"日轮一人转对"之制，"转对"则是国朝旧制。太祖建隆故事为五日起居转对，"日轮一人"实为仿建隆转对故事的绍兴新制。

绍兴六年（1136）九月，命职事官日一员轮对，十月便轮对已周。[4]如此之快是因为高宗时在平江，扈从臣僚不多。绍兴七年三月，高宗驻跸建康。《建炎以来系年要录》和《宋史》皆载七年三月丁巳日有诏"行在职事官命转对一次"。[5]至十月二十八日，又有诏"六参日，轮行在百官一员转对"，[6]也就是五日一对。《宋会要辑稿》载当日右正言李谊上言："昨缘车驾巡幸，朝廷机务少暇，扈从臣僚不多，准三月二十日诏，行在职事官止许轮对一次。今已轮遍累月，未见再有指挥。今百司官吏半在行宫，若只将见今臣僚轮对，委是次数频繁。望准建隆、天

1 《宋会要辑稿》职官六〇之四，第4667页。熙宁元年八月三日侍御史刘琦上奏中提到"每遇起居日，令四人转对"。

2 《宋会要辑稿》职官六〇之五、六，第4667~4668页。臣僚上言时间，据《宋会要辑稿》在宣和四年六月八日，《宋史》卷一一八《礼二十一》则系于重和元年（1118）。

3 《宋史》卷二七《高宗四》，绍兴二年五月戊子条，第498页；《建炎以来系年要录》卷五七，绍兴二年八月癸丑条，第999页。

4 《宋史》卷二八《高宗五》，绍兴六年九月戊寅条，第527页。《建炎以来系年要录》卷一〇五，绍兴六年九月戊寅条，第1707页；卷一〇六，绍兴六年十月癸丑条，第1725页。

5 《建炎以来系年要录》卷一〇九，绍兴七年三月甲申条，第1778页。

6 《宋史》卷二八《高宗五》，绍兴七年十月丁巳条，第532页。《建炎以来系年要录》卷一一五，绍兴七年十月丁巳条，第1865页。

圣故事，每遇内殿起居日，轮一员或两员面对奏事。"此"三月二十日诏"即《要录》《宋史》所载三月丁巳诏，根据李谊所言，可知丁巳日诏的"转对"当为日轮一人的轮对。其时高宗在建康，"百司官吏半在行宫"，扈从臣僚不是很多，三月轮对，十月便已"轮遍累月"，周遍之后，再日轮一员则太频，遂改为六参日转对一员，"候百官俱集，自依近制"，[1]"近制"即日轮一员新制。故十月二十八日诏是一次轮对周遍之后继以五日转对，并非轮对制度的变化。绍兴七年之后日轮一员的制度应该一直在执行。绍兴二十七年著作佐郎黄中转对，提到"百僚转对，至今行之未尝废也。然而二十年间，大臣专恣，好佞恶直，一时习尚，往往以言为讳"。[2]似乎自绍兴七年后二十年间所行一直是五日转对之制。其实未必如此。李心传《要录》记绍兴奏对多称为转对，但实际上有些是轮对。如绍兴十四年十二月纪事：

> 戊寅，秦桧进呈司封郎中李涧转对乞褒擢县令等事。
>
> 己卯，诏临安府及诸郡复置漏泽园，以户部员外郎吴县边知白转对有请也。
>
> 壬午，金部员外郎宋贶转对。
>
> 戊子，殿中侍御史汪勃论（大理少卿朱）斐近轮对奏疏，指大理寺为诏狱，不知其职，乃罢之。[3]

边知白、宋贶分别是户部员外郎、金部员外郎，其对班必是接近且在司封郎中李涧后，从此三人五日之内的转对记载看，当是日轮一人的轮

1　《宋会要辑稿》职官六〇之一〇，第 4670 页。《建炎以来系年要录》卷一一五，绍兴七年十月丁巳条，第 1865 页。按：《要录》载右正言李谊之奏，有云"望准建隆、天圣故事，日轮一员"，误。据《宋会要辑稿》，当为"望准建隆、天圣故事，每遇内殿起居日，轮一员或两员面对奏事"。

2　《建炎以来系年要录》卷一七七，绍兴二十七年五月甲辰条，第 2921 页。

3　《建炎以来系年要录》卷一五二，绍兴十四年十二月戊寅条、己卯条、壬午条、戊子条，第 2457~2459 页。

对。殿中侍御史汪勃弹劾朱斐轮对奏疏所言不当，而朱斐轮对事在同年九月，《要录》所记为“少卿朱斐转对”。[1] 再如绍兴三十一年五月甲申，礼部郎中王普转对；五月丁亥，祠部郎中张阐转对。[2] 两人同为礼部郎官，各自奏对且中间只相隔三天，应当是日轮一员的轮对而非五日转对。总之，日轮一员的轮对与五日转对，在绍兴时期确是同时存在的。

绍兴新制此后成为南宋轮对故事。绍兴三十二年六月孝宗即位，殿中侍御史张震奏请仿绍兴故事，“举行旧典，许令百官以序进”，二十七日诏百官日轮面对，既周之后依旧五日轮对。[3] 光宗即位后，也是效法孝宗“旁开求言之路，日引轮对之班”，周遍之后，复用五日之制。[4] 绍熙五年七月宁宗即位，当月即诏百官轮对，日轮一员面对。[5]

南宋轮对、转对区别之大者，主要有二。首先是面对频率上明显的不同。仁宗天圣七年四月二十四日降诏“遇起居日，依旧仪转对”，至天圣八年九月六日结束，历时近一年半。其结束，据《长编》言，是因为“自复转对，言事者颇众，大臣不悦”，故罢之，而据《会要》载御史台言，则是因为这次转对“今已周遍”。[6] 南宋前期轮对则通常是在数月之间周遍，不过至中后期周遍时间延长，乃至有“近三岁始一周”之说。[7] 其次是参对官僚范围有异。绍兴二年定制轮对的官僚范围是“厘务通职郎以上”，从一开始重视的就是职事官。此后台谏、侍从先后退出轮对之列，监登闻检、鼓院官以及敕令所删定官、馆职、学官等差遣及职事官皆不计其寄禄官高低，获得轮对资格。乾道八年（1172），正九品之成忠郎、阁门祗候、武学博士孙显祖请求轮对，其理由便是：“显

1　《建炎以来系年要录》卷一五二，绍兴十四年九月癸亥条，第2450页。

2　《建炎以来系年要录》卷一九〇，绍兴三十一年五月甲申条，第3170页；丁亥条，第3171页。

3　《宋会要辑稿》职官六〇之一三，第4671页。

4　《宋会要辑稿》职官六〇之一一、一二，第4671页；《宋会要辑稿》礼三〇之七〇，第1405页。

5　佚名编《续编两朝纲目备要》卷三，汝企和点校，绍熙五年七月戊子条，中华书局，1995，第40页。

6　《长编》卷一〇九，天圣八年九月丙辰条，第2543页；《宋会要辑稿》职官六〇之二，第4666页。

7　彭龟年：《论爱身寡欲务学三事疏》，《全宋文》第278册，第124页。

祖虽武弁小官，而所任差遣忝在职事官之列，合行轮对。"[1]较五日转对的官僚主体卿监郎官，轮对范围扩大至在京侍从以下全体职事官，正如胡寅所说："凡职事官以上悉许面对。"[2]

就本质而言，轮对、转对两者皆是官僚轮流以次面对言事，轮对也就是降低了面对资格、提高了面对频率的转对。正如李心传《要录》除非是直接引用诏敕或者奏疏原文有"轮对"，否则多称转对。对于获对的官僚本人来讲，两者实质上也无差异，有的便只是说"奏对"或者"对班"等，不区分轮对还是转对。

据《朝野类要》："自侍从以下，五日轮一员上殿，谓之轮当面对，则必入时政或利便札子。若台谏，则谓之有本职公事。若三衙大帅，谓之执杖子奏事。"[3]又据宋元之际的《随隐漫录》：

> 凡卿监郎官至院辖书监以上，五日分轮一员上殿，论之轮对。前半月，阁门以资次，十员为一单关尚左，转牒诸官预辨札子，伏腊则免。凡台谏月月缴进，谓之本职公事。侍从左右史枢密都副承旨，谓之直前奏事。三衙大帅，谓之执杖子奏事。各临时阁门若在外，执政侍从则谓之内引。[4]

他们解释本朝"轮对"，内容则都是传统意义上的转对。不管是"侍从以下"，还是"卿监郎官至院辖书监以上"，都意味着庶官群体成为转对的主体，正如北宋哲宗时吏部尚书王存曾述及转对的制度意义："视朝转对之意，本为在庭庶官平日不得伸其所见，故于朝会使之尽言，以广聪明。"[5]

1　以上参见《宋会要辑稿》职官六〇之九、六〇之一〇、六〇之一一，第4669~4670页。

2　胡寅：《斐然集》卷一〇《轮对札子》，尹文汉点校，岳麓书社，2009，第202页。

3　《朝野类要》卷一《班朝·轮对》，第22页。

4　《随隐漫录·佚文（三）》，第57页。

5　《长编》卷四七三，元祐七年五月庚子条，第11285页。

转对制度的设计是基于信息沟通的考虑，正如高宗所言："百官轮对，正欲日闻所未闻。"[1]建隆三年转对诏，便是要求凡有关时政得失，朝廷急务，或刑狱冤滥，百姓疾苦，"咸采访以闻"，到了仁宗天圣八年转对诏，又增添了"规朕躬之过失，陈宰政之阙遗，纪中外之奸回，斥左右之朋比，述未萌之机事，责无隐之密谋"等内容。[2]这些都超越了奏对臣僚的本职公事，所以岳珂说转对之制，"是凡百司皆许之以献出位之言，如台谏之职矣"。[3]

法意如此，实际运行则受到许多现实条件的制约，如皇帝态度、权臣影响以及与对官本人才能等。[4]如宋人论秦桧专权时期的转对，臣僚或托疾不上，或谒告避免；即使有言，则或"挦撦细微，姑应故事"，或"多取无益之空言，或建难行之高论"，无"鲠切有及于时事者"。[5]转对"轮其官而不轮其人"的特点也容易为权臣所利用，"士大夫不为大臣所喜者，往往俟其对班将至，预徙它官，至有立朝逾年而不得见上者"。[6]

君相的因素之外，臣僚自身才性、贤愚不同，对转对的态度也有差异。如孝宗乾淳时期之士大夫，抱才气者以得见上为喜，"愿亟望清光，披露心腹"，而碌碌者颇以转对为忧。[7]以东南三贤朱熹、张栻、吕祖谦为代表的道学精英自是前者，他们重视与君主难得的交流机会，在文章、书信中经常会讨论到"对"，以下仅以吕祖谦与朱、张等友人的通

1　《宋会要辑稿》职官六〇之一一，第 4670 页。

2　《长编》卷一〇九，天圣八年九月丙辰条，第 2543 页；《宋会要辑稿》职官六〇之二，第 4666 页。

3　岳珂：《愧郯录》卷五《百官转对》，朗润点校，中华书局，2016，第 68 页。

4　参见徐东升《从转对、次对到轮对——宋代官员轮流奏对制度析论》，《厦门大学学报》2009 年第 5 期，第 48~50 页。

5　《宋会要辑稿》职官六〇之七，第 4668 页；《建炎以来系年要录》卷一七七，绍兴二十七年五月甲辰条，第 2921 页。

6　李心传：《建炎以来朝野杂记》甲集卷九《故事》"百官转对"，徐规点校，中华书局，2000，第 170 页。

7　《宋会要辑稿》职官六〇之一三，第 4671 页；《建炎以来朝野杂记》甲集卷九《故事》"百官转对"，第 170 页。

信为例，一窥孝宗时轮对制度运作之一斑。

吕祖谦于乾道六年（1170）十二月十九日以太学博士兼国史院编修官、实录院检讨官。乾道八年二月丁父忧。其间获对一次，其文集中有《乾道六年转对札子二首》。[1] 吕祖谦给友人的信中多次谈到自己以及别人的"对"。[2]

> 1. 某供职已半月，职业之所及，法令之所载，不敢不尽拙诚。但人习熟见闻之久，未孚未喻者甚众，更看旬日如何也？张吏部对甚开纳，乃知前此非进言之难，但言者自未得其道耳。（《答潘叔度》，第 451 页）
>
> 2. 某供职已月余……又某转对，适在一两日间，未暇详布，当别寻便上状也。（《与朱侍讲》，第 366 页）
>
> 3. 某馆下粗遣，但日以无补为愧。对期尚在春夏之交。人事多端，政恐或未必能待耳。（《答潘叔度》，第 452 页）
>
> 4. 某上旬轮对，对札谨录呈请教。有未安处，望一一指示。上不间疏远，问答甚详，所怀粗得展尽，但恨诚意不素积，无以感动耳。（《与朱侍讲》，第 367 页）
>
> 5. 五月对札录去，不必示他人。上反复顾问，酬酢领略，既详且款。凡所欲言者，皆得展尽。语甚多，不暇写去。推对札意可见也（张丈所对亦甚款）。每与张丈说上高明开纳如此，若常得正人吉士启沃浸灌，事安有不回之理？所恨此气脉不复接续耳。（《答潘叔度》，第 453 页）

吕祖谦此次获对的时间是乾道七年五月。他于乾道六年十二月十九日供职，自不可能于同月"上旬"轮对，"五月"也只能是乾道七年五月，

1　吕祖谦著，黄灵庚、吴战垒主编《吕祖谦全集·东莱吕太史集·文集》卷三《乾道六年轮对札子二首》，浙江古籍出版社，2017，第 45~47 页。

2　以下引吕祖谦书信皆见于《吕祖谦全集·东莱吕太史集》。

集中《乾道六年转对札子二首》，系年有误，各年谱也都将转对时间误系于乾道六年。乾道六年十一月，张栻以吏部员外郎兼侍讲，以上五札中，"张吏部""张丈"即张栻。张栻与吕祖谦同巷居住，交往密切，彼此也都关注着对方的"面对"。此次奏对，吕祖谦给朱熹的信中，前一书中称"转对"，后一书中称"轮对"，可知乾道七年所行为日轮一员的轮对。其对班本在乾道七年正月，因故推迟，吕祖谦推测是在"春夏之交"，实际获对是在五月上旬。吕祖谦对这次转对很期待，也做了充分准备，共上两札，"凡所欲言者，皆得展尽"，孝宗虽嘉纳，但似乎并没被真正打动，"但恨诚意不素积，无以感动耳"。转对之后，吕祖谦又将转对札子录副若干分送朱熹、潘叔度等友人，而这也是当时士大夫之间分享信息的常用方式。

淳熙三年（1176）十一月，吕祖谦除秘书省秘书郎，兼国史院编修官、实录院检讨官，至淳熙六年正月请祠，其间于淳熙四年获对一次，文集中有此次奏对《淳熙四年轮对札子二首》。这次轮对，屡屡见于吕祖谦致朱熹、潘叔度等人的书信中。

1. 某轮对初谓在三四月间，近乃知所谓阁门舍人亦轮对，班序在下，如此则须迤逦至五六月也。（《与朱侍讲》，第 387 页）

2. 某到官行且半岁。虽职守所及，不敢不勉。然不过区区缀缉简牍，外此无所关预。低徊随众，殊以自愧。对班犹在两三月后。有可警诲者，毋惜详悉批示，不胜愿望。（《与朱侍讲》，第 388 页）

3. 对班犹在七八月之间，虽不敢不自竭，政虑浅薄无以动窾耳。有可儆饬者，因便毋惜疏示，幸甚。（《与朱侍讲》，第 387 页）

4. 某官次粗遣，汩没废日，每以自惧。对班尚在来夏，苟是时犹未罪斥，则当致惓惓之义，然后谋归耳。若徒往徒来，虽于私计为便，而非心之所安也。（《答潘叔度》，第 457 页）

5. 某官次粗遣。日来圭角突兀之病虽去，而偷惰因循之病复

易生，每切自警也。对班尚在八月，饱食随众，良愧负耳。(《答潘叔度》，第 456 页)

6. 某官次粗遣，无足言者。对班不出数十日间，愚虑之所及者，敢不展尽，政虑诚意浅薄，无以感动耳。(《与朱侍讲》，第 388 页)

7. 日来善士间有一二还班，列进对者亦时闻昌言，但力微势弱，终莫能有所轩轾。此忧国者之所深虑也。(《与朱侍讲》，第 388~389 页)

8. 机仲轮对，亦即在数月间。日来轮对者，亦间有正论。虽尘雾未必能裨益，要且得气脉不断耳。(《与朱侍讲》，第 389 页)

9. 某冗食册府已十阅月，空餐亡补，徒积愧负。对班不出此月下旬，虽愚虑所及，不敢留藏，但虑学识暗昧，诚意浅薄，不能有损益耳。(《与朱侍讲》，第 390 页)

10. 对班只在下旬，区区所怀，自当倾尽，但虑识暗诚薄不能为损益耳。去就久速，过是亦可略见矣。(《答潘叔度》，第 459 页)

　　吕祖谦最初预计轮对在淳熙四年三四月间，后来方知阁门舍人亦轮对，自己班序在其下，如此则轮对会延迟至五六月间。阁门舍人置于乾道六年，定额十员，以待武举之入官者，次年十二月，许以文臣馆阁例，以次轮对。[1] 不知吕祖谦是如何推算出阁门舍人轮对后自己的班次需后延二月，但到五月，吕祖谦发现对班还需等待两三个月，也就是在七八月间。实际上到八月犹未对，一直到"冗食册府已十阅月"的九月，在给朱熹和潘叔度的信中，才很确定地说对班就在下旬。

　　吕祖谦此番轮对从最初预计的三四月份，到最后九月下旬得对，延迟半年之久，难以想象他所参与的淳熙四年前后的这次轮对，一轮周遍

---

1 《宋史》卷一六六《职官六》，第 3938 页；《宋史》卷三四《孝宗二》，第 652 页。

需要多长时间。绍熙三年（1192），彭龟年上疏说"百官轮对，大率近三岁始一周"。[1] 从吕祖谦轮对经历看，近三岁一周，大概在孝宗淳熙年间已是如此。制度实际运行若此，同北宋时每次两人五日转对相比，已经没有任何优势。

吕祖谦的这次转对显然是他自己和朋友们都很重视的一件大事。他一一回复友朋们的关心，报告着轮对的进度。他期待着转对，"苟是时犹未罪斥，则当致惓惓之义"；上次的转对，"无以感动"人主，这次他担心的依然是"诚意浅薄，无以感动耳""诚意浅薄，不能有损益耳"；所以他再三致意朱熹"有可警诲者，毋惜详悉批示"，"有可儆饬者，因便毋惜疏示"。他也在关注着同僚们的奏对，"日来轮对者，亦间有正论""时闻昌言"，为正论之力微势弱而深感忧虑。时知静江府（今广西桂林）的张栻也在关注着吕祖谦的奏对，在给朱熹的信中问："伯恭见报已转对，未知所言竟云何。"[2] 从这些私人书信中我们可以看到转对面君在他们心目中占据了何等重要的地位。

吕祖谦此次入职不久，就给张栻写了两函，告诉张栻，孝宗聪明，"肯容直言，但阴盛阳微，未见复亨之象耳"。早在乾道后期，张栻、吕祖谦同在临安的时候，张栻就在给朱熹的信中写道：

> 今日大患，是不悦儒学，争驰乎功利之末，而以先王严恭寅畏、事天保民之心为迂阔迟钝之说。向来对时亦尝论及此，上聪明，所恨无人朝夕讲道至理，以开广圣心，此实今日兴衰之本也。

"自惟诚意不充，无以感动，且当归去"，张栻解释自己没有及时求去，"然窃念吾君聪明勤劳，不忍只如此舍去，当更竭尽，反复剖判，庶几万一拳拳之心，不敢不自勉，惟吾兄实照知之"。吕祖谦淳熙四年九月

1　彭龟年：《论爱身寡欲务学三事疏》，《全宋文》第 278 册，第 124 页。
2　张栻：《张栻集·新刊南轩先生文集》卷二一《答朱元晦》，杨世文点校，中华书局，2015，第 1083 页。

转对之后数月，张栻在致朱熹的信中谈道："伯恭既已转对，恐当为去就计。"[1]其背景是淳熙五年春正月，侍御史谢廓然上奏，"乞戒有司，毋以程颐、王安石之说取士"，而孝宗"从之"。[2]张栻、吕祖谦等理学家们希望通过一望清光披露心腹的转对以"感动"上意的努力，毋宁说是失败了。

"写至此，不觉酸鼻也"，在给朱熹信札的最后，张栻如此写道。

（二）非时请对与召对

早朝时的分班奏事、见谢辞与轮对转对等皆是制度内听政流程，属于"常程奏事"或例行公事。对于臣僚个人而言，更有意义的是常规流程之外的面奏。这样的面奏机会有非时请对与特赐召对，地点通常也是在后殿或便殿。

宰执在请对方面具有格外的优势。比如宰执的"留身"奏事。庆历三年（1043）五月二十七日，"诏自今中书、枢密院臣僚除常程奏事外，如别有敷陈政事，及朕非次特有留对，不限时刻，并许从容奏述，仍不拘定朔望"。[3]也就是说宰执留身主要有两种情况，在常程奏事后，宰执"别有敷陈政事"可以自请留身奏事，或者出于君主个人意志，"非次特有留对"，可以不限时间，从容议政。这可能只是前期如此。唐制宰相一般不能独对，宋制也并不鼓励宰执留身单独奏事。若果有秘事，也得提前请对。[4]特留是出于君主临时起意，所以事先无从准备，如果是自请留身，必是别有欲奏事，故皇祐五年（1053）即有规定，二府在前殿奏事毕，若"别请"于后殿奏事，须提前一天递交奏札。[5]

1　以上张栻致朱熹书，分别参见《张栻集·新刊南轩先生文集》，第1090、1096、1096~1097、1123页。
2　《宋史》卷三五《孝宗三》，第667页。
3　《宋会要辑稿》仪制六之一〇，第2406页。
4　据徐度《却扫编》卷中："本朝宰执，日同进呈公事，遇欲有所密启，必先语阁门使奏知。进呈罢，乃独留，谓之'留身'。此与唐制颇异。"（徐度：《却扫编》，朱凯、姜汉椿整理，《全宋笔记》第3编第10册，大象出版社，2008，第149~150页）
5　《宋会要辑稿》帝系九之一三，第218页。

其他官员中具有请对资格的官员，据周佳的研究，大致有三类：一是在京重要部门的负责人；二是地方军队长官、路分长官及其他地方要职；三是重要的临时性差遣，如外交使者、知贡举等。[1] 实际上的执行未必严守此界限，比如地方知州官员，他们在替罢之际并非都能够获得朝见的机会，但在等待新命或者赴新任时可以提出请对。如仁宗时叶清臣丁父忧，服除后，因与宰相陈执中不和，除翰林侍读学士、知邠州。"道由京师，因请对"，改澶州，进尚书户部郎中、知青州。[2] 元丰三年（1080），曾巩知沧州，"道由京师，召对，神宗察公贤，留勾当三班院"，其后又数对便殿，其所言皆安危大计，天子嘉纳之。[3] 曾巩此次的召对，亦是先有请对。他已经连续十二年任职地方，连知七州，其间多次提出入朝请对，此次"就差知沧州"，再度申请，[4] 终于获准，入对之后，果然改任京职。

曾巩任职地方十几年方获一对，可见即使有请对资格的官员，获对也不易。有请对"逾旬日方得瞻望清光"者，[5] 有"逾月不得报"者，[6] 也有连日请对"不获"，接连上疏"不得报"者，[7] 同时又有当日请对，"即日召对"，甚至数日之间连续获对者。[8] 徽宗时，卫泾上疏说自己"自供职以来，凡欲上殿，计会阁门，多值未有班次"，于是"每作急速公事奏

1 周佳：《北宋中央日常政务运行研究》，中华书局，2015，第293页。
2 《宋史》卷二九五《叶清臣传》，第9851页。"邠州"，《长编》误为"池州"，见《长编》卷一五八，庆历六年三月丁未条，第3824页。
3 韩维：《曾子固神道碑铭》，吕祖谦编《宋文鉴》卷一四六，齐治平点校，中华书局，1992，第2053页。
4 曾巩：《曾巩集》卷三四《授沧州乞朝见状》，陈杏珍、晁继周点校，中华书局，1984，第488页。
5 元符二年六月，翰林学士承旨蔡京等言："臣等每缘职事请对，待次或逾旬日，方得瞻望清光，而文字遇有急速，深恐失事，伏望指挥下阁门，今后许翰林学士依六曹、开封府例先次挑班上殿仍不隔班，从之。"《长编》卷五一一，元符二年六月戊条，第12164页。
6 《宋史纪事本末》卷一七《太宗致治》，中华书局，2015，第113页。
7 《宋史》卷三九二《赵汝愚传》，第11984页。
8 真宗咸平元年二月，田锡出知泰州，在辞前因星变上疏请对，"疏奏，即日召对"，临行前，"又贡封事，复召对"，给予任职地方"事有当面论者，听乘传赴阙"的权利。参见《长编》卷四三，咸平元年二月乙未条，第909~911页。

禀，方得即对"。[1]

"召对"含义较广。在宫禁之内有夜值任务的各类官员当然随时有可能被"非时宣召"，[2] 访政务、问得失等。在京官员的请对获准之后的入对，可称为召对。地方官满任回京的朝见，也可称为召对。像叶清臣、曾巩在赴任途中请对得允，亦是召对。如周佳所言，请对有一个资格问题。请对一旦得允，即为召对。因而不经请对，君主主动召见的召对，就尤其值得注意了。

不请而获召对，属于常规奏对之外的入对，故常有"特赐召对"等说法。这种召对，基本上无身份限制。普通吏民可能被召对，如宋太宗时曾召对三司吏人，"询以计司利害"。[3] 高级官员也不必然轻易被召对，如庆历三年四月甲辰韩琦、范仲淹被召赴阙，却"未曾特赐召对"，召而不对，故欧阳修于五月上疏，希望仁宗"特召琦等从容访问"。[4] 不在朝见与朝辞之列的现任地方官也可能非时召对，如葛怀敏知雄州时上《平燕策》，"召对边事，复还雄州"。[5]

特赐召对之制影响最直接的是那些本来无缘奏对的官员，尤其是地方基层官员。地方亲民官以上官员有朝见与朝辞之制，但更多的官员是没有机会入京面对的。召对之制行，这些人可能会较易获得召对机会，从而不循常规地改变仕途命运。试举数例。

孙鳌，签书西川判官，或荐于朝，召对，擢提举广东常平。

苏辙，自大名推官上书，召对，除条例司检详文字。

许将，通判明州，神宗召对，除集贤校理、同知礼院，编修中书条例。

谢文瓘，哲宗时御史中丞黄履荐为主簿，三年不诣执政府。召对，

1　卫泾：《乞御史台及两省台谏官挑班上殿札子》，《全宋文》第 291 册，第 283 页。

2　《司马光集》卷三〇《延访群臣第四札子》，第 733 页。

3　《宋史》卷二六七《陈恕传》，第 9200 页。

4　《欧阳修全集》卷九七《论韩琦范仲淹乞赐召对事札子》，第 1492 页。

5　《宋史》卷二八九《葛怀敏传》，第 9700 页。

除秘书省正字，考功、右司员外郎。

刘泾，连知处、虢、真、坊四州。元符末上书，召对，除职方郎中。

冯澥，昌州推官，以论废刘后事，得召对，除鸿胪主簿。

章颖，进士及第后道州教授，郡守以平寇功入为郎，奏颖有协赞之功，可大用。乃召对，除太学录。

赵师揆，添差湖州签判，改婺州通判，守臣韩元吉荐其材，史浩言其聪爽可任。召对，除江东提举。[1]

君主独居禁中，远方疏远小臣非其所能知，得对之因，或是经过有力之人的推荐，或是上书，此二途为最普遍的途径。

根据对现有史料的观察，此类召对，多涉及被召之人进用与否。召对，毫无疑问是君主重要的信息来源之一，但君主由此途最为关注的信息是什么呢？主要还是在于人才贤否。司马光曾上疏希望君主能够选择侍从之臣，"特赐召对，与之从容讲论古今治体，民间情伪，使各竭其胸臆所有"，而最终目的是"更加采择，是者取之，非者舍之，忠者进之，邪者黜之"。[2]他有一次与张方平先受诏详定中外所上封事，选出其中可行者，"其有识虑稍出于众者，愿陛下特赐召对，面加询访，考其虚实。果有可采，密籍姓名，遇有差遣，随材授任"。[3]最后都是落实在选官上。

由以上诸例可知，这种面向低级官员的召对，实际上已经涉及文官选任问题，由此途获得任用的官员多系破格。这可能是不拘一格降人才，也可能成为徇私之途。熙宁三年关于李定任命的三舍人之争，即是显著之例。

---

1 《宋史》卷三四七《孙鼛传》，第 10995 页；卷一七六《食货上四·常平义仓》，第 4280 页；卷三四三《许将传》，第 10908 页；卷三五四《谢文瓘传》，第 11159 页；卷四四三《刘泾传》，第 13105 页；卷三五六《钱通传》，第 11202 页；卷四〇四《章颖传》，第 12227 页；卷二四四《赵子偁附赵师揆传》，第 8689 页。

2 《司马光集》卷三〇《延访群臣第四札子》，第 733 页。

3 《司马光集》卷三七《封事札子》，第 846 页。

　　熙宁三年（1070），李定以幕职官身份因推荐获召对，被任命为台官。知制诰苏颂两度驳回："定官未终，更非时召对，不由铨考，擢授朝列，不缘御史之荐，直置宪台。虽朝廷急于用才，度越常格，然隳素法制，必致人言。所益者小，所损者大。"又云：

　　　　自真宗、仁宗以来，每有除授，虽幽人异士亦不至超越资品。盖承平之代，事有纪律，故不得不因用资品选授之法。今朝廷清明，俊义并用，进任台端，动有成规。而定以远州幕官，非有积累之资，明白之效，偶因召对，一言称旨，便授台官。政府既已奉行，有司不能抗议，使制命遂下，四方耸闻。仕进之间，岂无觖望。[1]

苏颂强调的是经过长时期演变之后稳定下来的常格、常法、纪律、成规，"非时召对，不由铨考""偶因召对，一言称旨"，便度越常格任用，助长奔竞，"仕进之间，岂无觖望"，破坏的是制度的权威性与稳定性，不利于官僚集团的稳定，确中召对之弊。

　　从召对与选举的关系，再来看朝见与朝辞的制度设计，其与非时召对有相似之处。朝见与朝辞，亦可以称为召对。史载太宗选官，"虽九品之贱，一命之微"，亦须"召对于便殿，亲与之语，以观其能"。[2]哲宗亲政，诏"应节镇郡守，往令陛辞，归许登对，不特审观人材，亦所以重外任也"，今后藩镇知州和武臣知州，像监司一样，不许申请"免对"。[3]焦点是在人才。

　　朝见与朝辞的制度设计重点在于审观人才，曾肇有一个很好的说明。徽宗即位之初曾缩小朝辞官员范围，曾肇上疏说：

1　苏颂：《苏魏公文集》卷一六《缴李定词头札子》，王同策、管成学、严中其等点校，中华书局，1988，第221~222页。
2　《宋大诏令集》卷一六〇《亲选擢官吏中书审勘别听进止诏》，中华书局，1962，第606页。
3　《宋史》卷一一八《礼二十一》，第2787页。

祖宗必令监司知州军上殿者，岂苟然哉。视其貌则疲癃老疾
无所掩，与之言则能否邪正莫能欺，因此以察执政用人，则精粗
得失无不见矣。为监司长吏者，受命而行，躬闻德音，则人人晓
达上旨，有所遵守，政成而归，亲面天颜，则人人各述所知，口
陈指画而上下之情无有不通者矣。[1]

曾肇说监司以及要重繁剧军州长吏朝辞皆得上殿，其功用主要在于通过
"视其貌""与之言"以观其能，观察人选当否，并借此考察宰执的人才
选拔是否公正。绍兴二年（1132）八月，左司谏吴表臣提出："时方艰
危，州郡获全者无几，正赖贤守以循抚之。望用艺祖、汉宣帝、唐太
宗、明皇故事。应郡守初自行在除授及代归赴阙者，并令引对。一则明
示朝廷谨重郡守之意，使之尽心；二则可以揣知其人之贤否与其才之所
堪，从而褒黜；三则自外来者可询其所以为政与民情风俗之所安，而下
情上通，不至壅蔽。"宋高宗诏令从其请。[2]他说的这三点与曾肇所言基
本相通。

朝见与朝辞都具有考察人才、强化君臣个人关系的作用。相对而
言，"归许登对"的外官回京朝见，比朝辞更具有信息沟通的意义。如
景德三年四月诏"在外京官、内殿崇班以上，候得替，先具民间利害，
实封于阁门上进，方得朝见"。[3]大中祥符三年四月又定制，"两省、尚
书、御史台官，凡出使回，并须采访所至及经历邻近群臣治迹善恶以
闻。转运使副、提点刑狱官、知州、通判到阙，各具前任部内官治迹能
否，如邻近及经由州县访闻群官善恶，亦许同奏，先于阁门投进后方得
入见"。[4]故曾肇奏疏中，论朝辞，重在人才贤否，论及朝见则说"政成
而归，亲面天颜，则人人各述所知，口陈指画而上下之情无有不通者

1　曾肇：《上徽宗皇帝论减罢监司守臣上殿奏》，《全宋文》第110册，第58~59页。
2　《建炎以来系年要录》卷五七，绍兴二年八月丙申条，第992页。
3　《宋史》卷一一八《礼二十一》，第2785页。
4　《长编》卷七三，大中祥符三年四月戊午条，第1665页。

矣"。同样，吴表臣论"自外来者"的朝见，"可询其所以为政与民情风俗之所安"。只有地方官员有了相当的任职经验后，才能了解民间利害、民情风俗，地方民间信息才会成为朝见时的沟通重点，从而发挥其"耳目"的作用。

二　宋代的"耳目"与耳目之司

日朝听政中，君主最为放松的一段时间是"后殿再坐"，"延和殿再座。复有内臣、近职、诸路走马承受奏，或阁馆阁所进新修写书籍、仓库衣粮器物之式，谓之'后殿再座'"。这个时候才是听取真正的天子私人耳目汇报的时刻。

前引曹、魏二人所列十几条君主信息来源中，都没有提到或不愿意提到的是天子主动派人察访外事的私人"耳目"和"耳目之司"。用为"耳目"的主要有内臣、近职，制度化的"耳目之司"则内有皇城司，外有走马承受。他们与"对"和上书等途径共同构成了君主个人最主要的信息来源。

（一）皇城司

宋代皇城司，原为继承自五代的武德司，太平兴国六年（981）始改名皇城司，而武德司自始便具有侦察官吏和军人的职能。

皇城司的职能是"掌宫城出入之禁令，凡周庐宿卫之事、宫门启闭之节皆隶焉"。[1] 其本职是掌宫廷宿卫，所掌军队名为亲从、亲事官。据《宋史》，皇城司所掌之亲从官"旧有四指挥，元额共二千二百七十人"，徽宗政和年间，又增置第五指挥，以七百人为额。[2] 朱熹曾说"皇城使

---

1 《宋史》卷一六六《职官六》，第 3932 页。
2 《宋史》卷一六六《职官六》，第 3932 页。徽宗在即位之初，曾一度罢"武德侦逻"，参见《曾公遗录》卷九（曾布撰，顾宏义校点，中华书局，2016，第 221 页）、曾肇《论日食赤气之异奏》（《全宋文》第 110 册，第 67 页）。

有亲兵数千人",以宦者、武臣参掌,"此项又似制殿前都指挥之兵也"。[1]
因为要负责宫城安全,故"人物伪冒不应法,则讥察以闻",实际上就
是负有侦伺的职能,因而皇城司在北宋时就已被称作"皇城探事司"。[2]
南宋吴曾考察"探事察子"的起源时说:"近世官司以探事者谓之察子。
按:唐高骈在淮南用吕用之为巡察使,用之募险狯者百余人,纵横间巷
间,谓之察子,此其始也。"[3]吴曾只是说"近世官司"中探事者称为察
子,不言此官司是什么,实际上宋代的正式机构中能够公开探事的只能
是皇城。京师探事者又有"觇步"之称,[4]熙宁时期集英殿宴飨,"两廊
觇步亲从官四十二人"。[5]"察子""觇步"之外,负责探事的皇城司卒还
有"探事人""刺事卒""逻卒""探逻""察逻人"等称呼,可知时人对
其职能的理解。

皇城司在国初就已"任为耳目之司"。[6]其最初察事的重点是军队。
熙宁五年(1072)正月,增派皇城司卒巡察京城。同年十一月,神宗君
臣对此有一个讨论。《长编》载:

　　冯京言:"皇城司近差探事人多,人情颇不安。"上曰:"人数
止如旧,探事亦不多,蓝元震又小心,缘都不敢乞取,故诸司不
安。"金言:"外间以为若十日不探到事即决杖,故多捃摭细碎。"

1　黎靖德编《朱子语类》卷一二八《本朝二·法制》,王星贤点校,中华书局,1986,
　第3076页。
2　绍圣四年八月己酉,彗星见氐间,斜指天市垣,光芒约三尺余,至九月戊辰没。因为星变之
　故,皇城探事司,添广察逻人数。十一月,御史中丞邢恕因奏事口陈:"近闻皇城探事司,添
　广察逻人数颇多,天象变动,正当应之以静,则灾消异伏,若以动应动,恐非消弭之道。"参
　见《长编》卷四九〇,绍圣四年八月己酉条,第11641页;卷四九三,绍圣四年十一月,第
　11706页。
3　吴曾:《能改斋漫录》卷二《事始·探事察子》,刘宇整理,《全宋笔记》第5编第3册,大象
　出版社,2012,第28页。
4　朱翌:《猗觉寮杂记》卷上,朱凯、姜汉椿整理,《全宋笔记》第3编第10册,大象出版社,
　2008,第30页。
5　《宋史》卷一一三《礼十六》,第2687页。
6　《长编》卷一六二,庆历八年闰正月,第3913页。

上曰："初无此处分。此辈本令专探军中事，若军中但事严告捕之法，亦可以防变。"安石曰："专令探军中事即无妨，若恃此辈伺察外事，恐不免作过。孙权、曹操用法至严，动辄诛杀，然用赵达、吕壹之徒，皆能作奸乱政。陛下宽仁，不忍诛罚，焉能保此辈不作奸？三代圣王且不论，如汉高祖、唐太宗已不肯为孙权、曹操所为，但明示好恶赏罚，使人臣皆忠信，不敢诞谩，天下事安有蔽匿不闻者？细碎事纵不闻，何损于治体？欲闻细碎事，却致此辈作奸，即所损治体不细。"上以为然。[1]

司马光日记载此次巡察京城的皇城司卒有七千人，"谤议时政者收罪之"，冯京等人只说皇城卒是"人多"，未言人数多少，"捃摭细碎"，未言察谤议时政者。神宗则说"人数止如旧，探事亦不多"。皇城司所领一共就是几千人，还要担负宿卫的职能，所以实际上用来察访外事的当然不可能有数千之多，七千当为"七十"之讹，而七十可能是皇城逻卒的额定数字，[2] 所以神宗说"人数止如旧"。神宗又提到"此辈本令专探军中事，若军中但事严告捕之法，亦可以防变"。即其最初的探事主要是刺探军情。神宗这样说应该是有根据的。很多年后，元祐元年，刘挚言事，也说过："皇城司之有探逻也，本欲周知军事之机密，与夫大奸恶之隐匿者。"[3] 不过很显然，皇城司的探事范围早就越过军情了。王安石说是察及"细碎事"，并说"若恃此辈伺察外事，恐不免作过"。按照刘挚的弹劾可知，其"作过"远不止此：

1　《长编》卷二四〇，熙宁五年十一月戊辰条，第 5837~5838 页。

2　据《长编》卷二二九，熙宁五年正月，"命皇城司卒七千余人巡察京城，谤议时政者收罪之"（第 5583 页）。据李焘自注，知出司马光日记。不足为凭。据陈均《皇朝编年纲目备要》，正月，"置京城逻卒。皇城卒七十人、开封府散从官数十人"（中华书局，2006，第 451 页），则"七千"当为"七十"之误。哲宗嗣位，减皇城觇卒，便被看作盛德之事，参见《宋史》卷二四二《英宗宣仁圣烈高皇后传》，第 8625 页。徽宗即位之三日，曾"一切罢去"，不久后"稍稍复置旧额，通为七十人"，参见江公望《论逻察》，吕祖谦编《宋文鉴》卷六二，第 923 页。

3　《长编》卷三七五，元祐元年四月乙巳条，第 9107 页。

　　恣残刻之资，为罗织之事，纵遣伺察者，所在棋布，张阱而设网，家至而户到，以无为有，以虚为实，上之朝士大夫，下之富家小户，飞语朝上，而暮入于狴犴矣。有司无古人持平守正之心，以谓是“诏狱”也，成之则有功，反之则有罪，故凌辱棰讯，惨毒备至，一无所问，而大小臣被其阴害，不可胜数。[1]

仁宗时期便已有“富家小户”为逻卒诬陷的案例。嘉祐七年（1062）十二月，皇城司逻卒吴清等密奏有富民张文政杀人，“有司鞫问无状，愿得清诘所从，而主者不遣”。[2] 皇城司除了察事自士大夫到平民无所不及外，还制造飞语，罗织罪名，陷害百姓，等等，故有学者称之为“宋代的情报机关”“帝室的私家密探”，是“明代厂卫制度的先河”。[3]

　　皇城司宿卫京城最核心的区域，而其察事绝非仅限于京城，经常“潜察远方事”“诣外州侦事”。到外州察事不知起于何时。太祖平蜀后，探卒足迹曾远达四川。[4] 钱若水之父钱文敏赴任知泸州前，太祖召见于讲武殿，谓曰：“泸州近蛮境，尤宜绥抚。闻知州郭思齐、监军郭重迁掊敛不法，恃其荒远，谓朝廷不知尔。至，为朕鞫之，苟一毫有侵于民，朕必不赦。”开宝九年八月，郭思齐以贪赃弃市。[5] 泸州去京师四千余里，而郭思齐不法之事，太祖尽知之，可能即是出于武德卒的察事。

1　《长编》卷三七五，元祐元年四月乙巳条，第 9107 页。

2　《长编》卷一九七，嘉祐七年十二月，第 4784 页。

3　程民生：《北宋探事机构——皇城司》，《河南大学学报》1984 年第 4 期，第 37~41 页。关于皇城司的研究，还可以参考赵雨乐《试论宋代改武德司为皇城司的因由——唐宋之际武德使活动的初步探索》，张其凡、陆勇强主编《宋代历史文化研究》，人民出版社，2001；汪辉《两宋皇城司制度探析——以其探事职能的拓展及人员的管理为主》，硕士学位论文，河南大学，2005。

4　陈师道《后山谈丛》卷三：“蜀平，以参知政事吕余庆知益州，余用选人，以轻其权，而置武德司，刺守贪廉，至必为验。”（李伟国点校，中华书局，2007，第 46 页）

5　《宋史》卷二六六《钱若水传》，第 9165 页；卷三《太祖三》，第 48 页。

太宗时期之皇城卒探事亦远至陕西、福建。自江南平，岁漕江、淮米数百万石以给京师，增广仓舍，命常参官掌其出纳，内侍副之。太宗不放心，"遣皇城卒变服觇逻"，太平兴国二年察得永丰仓持量者张遇等凡八人受赇为奸，悉斩之，监仓右监门卫将军范从简等四人免官，同监内侍决杖。[1]太平兴国六年，太宗"遣武德卒潜察远方事，有至汀州者"，知州王嗣宗执而杖之，缚送阙下，结果太宗大怒，嗣宗下吏，削秩。[2]太平兴国初，常州人张观曾上请不遣武德卒到外州侦事，[3]史载"颇称旨"，并因此升职，从王嗣宗的遭遇可知太宗实际上并没有予以限制。真宗天禧五年（1021）二月，有诏皇城司"亲事卒无得出都城"，[4]是否执行则大有疑问。

司马光曾解释皇城司察事之远、之密："祖宗开基之始，人心未安，恐有大奸，阴谋无状，所以躬自选择左右亲信之人，使之周流民间，密行伺察。"承平日久之后就不当再"任此厮役小人以为耳目"。[5]不过君主并不这样认为，皇城司对各类事务的涉入越来越广泛，涉及军队、财政、外交、民众生活等众多领域。[6]

元祐时苏辙在使北后上札子云：

> 窃见每番人从内，各有亲从官二人充牵梳官。访闻自前牵梳官，并只是宣武长行，不差亲从官。止于近岁，始行差充。缘亲从官多系市井小人，既差入国，自谓得以伺察上下，入界之后，

---

1 《长编》卷一八，太平兴国二年七月，第408页。《宋会要辑稿》食货六二之二："太宗恐吏概量为奸，遣期门卒变服侦逻。"（第7550页）

2 《长编》卷二二，太平兴国六年十一月，第504页。汀州，《宋史》王嗣宗本传作"河州"，司马光《涑水记闻》作"横州"。参见《宋史》卷二八七《王嗣宗传》，第9647页；《涑水记闻》卷三，第47页。

3 《宋史》卷二七六《张观传》，第9400页。

4 《长编》卷九七，天禧五年二月戊辰条，第2243页。

5 《司马光集》卷二一《论皇城司巡察亲事官札子》，第576页。

6 佐伯富：《论宋代的皇城司》，《日本学者研究中国史论著选译》第5卷《五代宋元》，中华书局，1993，第337~369页。

恣情妄作，都辖以下，望风畏避，不敢谁何。虽于使副，亦多寒
傲，夷狄窥见，于体不便。昨来左番有李寔一名，见作过犯，已
送雄州枷勘施行。[1]

在使团中混入皇城司的亲从官，目的是"伺察上下"，起到监视的作
用。这一做法或许始于真宗时宋辽议和后。仁宗景祐元年，刘随"贺契
丹母生辰，以病足痹，不能拜，为皇城卒所诬，有司劾奏夺一官，出
知信州，徙宣州，逾年未复"。[2]据《宋史·李纮传》："故事，奉使者以
皇城卒二人与偕，察其举措，使者悉姑息以避中伤。前此刘随为所诬，
坐贬，久未复。纮使还，具言其枉，稍徙随南京。"可知仁宗时即已有
皇城卒二人随使之制，刘随应当就是被随行的皇城卒所告。[3]显然，尽
管有刘随被诬一事，此制依然保留。元祐时再度发生皇城卒恣情妄作
之事，故苏辙提出："选差使副，责任不轻，谓不须旁令小人更加伺察。
况已有译语殿侍，别具语录，足以关防。欲乞今后遣使，其牵桄官依
旧只差宣武长行，更不差亲从官。"[4]此议当时从否未知，但此类事情复
见于南宋。淳熙十五年（1188）十二月，国忌行香，内引馆伴使副诸葛
廷瑞、赵不慢朝辞，孝宗宣谕云："王正己接伴殊无礼，闻人使甚不平。
卿宜还其礼数。"孝宗何以知道王正己待金使无礼呢？据周必大所云：
"必为逻者所奏也。"[5]孝宗乾道时期，偶见由皇城司官员充当接伴金国贺
正旦使臣的副使之例。[6]

皇城司的这种监视作用也体现在国内的一些机构内，如文思院自仁
宗时就派有皇城司差亲事官四人把门搜检，后又"差识字亲事官与在院

1　《苏辙集》卷四二《北使还论北边事札子五道·乞罢人从内亲从官》，第749~750页。
2　《长编》卷一一四，景祐元年五月癸亥条，第2675页。
3　《宋史》卷二八七《李纮传》，第9654页；《长编》卷一一四，景祐元年五月癸亥条，第
　　2675页。
4　《苏辙集》卷四二《北使还论北边事札子五道·乞罢人从内亲从官》，第750页。
5　周必大撰，王瑞来校证《周必大集校证》卷一七三《思陵录》卷下，上海古籍出版社，2020，
　　第2690页。
6　《宋会要辑稿》职官五一之二三，第4429页。

人员同共监作，主掌官物"。南宋时因发生过他们趁机偷盗的事，一度罢去，绍熙三年（1192）五月复。[1]

　　皇城司察事范围广、区域大，所察对象更是"上之朝士大夫，下之富家小户"，"帝室姻亲，诸司仓库"，[2] 悉在刺举之列。所探不法之事甚至是高级官员不法的例子并不少，[3] 察事既多，误察亦必不少，如元丰元年相州之狱，"事发于皇城卒，事十九不实"。[4] 这其中可能有出自风闻之类的信息本身不准确的原因，也有不少是出于公权私用、狐假虎威，打击报复、罗织罪名。

　　宋代皇城司是天子耳目，是皇权强化的表现，但与明代厂卫等特务机构还是有别。作为"天子耳目"，皇城司差人探事，"事无巨细，皆达圣听"，[5] 是君主获取信息的重要渠道之一是毋庸置疑的，但察访外事毕竟不是皇城司最重要、最本质的职能。皇城司有卒数千人，承担着京城宿卫、一些机构的安保和大量的临时差遣，经常用来察事的，据现有史料，大致是几十人的规模。所察信息要上报本司，本司录奏，所查到不法事也都是交给相关机构处理，皇城司本身似很少能够独立处理。[6] 大概在真宗之前，皇城司可能有捕贼职能，咸平五年，真宗令"自今捕贼，止委开封府"，[7] 此弊遂革。[8] 史料中偶见皇城司置狱的记载，如哲宗

1　《宋会要辑稿》职官二九之一、六，第3782、3787页。
2　《长编》卷一九七，嘉祐七年十二月，第4784页。
3　李寿朋，迁群牧判官，击断敏甚。皇城卒逻其纵游无度，出知汝州（《宋史》卷二九一《李寿朋传》，第9742页）。察京城违"禁销金为衣"（《宋史》卷三三〇《窦卞传》，第10624页），告发苏颂徇私挠法（《长编》卷二九三，第7151页），等等。
4　《长编》卷二八九，元丰元年四月丙午条，第7063页。按："事发于皇城卒"一句，《宋史》卷四七一《蔡确传》、《全宋文》第108册黄庭坚《叔父给事行状》皆将"卒"字下属，误。
5　《长编》卷五五，咸平六年八月癸亥条，第1209页。
6　《长编》卷七四，大中祥符三年八月庚午条，第1687页。
7　《长编》卷五二，咸平五年五月庚戌条，第1133页。
8　曾巩《隆平集》记此事入"革弊"，参见曾巩撰，王瑞来校证《隆平集校证》卷二《革弊》，中华书局，2012，第87页。

绍圣三年废后的瑶华之狱，是临时在皇城司置狱，但派他官审理，[1]皇城司本身无捕人、置狱、审讯之权。[2]故宋之皇城司与明代厂卫职能差别甚大，即使就侦伺而言，规模、权力亦不可同日而语。

宋代皇城司中一个比较值得注意的问题是从察事到察言的发展。庆历五年（1045）五月七日，皇城司言："访闻在京诸色军人百姓等，讹言云道：'四月不戴皂角牙，直到五月脚攞沙。'恐是不祥之言，乞行禁止。"诏开封府严切禁止，如敢狂言，依法施行。[3]熙宁五年（1072）正月，则有前文所引增京城逻卒察谤议时政之事，闰七月"皇城司探得保甲汕罟，乃令开封鞫之"。[4]又，据林希《野史》，熙宁时，"探伺者分布都下。又明年，曾孝宽以修起居注侍上，因言民间往往有怨语，不可不禁。安石乃使皇城司遣人密伺于道，有语言戏笑及时事者，皆付之狱。上度其本非邪谋，多宽释之"。又言"开封推官叶温叟在府不及一岁，凡治窃议时事及诟骂安石者三十余狱"。[5]实际上据《长编》所载熙宁五年十一月冯京、王安石与神宗论皇城司探事之弊，可知安石必不为此等事。淳熙十四年（1187），夏旱，杨万里应诏上疏，曾批评"逻者"兴京畿县令之狱，比之以"周之监谤，秦之偶语"，[6]而早在徽宗即位之初，江公望上疏论"逻察"，"太察，则闻人之过；下情不通，则不见己过"，[7]正如周厉王以防口而招亡，逻者之兴，"非清世之美事也！"

1　参见《宋史》卷三五五《董敦逸传》，第11177页；卷二四三《哲宗昭慈圣献孟皇后传》，第8634页；陈次升《上哲宗论皇城司狱疏》，《全宋文》第102册，第375页；《皇朝编年纲目备要》卷二四，绍圣三年，第596页。

2　《长编》卷一〇三，天圣三年："东上阁门使、会州刺史王遵度领皇城司，遣卒刺事。有沈吉者，告贾人张化等为契丹间谍，即捕系本司狱，所连逮甚众。命殿中侍御史李纮覆讯，纮悉得其诬，抵沈吉罪。"（第2387页）

3　《宋会要辑稿》刑法二之二七，第8297页。

4　《长编》卷二三六，熙宁五年闰七月辛酉条，第5742页。

5　《长编》卷二二九，熙宁五年正月丁未条，第5581页。

6　杨万里撰，辛更儒笺校《杨万里集笺校》卷六二《旱暵应诏上疏》，中华书局，2007，第2675页。

7　江公望：《论逻察》，吕祖谦编《宋文鉴》卷六二，第923页。

（二）走马承受

走马承受全称为"某路都部署司（都总管司）或安抚司走马承受公事"，习惯上简称"某路走马承受""走马承受"，在徽宗朝一度改为"廉访使者"，成为以某路廉访所为名的正式机构。

走马承受的设置，诸路各一员，无事岁一入奏，有边警则不时驰驿上闻。其职能，顾名思义，以通传信息为主，故宋人述其职曰"以骏奔承命为职"。[1]然而这只是表面。走马承受"以三班使臣及内侍"充当，[2]地位虽微，却是天子私人。神宗曾说："走马承受公事，系朝廷所遣小行人。"[3]王人虽微，序于诸侯之上。走马承受受命派驻地方，搜集信息，监视进而监察地方官员，其信息直达御前，[4]实为天子私人耳目。

宋代在某些特定路分设置专人承接文书传递的工作，始于太宗时期，起因是传递军情需要。至道元年（995）九月，"供奉官宋元度等五人分往镇、定、并等州及高阳关承受公事"，[5]此为"走马承受公事"设置之始。真宗朝时，走马承受普遍设置于河北、陕西、河东、川峡四个地区，仍是以传递军情为主。

真宗在谈到设置走马承受的目的时曾说道："朝廷置此职，欲令视军政，察边事。"[6]崇宁四年（1105）诏："边界探报事宜，依条令实封送走马承受看详。"[7]北宋为了察边事，缘边有不少"探事人"或"刺事人"，应该是走马承受的信息来源之一，走马承受的职能更主要的在于察内，"以察守将不法为职"，[8]自己本身不能预政。真宗曾说："承受止当

1　慕容彦逢：《入内内侍省东头供奉官熙河路走马承受公事秦肃之特转两官制》，《全宋文》第136册，第76页。
2　《宋会要辑稿》职官四一之一二三引《两朝国史志》，第4063页。
3　《长编》卷三一〇，元丰三年十二月丙戌条，第7529页。
4　《长编》卷七八，大中祥符五年六月壬子条："权知开封府刘综言，诸路走马承受使臣到阙，皆直造便坐。自今请先于前殿见讫，乃诣后殿奏事。"（第1771页）
5　《宋会要辑稿》职官四一之一二〇，第4061页。
6　《长编》卷六三，景德三年七月癸卯条，第1410页。
7　《宋会要辑稿》职官四一之一二四，第4064页。
8　《宋史》卷四六七《李舜举传》，第13644页。

奏事，若预闻兵政，非所宜也。"[1] 庆历三年八月，诏"诸路走马承受非本职不得辄言他事"。[2] 元丰元年四月神宗也重申："走马承受不得干预军事。"[3] 不过这些强调恰说明走马承受在地方预闻军政才是常态。仁宗嘉祐五年（1060）二月，同勾当三班院杨畋曾说："诸路走马承受虽是使臣，缘预闻边要、主帅机宜公事，职任非轻。"[4] 熙宁七年（1074）四月，定州路走马承受任端"尝呼集诸军校有所戒谕而不以闻其帅"，以"侵预军政"被劾。[5] 政和七年（1117）六月十五日，利州廉访使者丁弼"侵挠帅权，干预边事"，兼奏报不实，被除名勒停，永州编管。[6] 可见通常情况下，走马承受本身不能主动参与军事，即使到徽宗时走马承受职能已经大大扩张的时候，主动侵权预边事亦属非法。大观四年（1110）十月十九日，臣僚言东南诸路有些走马承受，"侵官紊法，辄受词状，判送州县，移文督催，过于监司，喜怒任情，所至受弊"，可见走马对于地方民政事务的介入亦深，然"非建置之旨"。[7]

　　走马承受有入京奏事的权力，其入奏，据《宋会要辑稿》引《两朝国史志》，"无事岁一入奏，有边警则不时驰驿上闻"。此为北宋前期之制，最迟至神宗熙宁时已有一年中春秋两奏的规定。[8] 徽宗大观、政和时皆有走马季奏之诏。[9] "每岁春秋依格轮赴阙奏事"可能是在元丰时期著为令的正式制度，并在徽宗时期得以遵行。[10] 走马承受在进奏之时，所言内容显然远不止军情。仁宗朝河东麟府路走马承受公事王翊每进对

1　《长编》卷六五，景德四年三月壬寅条，第1447页。

2　《宋会要辑稿》职官四一之一二二，第4062页。

3　《长编》卷三二五，元丰五年四月甲子条，第7820页。

4　《长编》卷一九一，嘉祐五年二月壬午条，第4614页。

5　《长编》卷二五二，熙宁七年四月乙亥条，第6155页。

6　《宋会要辑稿》职官四一之一三一，第4067页。

7　《宋会要辑稿》职官四一之一二八，第4066页。

8　《宋会要辑稿》职官四一之一二三，第4063页。

9　大观二年（1108）十一月九日诏中有云"今后东南走马季奏"（《宋会要辑稿》职官四一之一二四，第4064页）；政和五年（1115）澄汰不职走马，诏中云"且许季奏，赐对便殿"（《宋大诏令集》卷二一二《走马不职澄汰御笔》，第807页）。

10　《宋会要辑稿》仪制六之二一，第2413页。

时，"多言时政得失，辄触权要"。[1] 此前真宗在景德四年也曾言："朝廷比差诸路承受使臣，要知逐处物情人事。"[2] 天禧五年（1021），有州县官任西蜀，路途遥远，题诗驿舍，言赴任之难，走马承受抄录题诗上奏，同年八月诏："先减省诸州县官送还公人，令并依旧时。"[3] 故走马入对也成为天子周知地方民情的途径之一。

走马承受之制的重大变化发生在徽宗时期，主要有二，一是在大观年间，获得了"风闻言事"的权力；二是政和六年（1116）七月，走马承受改为廉访使者，九月四日，诏诸廉访使者"今后并以某路廉访所为名"。[4] 廉访所成为正式机构，加上廉访使者获得风闻言事的权力，一定程度上便起到监司的作用。这些变化使走马承受（廉访使者）的职能由军情传递、监视将帅转向监察地方，有学者称之为新的路级监察机构。[5]

徽宗时走马承受风闻言事、监察地方的迹象早已出现，如崇宁时期，东南某路"以钱半给军衣"，被内侍担任的内侍走马承受举劾，自转运使、郡守以下皆罢。[6] 大观四年（1110）诏："诸路走马承受公事使臣，大小行人之职，耳目之任，旧许风闻。庶几边防动息，州郡不法，得以上达。近有陈请不实，重行降黜之文，例皆偷安苟简，避罪缄默，甚失设置之意，可仍旧许风闻言事"。[7] 风闻言事以诏令形式被进一步明确下来。

政和五年徽宗有一御笔诏书，从中可见走马承受一职的职能与定位的变化，诏书曰：

1　蔡襄：《蔡襄全集》卷三五《内殿承制王君墓志铭》，陈庆元等校注，福建人民出版社，1999，第768~769页。
2　《宋会要辑稿》职官四一之一二〇，第4061页。
3　《长编》卷九七，天禧五年八月壬子条，第2251~2252页。
4　《宋会要辑稿》职官四一之一三〇，第4067页。
5　秦克宏：《宋代走马承受公事》，博士学位论文，北京大学，2012。
6　《宋史》卷三五六《张根传》，第11217页。
7　《宋会要辑稿》职官四一之一二七、一二八，第4065页。

耳目之寄，实司按察。民生之利病、法令之废举、吏治之清
污能否，凡群邑之政，皆得驿闻而上达，任之不为不重。右职之
与选者，延见临遣，体均使华，且许季奏，赐对便殿，遇之不为
不至。迩来一二臣外，余皆贪嗜贿赂，与郡邑为交私，惮大吏、
苦细民。凡所巡按，类不举职，而较计馈送，贩买土产，诏事权
要，欺侮属郡。或懦怯畏避，首鼠两端，反为州郡所制。身为使
臣，经涉岁月，略无建明。春秋季奏，乃毛举无益之务、已行之
令，用为籍手。是岂设官之意哉。诸路走马承受，除庸懦不职已
行澄汰外，其各务首公灭私，清白自励。激昂自奋，以称任使。[1]

走马承受到徽宗时的定位是"耳目之寄，实司按察"，要履行"巡按"
之责，"民生之利病、法令之废举、吏治之清污能否，凡群邑之政，皆
得驿闻而上达"。以按察的地位，反为州郡所制，当然也就成了不能举
职、不可接受的事情。

从"以察守将不法为职"[2]到察"边防动息，州郡不法"，走马承受
在地方的监察权力得以扩张。政和中改走马承受为廉访使者后，"其权
与监司均敌，朝廷每有所为，辄为廉访所雌黄"。[3]史料中可见不少廉访
使者按察州县之例。

政和七年五月，令廉访使者察监司州县共为奸赃事，"广布耳目觉
察，密具以闻"。[4]

宣和元年六月，令廉访使者监督提举司督察州县都保。[5]

宣和元年八月十八日，诏廉访使者可以收接"事涉要害，或论诉他
司违法之类"词状。[6]

1　《宋大诏令集》卷二一二《走马不职澄汰御笔》，第 807 页。
2　《宋史》卷四六七《李舜举传》，第 13644 页。
3　《建炎以来系年要录》卷一一，建炎元年十二月丁卯条，第 252 页。
4　《宋史》卷二一《徽宗三》，政和七年五月辛丑条，第 398 页。
5　《宋会要辑稿》兵二之四一，第 8645 页。
6　《宋会要辑稿》职官四一之一三二、一三三，第 4068 页。

宣和二年八月，令廉访使者劾"监司所举守令非其人，或废法不举"。[1]

宣和三年九月，令廉访与御史台按举监司与州县官"背公自营，倚令搔众"，"知而不按与同罪"。[2]

宣和七年四月，令诸路监司、廉访按察"见任官员买饮食衣着之类"时不法行为。[3]

徽宗时期行御笔独断之政，广用内侍，而京百司、地方也利用中人渠道之便，自请派驻内侍，从而出现宦官内则兼领诸司务局，外则任廉访、承受的局面。[4]直到靖康元年，罢内侍领外局职事以及廉访使者，走马承受公事复旧制。[5]绍兴初，两河、陕西俱陷金，绍兴三年，罢广西走马承受，"自是走马承受遂不复除"，[6]但南宋时出现的诸军"承受"，其功能与走马承受相近。

靖康时期，由宦官或者军人、吏人担任的传递军情的"承受"官逐渐复置，其中又以内侍最受欢迎。如李纲在靖康元年宣抚两河，上奏请"宣抚司各置承受官一员，伏望圣慈于近上内侍中选差"，所请得允。史称南宋初"诸军帅皆以宦官充承受"。[7]

宋高宗曾经说道："今之承受即祖宗朝走马承受，专令掌边将奏报，后改为廉访使者。"[8]将诸军承受与北宋之走马承受混为一谈。实际上二者不仅身份有所不同，执行任务的方式也不尽相同。沿边诸路所设之走

1　《宋史》卷二二《徽宗四》，宣和二年八月乙未条，第406页。
2　《宋会要辑稿》刑法二之八三至八四，第8328页。
3　《宋会要辑稿》职官二七之二五，第3723页。
4　据《铁围山丛谈》："当是时，御笔既行，互相抵排，都邑内外，无所适从。群臣有司大惧得罪，必得宦人领之，则可入奏，缓急有所主，故诸务局争奏，乞中官提领。是后大小百司，上下之权，悉由阉寺。外路则有廉访使者，或置承受官。"（蔡絛：《铁围山丛谈》卷六，冯惠民、沈锡麟点校，中华书局，1983，第110页）
5　《宋会要辑稿》职官四一之一三四，第4069页。
6　《建炎以来系年要录》卷七〇，绍兴三年十一月丙辰条，第1178页。
7　《杨万里集笺校》卷一二〇《宋故左丞相节度使雍国公赠太师谥忠肃虞公神道碑》，第4606页。
8　《宋会要辑稿》职官二之三二，第3006页。

马承受，不尽以宦者担任，有警则奏，奏毕即还，在某种程度上可谓是皇帝派驻军中之监军；诸军承受则由宫中宦官担任，承接诸军奏状。从文书传递的角度看，后者是绕过了文书传递的常规渠道进奏院和通进司而直达御前。李纲之倡议，本意在于提高文书运行的效率，然而设置既久，却不唯失其初衷，反而弊端丛生。绍兴三十年（1160），金将渝盟，秘书郎王十朋轮对，上言："诸军承受，威福自恣，甚于唐之监军；皇城逻卒，旁午察事，甚于周之监谤；将帅剥下赂上，结怨三军；道路捕人为卒，结怨百姓，皆非治世事。"王十朋将皇城司和承受这两个君主耳目一并批评了，据说高宗采纳其建议，"戢逻卒，罢诸军承受"。[1]孝宗时期，诸军承受似一度复置。据《宋史·孝宗本纪》，诸军承受之罢在淳熙九年（1182）。[2]

孝宗淳熙九年，赵汝愚论"今日之弊，其最大者无如诸军置承受"，其疏云：

> 传闻诸军凡有奏请文字，皆先取决于承受，承受视以为可则进呈，承受以为不可则退去，或进或退，有司皆无由稽察，非若章奏、通进二司，皆有文据可点检也。故军中虽有着实利害，皆无由自达，而陛下圣意微有喜怒，必彼先事知之。于是将帅祸福、轻重之权，阴受制于承受，而货赂之风，掊克之政行矣。

汝愚还将诸军承受与北宋的走马承受做了比较：

> 臣伏观祖宗时，虽有走马承受之名，然实非今日之制。盖祖宗时三路沿边走马承受皆在本路置司，遇有机速公事，方许驰传入奏，朝见讫，亦不得在京迁延久住。其使臣皆是三班院选差，虽间有差内侍去处，其见本路帅臣之礼，只许依属官例。其视今

1 《宋史》卷三八七《王十朋传》，第11884页。
2 《宋史》卷三五《孝宗三》，第677页。

日事体轻重，岂不万万甚相远耶！

诸军承受的设置，本为军兴之际保证信息通畅，"务要速达"，而因循既久之后，反致"上下壅隔之弊"，故汝愚提出罢之，孝宗从其议，"尽罢诸军承受"。[1]

（三）"天子耳目"

台谏给舍之类与皇城司、走马承受等皆可谓天子耳目，后者更具私密性，不过他们都是官僚体制的一部分。君主还会经常根据地方实际，派出一些专使、特使调查情况或派"承受"文字官等。这些信息，同样也是朝廷信息的一部分。即使对于皇城司这样的耳目机构，天子仍有不放心的地方。天子更有自己的耳目，这些耳目完全是天子私人耳目，对天子个人负责。

咸平六年（1003）八月，右谏议大夫田锡上疏：

> 自来皇城司差人探事，又别差探皇城司。探事人如此察探，京城民间，事无巨细，皆达圣聪。近又差朝臣为巡抚使，及差朝臣以点检酒务名目，出外采访。所采访之事，不过民间利病，不过官吏能否而已。即未闻委公卿大夫察访善论兵之人，询求有王佐之才者也。由是见所求者琐屑，而所忽者远大也。陛下若以宗庙社稷为忧，以生灵为念，即宜以远大为务，求将相为急也。[2]

田锡提到的"差朝臣为巡抚使"，"差朝臣以点检酒务"等名目，都是一些专使，采访民间利病。值得注意的是他对皇城司探事的描述：

1　赵汝愚：《乞罢诸军承受奏》，《全宋文》第273册，第423页。刘光祖：《宋丞相忠定赵公墓志铭》，《全宋文》第279册，第81~82页。
2　田锡：《咸平集》卷一《上真宗乞询求将相》，罗国威校点，巴蜀书社，2008，第25~26页。《长编》卷五五，咸平六年八月癸亥条，第1209页。

"自来皇城司差人探事，又别差探皇城司。探事人如此察探，京城民间，事无巨细，皆达圣聪。"可见真宗对于皇城司这样的"天子耳目"竟然也放心不下。皇城司在差人探事的同时，大概不会想到真宗还别差人探皇城司，正所谓螳螂捕蝉黄雀在后。在这样的侦伺网络之下，"京城民间，事无巨细，皆达圣聪"。这些探皇城司的探事人显然是君主更为亲近的天子耳目，他们主要有两类人：近幸与宦官。以下各举数例。

宋太祖时期有史珪。太祖临御之初，"欲周知外事，令珪博访。珪廉得数事白于上，验之皆实，由是信之，后乃渐肆威福"。[1]

宋太宗时期见于记载的有名有姓的耳目尤多，入《宋史·佞幸传》的就有赵赞和弭德超两人。

赵赞在太宗初期就"发摘甚众"为太宗所信，后因事停官数月，"复令专钩校三司簿，令赞自选吏十数人为耳目，专伺中书、枢密及三司事，乘间白之。太宗以为忠无他肠，中外益畏其口"。弭德超为镇州驻泊都监，"以急变闻于太宗"，致枢密使曹彬去职。[2]

淳化中，柴禹锡、赵镕掌机务，"潜遣吏卒变服侦事"，吏卒王遂与卖书人韩玉有矛盾，遂"诬玉有恶言"，柴禹锡以状闻，太宗诛韩玉。[3]"变服侦事"是皇城司常用之伎俩，柴、赵两人，皆为太宗潜邸旧人，身为枢密大臣，竟然为侦伺之事，而诬陷两人的行径也与皇城司相类。

真宗时，殿直安守忠、郑怀德相与捃摭殿前都指挥使王汉忠秘事以闻，汉忠黜死，而安、郑两人皆所谓"襄邸攀附者"。[4]真宗时宰相，最受倚重者为王旦，然王旦亦在真宗耳目伺察之列。王旦等奏事时，真宗曾提及一郎官才行可采。及其代还，王旦等宰执拟为转运使，约定次日奏请。及王旦晚归私第，该郎官来拜访，王旦不见。次日早朝入对，请

1　《宋史》卷二七四《史珪传》，第9357页。

2　《宋史》卷四七〇《佞幸·赵赞传》，第13680页；《佞幸·弭德超传》，第13678页。

3　《曾巩集》卷四九《本朝政要策·侦探》，第658页。

4　《长编》卷五二，咸平五年七月己亥条，第1142页。

授此人运使，真宗不许。王旦"退而叹骇惕息累日，乃知昨暮造请，虽不之见，已密为伺察者所纠"。[1]

仁宗初期，刘后听政，任内臣罗崇勋、江德明等"访外事"，崇勋等以此势倾中外。[2]

仁宗时，使宦官石全彬致香币于南海，"密诏察所过州县吏治民俗，还，具以对，帝以为忠谨"。[3]

哲宗时，宦官陈衍，"采访外事，密奏两宫"。[4]

以上所举诸例，皆是以天子私人身份察事，前数例为近幸，后两例为宦者。故柴禹锡、赵镕以枢府之尊，不害其为近幸之臣，行侦伺之事。天子广植私人耳目最典型的是神宗皇帝。

熙宁四年（1071）三月，神宗与文彦博、冯京等辩淤田等事，神宗说自己"令内臣拔麦苗，观其如何"，又"询访邻近百姓，亦皆以免役为喜。盖虽令出钱，而复其身役，无追呼刑责之虞，人自情愿故也"。[5]

熙宁四年三月，神宗言陈留县见行保甲事，所言极细致，最后言道："以上事皆被差保头所说，非虚妄。"[6]

熙宁五年，枢密都承旨李评，"多布耳目，采听外事自效以为忠"。[7]

熙宁七年五月，上谓辅臣曰："近遣小使至畿县视秋稼，非常滋茂。"[8]

元丰六年八月，神宗批示河北转运使蹇周辅父子不法事，其信息来源是"闻有百姓朱六言"。[9]

神宗自己的信息来源看起来颇广泛，有臣僚，也有宦者。有关"被

1　王曾：《王文正公笔录》"太尉王公旦"条，张其凡点校，中华书局，2017，第8页。
2　《宋史》卷二四二《章献明肃刘皇后》，第8615页。
3　《宋史》卷四六六《宦者一·石全彬传》，第13626页。
4　《长编》卷四四二，元祐五年五月庚寅条，第10640页。
5　《长编》卷二二一，熙宁四年三月戊子条，第5370页。
6　《长编》卷二二一，熙宁四年三月戊戌条，第5380页。
7　《长编》卷二三三，熙宁五年五月壬辰条，第5658页。
8　《长编》卷二五四，熙宁七年五月丁丑条，第6209页。
9　《长编》卷三三八，元丰六年八月庚辰条，第8140页。

差保头""百姓朱六"等信息估计是派近臣或者宦官察访而来。神宗时惯用内臣为耳目，但同时又用开封府、皇城司察探内臣，"如有内臣于街市作过，即密具名闻"。[1]

神宗之好采访外事从即位之初即是如此。治平四年（1067）苏颂为接送伴使，送辽使还，至恩州，驿舍夜火，郡人传言辽使反，州兵亦欲因缘生事，飞语至京师。至苏颂还奏，神宗告知自己曾"使人密诇，皆如卿言"。[2]同年七月，御史中丞司马光上札子弹劾勾当御药院王中正，疏中有云：

> 窃闻陛下好令内臣采访外事，及问以群臣能否。臣愚窃以为非宜。陛下内有两府、两制、台谏，外有提、转、牧守，皆腹心耳目股肱之臣也。……今若深处九重之内，询于近习之臣，采道听途说之言，纳曲躬附耳之奏，不验虚实，即行赏罚，臣恐谗邪得以逞其爱憎，而陛下为之受其讥谤也。

神宗手诏给司马光："王中正等事得之于何人，可密奏来。"光言："此事臣得之宾客，前后非止一人。"[3]守风闻言事之制，未透露消息来源。神宗即位半年多，就已有"好令内臣采访外事"之名声了。后来富弼也批评神宗："陛下好用人伺察内外事，臣恐赏及奸憸，罚及善良矣。此大系天下休戚，不可不慎。"[4]

实际上即使在熙宁时期神宗、王安石最为相得之时，神宗也一直在经营自己的信息渠道，以王安石信任之笃，其信息多有安石所不知者。

熙宁七年（1074）三月癸丑，神宗问安石："纳免行钱如何？或云提汤瓶人亦令出钱，有之乎？"安石曰："其言'提汤瓶亦令出钱'必有

1 《宋会要辑稿》职官三六之一四，第3895页。
2 邹浩：《故观文殿大学士苏公行状》，《全宋文》第132册，第4页。
3 《司马光集》卷三七《王中正第二札子》《王中正第三札子》，第855~856、856页。
4 晁说之：《韩文忠富公奏议集序》，《全宋文》第130册，第72页。

人，陛下何故不宣示，付所司考实？"

　　数日后，神宗批问王安石："取免行钱太重，人情咨怨，至出不逊之言，卿还闻否？"京师百姓的"不逊之言"竟然达至圣聪，必是遣人察访而得。及奏对，神宗又说道："近臣以至后族无不言不便，何也？"安石曰："近臣不知谁为悉力？朝廷有所闻，必考覆事实……陛下但明示姓名付中书，令对定虚实，即人自莫敢妄言，陛下所闻皆是实事。"[1]

　　神宗还有些信息可能是来自臣僚密疏。熙宁七年十一月，神宗批示："闻河北、河东上等户至今流移不绝，或缘与下户同保请常平钱谷，保内人近因乏食，多已逃散，惧将来独于户下催理，故一例迁避，宜令所在体量以闻。"至八年四月，诸路体量的结果是只有磁、相州言有上户流移，多因灾伤阙食，或为分房减口，与欠常平钱谷无关。神宗君臣因此事有一段对话：

　　　　安石遂白上："磁、相言上户有逃移，亦恐未实，缘其奏称或为分房减口，岂得谓之逃移？不知当时谁为陛下言此，何不明示姓名，令彼分析是何处有此事。"

　　　　上曰："忘记是谁言此。"

　　　　安石曰："彼既言之，必有事实。若有事实，即是州县监司合根究蔽欺；若无事实，即如此诬妄之人，存之何利！陛下欲明目达聪，则容长此辈，适足自蔽耳。"

　　　　上曰："如吴中复，即已施行。"

　　　　安石曰："两制夺一官，何足以惩奸！天下事如煮羹，下一把火，又随下一杓水，即羹何由有熟时也！"[2]

王安石再一次提出请神宗"明示姓名"，而神宗搪塞以"忘记"。对于

---

[1]　《长编》卷二五一，熙宁七年三月癸丑条，第6119页；戊午条，第6124~6125页。
[2]　《长编》卷二六二，熙宁八年四月己丑条，第6413~6414页。

神宗从自己渠道得来的这些信息,安石一再要求"明示姓名",质问神宗"何故不宣示,付所司考实?"在安石看来,唯有"对定虚实",欺罔有罪,才能杜绝妄言,然后"天下情实毕陈于前"。所以他说考实的目的不是"令人不敢言",而是欲"令人不敢妄言"。

在反近习这一点上,安石与司马光、富弼、文彦博等新法反对派是一致的。司马光在治平四年就批评神宗不信宰相、台谏等"腹心耳目股肱之臣",却"询于近习之臣,采道听途说之言,纳曲躬附耳之奏,不验虚实,即行赏罚"。熙宁三年,韩琦、文彦博言青苗不便。神宗说:"吾令中使二人亲问民间,皆云甚便。"彦博对曰:"韩琦三朝宰相不信,而信二阉乎?"[1]安石告诫神宗,唐二百年危乱相承之故就是"左右近习扰政而已",而神宗"喜怒赏罚不以圣心为主,惟左右小人是从",陷于各种道听途说之中,对于消息不加以考实,即使诬罔亦姑息纵容。其弊一则纯粹是在浪费时间,"寸阴可惜,乃以听小人诞妄之故弃日",即使"日昃坐朝,但为崇长欺漫,令政事日坏有何补!"再则有害于"国家大计","自古未有令近习如此,而能兴起治功者",长此以往,"恐致乱不难也!"[2]

安石对士大夫与近习的交结尤为愤慨:"凡作欺罔,即先须交结陛下左右,外缔朋党,然后能遏塞人论议。"而反对者恰是在这一点上诬安石阴结宦官,固上之宠,故上行其法益坚。[3]

神宗广植耳目,与安石在信息上的无法沟通,已预示着后人所艳羡的安石之得君臣如一人的局面已经结束。熙宁八年安石水火之喻,其失望可以想见。安石之去相不远矣。

1　文彦博《上神宗论青苗》注文,赵汝愚编《宋朝诸臣奏议》卷一一四,北京大学中国中古史研究中心校点整理,上海古籍出版社,1999,第1242页。

2　《长编》卷二五一,熙宁七年三月癸丑条,第6119~6120页;戊午条,第6125~6126页。

3　《宋会要辑稿》食货四之二九,第6055页。

第二章　宋代文书传递与信息沟通

第一节　宋代文书传递诸渠道及其关系

　　北宋时已经建立起多层次的信息沟通渠道和比较完备、系统的文书传递渠道。皇祐四年（1052），宋仁宗曾对辅臣言道："比日上封言政事得失者少，岂非言路壅塞所致乎？其下阁门、通进银台司、登闻、理检院、进奏院，自今州县奏请及臣僚表疏，毋得辄有阻留。"[1]至高无上的皇帝面对信息的缺失也难免有失落之感，仁宗之言表达出其对于言路壅塞的焦虑和畅通信息的渴望。更重要的是，区别于信息来源之"言

---

1 《长编》卷一七三，皇祐四年十月庚寅条，第 4176 页。

路"，仁宗这段话向我们展现出另一种类型的宋代"言路"，即文书传递的渠道，包括"阁门、通进银台司、登闻、理检院、进奏院"。其实在这条言路上发挥作用的还有入内内侍省、御药院、内东门司等宦官所掌机构。不管是何种信息传递渠道，都有一定的准入限制，或是在人员资格上，或是在文书种类上。

（一）都进奏院

进奏院之设始于唐。唐都长安的行政衙门中，属于地方行政机构者，京兆府之外，有州邸，以便于每年朝集使上计。安史之乱以后，方镇崛起，而朝集使制度业已中断，京城的州邸渐废，诸道于京城置"留后院"，作为与朝廷联络的沟通渠道。唐代宗大历十二年（777）改"诸道邸务"为进奏院，以进奏官主之。柳宗元作于贞元十二年的《邠宁进奏院记》将诸道进奏院的渊源追溯至汉邸，"唐兴因之，则皆院以备进奏"，又曰："领斯院者必获历闾阖，登太清，仰万乘之威，而通内外之事。"[1]故"备进奏""通内外之事"是进奏院的基本职能，"朝觐为修容之地，会计为交政之所"，兼具礼仪与政治双重意义，担负起中央和方镇间文书、信息的传递，成为中央与方镇沟通的主要渠道。[2]

唐代进奏院的出现是现实政治的产物，体现了唐代割据藩镇既企图游离于中央之外，又不能彻底否定中央统治的特点。[3]诸镇进奏院多以心腹主之，实为本镇在长安之耳目，是本镇利益在长安的代理者，及至唐末甚至直接干预朝政。[4]五代时期的进奏院基本沿袭唐制，但随着中央对地方优势的逐渐确立，进奏官的地位下降，从唐末一度"邸官皆得

1　柳宗元撰，尹占华、韩文奇校注《柳宗元集校注》卷二六《邠宁进奏院记》，中华书局，2013，第 1757 页。
2　王静：《朝廷和方镇的联络枢纽：试谈中晚唐的进奏院》，邓小南主编《政绩考察与信息渠道——以宋代为重心》，第 235~274 页。
3　张国刚：《唐代藩镇研究（增订本）》，中国人民大学出版社，2010，第 128~129 页。
4　张国刚：《唐代藩镇研究（增订本）》，第 130 页。

入见天子"，至后唐时已被视作比于吏役的"府县发递祗候之流"。[1]

宋初沿袭旧制，支郡不隶藩镇者，可自行置邸京师，隶藩镇者，则由藩镇进奏院兼领。及太宗时支郡不复隶藩镇，于是州、镇各自置邸京师，并皆用本州镇人为进奏官。他们不愿久住京师，就自募京师人或以亲信代之，每日晨则集于右掖门外廊接受制敕及诸司符牒等文书，及午则各还私居，造成文书承接出现稽缓、漏泄两弊。太平兴国七年（982）十月，太宗先是派人拣选原来各地自选的进奏、知后官150人为进奏官，每人掌二三州进奏事宜，设监官统一管理，然后又于大内侧近置都进奏院。[2]

都进奏院"掌受诏敕及诸司符牒，辨其州府军监颁下之，并受天下章奏、案牍、状牒以进御，分授诸司"。[3]主要职能是负责官文书的上传下达。元丰改制后，都进奏院隶给事中。

进奏院接受的文书是"天下章奏、案牍、状牒以进御，分授诸司"，具体而言是章奏要经过相关部门进御，案牍等则分纳诸司。这些文书在入递时依照重要程度其封装方式有"实封""通封"之别，区别在于密封与否。[4]"机宜、刑狱、急速公事"需要实封，[5]通封者则多为常程公事。

景德四年九月诏外任官司臣僚实封、通封奏状，除机密外，其他奏状须简节事宜帖于状前，用印后入递，"违者银台司、都进奏院举劾以

1　王溥：《五代会要》卷一七，中华书局，1998，第222页；《旧五代史》卷一四九《职官志·右御史台》，中华书局，1976，第1993页。

2　《长编》卷二三，太平兴国七年十月己卯条，第529页。都进奏院设置时间，《长编》《会要》《文献通考》记载不一，有太平兴国七年、八年、六年三说。

3　《宋会要辑稿》职官二之四四，第3011页。

4　游彪认为"实封"是指单封的机要密件，"通封"是将非机密材料集中起来送到朝廷，似是将两者理解为进奏院收到文书以后的处理方式。见游彪《宋朝邮政管理体制的一个侧面——以进奏院的职责与官方文书的分类为中心》，《云南社会科学》2003年第3期，第87页。实封、通封当为入递之初的文书封装方式。实封是为了防止泄露。治平三年六月二十四日知进进银台司李柬之奏，"有外处臣僚言时政得失利害者，往往只作通封，致有传布于外"（《宋会要辑稿》职官二之二八，第3004页）。赵鼎《辩诬笔录》辩与岳飞交结事，绍兴十年十二月，岳飞致函赵鼎谢转官，次年正月致书赵鼎贺年节，赵鼎皆"以通封公状谢之"（赵鼎：《辩诬笔录》卷一，来可泓、刘强整理，《全宋笔记》第3编第6册，大象出版社，2008，第92页）。

5　《宋会要辑稿》仪制七之一九、二○，景德四年六月诏、大中祥符二年四月九日诏，第2430~2431页。

闻"。皇祐四年九月再次下诏诏外官有所陈事，并附递闻朝廷，毋得申御史台。[1] "外任官司臣僚"包含甚广，除了路府州县机构及其长官外，基层三班使臣、幕职州县官亦可利用此渠道上书，不过所限为实封章奏。如至道元年（995）三月十四日，诏诸路内幕职、州县官等，"应公私利济之事承例未经改正者，并仰具析擘画，实封入递闻奏"。[2] 大中祥符五年（1012）七月诏："自今河西、陕西幕职州县官进实封文字即与收进。"以上两例是幕职州县官就特定事务或特定地区的幕职州县官可实封入递。天圣七年（1029）四月，诏进奏院诸道州府的三班使臣、幕职州县官实封章奏均予以收接进纳。[3]

　　进奏院所受文书依照不同类型，处理的紧急程度有所不同。如诸蕃酋长朝见、远夷入贡、宴劳、诸道奏祥瑞等事，十日一具报起居院。[4] 诸路案牍、诸州奏案、诸州兵帐都需要"即时"进入或分送相关机构。[5] 大中祥符元年九月诏诸州实封奏状均须"实时进内"，大中祥符四年二月又诏，外州官吏奏"民间利病"的实封奏状"实时进入"。[6]

　　进奏院还要检查诸州官吏所进文书是否符合体式，雍熙三年（986）曾诏诸州奏状哪怕是"小有差错"，也得勘鞫干系人吏鲁莽之罪。这些小差错是指"于文无害，但不如式"者，包括有错别字、字数有差错、申奏文书中脱"臣"字、漏书官衔、漏印、不贴事宜等，至真宗天禧二年定制为第一次违犯，特与免罪，由进奏院置簿记录，再犯即案问干系官吏，如果奏状只是"自述身事及谢恩表状，止劾其人"。[7]

1　《宋会要辑稿》职官二之四六，第3014页。
2　《宋会要辑稿》仪制七之一九，第2430页。
3　《宋会要辑稿》职官二之四五、四六，第3014页。
4　《宋会要辑稿》职官二之四五，第3013页。
5　雍熙三年十一月诏、淳化元年五月诏、咸平元年六月诏，参见《宋会要辑稿》职官二之四四、四五，第3012~3013页。
6　《宋会要辑稿》职官二之四五，第3013页。
7　雍熙三年十一月诏、淳化二年七月诏、大中祥符四年十月诏、天禧二年闰四月诏，参见《宋会要辑稿》职官二之四四、四五，第3012~3013页；天禧二年闰四月三日诏，参见《宋会要辑稿》仪制七之二〇、二一，第2431~2432页。

　　经进奏院投进的官方文字中，还需依条检视文书内容是否在当入递之列。熙宁五年（1072）闰七月，大名府，祁、保、邢、莫州，顺安、保定军等处所奏蝗灾，凡四十九状，其中三十九状因除捕未尽而奏，进奏院"封还奏牍"，以条法不合，不为通奏。瀛州安抚司上奏蝗灾的文书也被进奏院"递回"。[1] 进奏院退回奏状的依据皆是中书所定条例，不过前者退回三十九状是"误会条贯"，因为按规定是"蝗蝻生与捕尽俱奏"，而不是除捕未尽乃奏，后者则是因为"近制安抚司不得奏灾伤"。同年十月，枢密院上奏言地方盗贼时多不知，问进奏院乃知很多盗贼奏状是被进奏院给退回了，"须十人已上，又须强恶者，乃许申提点刑狱司录奏，故非十人及州县奏者并退回"。其依据亦是"中书条约"。[2]

　　都进奏院"总天下之邮递"，[3] 不过自徽宗时期入内内侍省开始大量接受地方文书而成为重要信息传递渠道之一以后，路级长官绕过进奏院，"直发"内侍省的文书增多，以至于钦宗即位后特地下诏诸路监司帅守"依自来条法递赴进奏院施行"。[4] 然而南宋时以军兴之故，此途复张，入内内侍省与进奏院互相补充，成为沟通中央和地方最重要的两条官方信息传递渠道。

（二）登闻鼓院、检院、理检院

　　登闻鼓院、检院、理检院为宋代受理特定群体上书的中央机构。鼓院原名鼓司，源自前朝的登闻鼓制度，检院则源自唐代匦函之制。匦、检俱为承受文书之装置。

　　尧舜时期有"敢谏之鼓""诽谤之木"，目的是开言路，使天下得以尽言。西周时期则有路鼓，"以待达穷者"，类似于汉代之"上变事而

1　《长编》卷二三六，熙宁五年闰七月丙辰条，第5732页。

2　《长编》卷二三九，熙宁五年十月丙戌条，第5809~5810页。

3　《宋会要辑稿》职官二之五一，第3020页。

4　《宋会要辑稿》职官二之四七，第3016页。

击鼓"，通常被看作唐宋登闻鼓制度之滥觞。[1] 后世据肺石、路鼓之制而有登闻鼓之设，登闻者，"有变事及急闻则登之"。[2] 现有史料中可知最早设登闻鼓在西晋时，[3] 隋及唐初皆置登闻鼓。[4]

　　匦函制度则萌芽于汉，初创于梁武帝时期[5]，至唐则有四匦之制。武则天时始置匦函。其制为一匦四门，各依方色。青匦曰"延恩"，在东，告养人劝农之事者投之；丹匦曰"招谏"，在南，论时政得失者投之；白匦曰"申冤"，在西，陈抑屈者投之；黑匦曰"通玄"，在北，告天文、秘谋者投之。[6] 知匦使常以谏议大夫及补阙、拾遗一人充，所受诉状，暮进晨出。[7] 以御史中丞、侍御史一人充理匦使。天宝中，玄宗以

1　张军胜：《登闻鼓源流略探》，《青海民族学院学报》2009 年第 3 期；赵旭：《论唐宋之际登闻鼓职能的强化及影响》，《唐史论丛》第 11 辑，三秦出版社，2009，第 30~45 页；温慧辉：《〈周礼〉"肺石"之制与"路鼓"之制考》，《史学月刊》2007 年第 6 期。

2　沈家本：《历代刑法考·汉律摭遗》卷一三《厩律·登闻道辞》，邓经元、骈宇骞点校，中华书局，1985，第 1618 页。

3　泰始五年（269）六月，西平人曲路伐登闻鼓，"言多妖谤，有司奏弃市"，晋武帝曰："朕之过也。"曲路斩首示众。参见《晋书》卷三《武帝纪》，中华书局，1974，第 59 页；卷三六《卫瓘传》，第 1060 页。

4　《隋书》卷二五《刑法志》，中华书局，1973，第 712 页；王溥：《唐会要》卷三〇《大内》，中华书局，1960，第 549 页。

5　梁武帝即位之初，于公车府谤木、肺石旁各置一函以受文书，"若肉食莫言，欲有横议，投谤木函；若以功劳才器冤沈莫达，投肺石函"。参见司马光《资治通鉴》卷一四五，天监元年正月癸酉条，中华书局，1956，第 4520 页；《梁书》卷二《武帝本纪中》，中华书局，1973，第 37 页。

6　《新唐书》卷四七《百官二·门下省》，第 1206~1207 页；《唐会要》卷五五《省号下·匦》，第 956 页。关于四匦方、色及所受书类型，《唐会要》《新唐书》大致相同。其东"延恩匦"，"告养人劝农之事者投之"，《资治通鉴》作"献赋颂、求仕进者投之"，《旧唐书》《封氏闻见记》略同。按：《唐会要》所载系当时诏语，故从之。《封氏闻见记》云："则天欲遍知天下之事，有鱼保宗者，颇机巧，上书请置匦以受四方之书，则天悦而从之。"（封演撰，赵贞信校注《封氏闻见记校注》卷四"匦使"条，中华书局，2005，第 32 页）"鱼保宗"，《通鉴》卷二〇三引《御史台记》作"鱼保家"。参见《资治通鉴》卷二〇三，垂拱二年三月戊申条，第 6437~6438 页。《旧唐书》卷五〇《刑法志》，第 2142~2143 页。武后置匦时间，有垂拱元年以及垂拱二年三月、六月、八月四种说法，《通鉴》据《则天实录》采三月说，有学者认为六月之说亦可成立，参见杨一凡、刘笃才《中国古代匦函制度考略》，《法学研究》1998 年第 1 期，第 81 页。

7　《旧唐书》卷四三《职官二》，第 1853 页。

"瓯"字声似"鬼"，改瓯使为献纳使。乾元初，复其旧名。[1]

五代宋初沿袭唐制置瓯院。宋太宗太平兴国九年（984）改瓯为检，改瓯院为登闻院，"东延恩瓯，为崇仁检；南招谏瓯，为思谏检；西申冤瓯，为申明检；北通玄瓯，为招贤检"。[2]真宗景德四年（1007）五月改登闻院为登闻检院，源于登闻鼓制度的鼓司则改为鼓院。鼓在宣德门南街之西廊，院在外门西之北廊。鼓司旧以内臣管理，改为鼓院后，设判院官二人，以朝臣充。登闻检院，隶谏议大夫；登闻鼓院，隶司谏、正言。[3]登闻院本来袭唐制置瓯函，改为检院后，亦置鼓，自复置理检院后，"其登闻检院瓯函改为检匣，如指陈军国大事、时政得失，并投检匣，令画时进入，常事五日一进"。[4]即检院是鼓、检并置，但检匣形制不详。

太宗淳化三年（992）曾设置理检院，至道三年（997）撤销。仁宗天圣七年（1029）复置，以御史中丞为理检使。故元丰改制以前御史中丞衔内例带理检使，如司马光在《资治通鉴》中的署衔即是如此。仁宗朝形成理检院与登闻检院、鼓院三者并置之制，三者分别成为"天子耳目"台谏官的重要信息来源。南宋时于建炎元年置检院、鼓院，三年，专隶谏院。[5]理检院则名存实亡，"御史台犹存理检院之名"，其实已废，其原先职能合并于御史台。[6]

登闻院、检院的职能，据《宋史·职官志》，"掌受文武官及士民章奏表疏"，而且其所掌文书内容广泛，"凡言朝政得失、公私利害、军期机密、陈乞恩赏、理雪冤滥，及奇方异术、改换文资、改正过名，无例通进者，

1　《封氏闻见记校注》卷四"瓯使"条，第33页。《唐会要》卷五五《省号下·瓯》，第956页。
2　《宋会要辑稿》职官三之六二，第3078页。《长编》卷二五，雍熙元年秋七月庚申条，第582页。《宋史》卷四《太宗一》系此事于七月壬子（第72页）。《长编》称"改瓯院为登闻检院"，《宋史》作"改瓯院为登闻鼓院"，又在"崇仁检"等四检后皆加"院"字，鼓、检不分，皆误。
3　《宋史》卷一六一《职官志一》，第3782页。《长编》卷六五，景德四年五月戊申条，第1456页。
4　《长编》卷一〇七，天圣七年闰二月癸丑条，第2501页。
5　《宋会要辑稿》职官三之七四，第3092页。
6　《宋会要辑稿》职官三之七〇，第3088页。

先经鼓院进状；或为所抑，则诣检院"。[1]《宋史》的这一记载稍嫌笼统，因为经此两院上书，不但有投书资格的限制，程序、言事内容也是有别。

资　格

与进奏院接受的是官员或机构的官方文字不同，鼓、检两院是受"四方之书"，面向天下士民。北宋前期史料中所见经两院上书者有"远近士庶""幕职州县官及在京诸色人""举人、僧道、草泽诸色人等"。[2] 绍兴二十八年（1158）十月，登闻检院谈到上书人委保的情况，提到了各类"上书进状人"：

> 有官人，即召本色有官人；进士、布衣，即召见在上庠生；僧道百姓召临安府土著有家业居止之人；军人召所属将校各一人作保，仍令逐院籍书铺户系书保识，方许收接投进。[3]

"上书进状人"包括官僚、进士、布衣、僧、道、百姓、军人等。理论上，天下士民皆可经两院上书，不过官僚身份复杂，实际上对能经两院上书的官员不能不有所限制。太宗至道元年（995）六月诏"除名、责降、停任人，如只是乞叙理者，不得收接文状"，有诉屈者可送理检院。真宗景德元年（1004）四月又诏检院，"追官、停任、责降、贬配、逐便人经赦乞叙用者"，如果已曾进状，不得再接，若是诉有司抑屈，乞行推勘，方得收接。[4] 仁宗天圣九年（1031）六月一日又重申贬谪官不得擅去贬所，登闻鼓院不得辄通奏状。[5] 对以上除命、贬谪等官上书的限制主要是为了防止其妄求恩泽。官员致仕后上书本来亦须经鼓

1　《宋史》卷一六一《职官一》，第3782页。
2　端拱元年七月诏、咸平三年七月诏、景德四年五月诏，见《宋会要辑稿》职官三之六二、六三、六四，第3079、3080、3081页。
3　《宋会要辑稿》职官三之七〇，第3087页。
4　《宋会要辑稿》职官三之六三、六四，第3079~3081页。
5　《长编》卷一一〇，天圣九年六月丁丑条，第2559页；《宋会要辑稿》职官三之六七，第3084页。

院，"与农民等"，至仁宗庆历五年（1045）六月方才下诏允许文武臣僚内"曾任两地及节度使并丞郎已上，不曾贬黜"之致仕官，可经通进司投下文字。[1]景德四年五月鼓院、检院改制后，规定文武臣僚能够经两院进状的是"阁门无例通进文字者"。[2]大体上经由两院上书之官吏士民，须是别无其他通进渠道可用者，可分为两类，一是各类普通士民，即"诸色人"；一是文武臣僚中"阁门无例通进文字"者，主要以在职之低级官员和致仕官为主体。

次　序

经鼓检院上书有"不得腾越""次序不越"的规定。

早在隋朝建立之初，即有诏"有枉屈县不理者"，须依次经郡、州，至省仍不理，乃诣阙申诉，"有所未惬，听挝登闻鼓，有司录状奏之"。[3]宋太祖乾德四年（966）时亦规定，伸冤论事"不得腾越"，须先经过"本处论诉"后不与施行，有偏曲者，方得投匦。淳化二年（991）十二月诏"若非大段冤沉，止是因事诤论而越诉者"，勒还本州。本州所断不当，即许再来陈诉。[4]至道二年（996）七月，诏诸州吏民诣鼓司、登闻院诉事者，"须经本属州、县、转运司，不为理者乃得受"。[5]景德二年，再度重申"诣阙诉事人，须因州县理断不当，曾经转运使诉理月日，鼓司、登闻院乃得受"。[6]南宋宁宗庆元三年（1197）十月，臣僚上疏论当时经二院上书者"公然腾越"时，指出："检、鼓二院，自有明载条令，盖谓经从次第所行失当及无所施行，方许投匦进状。"[7]只有在依次经过处理失当或者各级论诉无法裁决两类情况之后，方可投匦。在京者的诉

1　《宋会要辑稿》职官二之二七，第3004页。
2　《宋会要辑稿》职官三之六四，第3081页。
3　《隋书》卷二五《刑法志》，第712页。《资治通鉴》卷一七五载此事，删"有所未惬"句（第5445页）。
4　《宋会要辑稿》职官三之六二，第3079页。
5　《宋会要辑稿》职官三之六三，第3080页。
6　《长编》卷六〇，景德二年七月己未条，第1350页。
7　《宋会要辑稿》职官三之七三，第3091页。

讼亦需先经本处论诉："先所属寺监，次尚书省本曹，次御史台，次尚书都省，次登闻鼓院。"[1]

不得越级申诉的规定有其合理性。一则涉及各级职责与行政资源的分配问题。朱熹即反对越诉："今若有个人不经州县，便去天子那里下状时，你嫌他不嫌他？你须捉来打。不合越诉。"[2]再则进状若是得到许可，降出施行时，依然是走省部行下所委官司，所委官司行下州县索取文案的程序。

经由两院上书，正常情况下需遵循先鼓院，后检院，最后才是理检院的次序。真宗时期定制，"文武臣僚、阁门无例通进文字者，并诸色人进状，并须先经鼓院，除告军机密事及论诉在京臣僚，即实封"。如果鼓院"看详不尽清理，即许经登闻检院进状论便，仰检院详酌事理"。未经鼓院进状，检院不得收接，未经检院，不得接驾。[3]仁宗时在检院之上复置理检使后，对三者职掌做了明确的分工。据《两朝国史志》，鼓院的职责为："凡四方官吏士民冤枉封牍，咸受而奏之于中，以达万人之情。"看来鼓院所接受的主要为诉冤之类的文书。"凡机密章奏及上于鼓院而为所抑者"，则由检院以进，"其称冤滥沉屈而检院不为进状者，并诣理检使审问以闻"。[4]初鼓院，次检院，次理检，构成了一个文书传递的先后序列。

对不越次序的强调，还有一个原因是防止直接赴阙或者邀车驾。景德四年（1007）五月真宗正是因为"车驾每出，词状纷纭"，乃定制："诸人诉事，先诣鼓院，如不受，诣检院，又不受，即判状付之，许邀车驾。"[5]不过一直到南宋中后期，上书者"公然腾越"，"遽投检鼓，或径伏阙，或邀车驾陈诉"之类的事情仍时有发生。[6]

1 《长编》卷三二六，元丰五年五月甲申条，第7840页。

2 《朱子语类》卷九〇《礼七》，第2292页。

3 《宋会要辑稿》职官三之六四，第3081页。

4 《宋会要辑稿》职官三之六七，第3084~3085页。

5 《长编》卷六五，景德四年五月戊申条，第1456页。

6 《宋会要辑稿》职官三之七三，第3090~3091页。

条 目

"谤木之设，本俟诤臣。瓯函所收，先览冤状。"[1]武后时四瓯之名为延恩、招谏、申冤、通玄，太宗时分别改为崇仁、思谏、申明、招贤，由瓯检名称可见上书之内容，简而言之是以诉讼及言朝政得失为主。

检、鼓两院投进文书，投进次序是"初鼓院，次检院，次理检"。投进亦有实封、通封之别。检、鼓两院，"其建官之意虽均，而所掌之事则异"，[2]经两院进状，各有条目。据《朝野类要》：

> 经检院者，圆实封，奏机密军期事、朝政阙失利害及公私利济并军国重事。若经鼓院者，叠角实封，陈乞、奏荐再任、已得指挥恩泽、除落过名、论诉抑屈事、本处不公及沉匿等事、在京官员不法等事。两院状封，皆长八大寸。[3]

赵升之说并不具体，且不载通封条目。据孝宗乾道四年（1168）监登闻鼓院翟畋言本院所"省记"之一司旧条例，收接四方士庶、命官、诸色人等投进文字通封实封状，其条目计十六项，检院六项：

> 实封状：公私利济、机密、朝政阙失、言利害事、论诉本处不公、理雪抑屈、论诉在京官员，已上八项，并系折角实封。
> 通封状：大礼奏荐、敕断、致仕恩泽、遗表恩泽、已得指挥恩泽、试换文资、改正过名、陈乞再任，已上八项，并通封。
> 登闻检院条例，投进文字事目共止有六项：机密、朝政阙失、公私利济、军期、军国重事、论诉在京官员。[4]

---

1 王建：《郊天改元赦文》，董诰等编《全唐文》卷一二九，中华书局，1983，第1291页。
2 《宋会要辑稿》职官三之七二，第3090页。
3 《朝野类要》卷四"进状"条，第87页。标点有改动。
4 《宋会要辑稿》职官三之七一，第3089页。

其中鼓院实封条目八项（实际列出七项），通封条目八项。检院上书条目只有六项，亦为实封条目。[1] 检院实封条目六项中，除"军期、军国重事"两项外，其他四项与鼓院实封条目同，可知"军期、军国重事"当是直接投检院，其余当是先进鼓院。乾道七年三月三日诏："今后士庶进状，军国重事、朝政阙失、边防机密、军期重害、公私利济、论诉在京官员，许于检院投进。其余应进状诉事，并赴鼓院投匦。"[2] 所列六项正是检院实封六项，以后可以直接于检院投进，其余"赴鼓院投匦"。

　　两院上书条目制度化的重要阶段是真宗景德时期。实封条目中的"机密""朝政阙失""公私利济""论诉在京官员"等皆见于景德四年五月两院改制的诏书。有的事项，如著述文字等本来可经鼓司投进，景德四年五月诏书中也禁止了。[3] 当然在实际运行中，令两院照应格目收接文书诏旨屡下，却总是屡禁不止。[4]

　　两院上状中可实封言事之范围，包括朝政阙失、言利害事、公私利济等条目，都指向了朝廷时事。两宋君主发布求言诏时，也经常是鼓励中外士庶直言"朝政阙失""时政阙失"，在京者于登闻检鼓院投进，在外于所在州军实封附递以闻。[5] 两院因为可以接受对时政的上书，因而不同政治势力也利用此途为己方张势。熙宁七年（1074）久旱，安石求去，郑侠《言行录》云，吕惠卿"使其党日诣匦函，假名投书乞留安

1　据绍兴二十八年十月右正言朱倬、给事中杨椿言，两院实封条目，鼓院有八，检院有六，所列条目与翟畎所言相同，参见《宋会要辑稿》职官三之六九，第3086~3087页。又，点校本中"机密军国重事"，当分作机密、军国重事两项；"论诉在京官员通封"，当为"论诉在京官员。通封"。

2　《宋会要辑稿》职官三之七一、七二，第3089页。

3　臣僚著述文字直到真宗咸平二年三月还可于鼓司投进（《宋会要辑稿》职官三之六三，第3080页），景德四年后，"珍禽异兽、妖妄文字及诸般进奉并书札、药方、图画"等不得收接。

4　天圣七年八月八日诏："昨许诸色人指陈大事，诣检院进进，近日多不应验。宜令登闻检院自今须应敕条，指陈名目，方得投进，仍先取审状以闻。"《宋会要辑稿》仪制七之二一，第2432页；《宋会要辑稿》职官三之七二，第3090页。

5　《长编》卷三五七，元丰八年六月丁亥条，第8548页；《建炎以来系年要录》卷二〇〇，绍兴三十二年六月甲申条，第3389页。

石"，以坚守新法。[1] 至元丰八年（1085）哲宗即位，太后临朝，时势一变，司马光上疏请"不以有官无官之人，应有知朝政阙失及民间疾苦者，并许进实封状言事。在京则于登闻鼓院、检院投下，委主判官画时进入；在外则于州、府、军、监投下，委长吏即日附递闻奏"。[2] 徽宗即位之初，降诏求言，"投匦者如织"，"无日无之"。[3] 以上诸例的求言与投匦时机，皆与政争有关。

士庶个人也可经由检鼓院上书议论时政。元丰元年（1078）十一月，太学生钟世美因为"以内舍生上书称旨"，为试校书郎、太学正，其上书内容则与"经制四夷"有关。[4]《长编》没有交代钟世美通过何种途径上书，据黄庭坚《再次韵呈廖明略》"君既不能如钟世美，匦函上书动天子"[5] 可知他是通过登闻检院上书的。元丰六年八月，前桐城县尉周谔上书言四事，皆有关时政。神宗诏中书省记姓名。《长编》载此事后，续云神宗"日阅匦函，小臣所言利害，无不详览"，[6] 知周谔亦是经检院上书的。两宋之际利用鼓检院渠道上书乃至伏阙最有名的当属北宋末年太学生运动中陈东的上书。

陈东在钦宗、高宗时期共八次上书。他先是于宣和七年（1125）十二月二十七日，即钦宗即位之第五日，同"本学诸生"赴阙上书请诛蔡京等六贼。靖康元年（1126）正月一日钦宗下求言诏，陈东正月六日"独诣登闻检院上书"，请追还随徽宗南渡的蔡京等人，正月三十日第三次上书重申前议。二月五日，再度赴阙上书，请复用李纲等，四月十六日上书辞官。其中第一、四两次是赴阙上书，其余三次为检院上

1 《长编》卷二五二，熙宁七年四月丙戌条，第6169页。
2 《长编》卷三五七，元丰八年六月丙子条，第8536页。
3 《宋史》卷三一九《曾肇传》，第10394页；《皇朝编年纲目备要》卷二七，大观元年十月"窜方轸"，第694页。
4 《长编》卷二九四，元丰元年十一月乙酉条，第7166页。
5 黄庭坚撰，任渊、史容、史季温注《黄庭坚诗集注》外集卷六，刘尚荣点校，中华书局，2003，第947页。
6 《长编》卷三三八，元丰六年八月乙酉条，第8145页。

书。[1]陈东在其第五书中，解释两次赴阙上书的原因："意谓天子深居九重之中，堂下千里，门庭万里，已是隔绝，况登闻、检院等处，去门庭又远者，则韦布刍荛之言，岂能邃达乎？臣等诸生熟计议之，咸谓叫号帝阍，庶可即达。"第四次赴阙上书，"军民不期而会、不谋而同者十余万众"，"挝登闻鼓，山呼动地"，"挝鼓伏阙下"，乃至"舁登闻鼓挝坏之"。[2]宋高宗即位后，陈东于建炎元年七月二十六日南渡，于八月十七日、十九日、二十五日连续三次上书，乞坚留李纲，去汪伯彦、黄潜善，以及御驾亲征，迎还二圣。陈东在第一次上书中提到自己是"诣登闻检院上书"，此时其身份是"丹阳布衣"，故后面两次应该亦是经检院上书。[3]

陈东八次上书中，有两次赴阙上书，虽事出有因，若仅就制度言，皆是绕过检院，确是不合常规。在第三次上书高宗后，高宗君相惧陈东"将复鼓众伏阙"，遂与同时上书言事的布衣欧阳澈同斩于市。[4]其他六次上书，或是以太学生身份，或是以布衣身份，皆是经检院，且都是论"朝政得失"，按照陈东自己的话说就是以"布衣之贱，论及宰相大臣"。

理宗端平元年（1234），魏了翁应诏上疏，"臣民扣匦，太学生伏阙"，皆其所谓祖宗朝"听言旧典"，他认为在南宋前期这些旧典中，"惟有太学诸生伏阙与登闻检鼓院受书，犹得以自献"，至宁宗、理宗时，此途亦塞：

数十年间，两学之士或削籍远窜，或真决械遣，或羁之岭外，

1 陈东：《登闻检院上钦宗皇帝书》《登闻检院再上钦宗皇帝书》《登闻检院三上钦宗皇帝书》《伏阙上钦宗皇帝书》《辞诰命上钦宗皇帝书》，《全宋文》第175册，第188、193、194、203、204~209页。陈东在第五次的上书中自言第一、三次是赴阙，第二、四次是经检院，后人编陈东文集，将其第一书定名为《登闻检院上钦宗皇帝书》，误。
2 《宋史》卷二三《钦宗本纪》，靖康元年二月辛丑条，第424页；《宋史》卷三五三《聂昌传》，第11143页；《宋史》卷四五五《陈东传》，第13361页。
3 陈东：《上高宗皇帝第一书》《上高宗皇帝第二书》《上高宗皇帝第三书》，《全宋文》第175册，第209、213、220页。
4 《宋史》卷四五五《陈东传》，第13361页。

或毙之途中，或付之不报，或中以他事，由是竟相惩创，久郁不伸。检鼓院虽设匦，而不问几事，必诘所言。又至擅发奏御之封，以审其实，必不涉谤讪，乃与投进。或拒之不听，则批之曰"不受"。此何理也？其幸而得达，犹虽旬日以待处分，若得放罪之命，则大喜过望。其或押回本贯某州听读，编窜他州，皆未可知也。[1]

实际上尽管陈东、欧阳澈之后，伏阙为明令禁止之事，不同时期对太学生上书亦有不少压制措施，[2]但太学以风议之地自居，以太学生为主的伏阙、扣匦事屡见不鲜。[3]理宗时刘克庄曾奇怪"近岁上书者多"，因此得官者少，"前余承乏后省，见韦布匦函，已奏御付下者如山，未尝有遇合者"。[4]可见不但经鼓检院上书者多，且确实能上达天听。

鼓院检院，职清事简，南宋孝宗朝始，号称"察官之储"。[5]虽曰"位卑局冷"，有"冷曹"之称，然有此一途，普通士庶，"无远近，无强弱，操盈尺之纸，书平时之愤，曾不崇朝，即彻渊听，视帝阍万里若咫尺然"，君主、政府亦赖此以通天下之情，听天下之言，"四方万里

1　魏了翁：《应诏封事》，《全宋文》第309册，第127页。

2　高宗对赴阙阙持否定态度。据《建炎以来系年要录》卷六八，绍兴三年九月乙丑，"江阴军进士李韬、苏白伏阙上书论时事。御笔押归本贯。翌日，辅臣进呈，上曰：'所言皆细务可行，非有诋讦之语，顾不当伏阙耳。此风皆李纲辈启之，卒成变乱。不可不惩也。'然韬、白所言宗子扰民等事，亦命监司郡守讥察之"（第1151~1152页）。《宋会要辑稿》所载略同，末云："令尚书省检坐前后不许伏阙旨挥，出榜晓谕。"（《宋会要辑稿》职官三之六八，第3086页）即使在孝宗时，太学生赴阙亦在禁止之列。隆兴二年十一月十三日，诏："学校之士，久被教养，固知礼义。方今多事之日，必能爱君体国。如经检、鼓院有所献陈，自当采用，或加旌赏。若轻薄喜乱之辈，妄相鼓扇，不经检、鼓院，辄行伏阙之人，不问是何名色，为首者重置典宪，余人等第重行编配。事在必行，仍令尚书省出榜晓谕。"（《宋会要辑稿》仪制七之三〇，第2442~2443页）

3　太学生赴阙、扣匦事迹，可参看黄现璠《宋代太学生救国运动》，吉林出版集团有限责任公司，2009，第244~319页。

4　刘克庄著，辛更儒笺校《刘克庄集笺校》卷一〇七《吴垚投匦书后》，中华书局，2011，第4447页。

5　《建炎以来朝野杂记》甲集卷一〇《官制一》"六院官"条，第209页。

犹一堂",¹缩短了最高权力阶层与底层民众间的距离。可以经两院上书，论及国是，实际上等于为普通士民开一论政议政途径，是意义重大的制度设计。法意如此，人事难知。刘克庄所见理宗时那堆积如山的上书，最终都怎样了呢？恐怕是书与人皆"未尝有遇合者"。就像谤木演变为华表，鼓院检院的鼓与检最终也免不了从对权力的监督变成权力的装饰物。

（三）阁门

阁门，即阁门司，始见于中唐。中唐以后，君主听政场所从宣政殿逐渐转移至以紫宸殿为中心的内廷，²入朝必经之宣政殿两侧的东西上阁门成为接受臣僚章奏的主要地点之一，其他各门如光顺门、右银台门等也多有承受文书者，而以阁门总领之。总领阁门文书通进者为阁门使，为中唐以后所出现之宦官内诸司使之一，其职责除通达奏状之外，还负责赞导官员朝见，系侵夺中书通事舍人之职。³其实赞引与文书通进这两者是相通的，因为自宰相以下若需求对，本来也都是得先经阁门递交文书申请得准方可。五代宋初之阁门使不再由宦官担任，改任武人，职能则沿袭唐制。

宋初臣僚文书仍是经常经阁门入递。如真宗时即曾允许京朝官实封札子于阁门上进。⁴田锡为右拾遗、直史馆时，"尝诣阁门献书，请皇帝

1　张叔振：《登闻检院题名记》，《全宋文》第 272 册，第 277 页；赵梦极：《鼓院题名记》，《全宋文》第 277 册，第 146~147 页。

2　王静：《唐大明宫的构造形式与中央决策部门职能的变迁》，《文史》2002 年第 4 辑，第 101~119 页。

3　唐长孺：《唐代的内诸司使及其演变》，《山居存稿》，中华书局，2011，第 269 页。胡三省注阁门使，仅言及其赞导之职，而忽视其文书传递的功能（《资治通鉴》卷二五〇，咸通四年八月，第 8106 页）。咸通十三年五月，国子司业韦殷裕诣阁门告郭淑妃弟内作坊使敬述阴事被杖杀，阁门使田献铦夺紫，改桥陵使，"以其受殷裕状故也"（《资治通鉴》卷二五二，咸通十三年五月乙亥条，第 8163 页）。同时又有"阁门司阁敬直决十五，配南衙"（《旧唐书》卷一九上《懿宗本纪》，第 679 页），知彼时亦有阁门司之设。

4　程大昌撰，许逸民校证《演繁露校证》续集卷二"京朝官实封札子"条，中华书局，2018，第 1249 页。

东封，其书不实封，且言已白多逊，阁门吏乃敢受其书，又令锡依例常式署状云'不敢妄陈利便，希望恩荣'"。[1] 及宋代通进银台司建立，取代了阁门在通进文书方面的绝大部分职能，阁门更多地表现出其礼宾机构的职能。《神宗正史·职官志》载："阁门掌朝会供奉赞相之事。……应见谢辞官视其秩序各以次为之相导而纠其失，乘舆行幸则从。凡百官赴阁门，庆礼奉表则诣东，慰礼进名则诣西。"[2] 但同时它仍可接受一些文武臣僚的章奏。

阁门与通进银台司俱可接受文武百官奏状，其区别在于阁门所受文书具有相当强的针对性。阁门所受文书主要有两类，一是百官转对时所上封章，转对臣僚，"封章于阁门投进"，"其封章于阁门通进，复鞠躬自奏，宣徽使承旨宣答，拜舞而出，著为阁门仪制"。[3] 一是官员见谢辞时所上表状等。大中祥符三年（1010）四月诏："转运使、副使、提点刑狱官、知州、通判到阙，各具前任部内官治迹能否，如邻近及经由州、县，访闻群官善恶，亦许同奏，先于阁门投进后方得入见。"[4] 中央专使赴地方，大部分被赋予特殊使命，但考察地方官员的政绩，总是他们附带的任务。"两省、尚书省、御史台官，凡出使回，并须采访所至及经历邻近群官治迹善恶以闻。"[5] 通进司的职掌之一是受阁门、京百司奏状等，那么阁门在文书通进上的地位是不是和银台司等，其所承受到的文书都要汇总到通进司那里呢？也不尽然。宋代之"群臣上表仪"规定，逢礼节之时，宰相率文武群臣暨诸军将校、蕃夷酋长、道释、耆老等诣东上阁门拜表，其表"授于阁门使，乃由通进司奏御"。[6] 阁门的部分文书确是要经过通进司，但更多的是，经阁门的文书都是直赴宫中，而不是必经通进司。如《历代名臣奏议》卷一九九载，起居舍人傅尧俞上

---

1 《长编》卷二二，太平兴国六年九月壬寅条，第495页。
2 《宋会要辑稿》职官三五之三，第3874页。
3 《宋史》卷一一八《礼二十一》"百官转对"条，第2785页。
4 《宋会要辑稿》选举二七之一一，第5773页。
5 《宋会要辑稿》选举二七之一一，第5773页。
6 《宋史》卷一二〇《礼二十三》，第2817页。

奏，认为应该将近侍台谏官所上章奏与其他文字区别对待，以防止留滞遗失，内外不得相知：

> 欲乞指挥禁中置簿专令人管勾，逐日具有无及职位姓名章奏道数画一抄上，仍令通进司逐日亦依此画一开送阁门，阁门每日于引公事前，先次进呈，俟陛下亲览讫，然后付内照会。遇前后殿不坐，即令阁门具状直进，如有留滞遗失可以根逐施行。[1]

在宋人记载中我们还经常可以看到宰相请求辞职而皇帝不允，令通进司和阁门不许收接其文书的例子，如元祐四年四月，吕公著请罢，"阁门及通进司皆被旨无得受公著章奏"。[2] 在宋人文集中有更多类似的记载。由此可见，阁门与通进司应该是并行的两条言路，而不必有上下承受的关系。

（四）通进银台司

宋代的通进银台司不但因其处在言路的上端，更因其在北宋时期一度具有的封驳职能而在宋代的文书运行体制中扮演了尤为特殊的角色。

通进银台司最初是通进司与银台司二司的连称。通进、银台二司的职能，据《宋史》卷一六一《职官一·门下省》：

> 旧制，通进银台司，知司官二人，两制以上充。通进司，掌受银台司所领天下章奏、案牍，及阁门、在京百司奏牍，文武近臣表疏，以进御，然后颁布于外。银台司，掌受天下奏状、案牍，抄录其目进御，发付勾检，纠其违失而督其淹缓。

1　黄淮、杨士奇编《历代名臣奏议》卷一九九《求言》，上海古籍出版社，2012，第 2611 页。
2　《长编》卷三九八，元祐二年四月丁亥条，第 9700 页。

此段记载与《宋会要辑稿》所引《两朝国史·志》的记载基本相同，[1] 故此所谓"旧制"，实即北宋元丰改制之前的制度。从这段记载看，通进、银台二司在所领文书上有明确的职事分工：银台司所领文书有"天下奏状、案牍"两类，是来自地方的文书；通进司所领为"阁门、在京百司奏牍，文武近臣表疏"，主要是来自在京机构以及京城内外"近臣"的文书。

银台司所领文书在经过前期的管理程序后，须经过通进司方得"进御"，并不是直接送达皇帝处；而二司统一由知司官两人负责，故通进司又确乎可视作银台司的上端机构。由此，也带来一些称谓上的问题："通进银台司"或可指实为通进司、银台司二司，或可作为同一长官领导下的一个文书管理机构。实际上，北宋时期的通进银台司不管是其组织还是职能都经过了一个发展的过程：在最初，固为二司之组合，而在太宗淳化四年（993）之后，则渐渐整合为一个由通进、银台、发敕与封驳四司组成，由两名知司官统一领导的主管文书运行的机构。

通进、银台司在唐、五代均无设置，为宋代新设之机构甚明。然文书通奏之职事一日不可或缺，肃宗时李辅国即已有银台门决事之举，[2] 银台门自中晚唐起便已经是分隔内外、内侍授受文书之处。[3] 五代后梁时期的文书传递机构有四方馆，银台门也受事，但两者所受文书有轻重之别。[4] 银台门在唐德宗时曾设有监右银台门进奏使，[5] 至五代后梁末帝时期

1　此处"及阁门、在京百司奏牍"，点校本《宋史》作"及阁门在京百司奏牍"。点断与否对于阁门、京百司与通进司之间的文书承受关系会产生不同理解。根据《宋会要辑稿》职官二之二六所引《两朝国史·志》及二之二九所引《哲宗正史·职官志》，似以点断为宜。

2　《旧唐书》卷一一二《李岘传》，第 3344 页。

3　文宗大和九年七月，敕右银台门"自今不得与诸县主簿进文状"（王钦若等编纂《册府元龟》卷六五《帝王部·发号令》，周勋初等校订，凤凰出版社，2006，第 689 页）；宪宗元和十四年九月，考功郎萧祐诣右银台进《古今书画》二十卷（《册府元龟》卷一六九《帝王部·纳贡献》，第 1876 页）。

4　《五代会要》卷五《杂录》：开平元年八月敕，"诸道所有军事申奏，令直至右银台门，委客省使画时引进，寻常公事依前四方馆收接"（第 63 页）。

5　《唐故扈从监右银台门进奏使朝议郎守内侍省掖庭局丞上柱国赐绯鱼袋张府君（明进）墓志铭并序》，《全唐文补遗》第 3 辑，三秦出版社，1996，第 137 页。

又有"知银台事"一职的设立，[1]然终五代亦不见有银台置司的记载。银台受事，历唐、五代至宋，从设专职到设专司，几乎是其发展的必然，然银台司在宋代开始设置的确切时间，仍难以考知。

仁宗康定元年（1040），时任知通进银台司兼门下封驳事的李淑上言本司事宜时曾经说道："银台帝门邃严，门侧置司，故选侍从之臣典领书奏……初置此司，便是枢密学士主判。"[2]李淑所言枢密学士为张咏、向敏中，其时在淳化四年（993）。[3]庆历四年（1044），知谏院余靖奏议中也说道："国朝淳化中，始自枢密院分出银台、通进二司，兼领门下封驳事，令两制已上主判。凡制敕有所不便者，准故事封驳。张咏、向敏中咸领此职。"[4]则李淑、余靖二人之意，显然都是以淳化四年张咏、向敏中两人掌司事为通进、银台二司之创始。

淳化四年的确是通进银台司发展过程中的一大转折，但并非通进银台司始建的时间。不管是《会要》还是《长编》，在记载张、向二人于淳化四年八月掌通进、银台司一事时，皆有二司"旧隶枢密院"之语。"旧隶"云云，则二司当然不会是此时新设，张、向二人也非初领此二司者。向敏中在任枢密直学士之前，即曾上奏太宗，请求整顿通进银台司。《长编》卷三四记载："向敏中初自岭南召还，即上言通进、银台司受远方疏多不报，恐失事几，请别置局署，命官专莅，较其簿籍，以防壅遏。"[5]可见此次对通进银台司的整顿，恐怕正是二司设立已久、积弊过深的结果。又，据《宋会要辑稿》，淳化元年五月曾有诏云："诸州奏案即时于银台司通下，不得住滞，其断敕须当日入递。"[6]银台司所领甚广，而此诏乃专为奏案所发而不及其他，故银台司的建立更应在淳化元年之前。记载中虽未明言该诏书之承受者，但从上下文看，显然是针对

---

1 参见《旧五代史》卷九《梁末帝纪》，第 129 页。

2 《宋会要辑稿》职官二之三八，第 3009 页。

3 《宋会要辑稿》职官二之二六，第 3003 页。

4 余靖：《上仁宗乞宣敕并送封驳司审省》，《宋朝诸臣奏议》卷五六，第 618~619 页。

5 《长编》卷三四，淳化四年八月癸酉条，第 752 页。

6 《宋会要辑稿》职官二之四五，第 3013 页。

进奏院的。太平兴国八年（983）建都进奏院，其职责之一便是"受天下章奏、案牍以奏御，分授诸司"。银台司所受之"天下奏状、案牍"正是来自进奏院，故银台司作为都进奏院文书传递的上端机构，很可能也建立于太平兴国年间。北宋通进司与银台司的建置则应该是同时的事情，因为它们是处于同一信息传递渠道之上的两个不可或缺的环节。

通进、银台司最初的建置情况同样是没有明确记载的。值得注意的是，《宋会要辑稿》职官二之二六首段关于通进司的记载："通进司在垂拱殿门内，掌受银台司所领天下章奏、案牍，阁门、在京百司、文武近臣表疏进御，复颁布之。内侍二人领。又有枢密院令史四人。"[1]《宋会要辑稿》并没有交代这段话的任何背景，结合后来的情况看，这段话所记载的正是淳化四年之前通进、银台司的情况。

银台司地处银台，"门侧置司"；通进司则是在垂拱殿门内，处于更接近君主的禁中。与唐代大明宫内有三重宫墙、两重横街将宫城分为外朝、中朝、内朝不同，北宋东京大内只有一重横街，即为连接东华门与西华门的横街。横街以南有文德殿、大庆殿的后门，东西上阁门，左右银台门。横街以北正门为宣祐门。宣祐门西为紫宸殿，是视朝之前殿。次西垂拱殿门，门右柱廊接文德殿后，东北有角门通紫宸殿。垂拱殿为常日视朝之所。殿后即为正寝殿福宁殿，已经与皇帝的生活空间相连。[2]正是这条横街，将东京大内分隔为内朝、外朝："本朝视朝之制，文德殿曰外朝，凡不厘务朝臣日赴，是谓常朝；垂拱殿曰内殿，宰相枢密使以下要近职事者并武班日赴，是谓常起居；每五日，文武朝臣厘务、令厘务并赴内朝，谓之百官大起居。"[3]北宋高层政治运作即围绕着以大庆殿、文德殿为中心的外朝和以垂拱殿、崇政殿为中心的内朝而展开。通进司与银台司分处垂拱殿门内与银台门侧，沟通内朝与外朝，内外奏覆

1　《宋会要辑稿》职官二之二六，第3003页。
2　可参见傅熹年据《宋会要辑稿》及《东京梦华录》所绘之《北宋汴梁宫城主要部分平面示意图》，《中国古代建筑十论》，复旦大学出版社，2004，第266页。
3　宋敏求：《春明退朝录》卷中，诚刚点校，中华书局，1980，第27页。

必关二司，形成信息传递链条上的互相连接的两环。

通进银台司一方面由内侍主掌，另一方面其吏员又全部来自枢密院，吏员有缺，亦是由枢密院补。故实际上通进银台司又成为枢密院的下属机构，正如《宋史》和《宋会要辑稿》中多处提到的"二司旧隶枢密院"。同时，各种文书在经过内官与枢密吏人之后，"内则尚书内省籍其数以下有司"，造成了"或行或否，得缘而为奸，禁中莫知"的弊端。[1]《宋史·向敏中传》亦云："时通进、银台司主出纳书奏，领于枢密院，颇多壅遏，或至漏失。"[2]可知此一阶段的通进银台司主要弊端有二：一是壅遏，一是泄密。其原因恐怕与二司的政出多门不无关系。及向敏中自岭南召还，提出整顿通进银台司，其要点有二："别置局署，命官专莅"，即针对此中弊端而发。

淳化四年八月，太宗按照向敏中提出的"别置局署，命官专莅"的建议开始整顿通进银台司："以宣徽北院厅事为通进银台司，命敏中及张咏同知二司公事。凡内外奏章、案牍，谨视其出入而勾稽焉。月一奏课，事无大小不敢有所留滞矣。"[3]太宗的这次整顿要点有三：一是将通进司移出垂拱殿；二是将通进司与银台司合并在一处单独置局；三是确立了以文官为知司官的制度，首命枢密直学士向敏中和张咏同知二司公事。改制后的通进银台司虽单独置局，但其知司官以及院吏仍出自枢密院系统，故而太宗的两项措施，主要还是针对宦官的弄权，[4]使事有专掌，旨在提高效率，而不是针对枢密院。

那么通进司所移居之宣徽北院厅又是在什么位置呢？元丰五年十二月，肇新官制，"以旧中书东西厅为门下、中书省，都台为三省都堂。徙建枢密院于中书省之西，以故枢密、宣徽、学士院地为中书、门下后

1　《宋会要辑稿》职官二之二六，第3003页；《长编》卷三四，淳化四年八月癸酉条，第752页。
2　《宋史》卷二八二《向敏中传》，第9554页。
3　《长编》卷三四，淳化四年八月癸酉条，第752页；《宋会要辑稿》职官二之二六，第3003页。
4　宋光宗时刘光祖曾上《圣范》札子，云："……太宗始诏宣徽北院厅事为通进银台司，命向敏中、张咏同知二司公事。然则祖宗之良法美意，所以杜中常侍用事之渐又如此也。"（见《历代名臣奏议》卷七〇，第962页）即认为机构变迁之因在于杜绝宦官用事。

省"。[1] 则北宋前期的宣徽院或是与枢密院并列在中书门下之后。通进司从垂拱殿门迁移到朝廷附近，由文官专掌，开始步出内廷走向外朝。从此通进司与银台司改变了此前分处内、外朝的局面，统一了机构与领导，其职能合中有分，改制后的通进银台司职责为："凡内外奏章、案牍，谨视其出入而勾稽焉。月一奏课，事无大小不敢有所留滞矣。"通进银台司与二府等行政部门的联系也变得更为紧密，更加有效地起到沟通内廷和外朝的作用。

在这次整顿之后不久，通进银台司的机构又得到进一步的扩大，发敕司和封驳之职都改隶银台，与此相适应的则是其职能的扩展。发敕司本来隶属中书，掌受中书、枢密院宣敕，著籍而颁下之。通进银台司整顿不久，"寻令银台司兼领之"。[2] 给事中封驳之职，自唐末已废。淳化四年六月，宋太宗任命左谏议大夫魏庠、司封郎中知制诰柴成务同知给事中事，"凡制敕有所不便者，宜准故事封驳"。三个月之后，同年九月，下诏封驳一职改隶通进银台司，并重申了发敕司隶银台的规定。事见《宋会要辑稿》职官二之四二：

> 九年，诏停废知给事中封驳公事，令枢密直学士向敏中、张咏点检、看读、发放敕命，不得住滞、差错，所有行下敕文依旧编录。仍令发敕院应承受到中书敕令，并须画时赴向敏中等处点检，候看读，发放逐处。内有实封敕文，并仰逐房候印押下，实封送赴向敏中等看读、点检了却，实封依例发放。[3]

此后封驳之职隶银台，即以银台封驳司为名。真宗咸平四年（1001）五月，吏部侍郎陈恕知通进银台封驳司，"言封驳之任实给事中之职，隶

1　《宋宰辅编年录校补》，第 497 页。此处标点与《校补》稍异。
2　《长编》卷三四，淳化四年八月癸酉条，第 752 页。
3　《宋会要辑稿》职官二之四二，第 3010 页。"九年"，为九月之误，参见《长编》卷三四，淳化四年九月乙巳条，第 752 页。

于左曹。虽别建官局，不可失其故号"。遂根据陈恕建议，改为门下封驳司，仍隶银台司。[1] 九月，陈恕请铸本司印，"诏如有封驳事，取门下省印用之"。于是又改知封驳司为兼门下封驳事。[2] 发敕司和封驳司同隶主管文书运行的通进银台司，避免了文书运行经隔许多官司，显然有利于提高效率。

因此，从淳化四年（993）起，通进银台司实际上已经成为在"知通进银台司兼门下封驳事"统一领导下的，由通进司、银台司、发敕司、封驳司四司所组成的一个主管文书运行的组合性机构，其下端机构则是都进奏院。

尽管通进银台司与进奏院有业务上非常密切的上下承受关系，但两者各自独立，并无组织上的上下统属关系。然而到了神宗时期，这种状况发生了一些变化。熙宁四年（1071）二月十一日，神宗下诏：

　　诸道进奏院自今以知银台司官提举，其勾当进奏院官，令枢密院选差京朝官两员替见任官年满阙，今后更不差三班使臣，臣僚之家不得仍乞子弟勾当。[3]

"提举"即主管、掌管之意。神宗基于两者在业务上的密切关系，加强了两者在组织上的联系，将进奏院置于知通进银台司的主管之下，从而强化了对文书运行工作的统一领导。都进奏院由知通进银台司主管之后，其职能如故；其地位，则与通进司等其他四司等。其机构的独立性虽较此前已大为减弱，然相对于其他四司而言仍属较强。其表现有二：一则其组织远较其他四司庞大，需有异于他司的管理方式；二则与其他四司皆直属于知司官不同，进奏院有自己的长官。进奏院长官人选资格提高，直接掌于枢密院，其监管则掌于知通进银台司，知司官通过对

勾当进奏院官的监管实行其对都进奏院的管理。熙宁八年（1075）四月
二十六日，知通进银台司陈绎上言进奏院弊端，提出"惟是监官得人，
可绝其弊"，而勾当进奏院林旦在任台官时曾因言事不实降黜，不堪其
任，请"别与差遣"。[1] 结果是神宗从其所请，林旦罢勾当进奏院。[2] 陈
绎此举正是履行熙宁四年诏书所规定的职责的反映。

　　神宗在熙宁四年的举措可以看作继太宗之后对各文书相关机构的又
一次整合。然十年之后随着元丰官制改革的施行，通进银台司的隶属关
系及内部组织结构再次发生重大变化。按照循名责实的原则，总领通进
司等文书机构的知通进银台司一职废罢，其原先职能大部归属门下省给
事中。《宋史·职官一》记载：

　　　　通进司，隶给事中，掌受三省、枢密院、六曹、寺监百司奏
　　牍，文武近臣表疏及章奏房所领天下章奏案牍，具事目进呈，而
　　颁布于中外。
　　　　进奏院，隶给事中，掌受诏敕及三省、枢密院宣札，六曹、
　　寺监百司符牒，颁于诸路。凡章奏至，则具事目上门下省。若案
　　牍及申禀文书，则分纳诸官司。凡奏牍违戾法式者，贴说以进。[3]

通进司与进奏院一起成为给事中统一领导下的两个并行机构，其职能也
相若；章奏房处两环节之间，所取代的正是原银台司的职能。

　　三省制既行，封驳之职亦当属给事中，而改制之初犹循旧制送银台
封驳司。元丰五年（1082）六月，给事中陆佃言"三省、枢密院文字已
读讫，皆再送令封驳，虑成重复"，于是下诏罢银台司封驳房。[4] 银台司
的原先职掌已经归属给事中所领之章奏房，现在又失其相对独立之封驳

1　《宋会要辑稿》职官二之四七，第 3015 页。
2　《长编》卷二六二，熙宁八年四月丁亥条，第 6409 页。
3　《宋史》卷一六一《职官一》，第 3781 页。
4　《长编》卷三二七，元丰五年六月，第 7884 页；《宋会要辑稿》职官二之四〇，第 3010 页。

权，实际上已名实俱亡，此后再无一独立建制之银台司。

　　南宋初期值军兴之际，驻跸无常，各司职事多旷废，此时建立起通畅的信息沟通渠道尤为重要。高宗即位一个月后，建炎元年六月四日，即根据李纲的建议，"置检、鼓院于行宫便门之外，差官权摄"，以达四方章奏。[1] 用以通下情、收接四方士民上书的检院、鼓院既然都已重建，想必作为臣僚上奏途径的通进司在此之前即已设立。检、鼓院设于行宫便门之外，通进司则设立于行宫宫殿之内，颇类似北宋淳化四年以前的状况。一直到绍兴七年（1137）八月，通进司自请移出，于"殿门外宫门里东廊上空闲屋权拨两间置司"，[2] 与检、鼓院相表里。此时的通进司，规模、地位、职能等较之于北宋元丰改制以前已不可同日而语，其隶属关系似也不完全属给事中。绍兴十四年（1144）二月四日，通进司上奏："本司承受进降文字，事干机密。近申明旧制，系门下省长官提举，所有昨降旨挥许检正检察，系一时申请，合行冲罢。"[3] 以中书检正官检察通进司公事，是从黄龟年所请，始于绍兴二年，[4] 至十四年废罢，已有十二年之久。

　　南宋时的通进司已只是一个纯粹的文书传递机构，如袁燮所说："通进一司，所以达庶僚之言也。"[5] 在高宗建炎初期，诸路州军"机密急速紧切文字"日赴通进司，绍兴后期，臣下奏陈故事，臣僚陈乞上殿札子等，都由通进司投进。[6] 不过在高宗时期，通进司在地方文书通进方面的职能有相当一部分被宦官侵占，其主要原因在于军兴之后宦官所任诸军承受的设置。

　　绍兴三十年（1160），校书郎王十朋因轮对上言诸军承受威福自恣，

1　《建炎以来系年要录》卷六，建炎元年六月壬戌条，第146页。

2　《宋会要辑稿》职官二之三一，第3006页。

3　《宋会要辑稿》职官二之三二，第3006页。

4　《建炎以来系年要录》卷五七，绍兴二年八月甲午条，第991页。

5　袁燮：《轮对陈人君法天札子》，《絜斋集》卷一，《全宋文》第281册，第38页。

6　《宋会要辑稿》仪制七之二七、二九、三〇，第2439、2442页。

甚于唐之监军；起居舍人兼权中书舍人虞允文亦论此辈交通贿赂。[1] 十月二日遂有诏：

> 昨依故事，差内侍官承受内外诸军奏报文字，虑恐稽滞，可尽罢承受官。今后诸军奏状、札子并实封于通进司投进，三衙有公事，即时上殿奏禀。[2]

李心传在此纪事下有按语云："按绍兴十一年五月丙辰已罢三宣抚司承受文字官者，不知何时复置，当考。"十一年之罢，实是专门针对韩、岳、张三枢密而言。何铸在奏章中说：

> 今韩世忠、张俊、岳飞既除枢密使副，各已治事，稽之典故，朝廷大臣投进文字自有通进司，而承受文字官未罢，臣恐纲纪不正，失朝廷之尊，中外有所不服也，望减罢承受文字官，则纲纪正，朝廷尊，而中外服矣。[3]

韩世忠等三人已为宰执，其文书投进应经通进司，而犹袭军中旧规，故何铸认为不妥，主要是从仪制角度着眼，不及承受文字官之弊，其意也只是减罢三枢密之承受文字官。三十年之诏则是鉴于宦者承受之弊而尽罢诸军承受文字官，"诸军奏状、札子并实封于通进司投进"。

尽管三十年已诏罢内侍承受诸军奏报文字，此后奏状等皆于通进司投进，然很多将官有奏报文字及陈乞等事，仍是依托皇帝左右宦官以进，因而孝宗于隆兴元年（1163）九月札付张浚、王彦重申一律经通进

---

1 熊克：《中兴小纪》卷三九，绍兴三十年十月，顾吉辰、郭群一点校，福建人民出版社，1985，第473页；《建炎以来系年要录》卷一八六，绍兴三十年十月丙午条，胡坤点校，中华书局，2013，第3610页。
2 《宋会要辑稿》职官二之三二，第3006页；仪制七之三〇，第2442页。
3 《宋会要辑稿》职官二之三二，第3006页。

司投进，[1]而朝中臣僚陈乞则在绍兴三十年起已由纳札都堂改为投状通进司。[2]乾道八年（1172）十二月又下诏通进司，禁止陈乞文字经通进司投进："自今后朝廷百司、诸路州军急速文字等并依法收接、投进，其余陈乞恩泽、差遣文字不应投进，不许收接，即时退回，令经由合属官司陈乞。"[3]此前尚可经通进司投进的陈乞文字被排除在收接范围之外，各种文书分类以进，各从所属，可以看作通进司进一步振作其职的反映。从高宗时期诸军承受的废置到孝宗时期渐次严格其制度、提高其地位，南宋时通进司的职能实是经历了一个从削弱到重振的过程。

南宋时期的通进司由于受政治、军事形势的影响，经历了一个重建的过程。然而不管是就其性质还是职能来讲，南宋时期的通进司都是北宋元丰改制之后的通进司的延续。尽管"通进银台司"这一称谓在元丰改制之后直至南宋的记载中仍不时出现，偶尔还有"银台司"或"银台通进司"之称，[4]但都不过是旧称呼的沿袭，其实皆为通进一司，已不复如宋前期为二司之连称，其职事亦只限于"通进"文书而已。通进银台司作为一个由"知通进银台司兼门下封驳事"所统一领导的，由通进司、银台司、发敕司、封驳司四司所组成的并一度监管都进奏院的主管文书运行的实体机构只存在于元丰改制之前的北宋时期。

通进银台司作为全国文书收发的总机关，掌握全国信息，虽没有决事的权力，却可以操控信息的流通，知通进银台司门下封驳事的官员利用自己在此文书运行中的特殊地位，凭借对信息的掌握而积极参与到政治中去。王禹偁在至道元年（995）曾以翰林学士兼知审官院及通进、银台、封驳司，他后来描述自己的经历云：

---

1 楼钥：《楼钥集》卷一九《论玉牒圣语》，顾大朋点校，浙江古籍出版社，2010，第386页；《宋会要辑稿》仪制七之三〇，第2442页。
2 《建炎以来系年要录》卷一八五，绍兴三十年四月乙丑条，第3092页。
3 《宋会要辑稿》职官二之三五，第3008页。
4 叶绍翁：《四朝闻见录》乙集"倪文节请以谏议大夫入阁"条，沈锡麟、冯惠民点校，中华书局，1989，第82页。

> 臣在内庭一百日间，五十夜次当宿直，白日又在银台通进司、审官院、封驳司勾当公事，与宋湜、吕祐之阅视天下奏章，审省国家诏命，凡干利害知无不为，三日一到私家，归来已是薄暮。[1]

王禹偁作为翰林学士晚上宿直宫中，白日则作为通进银台司的长官，阅视章奏，省审诏命，能够"制敕有不便，多所论奏"，[2]正是因为他处在文书上传下达的中心环节上。真宗时田锡在任知通进银台司的时候，"每览天下章疏，有言民饥盗起及诏敕不便者，悉条奏其事"。[3]同样是充分利用了这种职务上的便利。同时，通进银台司在履行自己的通进、封驳的职能时，由于点检、审核文书等工作需要，也不免得同一些相关部门发生联系。如王嗣宗在知通进银台司兼门下封驳事时曾上言："京朝官受差遣者，其中有苛刻逾违、犯法虐民之人，倘朝廷未能审察，臣等复不能举驳，深非沮劝之道。乞今后风闻滥状，许臣于审官院取索家状，案其由历，如得事实，特许上言。"[4]王的建议得到允许。元丰三年（1080），又规定朝廷凡有差除，封驳司要即日关报御史台和谏院。[5]因此，通进银台司在文书运行中的关键地位，为相关人员参与、影响政治提供了条件，而北宋时期它所享有的封驳权，尤其为其影响政治之一大凭借。[6]

（五）入内内侍省

唐置内侍省，掌在内侍奉，出入宫掖，宣传制令，总掖庭、宫闱、奚官、内仆、内府五局。[7]北宋至宋太宗淳化五年（994）方才设置内侍

1　王禹偁：《滁州谢上表》，《全宋文》第 7 册，第 307 页。
2　《长编》卷三七，至道元年五月甲寅条，第 813 页。
3　《长编》卷五一，咸平五年正月戊申条，第 1110 页。
4　《长编》卷五五，咸平六年七月癸丑条，第 1208 页。
5　《长编》卷三〇六，元丰三年七月戊寅条；卷三〇八，元丰三年九月庚申条。
6　关于通进银台司的文书传递、保密等管理制度，主要见于《宋会辑稿》仪制七之三一，职官二之二六、二七、二八、三三、三四、三五、四五、四六等。
7　李林甫等：《唐六典》卷一二《内侍省》，陈仲夫点校，中华书局，1992，第 356 页。

省，包括"内侍省内侍班院""内侍省入内内侍班院"两部分。景德三年（1006），内侍省入内内侍班与入内都知司合并为入内内侍省，内侍省遂为原内侍班院之专称。[1]绍兴三十年（1160），以内侍省所掌职务不多，徒有冗费，并归入内内侍省。[2]

北宋时期的内侍省、入内内侍省号为前后省。"拱侍殿中、备洒扫之职、役使杂品者"，隶内侍省；"通侍禁中、役服亵近者"，隶入内内侍省。[3]内侍省为前省，隶前省者不入内；[4]入内内侍省为后省，"通侍禁中"，故两者又有南班、北司之称，[5]真正担负起唐制下内侍省"出入宫掖，宣传制令"之职的为入内内侍省。

据《宋会要辑稿》所引《神宗正史·职官志》，入内内侍省诸项职责中，有一项明确的承担文书传递的职责："颁诏札之附疾置者，边奏或机速文字则受而通进。"[6]此项为景德三年入内内侍省独立为省时"定入内内侍省管勾下项事"中所无。不过真宗时入内内侍省已经接受外来文书。如卫尉卿高志宁因为密奏建储，合真宗之意，"乃诏公凡所奏事，许附入内内侍省通进，无关银台"。[7]入内内侍省开始大量接受地方文书，史籍中所见确是始自神宗时期，也确是以"边奏或机速文字"为主。如，熙宁八年（1075）十月，命龙图阁直学士、枢密都承旨曾孝宽往河东分画地界所计议公事，"有申陈事具奏，从入内内侍省进入"。[8]

1　宋初，内廷中有内班院、内中高品班院两院，淳化五年，后者以"入内"为称，改为"入内内班院"，同年八月、九月，"内班"先后改为"黄门""内侍"，两院也先后改称"黄门班院""入内黄门班院"和"内侍班院""入内内侍班院"。同时设"内侍省"于黄门院，原来的两院分别改为"内侍省内侍班院""内侍省入内内侍班院"。参见《宋史》卷一六六《职官六》，第3939页；《宋会要辑稿》职官三六之三，第3888页。

2　《宋史》卷一六六《职官六》，第3941页。

3　《宋史》卷一六六《职官六》，第3939页。

4　《宋会要辑稿》职官三六之一六，第3896页。

5　马端临：《文献通考》卷五七《职官考十一·内侍省》，上海师范大学古籍研究所、华东师范大学古籍研究所点校，中华书局，2011，第1701页。

6　《宋会要辑稿》职官三六之一三，第3894页。

7　韩琦：《故卫尉卿致仕高公（志宁）墓志铭》，《全宋文》第40册，第84页。

8　《长编》卷二六九，熙宁八年十月己丑条，第6582页。

元丰八年（1085）八月，诏知成都府吕大防将"西南生民疾苦利害或新法有于民所未便者"，"先以所见条析，入急递奏来，于入内内侍省投进"。[1] 元符元年（1098）十二月二十七日，哲宗特派中使宣谕泾原路经略使章楶，"应今后合有奏陈边徼机速利害，可并于入内内侍省投进"。[2] 经此特殊渠道通进文书，便也成为"密疏"。元符二年十一月初一，泾原路经略使章楶"入内内侍省递具密疏上奏"。[3]

徽宗时经特许可经入内内侍省投进文书者明显增多。大观四年（1110）六月，修成常平、免役岁终造帐旁通格法，诏逐路提举常平司每岁终"依此体式编类，限次年春首附递，径入内内侍省投进"。[4] 以前是将经入内内侍省通进文书的特权给予个别官僚，现在则是赋予某一群体。徽宗时内侍省递成为与省递并列的投递方式。政和八年（1118）五月泗州盱眙军盗发，诏提刑刘焘募捕盗，"旬具措置并捉获人数赴入内省递闻奏，不得张皇，搔扰生事"。[5] 同年六月八日，两浙路水灾，差赵霖两浙提举常平，如有合行奏禀事件，附入内内侍省递以闻。[6] 宣和二年（1120）九月二十六日，诏："监司、守臣等许发入内侍省递角，并仰以千字文号记，如有沉匿，庶可根治检察。"[7] 大概正是因为徽宗时期内侍省递一途有滥用之势，钦宗即位后即诏"诸路监司帅守等应投进文字，不得请降指挥径赴入内内侍省投进，并依自来条法递赴进奏院施行"。[8]

南宋初期因军兴之故，入内内侍省成为军机类文字的重要传递渠道。绍兴二年，李纲除荆湖广南路宣抚使，尚未至任，便上疏请机速

1 《长编》卷三五九，元丰八年九月辛丑条，第8595页。
2 《长编》卷五〇五，元符二年正月丁巳条，第12034页。
3 《长编》卷五一八，元符二年十一月辛未条，第12318页。
4 《宋会要辑稿》食货六六之七一，第7922页；食货一四之一五，第6273页。
5 《宋会要辑稿》兵一二之一九，第8843~8844页。
6 《宋会要辑稿》食货五九之一一，第7383页。
7 《宋会要辑稿》方域一〇之三五，第9481页。
8 《宋会要辑稿》职官二之四七，第3016页。

文字"听径赴内侍省投进"。[1]绍兴五年十二月二日，知成都府席益奏请"应奏禀探报急速事，乞特许赴入内内侍省投进"，从之。[2]

绍兴三十一年（1161）十一月，知枢密院事叶义问差充督视江淮、荆襄军马，其行移文字"入诸军摆铺传发，所有奏报文字直发入内内侍省投进"。[3]乾道三年（1167）六月，虞允文除四川宣抚使，"本司合行事件"依叶义问例，行移文字"入诸军摆铺递转，内奏报文字直入内内侍省投进"。[4]所谓"直发""直入"，都是指他们所发文字经摆铺直达入内内侍省，而不必循常规经进奏院和通进司。

经入内内侍省投进文书，优势有二，一是保密，二是迅速。熙宁五年（1072），章惇察访荆湖，经制南、北江事，上奏言担心"进奏院漏泄所奏事"，于是神宗令入内内侍省下文字。[5]绍兴二年，李纲除荆湖广南路宣抚使，赴任途中上奏谈到文书传递事：

> 窃缘荆湖、广南见今军兴，招捕盗贼，朝廷札降指挥，与本司奏请文字，皆系军期急速，荆湖南北、广南东西四路去行在道里最远，虽入急递，例多稽迟，实封奏状赴都进奏院、通进司投进，经隔官司，伺候时刻，亦有留滞。窃虑申奏事宜，等待报应，坐费时日，有失机会。伏望圣慈特降睿旨，许臣申奏如系事干军期急速，听径赴内侍省投进，差入内内侍省一员专一承受，所有朝廷札降圣旨指挥，并用金字牌入急脚递，不得入铺，星夜传送前来，庶几报应疾速，不致误事。[6]

1　李纲：《李纲全集》卷六七《乞差内侍一员承受发来文字奏状》，王瑞明点校，岳麓书社，2004，第710页。
2　《宋会要辑稿》仪制七之二八，第2441页。
3　《宋会要辑稿》职官三九之一一、一二，第3980页。
4　虞允文：《受任四川宣抚使条具合行事件奏》，《全宋文》第207册，第52页。
5　《长编》卷二四〇，熙宁五年十一月庚申条，第5830页。
6　《李纲全集》卷六七《乞差内侍一员承受发来文字奏状》，第710页。

根据李纲所述，他所进实封军期急速奏状，可以入急递，但当时急递"例多稽迟"，待到送至都进奏院，再经通进司投进内廷，"经隔官司"，不免留滞，因此李纲奏请两项事宜，一是朝廷指挥用金字牌入急脚递，不得入铺；二是自己的军期急速文书能够直赴内侍省投进，并差内侍一员专门负责承接。

以上章惇谈到的主要是信息保密问题，李纲关注的则是信息传递速度问题。地方军政文书入递，通常是经递铺投进至都进奏院，再经通进司入内，有漏泄及稽滞之虞。递铺有急脚递、马递、步递三等，南宋时总谓之"省铺"，绍兴三十年又创摆铺，"止许承传军期紧切文字"，[1] 机速文书可入急递或者摆铺，直接送入内内侍省投进。据《庆元条法事类》所引《驿令》："诸奉使应行文书，入马递，机速者入急脚递。须入内内侍省进者，许本省投下。"[2] 尤速者则是内侍省所发金字牌递。金字牌，长尺余，朱漆，刻金字，书"御前文字不得入铺"，日行四百里，邮置之最速递；"凡赦书及军机要切则用之，由内侍省发遣焉"。[3] 入内内侍省递成为南宋机速文书收发最具效率的传递渠道。

（六）御药院

御药院设置于太宗至道三年（997），其位置初在崇政殿后，英宗、仁宗时期多有变更，然皆以崇政殿为中心。

御药院职能，据《宋史》卷一六六《职官六》："御药院，勾当官四人，以入内内侍充，掌按验方书，修合药剂，以待进御及供奉禁中之用。"[4] 其基本职能是掌合和御药。《宋会要辑稿》载其职能，除"按局秘方合和御药，专奉禁中之用"外，又有"及别供御膳。若御试举人，别

1　《宋会要辑稿》方域一一之三一、三二，第9506~9507页。
2　谢深甫：《庆元条法事类》卷五《职制门二·奉使》引《驿令》，戴建国点校，黑龙江人民出版社，2002，第49页。
3　《长编》卷三三九，元丰六年九月丁卯条，第8172页；《宋史》卷一五四《舆服六·符券》，第3597页。
4　《宋史》卷一六六《职官六》，第3940页。

掌颁示考官等条贯，监弥封之事。初以入内内侍三人勾当，后参用士人"。[1] 知御药院后来兼掌礼文之事，并参用士人，然不知其始，故程大昌《考古编》云："御药院本以按验秘方、合和御药为职，今兼受行典礼及贡举事，虽《会要》亦不言所自。"[2] 御药院之人员在勾当官之外，又有典事、局史、书史、贴书、守阙贴书药童、匠，人数从二人至十数人不等，历朝不一。仁宗天圣四年曾增置上御药及上御药供奉，多至九人，后皆罢。[3] 上御药及其供奉的设置与废罢，皆与仁宗初政时刘太后的听政有关。刘太后以上御药为自己的贴身宦官，除供奉内廷外，他们还担负起刘太后私人耳目的作用，及仁宗亲政，其势不得不罢。

御药院中分掌职事诸案有生熟药案、杂事案、开拆司等三案，其中前两案分掌医药及礼仪、殿试等"本院常程诸般事务"，值得注意的是开拆司的职能，"承受诸处投下应干文字，付合行案分行移发放"。[4]

御药院开拆司"承受诸处投下应干文字"，而究竟何种人所上何种文书属于御药院承接之"应干文字"并不见有明确的规定。据"付合行案分行移发放"一语看，应当是指与生熟药案、杂事案两案事务有关的文书。御药院因为开拆司而具有了承受文书、沟通内外的功能，在实际的政务运作过程中，便突破所谓"应干文字"的限制，承接"合行案分"之外的文字，成为一可资利用的信息传递渠道，而此功能得到默认当然首先在于君主的认可。

景祐末年，灾异屡起，国子监直讲林瑀言灾异皆有常数，不足忧，又依周易推演五行阴阳之变，为书上之。仁宗读其书，"有不解者，辄令御药院批问"，御药院成为林瑀沟通于上的信息渠道，"由御药院益得关说于上"，于康定元年与王洙同为天章阁侍讲。[5] 至和三年（1056）九

1 《宋会要辑稿》职官一九之一三，第3553页。
2 程大昌：《考古编》卷七"御药院掌礼文"条，刘尚荣校证，中华书局，2008，第108页。
3 《长编》卷一〇四，天圣四年三月戊申条，第2401页；卷一〇六，天圣六年二月丁丑条，第2465页；卷一一二，明道二年四月癸丑条，第2611页。
4 《宋会要辑稿》职官一九之一三，第3553~3554页。程民生认为御药院下设四案，系误读"付合行案分行移发放"，参见程民生《宋代御药院探秘》，《文史哲》2014年第6期，第81页。
5 《长编》卷一二七，康定元年五月庚辰条，第3015页。

月，翰林侍读学士王洙奏请命儒臣详定皇帝法服冕旒制度，诏太常礼院检详古今典礼制度关送御药院取旨。[1] 此两例皆是经仁宗主动认可，或批或诏之后，臣僚个人或者机构才得以通过御药院通进文书。从现有资料看，其他人不管是何种身份，欲自御药院上书，皆须经过皇帝特许。庆历三年（1043），吕夷简因以前宰相的身份在致仕后仍频有密奏，并"自乞于御药院暗入文字"而遭到谏官欧阳修的激烈弹劾："当此病废，即合杜门自守，不交人事。纵有未忘报国之意，凡事即合公言，令外廷见当国政之臣，共议可否，岂可暗入文书，眩惑天听？"[2] 可见御药院实非章奏上达之正式途径，故欧阳修称其为"暗入文书"。

嘉祐五年（1060）三月，前宰相刘沆卒，赠左仆射兼侍中，知制诰张瓌草词诋之，刘沆之子、馆阁校勘刘瑾五状诉理于朝，乃改命词臣。[3] 其间刘瑾经内东门上奏，"为父沆身亡，所有本家合具奏陈文状，欲乞依晏殊例，于御药院投进"。刘瑾所请得到仁宗同意，[4] 然外廷不知。五月，张瓌降知黄州，刘瑾落校勘之职。侍御史陈经上疏奏请追究传言刘瑾奏状是内东门进入一事："风闻瑾所奏状并于内东门进入。瑾身居草土，名落班籍，未知何缘得至于彼。虑瑾阴结左右内臣，谕令收接，并乞根鞫情幸，严行降责。"及中书取到御药院状，乃知确有仁宗内降指挥从瑾奏请，凡陈乞沆身后事，并于御药院投进。经过此事之后，仁宗乃降诏："今后臣僚乞于入内内侍省、御药院内东门投进文字者，令逐处申中书，再取旨。"[5] 此诏意味着御药院作为正式文书通进渠道之一得到认可，只不过是要先经中书申请，再取旨经君主认可。当然君主仍然具有内降指挥特批的权力。英宗时赵宗惠同知大宗正事，能够以身作则，督导宗属，英宗特许其条奏朝政，由御药院进入。[6] 赵宗惠身为宗

1　《太常因革礼》卷二四《总例》，广雅书局丛书本。
2　《欧阳修全集》卷一〇一《论止绝吕夷简暗入文字札子》，第1545页。《长编》卷一四三，庆历三年九月丁卯条，第3446页。
3　《长编》卷一九一，嘉祐五年三月癸巳条，第4614~4615页。
4　《宋会要辑稿》仪制六之一三，第2408页。
5　《长编》卷一九一，嘉祐五年五月戊子条，第4622页。
6　《长编》卷二〇二，治平元年六月丁未条，第4891页。

室，本不得议政，英宗既特许其条奏朝政，又允其文书可径自经御药院进入而不必经外廷。

（七）内东门司

内东门在宣祐门西廊次北，有柱廊与御厨相直，次北为崇政殿门，门内有小殿，即召学士之所。[1]内东门密迩禁中，又是禁中通向南北大街之唯一东门，置局于内东门处的内东门司，"掌机密门户"[2]。

内东门司原名内东门取索司，景德三年（1006）二月改名，[3]可见其最初职掌与禁中物品取索有关。真宗景德二年二月诏，"内东门司每承受尚书等处降出御宝凭由及内降札子取索钱币赐与等，即翻写札子于诸库务取索"。[4]除了诸库务外，内东门司还可于诸军务取索。其取索的文书依据是誊写自尚书内省降出的"御宝凭由及内降札子"，景德三年二月以内东门司"旧行文字无印验"，始铸内东门司印给之。[5]景德旧制，内东门司勾当官二人，以入内内侍充，"后或增差，逾旧制也"。

《宋史·职官志》载："内东门司，勾当官四人，以入内内侍充，掌宫禁人物出入，周知其名数而讥察之。"[6]所载乃是景德前期内东门稽查进出人员与物资的职责。此段记载亦见于《两朝国史志》，然《两朝国史志》在这些文字之下紧接着还有一句："承接机密实封奏牍、内外功德疏。"[7]《宋史》失载内东门司承接文书这一重要的职能。内东门司既掌"机密门户"，则需要及时入宫之机密实封文书可由内东门司承接进入似是顺理成章之事，然不知其始。较早之例，如景德四年六月诏皇城

1　《宋会要辑稿》方域一之六，第9266页。
2　《建炎以来朝野杂记》甲集卷一〇《官制一》"内侍两省"条，第210页。
3　《宋会要辑稿》职官三六之二八：内东门司，"旧止名内东门取索司，景德三年二月改今名"（第3903页）。据《宋会要辑稿》职官三六之四载景德三年二月诏，"内东门取索司可并隶内东门司"（第3888页），则内东门司早已有之，取索司寻并入内东门司。
4　《宋会要辑稿》职官三六之二八，第3903页。
5　《宋会要辑稿》职官三六之二八，第3903页。
6　《宋史》卷一六六《职官六》，第3940页。
7　《宋会要辑稿》职官三六之二八，第3903页。

司："今后雄州递直赴内东门进下，每旬具数报枢密院。"[1] 此为特殊情况下的雄州个案，此后机密实封奏牍可经内东门当成为常制。据《神宗正史·职官志》："内东门司，勾当官四人，以入内内侍充。掌宫禁出入之事，凡人物关由，以法式进止之。若承诏有所须索、锡予，则誊报所隶而留其底，贡奉之物则受而注籍以进，奏封干机速亦如之。太医诊视则为之帅。宫中庆赐则视其名数等差，以时颁给。凡七年进一官。分案四，设吏十有九。"[2] 这段记载综合了自景德以来内东门司在人员、物资、文书三方面"掌宫禁出入之事"的职能变化，哲宗时期亦同，只是减吏员十九为九。

内东门再往里是会通门，故会通门亦负有"承传文字"之责，其祗候使臣由内东门司选派。[3]

内东门司可以接受机密奏疏和内外功德疏等文字，在实际的运行过程中，必然会为人利用，突破可承接文书类型的限制。前文中嘉祐五年刘瑾五状诉张瓖撰父赠官告辞不当事，其奏状便是从内东门进入，故御史怀疑他是"阴结左右内臣，谕令收接"。经此事后，臣僚陈乞经内东门投进文字，亦同御药院一样，须先申中书再取旨。[4] 而普通臣僚的陈乞，当然也就不会有多少是"机密实封奏牍"了。内东门司既然可以承接机密实封奏牍，又可以接受臣僚陈乞文字，实际上便成为特定人群正式的文书通进渠道。

仁宗所说的"阁门、通进银台司、登闻、理检院、进奏院"这条言路，有内、外之分，"外有登闻匦函，内有银台、阁门"。进奏院、登闻、理检院在外，阁门、通进银台司在内。通进司是阁门与银台司之上、更接近皇帝的通进机构。

---

1 《宋会要辑稿》职官三四之一九，第3859页。
2 《宋会要辑稿》职官三六之二八、二九引《神宗正史·职官志》，第3903页。
3 《宋会要辑稿》职官三六之二九，第3903页。
4 《长编》卷一九一，嘉祐五年五月戊子条，第4622页。

通进银台司与进奏院之间显然有明显的承受关系。"银台司，掌受天下奏状、案牍"，汇集于进奏院的文书大部分要投进到银台司，而通进司又"掌受银台司所领天下章奏、案牍"。除了进奏院以及阁门的部分文书要经过通进银台司以外，登闻鼓院所收接的文书也要每日投进通进司。[1]甚至内东门司也与通进司有文书上的业务关系。例如内东门司用于取索的凭由在真宗景德三年时就规定须先于通进司投下，[2]而由内东门司所承接的内外功德疏到了南宋时期也经由通进司投进。[3]这都表明，通进银台司在官方正式信息通进渠道中毋庸置疑是处于核心的地位。

从所处位置看，宫城中除了二府、学士院、审刑院等少数机构外，更多的行政官署是处于宫城之外的皇城。都进奏院更多的是与这些具体的事务机构和地方政府打交道，故其处于宫城之外，可谓得当。如此，内有通进银台司、外有都进奏院，自然也就产生了文书授受关系：它们不是行政上的上下级关系，而是处于同一信息运行链条上的不同环节。此二者也成为沟通上下、内外的最主要的信息渠道。

地方文书上达的途径通常情况下即是经过驿递赴都进奏院，入通进司，而"在京官奏状，依条并合赴通进司投下，即不经由进奏院"。[4]在一些特殊的情况下，有些来自地方的文书可不经进奏院或银台司而直赴通进司，但须奏请批准。如熙宁四年（1071）四月，"吏部侍郎新知邓州韩绛请于通进司下奏状，从之"。[5]靖康元年（1126）二月诏："诸道监司、帅守文字，应边防机密急切事，许进奏院直赴通进司投进。"[6]元丰改制之后，章奏房取代了原银台司的职能，靖康二年鉴于军兴的特殊状

1　神宗熙宁三年七月，登闻鼓院言："当院每日投进官员及诸色人词状并折角实封，并依自来体例，写两本事目于通进司投下。欲乞依诸处投进实封体例，更不于目子上开说事宜，只据道数关报通进司投进，免致漏泄。"从之。见《宋会要辑稿》职官三之六七，第3085页。

2　《宋会要辑稿》职官三六之二二八，第3903页。

3　《朝野类要》卷四"功德疏"条："圣节则帅守监司各上贺表，并道释功德疏及进银奏，皆四六句，经通进司投进。"（第87页）

4　《宋会要辑稿》职官二之五〇，第3019页。

5　《长编》卷二二二，熙宁四年四月壬戌条，第5401页。

6　《宋史》卷一六一《职官一》，第3781页。

况，允许诸道监司、帅守的机密文书越过章奏房这一层次，经进奏院直付通进司投进。

直付通进司，较之常规程序，是一种捷径。比直付通进司更为便捷者，则是直付入内内侍省。通进司尽管地位重要，但其文书最终还是需要经过宦官之手进入禁中。根据禁中宫殿位置关系形成宦官所掌控之入内内侍省、御药院、内东门司三个禁中文书通进渠道。所谓"外有登闻瓯函，内有银台、阁门"，较此三者，亦是外了。[1]

内东门司与御药院作为文书通进渠道，主要针对的是经过皇帝特许的个别臣僚，而入内内侍省递的出现使得地方文书径付内侍省成为优遇和更为迅捷的沟通方式。禁中三渠道的存在，使得个别臣僚、机构的奏疏可"直达奏陈"[2]"径付入内内侍省"；而对于大部分内外臣僚、官司而言，主流的方式是经通进司入内，实际上便形成了内外有别的两个文书传递渠道。在这一复杂而又有序的信息网络中，君主通过操纵臣僚个人在整个网络中的位置，可以主动掌控更多信息。各类奏疏札子等文书不管经过何种途径，最终都是达于御前，只是迟速有别而已，故关键问题不在于信息通过何种途径传递，而在于所获信息如何处理。除了君主特旨外，内、外两系列的通进渠道有其大致明确的界限，如官员资格的高低和文书的机密程度等，基本是互相补充的关系。

1　从宫廷建筑位置关系出发讨论文书与信息传递诸渠道以及空间与政治权力运作之间的关系，近几十年在唐宋史领域都出现了不少较为深入的研究。如：松元保宣《关于延英殿在唐后半期的职能》，《立命馆文学》(516)，1990；松元保宣《关于唐代的侧门论事》，《东方学》(86)，1993；王静《唐大明宫内侍省及内侍诸司的位置与宦官专权》，《燕京学报》新 16 期，北京大学出版社，2000，第 89~119 页；王静《唐大明宫的构造形式与中央决策部门职能的变迁》，《文史》2002 年第 4 辑；平田茂树《宋代的政治空间：皇帝与臣僚交流方式的变化》，《历史研究》2008 年第 3 期；王化雨《北宋宫廷的建筑布局与君臣沟通渠道：以内东门为中心》，《国学研究》第 21 卷，北京大学出版社，2008；王化雨《南宋宫城布局与御前文书运行》，《史学月刊》2011 年第 5 期；王化雨《南宋宫廷的建筑布局与君臣奏对：以选德殿为中心》，《史林》2012 年第 4 期。

2　余应求：《上钦宗论御笔中旨》，《宋朝诸臣奏议》卷二三，第 233~234 页。

第二节　宋代政务信息的传播与控制

前述种种渠道，皆是文书承载的政务信息自下而上的流动，指向君主与朝廷。实际政务运行过程中，信息传递往往会尽可能地综合利用多种言路，争取引起关注，变成君相的决策信息，而不是无声无息。而文书信息的形成本身亦是一个信息沟通、传播与控制的结果，如以各种方式执行自上而下的各级政令，以各种手段获取机构、官僚乃至民间的各种信息，等等。以下就政务信息传播与控制中的几种主要表现方式略做阐述。

（一）奏兼申

兼申是指官僚或者机构在奏闻皇帝或申宰相机构的同时向其他机构申报的信息沟通方式。

兼申现象在唐后期即已出现，主要体现为中央政府的各项制度安排，采取闻奏兼申的公文绝大多数属于不需批示的报告类公文，也并不直接导致决策。[1] 宋代沿袭了这种机构职事运作间的兼申制度安排。[2] 此

1　吴丽娱最早关注到唐后期闻奏皇帝的同时兼申中书门下的情况，认为其意义"一方面是强调皇帝对政事的知情和掌控，另一方面也是表明宰相对于重要政务的知会处理"。叶炜将上行公文分为请示性和报告性两大类，指出唐代请示性公文一般不会采取闻奏兼申宰相的形式，闻奏兼申宰相的公文绝大多数属于报告类，不须批示，并不直接导致决策，其作用是有利于君相对具体负责机构的管理和监督。参见吴丽娱《试论"状"在唐朝中央行政体系中的应用与传递》，《文史》2008 年第 1 辑，第 119~148 页；吴丽娱《下情上达：两种"状"的应用与唐朝的信息传递》，《唐史论丛》第 11 辑，第 65~70 页；叶炜：《释唐后期上行公文中的兼申现象》，《史学月刊》2020 年第 5 期，第 16~25 页。
2　闻奏兼申有司之例，如地方守臣对于私铸铜器事，"月具有无违戾闻奏并申提点刑狱司"（《庆元条法事类》卷二八《禁榷门一·铜鍮石铅锡铜矿》引《杂令》）；兼申诸司例，如元祐八年六月定司门条法，"内陈请废置移复城门、关津、桥道，并申刑部；及部送官物出入，画时具部送人姓名申所属寺监及尚书本部"（《宋会要辑稿》刑法一之一五，第 8228 页。《长编》卷四八四，元祐八年六月丙寅条，第 11514 页。点校本将"画时"上属，误）。监司考课事的互申，如转运司事提点刑狱司申之类，每岁于次年二月终以前，转运司事申尚书户部，提举常平司事申户部右曹，"其应干刑狱事申刑部，仍并申尚书左右司"（《庆元条法事类》卷五《职制门二·考课》引《考课令》，第 66 页）。

类兼申，绝大多数属于通报或者知会的性质，不直接涉及政务决策。有一些兼申，如军机文字闻奏同时，兼申宰相机构或者枢密院，虽然是制度强制规定，有知会的作用，但并非不需决策，更多是需要宰辅进呈取旨做出决策。[1] 最值得关注的是官僚个人的兼申并请求予以批示的行为，对他们来讲，兼申是信息沟通渠道的扩展。

闻奏兼申宰辅

对于臣僚而言，那些需要奏请得旨的必须上奏皇帝；有些事情如地方官到任之后的谢表，则既有上皇帝的，也有上宰相的。有时候为了同一事情，也可能会连上两状，分别上皇帝和宰相（中书门下或元丰改制后的尚书省）。

论事。张咏在任湖北转运使期间，监船场官郑元祐不法，且令其子进状，诬谤张咏。张咏自陈缘由，即是一上皇帝，一上政事堂。[2] 治平元年（1064）十一月，司马光上疏反对刺义勇，"又六奏及申中书"。[3] 元祐元年（1086）七月丁巳，苏轼上奏乞罢免详定役法，同时又以状申中书省。[4]

南宋时的例子，如宁宗嘉定年间真德秀为江东运副时，以水灾之故，上奏乞放宣城县零苗，其奏状见于《西山文集》卷六，文末自注："申省状同。"[5] 知真德秀为此事是奏、申同上。

1　淳熙二年（1175）十月十五日，诏两淮州军及帅臣、监司及驻扎御前诸军，"应有事干边防军机文字，自今止得具奏，并申尚书省、枢密院，不得泛申他处"。淳熙三年正月九日，重申两淮军机文字具奏申三省、枢密院的规定，"不得关报其他官司"。至四年十二月又诏"沿边帅臣、监司、守臣、诸军主帅"应有边机事宜，除了四川申制置司外，其他各处"具奏外，止令实封申枢密院"，内外诸军所有兵马帐状，"自今止许具奏及枢密院，不得泛申发兵部等处"。分别参见《宋会要辑稿》仪制七之三一、兵二九之四〇、仪制七之三二，第2444、9257页。军机文字具奏兼申枢密院在淳熙以后已不是一时之制，《庆元条法事类》中列入"随敕申明"，见《庆元条法事类》卷一六《文书门一·行移》，第353~354页。

2　参见张咏《张乖崖集》卷一一《奏郑元祐事自陈状》《申堂自陈状》，中华书局，2000，第120、122页。

3　《长编》卷二〇三，治平元年十一月乙亥条，第4922页。

4　《长编》卷三八二，元祐元年七月丁巳条，第9299页。

5　《西山文集》卷六，《全宋文》第312册，第237页。

　　弹劾。元祐元年八月，右司谏苏辙弹劾户部侍郎张颉，诏付三省，进呈不行。苏辙又连续上奏，"皆留中不出"，于是"又具申三省，卒不行"。[1]元祐四年，右正言刘安世前后二十状弹劾尚书右丞胡宗愈，章疏留中。刘安世在上章极言论奏外，并申三省，"乞请留中之疏付之外廷，明辨曲直"。[2]三月，胡宗愈出知陈州，同年五月，蔡确责授左中散大夫、分司南京。御史盛陶等四人因不言蔡确，出为外官。中书舍人彭汝砺不肯草词，具奏同时并申中书。[3]

　　淳熙九年（1182）七月二十三日，朱熹上《按唐仲友第二状》，同时申省云："今有状奏知台州唐仲友促限催税，违法扰民，乞赐罢黜事。缘在道路，次舍浅迫，虑有漏泄，不敢备录全文申尚书省。其状如蒙圣慈降出，欲乞早赐敷奏施行，以快千里疲民之愤。须至供申。右，谨具申尚书省，伏乞照会，谨状。"[4]八月，朱熹以六状按劾唐仲友不蒙施行，上奏乞罢免，同时亦申尚书省，告知已奏闻乞黜责，"望朝廷特赐敷奏，重作行遣"。[5]

　　根据朱熹之说可知闻奏之后的申省状可以备录奏疏全文，亦可以撮述大要。朱熹以弹劾不成，上奏兼申省，同时向君相请辞。在宋代辞免、求退等事宜，奏闻同时申省，是很常见的现象。

闻奏兼申台谏

　　闻奏兼申宰辅外，更为常见的是兼申台谏。北宋前期这种情况便已很多。仁宗皇祐年间，"州郡多以状申御史台，欲其缴奏而必行之"，皇祐四年（1052）九月诏外官有所陈事，"并附递闻朝廷，毋得申御史台"。[6]但到嘉祐年间，仍然是"有白事于朝，而更以状干台司者"。陈

1　《长编》卷三八四，元祐元年八月己丑条，第9356~9358页。

2　《长编》卷四二三，元祐四年三月己卯条考异引《刘安世言行录》，第10238页；卷四二四，元祐四年三月，第10260页。

3　《长编》卷四二七，元祐四年五月辛巳条，第10315页。

4　朱熹：《申尚书省状》，《朱子全书》第20册，朱杰人、严佐之、刘永翔主编，上海古籍出版社、安徽教育出版社，2002，第828页。

5　朱熹：《又乞罢黜状》《申尚书省札子》，《朱子全书》第20册，859、862页。

6　《长编》卷一七三，皇祐四年九月癸亥条，第4174页。

希亮判开拆司，与三司辨理勾销账，"每奏一状，必并申台"。广西提刑
李师中劾本路安抚使萧注和转运使宋咸奸赃，又"别为台状，用小纸
解说三十余事"。于是在嘉祐六年（1061）七月，权御史中丞王畴奏请
"以公事奏朝廷，不俟施行，而辄申御史台者，许弹奏以闻"。[1] 至南宋
时，"诸事非应申御史者，不得辄申"，修入《职制令》。[2] 诸事动辄申
御史台，在当时必亦是普遍，乃至需要以令的形式做出规定。

闻奏、申省兼申台谏

在闻奏、申省外，南宋又多有同时并申御史台、谏院者。嘉定七年
（1214）十一月，真德秀除江东运副，次年二月初一到任。在八年、九
年的赈灾过程中，真德秀按劾、举荐多人。按劾：知太平州当涂县谢汤
中、主簿王长民，知宁国府南陵县丞李仁任、广德军广德县丞冯烒，宁
国府司户钱象求、前知建康府溧阳县王棠。举荐：赵蕃、洪彦华、赵彦
覃。以上诸奏状，皆是"并申尚书省、御史台、谏院照会"。[3] 九年六月，
真德秀因为自己所差用措置荒政的广德军教授林庠为广德军知军魏岘劾
罢，上奏为林庠辩，并自劾，其自劾状亦是并申尚书省、御史台和谏
院。[4] 嘉定十五年九月，真德秀除知潭州、湖南安抚使。十六年九月所
部武冈军兵变，签判叶莫平贼有功，真德秀上奏乞优加褒赏，其奏"并
申尚书省、枢密院、谏院、御史台"。[5] 类似之例还有吴潜知隆兴府时所
上的一些奏状。端平二年（1235），吴潜知隆兴府时，上奏请造熟铁斛

---

1 陈希亮、李师中申台事，俱据王畴奏状，见《长编》卷一九四，嘉祐六年七月丁亥条，第
  4689~4690 页。陈希亮判三司户部勾院兼开拆司，事在嘉祐二年，见《宋史》卷二九八《陈
  希亮传》，第 9920 页。李师中劾萧注、宋咸事，见《长编》卷一九三，嘉祐六年四月庚申条，
  第 4664~4665 页。
2 《庆元条法事类》卷一六《文书门一·行移》，第 353 页。
3 真德秀：《奏乞将知太平州当涂县谢汤中罢斥主簿王长民镌降状》《奏乞将知宁国府南陵县丞
  李仁任罢黜广德军广德县丞冯烒送部与岳祠状》《按奏宁国府司户钱象求》《申将前知建康府
  溧阳县王棠镌降事》《因明堂赦荐赵监岳》《荐洪运管等官状》，《全宋文》第 312 册，第 277、
  279、289、295、283~284、285 页。
4 真德秀：《奏为不合差广德军教授措置荒政自劾状》，《全宋文》第 312 册，第 253 页。
5 真德秀：《奏乞将武冈军签判叶莫褒赏状》，《全宋文》第 312 册，第 269~270 页。

斗发下诸郡纳苗使用，并请降诏除减所部州县秋苗斛面；又奏请废隆兴府进贤县土坊镇、收回计亩出官会省札等，所上三奏状皆是并申尚书省、御史台、谏院。[1]

以上真德秀和吴潜兼申台谏之例，有两点值得注意。第一，闻奏、申尚书省的同时兼申台谏的做法，为南宋宁宗之前所未见。庆元五年（1199）八月，有臣僚上奏"乞备坐庆元重修条令行下诸路监司"，今后诸路监司巡按，启程之日须奏申，巡毕回司之后，需要将所历郡县内"或曾兴除民间利病，刺举官吏贤否，应有已施行事件"，在半月内"逐一开具闻奏，并申尚书省、谏院、御史台"。[2]从之。从真德秀、吴潜的事例看，闻奏并申尚书省和台谏之制并不仅限于监司，不过也并没有施之于全部案例。真德秀闻奏申省并申台谏的按劾对象皆为知县以下，对知府、知州、通判等人的按劾奏状皆不曾兼申尚书省等机构，对知县这一层级的荐举者也没有兼申台谏。吴潜奏请收回计亩出官会省札，其奏尚未得到回复时，又收到省札令措置奉行，不得违阻，吴潜上《再论计亩纳钱》，此状同真德秀因林庠事上自劾状后三日所上《第二奏乞待罪》状一样，都只是奏闻皇帝，没有再兼申尚书省和台谏。

第二，以上所见诸状皆是在奏状之末"伏候敕旨"等用语之后，续云"并申尚书省、御史台、谏院"等，必非文书本来形态。奏状之外应该是别做文书分别申省、台谏。前引朱熹弹劾唐仲友所上申省状云"虑有漏泄，不敢备录全文申尚书省"，可知"备录全文"本为通行做法，真德秀、吴潜的兼申，当即是备录奏疏全文分别申尚书省和台谏。真德秀上《奏乞将武冈军签判叶莫褒赏状》，奏请褒赏叶莫，并申尚书省等机构，同时他还有写给宰相的信，信中提到叶莫之外"诸卒"之有功

---

[1]　吴潜：《奏以造熟铁斛斗发下诸郡纳苗使用宽恤人户事》《奏乞废隆兴府进贤县土坊镇以免抑纳酒税害民滋扰》《奏论计亩官会一贯有九害》，《全宋文》第 337 册，第 120~123、124、126~129 页。

[2]　《宋会要辑稿》职官四五之三九，第 4254 页。

者，"已详据公状申闻"，而"诸卒"内容不见于此奏状，可知乞褒奖叶莫事的申省状中除了备录奏状外，还有其他内容。故见于奏状中的"并申尚书省、御史台、谏院"等语可能是文集编纂时所加。

闻奏兼申外，还有申省状兼申台谏，或者申台兼申相关有司者，[1]兹不具论。

不论是议政、陈请，还是弹劾、举荐，臣僚上奏皇帝的同时还要兼申宰辅机构，甚至兼申台谏，其实质是扩展自己的信息沟通渠道，从而争取早日解决问题。因为臣僚章疏即使进入内廷，也未必能为皇帝亲览，大概率是降出至宰辅机构，若宰辅不为进呈，则解决无日。故在上奏于君的同时申省，其目的便是引起宰辅的注意，"欲乞早赐敷奏施行""欲望钧慈更赐敷奏，亟降指挥施行"，即使皇帝没有降出，宰辅也可据申省状要求降出。而兼申台谏，使得自己的信息有可能成为台谏言事的信息，可得台谏助力，正如仁宗时御史中丞王畴论李师中之别为台状："推原其情，盖欲当任者为言而助之尔。"

（二）公状与私书

嘉定十六年（1223），真德秀乞优加褒赏武冈军签判叶莫，上奏的同时，并申尚书省、枢密院、谏院、御史台四机构。值得注意的是，据文末真德秀自注，他在奏兼申的同时，又有写给"大丞相先生"即宰相史弥远的私书，告之已"露荐于朝"，指的就是上奏外兼申诸机构的事。在书信中真德秀介绍了叶莫其人和褒赏的必要性，希望宰相能够"优加奖擢"。[2]真德秀荐叶莫，上奏、申省、申台谏，又私书宰相，可谓多途并举，不遗余力，也确是有效，朝廷下省札，叶莫特转三官，升差充通

1　黄震《蠲免卤折盐》系是"申省、申御史台照会"；嘉定八年，真德秀巡历至黄池镇，罢黄池镇行铺，"申御史台、尚书户部，并移文诸司照会"。参见黄震《蠲免卤折盐》，《全宋文》第348册，第101页；真德秀《申御史台并户部照会罢黄池镇行铺状》，《全宋文》第312册，第365页。

2　真德秀：《奏乞将武冈军签判叶莫褒赏状》，《全宋文》第312册，第269~270页。

判武冈军。同年，真德秀申枢密院，请求免将飞虎军永成寿昌。十月省札下，从其所请。据真德秀自注，得请的重要原因是自己"作亲札白庙堂甚力"。[1] 两年后的理宗宝庆元年（1225），真德秀除礼部侍郎。八月真德秀申省论群臣于宁宗小祥七日后服纯吉指挥不当，请予以收回，以合礼意。同时，德秀再上"大丞相先生"书，为史弥远划策，"亟降指挥，径作都省勘会"，也就是以批状的形式下诸路收回此前的小祥从吉指挥。[2]

真德秀这种公状与私书并行的做法两宋通行，普遍存在于诸如论事[3]、陈请[4]、辞官[5]等各种事宜中。奏、申之外辅以与庙堂私书相配合的沟通方式，能够使宰相格外关注相关的奏状与申状，"早赐指挥行下"，是一种有效扩大信息沟通渠道和效果的手段。

（三）奏疏录副

在闻奏兼申宰辅或其他机构的信息传递形式中，闻奏之外的诸申状，有的是"具录"奏疏，有的如前文所举真德秀在奏疏后注明"申省状同"，这些大致相当于纳奏疏副本，起到"知会"的作用。还有一些奏疏录副如上奏后不为施行则录副申宰相机构等，其目的不在于知会，

1　真德秀：《申枢密院乞免将飞虎军永成寿昌状》，《全宋文》第 312 册，第 397 页。
2　真德秀：《礼部申省论小祥不当从吉状》，《全宋文》第 312 册，第 410 页。
3　元祐八年四月，尚书左丞梁焘论熙河进筑事及赐夏国诏语与众论不合，上疏论奏"望陛下深思熟虑"，又"折简宰相争之"，终不得。《长编》卷四八三，元祐八年四月庚申条，第 11484~11485 页。
4　大观二年责授安化军节度副使、峡州居住张商英上状乞归自己别业所在的宜都县，并有私书与蔡京，"敢布一言于左右，尚觊台慈，察而怜之"。蔡京"从都省批状，依所申"，张商英得以任便居住（杨仲良：《皇宋通鉴长编纪事本末》卷一三一《张商英事迹》，李之亮点校，黑龙江人民出版社，2006，第 2214 页）。绍兴二年李纲除荆湖广南路宣抚使时上疏请求差内侍一员专门承接自己的急速文字，在上奏的同时，李纲还给时宰秦桧去信，"军期报应，以速为善，已具奏乞于内侍省投递文字，及用金字牌降付朝廷指挥，并乞钧察"（《李纲全集》卷一一七《与秦相公第三书别幅》，第 1117 页）。
5　绍熙五年五月，陈傅良收到除秘阁修撰省札，上申省状辞免，"欲望朝廷特依所乞"，同时又有给宰相的私书请辞。参见陈傅良：《辞免秘阁修撰嘉王府赞读申省状》，《全宋文》第 267 册，第 324 页；《辞免秘阁修撰赞读与庙堂札子》，《全宋文》第 267 册，第 324~325 页。

而是将其作为扩充信息传递渠道的手段，是上奏的继续。更有一些奏疏
录副，传播本身就是目的。奏疏副本的传播是官僚之间重要的信息沟通方
式，宋人集子中常见官僚之间以副本形式交流奏状、申状的情况。与时势
干系较大的是密疏或者指切时政类奏疏的录副传播，这在台谏层面表现得
尤为明显。

　　散发副本是台谏言事常用手段，两宋皆然。熙宁二年（1069）八
月，同知谏院范纯仁上疏论薛向不可为发运使、御史刘琦不当罢，王
安石当解机务，神宗"留章不下"，范纯仁"遂录所上章，申中书省"，
宰相曾公亮等进呈，范纯仁出知河中府。[1] 绍兴十一年八月，右谏议大
夫万俟卨四章弹劾枢密副使岳飞，又"录其副示之"，于是飞请辞。岳
飞所辟枢密行府官署，平居无事，聚于门下，"缘台谏缴纳副本，一夕
散去"。[2] 乾道八年（1172）二月，以安庆军节度使张说、吏部侍郎王之
奇并签书枢密院事，台谏交章论列，给舍封还，皆出为在外宫观。据周
必大《南归录》载当日事："台谏今早上殿，且以副本纳张枢密。"[3] 台谏
奏疏，皇帝可以留中不出，而台谏主动将奏疏副本录送所论之当事人，
则被论者势不能安于其位。以上皆是台谏论及宰辅之例，副本亦只是纳
及宰辅机构或本人。若是为了扩大影响，则台谏会将副本进行更大范围
的传播，英宗时期濮议一事便是如此。

　　自治平二年（1065）秋至三年正月，侍御史吕诲前后十一奏，请
早定濮王典礼，又请免台职，英宗皆不予理会。吕诲遂与侍御史范纯
仁、监察御史里行吕大防等连续上奏，论列不已。及濮王称亲之诏下，

1　《皇朝编年纲目备要》卷一八，熙宁二年八月，第420页。《宋史》卷三一四《范纯仁传》："所
　　上章疏，语多激切。神宗悉不赴外，纯仁尽录申中书，安石大怒，乞加重贬。"（第10284页）
　　《纲目备要》亦云安石怒，故有河中之命。《皇宋通鉴长编纪事本末》云："公亮等以纯仁状
　　进，又落起居舍人、同修起居注。"（《皇宋通鉴长编纪事本末》卷五八《吕诲劾王安石》，第
　　1035页）
2　《建炎以来系年要录》卷一四一，绍兴十一年七月壬子条，第2264页；八月甲戌条、己卯条，
　　第2268~2269页。
3　《宋史》卷三四《孝宗二》，第653页；《周必大集校证》卷一七一《南归录》，第2593页。

吕诲等以议论不合，上疏弹劾欧阳修等执政，皆出为外官。三月，知谏院傅尧俞、侍御史赵鼎和赵瞻等三人亦罢台职。司马光上殿进对请与傅尧俞等同责降，凡四奏，终不许。在此过程中，吕诲等御史在上奏皆留中不出后，将"前后所奏九状申中书"，也就是将前后奏状录副本申中书，坚辞台职。中书在收到这些台谏弹劾自己的奏疏副本之后不能置之不理，遂于次日进呈，而英宗也不能依违于宰执与台谏之间，须做出抉择，于是吕诲等皆罢。[1] 司马光上殿请同降黜时，英宗"令纳下札子，不送中书"。札子不降出，中书无以进呈行遣，于是司马光于次日也"具录札子副本，缴申中书"，同时再上奏乞将札子赴外，早赐责降。[2]

通过进副本申中书这种形式，吕诲、司马光等实际上利用副本传播了政务信息，并推动中书政务运行。而且吕诲等人奏疏副本不仅仅是申中书而已。后来的英宗戒谕手诏云，吕诲等人在擅自居家待罪不赴台职时，"明缴留中之奏于中书，录传讪上之文于都下"。因为吕诲等人的奏疏中"引汉哀帝去恭皇定陶之号，立庙京师，干乱正统之事，皆朝廷未尝议及者，历加诬诋"，故所谓"留中之奏"与"讪上之文"所指相同，可知吕诲等一方面将留中奏疏录副申中书，另一方面又多录副本在京师传播。又据欧阳修事后追记："其奏章正本进入，副本便与进奏官，令传布。"奏疏副本随之利用进奏院的报状远播四方了。吕诲等人传播副本，可谓既定之谋。吕诲等利用进奏官传播副本，于是英宗戒谕手诏中也略述濮议本末，并令"御史台出榜朝堂"，令"进奏院遍牒告示"，以释群疑。

臣僚散发上奏文书副本，一个重要的背景是上奏文书"不报""不下""不出"，自己的意见得不到回应，于是便纳副本于宰相，或者多录副本任其传播。皇帝本来留中不出、不欲走行政程序的文书，结果反

---

1 《长编》卷二〇七，治平三年正月辛巳条，第 5036 页；壬午条，第 5037 页。

2 《司马光集》卷三五《乞与傅尧俞等同责降札子（第二札子）》，第 814 页。

而因为副本而获得更大范围的传播，这自然是有违皇帝本意。还有一些奏疏甚至在皇帝还没有见到时，副本便已流传，如吕诲奏疏甫入，副本已播之四方。熙宁时政争激烈，此类事情更多，如熙宁三年时神宗对司马光说："卿所言，外人无知者；台谏所言，朕未知，外人已遍知矣。"[1]这种情况自然更不为皇帝所乐见。故而将上奏皇帝的奏疏以副本形式传播，通常被看作别有用心。欧阳修即指出濮议事中吕诲用心是以"为奇货以买名""欲以言得罪而买名"，而通过这些副本的传播，"士大夫但见诲等所诬之言，而不知濮事本末，不究诲等用心者，但谓以言被黜，便是忠臣，而争为之誉。果如诲等所料，诲等既果以此得虚名"。[2]英宗戒谕手诏中也指称散副本之举，"摇动人情，眩惑众听"，是"归过以取名"。[3]绍兴八年（1138）十一月，枢密院编修官胡铨上疏反和议，请斩秦桧，且讥本朝为"小朝廷"，四日之后，胡铨编管昭州，旋改监昭州盐仓。胡铨是经过登闻检院上疏的，"书奏，市井间喧腾数日不定"，显然是奏疏已泄，原因亦是"多散副本"。其疏"初投匦而未出，已誊稿而四传"，故贬谪诏书中指责胡铨"意在鼓众，劫持朝廷"。十二月的诚谕言者诏书中亦称胡铨是"阴怀劫持之计""倘诚心于体国，但合输忠；惟专意于取名，故兹眩众"。[4]

副本散发促进言事信息在官僚与民众间的传播与沟通，本质上还是为了引起君主或朝廷的重视，使自己的信息成为决策信息，而对于君主和朝廷而言，则不免陷于被动。故君主对于将上奏文书副本传播的态度，正如理宗所说："纳忠不妨，但勿散副本。"[5]

---

1 《长编》卷二一〇，熙宁三年四月甲申条，第5113~5114页。

1 《长编》卷二一〇，熙宁三年四月甲申条，第5113~5114页。

2 《欧阳修全集》卷六五《濮议序》，第955页；卷一二〇《濮议》卷一，第1850~1852页。

3 《长编》卷二〇七，治平三年三月辛未条，第5043~5044页。

4 《建炎以来系年要录》卷一二三，绍兴八年十一月丁未条，第1998页；十一月辛亥条，第2003~2004页；卷一二四，绍兴八年十二月丙辰条，第2009页。

5 田汝成辑撰《西湖游览志余》卷二《帝王都会》，上海古籍出版社，1958，第32页。

（四）政务信息的传播与控制：邸报与小报

1. 邸报及其定本制度

进奏院除了负责官文书的上传下达外，还有一个重要职责是编发"进奏院状"，或称邸报、报状等。邸报是宋代官僚尤其是地方官员获取官方政务信息的最主要渠道。

邸报渊源，或以为始于汉之郡邸，[1]朝报、报状、杂报等名称也俱已见于唐，[2]但汉之郡邸、唐之进奏院皆地方置于京师者，承担本地与朝廷间的信息沟通，其上别无统筹文书传递之机构，也并不存在统一编定施之于各地的报状。只有等到宋太宗时有都进奏院之设，才有可能有统一内容的进奏院报，如宋人所言："国朝置进奏院于京都，而诸路州郡亦各有进奏吏，凡朝廷已行之命令，已定之差除，皆以达于四方，谓之邸报。"[3]

邸报内容有"合报事件"和"不得传报"事件之分，"皆有令格条目"，[4]今皆不得其详。大致而言，邸报所报首先是"已行"，即"已行之命令"和"已定之差除"，因此那些事之方议或者不曾议的相关文书信息，如臣僚言事时被"留中""未报"的章疏便不应在可报之列。还有虽已施行当尚未经宰相部门行出文字的政务，以及"已行"之命令中属于机密者，也不当报。据熙宁四年时的规定，"应朝廷已差除指挥事及中外常程申奏事，并许节写，通封誊报。其实封文字及事涉边机并臣僚章疏等，不得传录漏泄"。[5]可报者为"已差除指挥事及中外常程申奏事"，不许报者为"实封文字及事涉边机并臣僚章疏等"。此后诸朝关

1　汉武帝时大鸿胪属官有郡邸长丞，颜师古注曰："主诸郡之邸在京师者也。"至南宋徐天麟《西汉会要》又注云："军国皆有邸，所以通奏报、待朝宿也。"徐天麟：《西汉会要》卷六六《方域三·邸》，中华书局，1955，第676页。

2　朱传誉：《宋代新闻史》，台北：台湾商务印书馆，1967，第1~3页。

3　《宋会要辑稿》刑法二之一二五，第8353页。

4　《宋会要辑稿》职官二之五一，第3020页。

5　《长编》卷二二八，熙宁四年十一月庚寅条，第5544页。

于进奏院合报事件大抵皆援引祖制，基本不出神宗时所定的范围，其中较可议者为关于"臣僚章疏"的规定。

哲宗元符元年（1098）五月，尚书省奏请"进奏官许传报常程申奏及经尚书省已出文字，其实封文字或事干机密者，不得传报。如违，并以违制论"。[1] 相比于熙宁四年，不曾言及"臣僚章疏"，这并不意味着章疏传播之禁已取消，一直到徽宗宣和三年（1121）时还曾明诏"臣僚章疏，不许传报中外"。[2] 非常难得的是，李焘《长编》恰恰是在哲宗朝纪事中利用了不少邸报资料，可据此一窥邸报内容之大概。李焘在《长编》中除了据邸报以增补史事之外，利用最多的就是其中的文书资料。

臣僚章疏。《长编》元祐二年十月纪事中共五次引用《元祐邸报》，分别为六日一条，九日两条，十六日、十八日各一条，[3] 均为据臣僚奏疏所做出的指挥。邸报在记载指挥时，同时详载臣僚章疏。

告词。绍圣四年四月，追贬吕公著、司马光，《长编》中载有两人责词，据李焘考异，是出自《绍圣邸报》。此外，元符元年十一月诏朝散郎王巩特追毁出身以来告敕文字，除名勒停，送全州编管；元符二年闰九月，尚书右丞黄履罢尚书右丞，知亳州；十月朝奉郎、集贤殿修撰文及甫落职知均州。《长编》所载此三人责词皆采自《元符邸报》。[4] 另外，元符二年十二月，知庆州高遵惠卒，次年正月徽宗即位后赠枢密直学士，敕词亦全载于邸报。[5]

1　《宋会要辑稿》刑法二之四一，第 8306 页。

2　《宋会要辑稿》刑法二之八〇，第 8326 页；职官二之四六，第 3015~3016 页。

3　元祐二年十月甲申，御史论贾易"已罢言职，不合更于谢上表内指名论事"、谏官论吏户刑部长贰官保明郎官治状之法有害无补、臣僚上言论减放民闲夏秋二税积欠事；十月丁亥，臣僚上言论军中冒赏事、修河事，参见《长编》卷四〇六，元祐二年十月甲申条，第 9878、9880 页；丁亥条，第 9883、9884 页。

4　《长编》卷四八六，绍圣四年四月辛丑条，第 11538~11539 页；卷五〇四，元符元年十一月癸丑条，第 12001 页；卷五一六，元符二年闰九月辛巳条，第 12275~12276 页；卷五一七，元符二年十月庚戌条，第 12299~12300 页。

5　《长编》卷五一九，元符二年十二月壬寅条，第 12346 页。

谢表。元符二年正月，泾原路经略使章楶擅违朝旨，前后奏报异同，特罚铜三十余斤。邸报中载有章楶为此事所上谢表。[1]

从以上哲宗时期邸报看，不论是臣僚章疏还是谢表、告词，进奏院均可传报，值得注意的是邸报载台谏官奏疏时通常会隐去言者姓名。[2]实际上，臣僚章疏通常是决策的基础，不管是日常政事还是官僚任免，大多是在章疏基础上做出的，传报政令而全然不载章疏，未免会令人莫知其所以然，并不利于政令的推行。臣僚章疏是否可报视具体情况而定，有的议论时政利害或者事涉机密自当禁止传录，若是"敕黄行下臣僚章疏，自合传报"。[3]而臣僚谢、贺表章之类，一直可以传报。洪迈《容斋随笔》云："进奏院报状，必载外郡谢上或监司到任表，与夫庆贺表章一篇。"[4]在京官员表疏亦可传报。如徽宗自政和以后之好微行，本来少有人知，宣和元年十二月，因蔡京谢表中有言"轻车小辇，七赐临幸"，结果"邸报传之，四方尽知之"。[5]总之，"臣僚章疏，不许传报"，正如孝宗乾道时"擅报告词"之禁，[6]大旨是在于不得擅报而已。

正因为进奏院报有"合报事件"和不得擅报之事的区分，遂有审查内容的必要，此即进奏院报定本制度。

统一供报的进奏院状始于何时不得而知，现知报状之有定本的最早记载在宋真宗时。咸平三年（1000），有诏进奏院报状，"每五日一写，

1　《长编》卷五〇五，元符二年正月甲子条，第12038~12039页。

2　元祐二年十月的五次引用中，只有《元祐邸报》十月初九日事"中载上言者为河北都转运使顾临，其他四次皆不载言者姓名，故李焘言"不知言者为谁""不知谏官姓名""当考言者姓名"云云。又，绍圣四年十二月癸卯，《长编》记有一条殿中侍御史陈次升言文臣带兵钤及监司所任职者朝辞事宜的简单记事，其考异云"邸报具载其言章，今附注此"，所在言章首云"臣僚上言"（卷四九三，第11719页），知邸报中不载陈次升之名，而是代以"臣僚上言"。这一点可能是邸报载台谏章疏通例。

3　《宋会要辑稿》刑法二之八〇，第8326页；职官二之四六，第3015~3016页。

4　洪迈：《容斋随笔·五笔》卷四"近世文物之殊"条，孔凡礼点校，中华书局，2005，第878页。

5　《皇朝编年纲目备要》卷二八，第730页；《宋史全文》卷一四，汪圣铎点校，中华书局，2016，第969页；《宋史》卷三五二《曹辅传》，第11128页。

6　《宋会要辑稿》职官二之五一，第3019~3020页。

上枢密院定本供报"。[1] 此诏要点有三：第一是进奏院报有定本，第二是定本取决于枢密院，第三是五日一报。此后定本变化多是围绕此三点展开的。

咸平四年八月，诏进奏院"每五日一具报状实封上史馆"。[2] 五日一报史馆，显然与五日定本之制相关。大中祥符元年，诏进奏院"不得非时供报朝廷事，宜令进奏官五人为保，犯者科违制之罪"。[3] "不得非时供报"，也是在强调要遵守定期传报的五日定本制度。

仁宗庆历八年正月，知相州杨孜上奏，其中提到"进奏院逐旬发外州军报状，盖朝廷之意，欲以迁授降黜示赏功罚罪，勉励天下之为吏者。积习因循，将灾异之事悉报于天下"。[4] 此或是一时之制，或是专指"迁授降黜"之事十日一汇总供报，不一定意味着五日定本制度改为十日一报。熙宁四年十一月一日诏："应朝廷擢用材能，赏功罚罪，事可惩劝者，中书、枢密院各专令检详官一员每月以事状送进奏院，遍下诸路。"[5] 诏中提到的"朝廷擢用材能，赏功罚罪，事可惩劝者"，即杨孜所说的"以迁授降黜示赏功罚罪，勉励天下之为吏者"，这些事状分别由中书、枢密院的检详官逐月汇总提供给进奏院，而不是由进奏院提供内容交二府审查。就在此诏颁布后八日，罢进奏院五日定本制度。

熙宁四年（1071）十一月九日，枢密院检详吏房文字刘奉世言："旧条，进奏院每五日令进奏官一名于阁门抄札报状，申枢密院，呈定录供逐处。仍实封，一送史馆，一送本院时政记房。然进奏官已自传报，则五日行遣，显属烦文，欲乞罢此。诸道进奏官依例供发，除系朝廷已行差除指挥及内外常程事得誊报外，应干实封并涉边机及臣僚章疏，或增加伪妄，并重置法。其报状仍委本院监官逐月抽摘点检。"从

---

1 《宋会要辑稿》职官二之四五，第3013页。

2 《宋会要辑稿》职官一八之七八，第3527页。

3 《长编》卷七〇，大中祥符元年，第1583页。

4 《宋会要辑稿》刑法二之二九，第8298页。

5 《长编》卷二二八，熙宁四年十一月壬午条，第5539页；《宋会要辑稿》职官二之四六，第3015页。

之。[1] 根据刘奉世之言可知，此前一直是奉行五日定本制度，但效果不佳，因为进奏官根本等不及五日定本下，"已自传报"，罢五日定本之制后，进奏院按照规定逐日誊报"朝廷已行差除指挥及内外常程事"。

元丰改制后，进奏院隶门下省给事中。南宋赵升《朝野类要》释"朝报"云："日生事宜也。每日门下后省编定，请给事判报，方行下都进奏院，报行天下。"[2] 赵升所说自是元丰改制以后之制，"每日门下后省编定，请给事判报，方行下都进奏院"，如此则很可能是元丰改制后复行定本之制，只是审查权力由此前的枢密院转移至门下省，由给事中负责。元符元年，给事中徐铎上奏言进奏院奏报事，"其奏报等文字，经监官签书定本，方许传报。或官员差除，未经封驳，私先传报，及虽于法许报事，与元定本不同者，并科杖一百罪。许诸色人告"。[3] 议出给事中徐铎，正是元丰改制后进奏院报定本出自门下之故。徽宗宣和三年十二月二十七日，诏："进奏院朝报非定本事辄传报者，令尚书省检会以降指挥，别行措置约束取旨。"[4] 可知徽宗时依然施行定本制度。

南宋绍兴五年闰二月重申进奏院依定本传报之制，"除定本外，擅报及录与诸处札探人者，并重作施行"。[5] 此前在建炎四年（1130）十月十三日，高宗曾下诏："今后官员差除、降黜及外路合通知事件，令六曹各随所行事类聚，每五日一次行下。"[6] 此举与熙宁四年类聚"赏功罚罪，事可惩劝者"事状每月一报相同，非专指进奏院报定本。总之，元丰改制后直至南宋复行进奏院报定本制度，然已非五日一报。

绍兴二十六年二月，罢进奏院定本朝报，此事书于《宋史·高宗本纪》。[7] 据右正言凌哲言："比年以来，用事之臣乃令本院监官先次具本，

1　《宋会要辑稿》职官二之四六，第3015页。
2　《朝野类要》卷四《文书·朝报》，第88页。
3　《长编》卷四九九，元符元年六月甲申条，第11873页。
4　《宋会要辑稿》刑法二之八五，第8328~8329页。
5　《建炎以来系年要录》卷八六，绍兴五年闰二月丙辰条，第1420页。
6　《宋会要辑稿》职官二之四八，第3016页。
7　《宋史》卷三一《高宗八》，第584页。

纳于时相，谓之'定本'。动辄旬日，俟许报行，方敢传录。而官吏迎合意旨，多是删去紧要事目，止传常程文书。偏州下邑，往往有经历时月，不闻朝廷诏令。切恐民听妄生迷惑，有害治体。望将进奏院定本亟行罢去，以复祖宗之旧，以通上下之情。"[1] 从之。凌哲所言"用事之臣"，是秦桧无疑。秦桧令进奏院先具本，再呈宰相审查。故秦桧时期的进奏院"定本"之权又由门下省转移至宰相，其"定本"已与先前的给事中定本不同。故绍兴二十六年的罢进奏院定本朝报，确切地说，是罢宰相定本。

绍兴末罢进奏院定本后，报状内容决自进奏院，"进奏官辄于六部等处抄录指挥，又将传闻不实之事便行传报"，孝宗乾道六年（1170）八月十九日，根据尚书省建议，改为由尚书省左右司写录定本，呈宰执讫，发付进奏院，方许报行。[2] 乾道九年三月，有臣僚上奏认为由左右司"将六曹刺报内所报事件去取选择，发付进奏院，方许誊报，沿袭向来定本之弊"，于是诏进奏院依旧隶门下后省，合传报事令本省录合报事件付本院报行。[3] 重新回到元丰之制。

2. 宋代的小报

熙宁四年废进奏院报五日定本制度，是邸报制度的一大变化。五日之制的取消和此后定本制度被屡屡强调，都与政务信息传播的特性有关：一方面政务信息中事关机密的部分有保密的要求，遂不能不有定本之制；另一方面对于"合报事件"的传播，则有信息真实和传递迅速的要求。宋代小报对政务信息传播中的保密、真实和时效三者俱造成冲击。

熙宁四年之所以要废除行之数十年的五日定本制度，据刘奉世所言，是因为"四方切欲闻朝廷除改及新行诏令"，而进奏官"亦仰给本州，不免冒法，以致矫为家书发放"，等到五日后枢密院所定报状递到外州，"往

---

1 《建炎以来系年要录》卷一七一，绍兴二十六年二月庚辰条，第 2815~2816 页。
2 《宋会要辑稿》职官二之五一、四之二五，第 3019、3107 页。
3 《宋会要辑稿》职官二之五一，第 3020 页。

往更不开省，徒为烦费"。[1]信息沟通欲速，地方上急于了解朝廷举动，进奏官遂"矫为家书"传递信息，及定本报状递到，信息早已滞后多日。这种伪冒家书传报信息的做法早已有之。仁宗天圣九年的一道诏书中就提到当时诸路的进奏官，"报状之外，别录单状"，[2]以传报不合报外之事。这些单状传递的方法就是矫为家书，"伪题亲识名衔以报天下"。[3]尽管政府对进奏官采取严格奖惩和许人告发、捕捉等制度，[4]但是仍不能杜绝单状之流行。五日定本制度导致信息滞后，敌不过单状之迅捷，遂不能不废。

　　进奏官假职事便利别录"单状"传报消息，从朝廷角度讲是泄密，"漏泄事端"，实际上类似情况也发生于同处言路且居进奏院上端的通进司。英宗治平元年十一月，通进银台司制定了不少防止本司泄密的制度，如文书折角实封用印、禁止诸色闲杂人辄入本司等，其背景乃是有御史提出："两府近臣台谏所言事件，多致通进司传达出外。"[5]绍兴三十一年，黄祖舜奉诏措置通进司弊端，其原因也是有臣僚提出："内降诏旨未经朝廷放行而外人已相告语，是皆通进司漏泄之过，乞行检察，令给事中措置。"[6]此外，北宋时，"三司、开封府、在京诸司亦有探报"，[7]甚至宰执亦有探子。真宗时田锡好言事务，但其言事经常是要求皇帝留中。真宗对田锡曾有"自来奏状一一亲览"的承诺，田锡为此上谢状云："臣盖念于通进司每下奏状，执政间或有探人。古谓禁闱有九重之严，中堂喻千里之远。盖虞左右辄蔽聪明，所以下之情诚少得上达闻听。"[8]田锡曾两度任职通进银台司，熟悉其中事务，故其所言必实。或许这也正是他素怀"危惧之心"的原因。就像皇帝经常特许一些不够

1　《长编》卷二二八，熙宁四年十一月庚寅条，第5544页。

2　仁宗天圣九年闰十月十五日诏，见《宋会要辑稿》刑法二之一七，第8291页。

3　《宋会要辑稿》刑法二之二九，第8298页。

4　《宋会要辑稿》刑法二之三〇、三一，第8299页。

5　《宋会要辑稿》仪制七之二三、二四，第2435页。

6　《宋会要辑稿》职官二之三五，第3007~3008页。

7　仁宗天圣九年闰十月十五日诏，见《宋会要辑稿》刑法二之一七，第8291页。

8　《咸平集》卷二七《知杂后谢传宣》，第306页。

资格的人可经通进银台司上书，以拓展其信息来源一样，宰执也极力想从通进银台司得到更多的信息，尤其是对其不利的信息。

至南宋时乃有所谓内探、省探、衙探之类。[1]"诸处札探人"的刺探，与通进司、进奏院等信息渠道自身的泄密，体现了官方与民间在政务信息传播上的竞争，发展至南宋时乃有所谓"新闻""小报"之流行。

小报之得名及其传播，与进奏院有关。高宗后期，周麟之奏请禁小报云："小报者，出于进奏院，盖邸吏辈为之也；比年事有疑似，中外未知，邸吏必竞以小纸书之，飞报远近，谓之小报。"[2]则所谓"小报"，系相对于正式邸报而言，是"以小纸书之，飞报远近"之意。"以小纸书之"，见其简；"飞报远近"，见其速；更重要的是，小报不顾禁令，传播"中外不知"之事，内容更加丰富。

台静农先生据周麟之之言认为小报消息大抵为邸报尚未发表者，其来源为进奏院，其采访者即邸吏。[3]这并不是很确切。首先，小报还传播定本之外"不得传报"之事；其次，小报固然多是经邸吏之手假借进奏院渠道而发行天下，然其消息亦有出自进奏院之外者。[4]进奏院与通进司皆为官方文书总汇之处，而进奏院又总邮递，故南宋对于小报的申禁措施也多是针对进奏院的。

小报含义在南宋中后期发生变化，可指各种小道消息的传报，非专指进奏院小报。如来自内探、省探、衙探之类各种"札探人"的探报，"皆衷私小报，率有漏泄之禁，故隐而号之曰新闻"。[5]尚书六曹等处人吏也经常出于谋利之故，为"诸路作承受，规图厚利，探报利害，入斥堠转送"。[6]周必大在与友人的通信中，曾两度提及自己请祠获允的消息

1　《朝野类要》卷四《文书·朝报》，第88~89页。

2　周麟之：《论禁小报》，《全宋文》第217册，第150~151页。

3　台静农：《南宋的小报》，《台静农论文集》，安徽教育出版社，2002，第394页。

4　《宋会要辑稿》刑法二之一二五、一二六，第8353~8354页。

5　《朝野类要》卷四《文书·朝报》，第88~89页。

6　《宋会要辑稿》刑法二之一一八，第8346页。

是得自"仓司小报","仓台忽封小报来，请祠依所乞"。[1]淳熙元年在写给杨万里的信中，周必大说自己"缘洪抚间得小报，谓此月五日有召命"，后又得本州进奏官姚某初六日所发状，却丝毫未提及此事，"是可疑也"。[2]可见周必大的消息，既有来自进奏院者，亦有来自安抚司、仓司等处的小报。

　　周麟之上疏请禁小报时就指出，小报"往往以虚为实，以无为有。朝士闻之，则曰已有小报矣；州都间得之，则曰小报已到矣。他日验之，其说或然或不然。使其然耶，则事涉不密。其不然耶，则何以取信？此于害治虽若甚微，其实不可不察"。若小报所传为实，则属于泄密，若不实，则说明朝廷命令不一，有害于治，所以他请求"严立罪赏，痛行禁止"。[3]小报"以虚为实，以无为有"，正如周必大所得"五日有召命"的小报，体现的是听闻不实而妄传的问题，更严重的是故意制造假信息。孝宗以后亦多次禁小报，多是针对此类。先是淳熙十二年（1185）诏对六曹人吏为诸路探报利害者，计赃定罪，淳熙十五年又降御笔："近闻不逞之徒撰造无根之语，名曰小报，转播中外，骇惑听闻。"令临安府常切觉察，御史台弹劾，传播小报者"重决配"，受小报之官吏，"取旨施行"。[4]十六年闰五月又诏："今后有私撰小报，唱说事端，许人告首，赏钱三百贯文，犯人编管五百里。"[5]

　　对于小报的性质、传播及其影响最真切的描述来自绍熙四年（1193）臣僚请禁小报的上疏，疏云：

　　　　朝报逐日自有门下后省定本，经由宰执，始可报行。近年有

1　周必大：《与程泰之侍郎大昌札子一》《与刘文潜司业焞札子三》，《周必大集校证》卷一九〇《书稿五》，第 2910、2916 页。

2　周必大：《与杨廷秀宝学札子二》，《周必大集校证》卷一九二《书稿七》，第 2951 页。

3　周麟之：《论禁小报》，《全宋文》第 217 册，第 151 页。

4　《宋会要辑稿》刑法二之一二三，第 8351 页；周必大：《禁小报御笔》，《周必大集校证》卷一五一《奉诏录六》，第 2307 页。

5　《宋会要辑稿》刑法二之一二四，第 8352 页。

　　所谓小报者，或是朝报未报之事，或是官员陈乞未曾施行之事，先传于外，固已不可；至有撰造命令，妄传事端，朝廷之差除，台谏百官之章奏，以无为有，传播于外。访闻有一使臣及阁门院子，专以探报此等事为生。或得于省院之漏泄，或得于街市之剽闻，又或意见之撰造，日书一纸。以出局之后，省部、寺监、知杂司及进奏官悉皆传授，坐获不赀之利，以先得者为功。一以传十，十以传百，以至遍达于州郡、监司。人情喜新而好奇，皆以小报为先而以朝报为常，真伪亦不复辨也。[1]

　　提供小道消息既然成为有利可图之事，遂出现"专以探报此等事为生"之人，小报中疑似乃至妄撰之消息便也随之增多。

　　小报信息多而详，[2] 速度快，[3] 受众广，传播易，能够满足"人情喜新而好奇"的心理，确有邸报难以比拟之优势。因而尽管小报难免误传、妄传，[4] 甚或"凿空撰造"，国家也严行约束，却流行如故。如朱熹在与友人通信中，便多次明确提到其消息来自小报，其内容涉及臣僚章疏、政事、差除等，还有一次是关于自己消息的小报误传。[5] 熙宁时刘

1　《宋会要辑稿》刑法二之一二五、一二六，第 8354 页。

2　洪迈指出以前进奏院报状载除授情况，从除目到录黄下、阙的类型以及到任、致仕等情况，均记载详细，而后来则礼文简脱，"今不复行，但小报批下。或禁小报，则无由可知"。《容斋随笔·五笔》卷四"近世文物之殊"条，第 878~879 页。

3　黄榦《复陈师复寺丞（六）》："榦昨日得相识录示小报，知已被予祠之命，乃十二月十七日旨挥。今日邸吏发报，状尤分明。"又云："若得省札早下，不复以家事关念，则自今以往，无非安坐读书之日矣。"（《全宋文》第 288 册，第 179~180 页）可见小报速度快于正式邸报，且消息准确，而予祠省札更在邸报之后。又，方大琮《与袁侍郎书（一一）》："某灯夕得章贡录到小报，知除目在腊八；又五日省札至，喜甚欲舞，不已于言。"（《全宋文》第 321 册，第 247~248 页）

4　就在孝宗御笔禁小报的淳熙十五年，"奏邸忽腾报"辛弃疾辞职，稼轩因作《沁园春》（老子平生）以志之。此奏邸腾报，即进奏院小报。参见邓广铭《稼轩词编年笺注》卷二《带湖之什》，《邓广铭全集》第 4 卷，河北教育出版社，2005，第 184 页。

5　朱熹：《答詹帅书》《与刘德华》《与刘智夫》《答蔡季通》《与刘德修》《答赵尚书》，分别参见《朱子全书》第 21 册第 1203~1206 页，第 25 册第 4827~4830、4862、4692、4850 页，第 21 册第 1259~1260 页。

奉世已指出当时由于进奏院单状的流行，以至于邸报到州，"往往更不开省"，至光宗时则已是"皆以小报为先而以朝报为常"，小报已有取代朝报之势，成为士大夫快速获取朝廷信息的主要方式。

（五）私书与伪书

北宋时进奏院的单状最初就是进奏院官吏"伪题亲识名衔以报天下"，借家书可以附递的制度便利，进入官府信息传递渠道。南宋时黄榦在《复陈师复寺丞》中提到自己获得予祠之命的消息，是通过"相识录示小报"；方大琮《与袁侍郎书》中所得到的除目消息也是通过"章贡录到小报"，他们两人都是以私书方式获得转录的小报信息。此外，官僚以私书表达自己对政事的意见，如范纯仁与司马光书论免役法，[1] 范如圭献书秦桧论和议之不可信；[2] 或者作为台谏言事时的预先书信沟通；[3] 或者"以书启或家信投有位"谋私；[4] 或者以私书报边事；[5] 等等。利用公、私途径通过书信的形式来传播政务信息无疑更为简便且不容易监督。

元丰元年（1078）九月时发生大规模审查进奏院所发私书事件。江东运判何琬与前知江宁府吕嘉问互奏不法事，琬奏才至，而嘉问辩论继上，何琬以为有从中报嘉问者，神宗令吕嘉问"具析何从知琬案发事实"，并诏"索所发私书考实"。据《长编》：

1　元祐元年司马光议复行差役法，先是将奏稿给范纯仁看，范纯仁异议，回信为司马光"画计"，欲先行于一州，渐推之一路。光不听纯仁议，并"示之以坚之削"，纯仁"复折简遗之"，论当缓行而熟议。参见《长编》卷三六七，元祐元年二月丁亥条，第8839页。

2　《建炎以来系年要录》卷一二三，绍兴八年十一月辛亥条，第2002~2003页。

3　元祐二年御史张舜民以"所无之事"论文彦博，罢御史，御史中丞傅尧俞、侍御史王岩叟等率众御史救之，殿中侍御史吕陶、上官均不从。王岩叟遂"实封小简"给上官均沟通。吕陶言当时御史言事，常常"预先商议，定为一说"。参见《长编》卷四〇〇，元祐二年五月己未条，第9752~9758页。

4　《长编》卷二四六，熙宁六年八月己亥条，第6001页。

5　《宋会要辑稿》兵二九之七，第9240页。

　　都进奏院言，准传宣取索自九月以后下江宁府文字，令具
名件。诏："应官司不著事因发过文字，并下逐处供检，申纳中
书。内曾有挟带书简，亦尽录同申。其臣僚所发私书，委开封府
下逐家索副本；或无底，令追省钞录，申府缴奏。如敢隐匿不尽，
许人告，犯人除名，告首赏钱千缗，内有官人不愿给钱者，每
三百千转一资。"[1]

审查范围是进奏院九月份发下江宁府之全部文字，凡是机构所发"不著
事因"文字以及"臣僚所发私书"皆需提供底本或者副本申中书。因进
奏院有发书历，故得以据历索书，而吕嘉问"私家使令之人"，亦在追
问之中。[2] 十月，这些私书，除王安石书外，其余皆送御史台根究。[3]

　　吕嘉问在十一月奉诏分析的回奏中，曾交代自己得知何琬案发事的
消息计有四途：前江宁府通判杜纮；进士吴愿，而愿又是得自提举官朱
炎之子朱浚明；在京市易务监华申甫书信；王安石，而安石可能是闻于
其弟提点刑狱王安上。[4] 最终穷究此事的结果是，华申甫自京师以私书
报吕嘉问，而华申甫的消息又是得自三司吏人张济及检正中书吏房王陟
臣、都提举市易司俞充。还有一条线索是检正中书孔目房张伉尝为度支
副使张璪道吕嘉问事，而张璪漏其语于所亲。[5]

　　吕嘉问私书事件，是官僚信息沟通中邸报、小报、口传、书信等多
种信息沟通方式交互为用的典型案例。此事最终的调查结果也显示出私
书作为信息渠道之一在公共事务交流中的作用。

　　私书沟通本欲其事密，然政治生活中存在以公共传播为目的的私
书。嘉祐元年（1056）八月，知制诰刘敞出知扬州，朝辞之时，刘敞奏

1　《长编》卷二九二，元丰元年九月庚子条，第 7142 页。
2　《长编》卷二九五，元丰元年十二月癸卯条，第 7179 页。
3　《长编》卷二九三，元丰元年十月壬子条，第 7150 页。
4　《长编》卷二九四，元丰元年十一月辛未条，第 7161~7162 页。
5　《长编》卷二九八，元丰二年五月癸酉条，第 7243 页。

请罢枢密使狄青为外官，到任扬州后，"拜表，又遍遗公卿书曰：'汲黯之忠，不难于淮阳，而眷眷于李息。'朝廷皆知为青发也"。[1] 利用奏对上疏、到任表、书信等多种方式宣传自己的政见，表达了自己对武人任枢密使的担忧。熙宁七年（1074）四月，王安石罢相。吕惠卿虑中外因王安石罢相言新法不便，"以书遍遗诸路监司、郡守，使陈利害"，同时又奏请神宗下诏，申明终不以吏违法之故，为之废法。故安石之政，"守之益坚"。[2] 刘敞和吕惠卿这种"遍遗"私书的做法，跟吕惠卿发安石私书一样，实际上成了一种政治沟通甚至政治斗争的手段。

以私书言公事并广传于众，是化私为公，还有一种与此相类的方式是以假为真，表达异议。

南宋禁止小报等，重要的原因之一是小报常传播虚假信息。实际上正式的进奏院报亦不免误传。元祐六年（1091）五月，进奏院传报侍御史贾易奏疏，"其辞鄙俚无体制"，是冒名贾易之伪疏。御史台"乞根治伪作文字人"，后经开封府究治，查得伪书人为太常赞者李世英。[3] 此为进奏院误传朝报之例，至于都下即时传播之伪疏就更多了。

熙宁三年四月，皇城使沈惟恭以干求恩泽不如所欲怨朝廷，假他人指斥乘舆之言以语门下客进士孙棐，于是孙棐伪撰近臣章疏，巧为谤谪，词极切害，"动摇军众"。孙棐所作伪疏，《长编》云是"诈为司马光陈五事章疏"，沈惟恭转以示人，四方馆归司官张泽得之，以示阁门使李评，评奏之，故败。沈惟恭琼州安置，孙棐处死，"余传写人皆释罪"。[4] 又据林希《野史》，"民间又伪为光一书"，冒司马光之名作伪书诋安石。[5] 司马光文集中又有《奏弹王安石表》，乞正安石之罪，亦为伪

---

1 《长编》卷一八三，嘉祐元年八月癸亥条，第4435页。

2 《宋史》卷《吕惠卿传》，第13706页；《长编》卷二五二，熙宁七年四月己丑条，第6172页。据李焘考异，此记载出自黄庭坚，依据不明。

3 《长编》卷四五八，元祐六年五月戊辰条，第10959页。

4 《宋会要辑稿》职官六五之三二；《长编》卷二一〇，熙宁三年四月甲申条，第5114页；卷二一一，熙宁三年五月庚戌条，第5135~5136页。

5 《长编》卷二一一，熙宁三年五月庚戌条考异引林希《野史》，第5136页。

疏。[1] 大抵在神宗新法时期，新旧党争激烈，作伪文相攻者亦多。其他之例，如元丰元年（1078）十二月，有人伪作御史中丞蔡确论科场文字，"腾播都下""久喧道路"；[2] 元符元年（1098）有人将南唐时潘佑上后主李煜表改作侍御史龚夬姓名传播，毁谤时政。[3] 绍熙二年（1191）三月，有人造匿名诗"嘲讪宰相、学官及枢臣、侍从"。[4] 甚至还有诈为诏书者。大观四年（1110）十月，内外盛传徽宗御笔手诏，自责用蔡京不当，要求各地州县尽皆削除蔡京踪迹等。徽宗降御笔言此"奸人乘间辄伪撰诏，撰造异端"，立赏钱，内外收捕，"当于法外痛与惩治"。[5]

　　伪书与伪疏，不论是伪托名人或者匿名、造流言，除了少数仅出于私人恩怨外，更多的是与时政有关，伪文中见真态度。而且伪作往往更符合"人情喜新而好奇"的传播规律，有的甚至还会被进奏院误传，被按察官"误采"，影响也大，动辄"动摇州县""动摇军众"，[6] 可视为君臣、官民之间信息沟通的特殊方式。

1　邓小南：《司马光〈奏弹王安石表〉辨伪》，《北京大学学报》1980 年第 4 期，第 73~76 页。
2　《长编》卷二九五，元丰元年十二月壬戌条，第 7187~7188 页。
3　《长编》卷四九四，元符元年正月戊午条，第 11728~11729 页。
4　《宋会要辑稿》刑法二之一二四、一二五，第 8353 页。
5　《宋会要辑稿》刑法二之五四，第 8312 页。
6　《宋会要辑稿》刑法二之一三一，第 8359 页。

第三章　御批与宋代君主的日常行政

　　同《唐六典》所载"王言之制"有七一样,《宋史》所载"命令之体"皆"中书省"所掌之王言。这些种类的君主命令不经过中书省或中书门下行出,便被视作侵夺中书之权。所谓"中书政本,实管王言""不经凤阁鸾台何名为敕"等,都说明了宰相部门在皇帝命令形成过程中的重要性。实际上还存在着非"中书省"所能预,不经中书而行下之王言,比如御笔手诏以及正式决策形成之前君主用以指挥行政的御批等。这些王言在宋代文献中常以内降、内批、上批、中旨、御笔、御批、手诏、亲笔手诏、御笔手诏等不同名目出现。

第一节　宋代的章奏处理

通进银台司、内侍省等诸渠道所承受的各种文书，根据其性质会分送至皇帝、中书、枢密院或其他相关机构。奏状与申状是宋代君主和宰辅机构决策的文书基础。其中奏状上于御前，申状达于宰辅机构。常程文字可直接付相关诸司的事例，如诸处奏到的案牍等法律文书，在北宋前期都是通进银台司先送中书，后送刑部看详。仁宗乾兴元年（1022）十一月，以此种程序，虚滞日数，于是令通进银台司此后不再送中书，而是直接送刑部。[1] 北宋前期有章奏先经中书之例，[2] 非常态。臣僚奏疏理论上皆当先行"进御"，然后分降各处。

《长编》载："通进、银台司旧隶枢密院，凡内外奏覆文字必关二司，然后进御。外则内官及枢密院吏掌之，内则尚书内省籍其数以下有司。"[3] 内外文字必须经过通进银台司"进御"，但通进银台司与君主之间尚有宦官和尚书内省负责文书的传递及初步处理等工作。

文书通进由外而内依次为通进银台司、内官、尚书内省。较"内官"更内者为"内尚书""直笔"等尚书内省的女官。后宫女尚书之官，汉唐时皆已有之，"尚书内省"之名则始见于宋太宗时，地处后宫西北区域，是北宋帝王"燕处"的区间，也是帝王在禁中处理政务的重要场所，在其中协助君主处理政务文书的那部分女官即是内尚书。自外而内的文书要经过内尚书。真宗景德四年（1007）十一月，针对皇族自内进

1　《长编》卷九九，乾兴元年十一月癸巳条，第2304页。

2　太宗时，卢多逊为相，权倾一时，各通进机构须得卢多逊同意方敢为臣僚通进章奏。"（田）锡初从幸大名，欲献《平戎歌》，多逊许之，始得进御。又尝诣阁门献书，请皇帝东封，其书不实封，且言已白多逊，阁门吏乃受其书。"《长编》卷二二，太平兴国六年九月壬寅条，第495页。

3　《长编》卷三四，淳化四年八月癸酉条，第752页。

文书希求恩泽事，规定"自今有越例者，即令尚书内省勿下"。[1]宫内文书之下达亦须经过尚书内省。尚书内省的女官在禁中承担着章奏的登记编目、伺候进呈、代批文字等一系列的工作，[2]最后"籍其数以下有司"，发放合属去处。在尚书内省辅助之下君主对臣僚章奏或阅或否，有降出或留中等多种处理方式。

（一）亲览与他官看详

皇帝对于所收到的章奏文书通常声称会一一亲览，如宋太宗即多次声称"事无细大，必务躬亲"，"近有上章者，朕皆一一览之"。[3]明道二年（1033）仁宗曾对辅臣说："每退朝，凡天下之奏，必亲览之。"[4]皇祐四年（1052）正月，亦下诏说："御史台、谏院，其务尽鲠直，以箴阙失。仍令通进司，或有章奏，画时进入，必当亲览，或只留中。"[5]实际上在文书繁多的情况下，皇帝一一亲览根本不可能做到。只能是有选择的亲览。如何选择？选择的标准因人而异，因文书类型而异。

咸平五年（1002），田锡为侍御史知杂事，真宗特派中使传宣：

> 或有所见，逐旋闻奏，不欲召卿，兼今后不更差人，并降札子去与卿便稳，及今后奏状，不要泄漏字，上更著白帖子，言里面有贴黄。卿自来奏状，朕一一亲览，但祗状内著黄贴子者。[6]

真宗对田锡的眷顾，正说明他对于其他大臣的奏状根本不可能一一亲

---

1 《长编》卷六七，景德四年十一月戊子条，第1508页。
2 关于尚书内省的深入研究，可参看邓小南《掩映之间：宋代尚书内省管窥》，原载《汉学研究》第27卷第2期，2009，后收入邓小南、曹家齐、平田茂树主编《文书·政令·信息沟通：以唐宋时期为主》，北京大学出版社，2012，第368~407页。
3 《宋会要辑稿》帝系九之一、二，第211页。
4 《长编》卷一一三，明道二年十二月丙申条，第2646页。
5 《长编》卷一七二，皇祐四年正月丙寅条，第4130页。
6 《咸平集》卷二七《知杂后谢传宣》，第305~306页。

览。所以皇帝一般对于自己亲信臣僚的章奏会格外注意。我们经常可以看到皇帝命令通进司对于某些特定的官僚的奏章要迅速奏上的规定。

　　就文书的种类而言，皇帝重视的是实封奏章，而通封者则往往忽略。常程文字，于法令通封，[1] 边机急速之类，方许实封，至徽宗时立定断罪刑名，诸奏事，"应通封而辄实封者，杖一百"。[2] 据王巩《随手杂录》：

> 　　初吴处厚笺蔡持正诗进于朝，邸官已传本报之。凡进入三日，而寂无闻。执政因奏事，禀于帘前，宣仁云："甚诗？未尝见也。"执政云："已进入，未降出。"帘中云："待取看。"至午间，遣中使语执政曰："已降出矣。"三省皆云不曾承领，上下疑之。明日乃在章奏房，与通封常程文字共为一复，盖初进入亦通封也。[3]

知汉阳军吴处厚所作之蔡确诗笺释，因为在进入时乃是通封，故而并未引起高太后的注意，于是"只作常程，便降付尚书省"，直至刘安世等人连续上章弹劾蔡确，太后"令再进入，要看"，"遂同后疏进入，寻复降出"。[4]

　　熙宁三年（1070）五月二十四日，看详银台司文字所上言进奏院每日投至银台司的奏状处理本来需要六日："一日贴写奏状事宜，一日钞写奏目，一日钞写发放文历，一日进入，[一日]内中用印点检分配，一日发送合属去处。"该所建议缩减为四日，朝廷予以采纳。[5] 四日之内处理完毕，可见大部分奏状还是发放"合属去处"了，皇帝自己能看的是极少数。他确定欲亲览何人奏疏及何种类型奏疏的依据，当是通进银

1　《宋会要辑稿》职官二之三〇、四五，第3005、3013页。
2　《宋会要辑稿》职官二之三〇，第3005页。
3　王巩：《随手杂录》"吴处厚笺蔡持正诗进于朝"，《清虚杂著三编》，张其凡、张睿点校，中华书局，2017，第298~299页。
4　《长编》卷四二五，元祐四年四月壬子条，第10273页。
5　《宋会要辑稿》职官二之三九至四〇，第3009~3010页。

台司所进的"奏目"。

总之，君主通常关注的是近臣、大臣的奏疏，就文书的种类而言，皇帝重视的是实封奏章，而通封者则往往忽略。

君主面对众多文书，无力遍阅。除了有选择地阅读外，常用办法是委托特定官员看详。咸平二年（999），真宗对宰辅说自己每天要看数百封言事封章，"卿等更详之，如文理可采者，别取进"。[1]真宗是不是真的每天看了这么多不得而知。宰执之外，更多的则是委托两制以上官员或者馆职看详。天圣七年（1029）六月，仁宗命翰林侍读学士晏殊和龙图阁待制孔道辅、马季良等三人"看详转对章疏及登闻检院所上封事，类次其可行者以闻"。[2]熙宁三年（1070）五月，"诏集贤校理孙洙、馆阁校勘蒲宗孟同看详转对封章。以封章条事甚多，欲采用之也"。四日后，又诏百官转对章奏，"分委馆职看详"。[3]令他官看详，同时也能起到考察官僚能否的作用。熙宁三年七月神宗召对前陕县令范育后，令其看详转对章疏三十封，范育"条奏称旨"，神宗认为"甚有识见"，得除馆职。[4]

臣僚看详奏疏，具体如何操作呢？治平四年（1067）四月十四日，神宗委翰林学士承旨张方平、学士司马光详定"内外官所上封事"。[5]五月二十四日，张方平上奏言及此次看详：

（1）诸封事但陈箴谏之言，及泛论治体，据所可取者，欲节略编写，候成一册，逐旋奏御。（2）其指陈时务利害，或数事内除不足采者更不取录外，据可施行之事逐旋节录闻奏，乞降付中书、枢密院看详施行。（3）所上封事，其大意可采，虽文辞鄙俗，

1 《长编》卷四四，咸平二年四月丙辰条，第940页。
2 《长编》卷一〇八，天圣七年六月辛卯条，第2515页。
3 《长编》卷二一一，熙宁三年五月戊戌条、壬寅条，第5122、5123页。
4 《长编》卷二一三，熙宁三年七月癸丑条，第5180~5181页。
5 《宋史全文》卷一〇，治平四年四月辛酉条，第619页。

须至备录。（4）其发明事理不尽者，臣等逐节后别立看详一项，所冀文理稍备。（5）其上封事人开陈政体时务，文理详明，显见才识出众者，官员乞依诏书出自圣衷，特加甄擢，其次赐敕书奖谕；布衣乞下有司召问所上封奏内事节，令逐一条对，委有可取，即与量才录用。

张方平等把所看详内外封事分为两类，第一类是泛论治体的，节略缩写后足成一册奏御；第二类是指陈时政的，将可采段落节录闻奏，并建议降付二府看详施行。对于原疏，根据内容与文字，大意可采的原文备录，间有可采的节选，发明事理不尽者"别立看详"。经此详定处理，闻奏后君主再阅就有的放矢，方便多了。同时详定后诸封事高下也基本辨明，可对上书人予以不同程度的奖励。张方平和司马光的详定已经将所有封事基本分类，并提出令二府继续看详或有司召问等处理意见。神宗收到详定意见后，七月十三日，便将其中与差役有关的章奏，交付御史中丞滕甫、龙图阁直学士赵抃、天章阁待制陈荐"同共详定"。[1]

近二十年后，司马光在元丰八年也提到此次详定，"先帝初即位，诏中外上言得失，亦令臣与张方平同详定选择可取者，与元奏状同进入内，或降付三省、枢密院施行"，并提出将当时的应诏封事也"降付三省，委执政官分取看详。择其可取者，用黄纸签出，再进入，或留置左右，或降付有司"。[2]将奏疏用黄纸"签出"，则不必再像张方平所言那样备录或者节录原疏了。

不管是节录还是黄纸签出，都是为了便于君主亲览，最终还是得由君主自己来决定是"留置左右"，还是"降付有司"，所以委托臣僚看详章疏，与把章疏降出给宰相提出决策意见并不相同。

---

1 《宋会要辑稿》仪制七之二四，第 2436 页。序号为笔者所加。
2 《长编》卷三五八，元丰八年七月庚申条，第 8575 页。

（二）留中与降出

送达皇帝的文书太多，君主又太忙，"一日万机，势未能尽览"，不得不有选择性地阅读奏疏，"事关深密者则留中不出，事系政体者则下中书，事属兵要者则下枢密院，两府覆奏，又下群有司及郡邑，至于无所行而后止"。[1] 由此大致形成了亲览后留中、批出和直接降出三种处理方式。

通封文书或常程公事，君主通常直接降出至宰辅机构。嘉祐六年七月，司马光以三札子上殿，便是"其一留中，其二送中书，其三送枢密院"。[2] 元丰五年五月，诏今后四方实封奏，"除内降指定付三省、枢密院及中书、门下、尚书省外，余并降付中书省"，再由中书省分送所属曹、省。[3] 实际运行中，君主不但经常会将特定文书付某位宰执听取意见，甚至也会直接付有司。

降出文书会再经过通进银台司或者宦官送至中书、枢密等宰辅机构处理。宰执或商量处理后奏闻，或再转其他相关诸司。在这种情况下，政务处理或行或否，宰辅的主动权便比较大。倘事属宰辅所不欲，则往往不得施行。元祐七年（1092）六月十六日，知扬州苏轼为浙西地区饥荒之事，上书要求减免当地所欠赋税，"经百余日略不施行，臣既论奏不已，执政乃始奏云初不见臣此疏，遂奉圣旨令臣别录闻奏。意谓此奏朝上而夕行，今又二年于此矣，以此知积欠之事，大臣未欲施行也"。[4] 苏轼身为近臣而其奏先是一百零八日无音讯，再奏之后又是五百余日未蒙施行，[5] 所以苏轼认为本可朝上而夕行之事却两年不得施行，原因正在

1 《长编》卷二〇六，治平二年八月乙未条，第 4991 页；《宋史》卷三二一《郑獬传》，第 10418 页。

2 《长编》卷一九四，嘉祐六年七月壬寅条，第 4697 页。

3 《长编》卷三二六，元丰五年五月壬午条，第 7839 页。

4 《苏轼文集》卷三四《再论积欠六事四事札子》，第 970 页。

5 《苏轼文集》卷三四《论积欠六事并乞检会应诏所论四事一处行下状》，第 966 页。

于执政大臣的阻挠。苏轼此奏之后，朝廷旋即从其所请。[1]

章疏降出，便意味着其事可进入行政流程了。若事不欲其施行则章疏留中。章疏留中情况较复杂，存在多种可能。有臣僚欲降出而留中者，亦有臣僚欲留中而反降出者。尽管君主通常对臣僚乞留中持否定态度，臣僚自请留中仍是普遍现象。

嘉祐六年（1061）夏，欧阳修上疏谏逐台谏官，疏云：

> 自古人主之听言也，亦有难有易，在知其术而已。夫忠邪并进于前，而公论与私言交入于耳，此所听之难也。若知其人之忠邪，辨其言之公私，则听之易也。凡言拙而直，逆耳违意，初闻若可恶者，此忠臣之言也。言婉而顺，希旨合意，初闻若可喜者，邪臣之言也。至于言事之官，各举其职，或当朝正色显言廷臣，或连章列疏共论某事，其言一出，则万口争传，众目共视，虽欲为私，其势不可。故凡明言于外，不畏人知者，皆公言也。若非其言职，又不敢显言，或密奏乞留中，或面言乞出自圣断，不欲人知言有主名者，盖其言涉倾邪，惧遭弹劾。故凡阴有奏陈而畏人知者，皆挟私之说也。自古人主能以此术知臣下之情，则听言易也。[2]

欧阳修说人君听言当"知其人之忠邪，辨其言之公私"，他认为臣僚章疏言事，非公即私，公事公言之，不畏人知，也就不会请留中；畏人知者，非私即奸，才会密请留中。欧阳修从公论、私言的角度讨论乞留中问题是有道理的。臣僚章疏中为纯粹个人利益事涉乞请者，当然不欲人知，故多请留中。还有的章疏，虽表面上事出于公，而言涉攻讦，事近诋诬，揭人隐私，"阴有奏陈而畏人知者"，往往也会请留中。这些也正

1 《长编》卷四七四，元祐七年六月癸丑条，第11300页。
2 《长编》卷一九三，嘉祐六年六月末，第4681~4682页。

是君主不喜臣僚乞留中的主要原因。

不过欧阳修还是将人之忠邪、公私，一一简单对应了，以为公忠之人其言必公也不会请留中，请留中者人必奸邪，言必挟私。实际上却是多有言出于公而请留中，事出于私而显言于外者。即使对欧阳修自己而言，他在此疏中说"或密奏乞留中，或面言乞出自圣断，不欲人知言有主名者"，皆"挟私之说"，而他在五年前为翰林学士时因水灾上疏，力请罢狄青枢密使时就请求"臣之前奏乞留中，而出自圣断，若陛下犹以臣言为疑，乞出臣前奏，使执政大臣公议"。[1]欧阳修当然不是挟私，但他显然认为兹事体大，章疏留中、事出自圣断更好。此年欧阳修因水灾两度上疏，皆留。臣僚干请，事出于私，不欲人知，故请章疏留中是人之常情，但请留中是事关信息沟通与决策的复杂政治现象，不能与人之忠邪、公私简单挂钩。

臣僚章疏有留中之请，原因之一就是欧阳修自己说的乞"出自圣断"。为何要出自圣断呢？因为建言、献策等，须是恩、威俱出于上。比如欧阳修所建言的罢狄青枢密使，涉及宰辅拜罢，乃天子之职，当然最好让天下人知道是出自君主本意，非是因人建请。元祐五年（1090）二月，御史中丞梁焘上疏请罢修黄河，疏末又有贴黄，为太后应对宰执执奏提供对策，"此贴黄乞留中"，因为事涉宰执，而"此事须是陛下特为主张，不惑外议"。[2]元祐六年（1091）三月，左仆射兼门下侍郎吕大防因神宗实录修成，当迁通议大夫，而其祖讳通，于是执政同进呈，请超迁之。右仆射刘挚奏请由中书将转官及加恩等事奏进，"乞留中作中旨施行"。[3]此是恩出于上。

臣僚章疏乞留中的原因之二是自结人主，免致同列猜忌或上级报复。

1　《长编》卷一八三，嘉祐元年七月丙戌条，第4427页。《欧阳修全集》卷一〇九《论水灾疏》，第1660页。所谓"前奏"，指《论狄青札子》，《欧阳修全集》卷一〇九，第1655~1657页。
2　《长编》卷四三八，元祐五年二月辛丑条，第10555页。
3　《长编》卷四五六，元祐六年三月丙子条，第10923~10924页。

　　端拱二年（989）二月，宰相赵普上疏力荐张齐贤堪当重任，末云"此疏特乞留中，所贵全系君恩，免贻众怒"。[1] 一方面臣僚拔擢要恩出于上，另一方面要避免同列不满。而对于普通官员来讲，若其奏事涉宰执或者意见相左，出于保全自己的缘故，往往也会主动请求留中不出。元丰八年（1085）十二月，侍御史刘挚上疏论执政奸谋，言自己所奏皆执政奸谋私意，"臣非不知历诋其状，臣迹甚危，但上报任使，不敢自惜"，同时又提出："然若明示臣章，必恐转相激发，愈更乖戾，欲望只作圣旨宣谕催促壅滞文字，所贵有所畏惮，却肯了事。此章候经圣览，乞留中，使臣孤迹稍安，则小有闻见，必以自竭，庶补万一。"[2] 元祐六年（1091）二月，苏轼自杭州召还除翰林学士，五月在南都上《杭州召还乞郡状》，七月上《再乞郡札子》求去。前疏云"耻复与群小计较短长曲直"，又云"臣受圣知最深，故敢披露肝肺，尽言无隐。必致当途怨怒，愈为身灾"。后疏再乞郡，否则"又须腾谤，以谓二圣私臣，曲行庇盖"，从而"使浮议上及圣明"。两疏皆"乞留中"不出，"以保全臣子"。[3]

　　章疏乞留中的原因之三是降出效率太低，希望章疏留中，特批施行。熙宁九年（1076）判应天府张方平奏疏论率钱募役之害，他希望神宗能够自己"特下明诏，停罢此法，复行旧制"，若降出付中书，无益于事，"则乞留中不下，非惟有以保全孤臣，抑以致忠义之言，广四聪之远"。[4] 张方平知道若降出则宰执无自罢新法的可能，故而提出若自己主张不行则请章疏留中以保全自己。元祐七年十一月，苏轼上奏乞放免五谷力胜税钱，结果此奏降付三省，三省送户部，户部下转运司，苏轼认为如此"必无行理"，遂于八年三月再上疏，"乞只作圣意批出施行"，希望"内出指挥"施行而不是降出讨论，并言："若谓不然，即乞留中，

1　《长编》卷三〇，端拱二年二月甲申条，第681页。
2　《长编》卷三六三，元丰八年十二月乙丑条，第8693页。
3　《苏轼文集》卷三二《杭州召还乞郡状》，第914页；卷三三《再乞郡札子》，第931页。
4　《长编》卷二七七，熙宁九年九月末，第6791页。

更不降出，免烦勘当。"[1] 按照苏轼的考虑，则其疏不论"内出指挥"与否，实则都得留中不出。

　　臣僚章疏乞留中，自有其理由，而最终留中与否，选择权在君主。对君主而言，章疏是否留中与所言内容有关。一方面，"事关深密者则留中不出"。如果"事干机密，人主所当独闻"，[2] 则文书留中。真宗咸平四年（1001）五月，曾下诏文武官所上章疏不得请求留中，"如事干机密，朕即临时相度，自余并付所司依理施行"。[3] 临时相度，即皇帝根据情况，或留中，或行内降。因此当孟州通判李邈上书请追寝此诏时，真宗认为李邈并没有吃透诏书精神，"殊未明朕意。倘军国机密大事不可付外者，即不在此限"。[4] 另一方面，无论所言机密与否，君主所不欲行者，便选择留中不出。典型的如台谏弹疏，经常留中。建炎元年（1127）六月，李纲入相，上十议，包括议国是、巡幸、僭逆、伪命等，次日，高宗"出其章付中书，惟僭逆、伪命二章不下"。所谓"王业艰难，正纳污含垢之时"，高宗觉得此二事难行，故留中不下。章奏不降出，也就无从施行，李纲固争，"上乃出纲奏"，两日后李纲等宰执进呈议僭逆、议伪命札子，贬责张邦昌等人。[5]

　　君主本人有时候会以留中为保证，鼓励大臣尽职尽言。但总体上，君主对臣僚自请章疏留中持否定态度。真宗景德四年（1007），当时臣僚上殿札子，"有不列己名请留中者，皆攻人之短，发人之私"；上封事者，"辄乞留中而匿名，多涉巧诬，颇彰欺诋"。于是五月诏"自今文武群臣表疏，不得更乞留中"。若事涉机要，许上殿自陈，举奏官吏能否，亦须明上封章。[6] 大中祥符八年（1015）八月诏曰："自今群臣如有

1　《长编》卷四八二，元祐八年三月末，第 11475~11476 页。
2　《苏辙集》卷三六《论台谏封事留中不行状》，第 624 页。
3　《宋会要辑稿》帝系九之五，第 213 页。
4　《宋会要辑稿》帝系九之七，第 214 页；李邈：《上真宗乞追寝章疏不得留中诏书》，《宋朝诸臣奏议》卷一八，第 164 页。
5　《建炎以来系年要录》卷六，建炎元年六月庚申条，第 142~148 页。
6　《长编》卷六五，景德四年五月乙丑条，第 1457~1458 页。

茶法便宜，当显拜封章，尽述条目，下有司详议施行。况金谷细务，非军国事机，自合归于职司，岂朕所宜亲决。今后有所陈述，无得更乞留中。"[1] 皇祐四年（1052），有人上书谏官韩绛，"多斥中外大臣过失"，韩绛奏上，仁宗道："朕不欲留中，恐开阴讦之路。"[2] 仁宗若收下此书，亦不能降出，就得留中，仁宗不愿意示人以受密疏告讦的印象，"恐开阴讦之路"，故令持归焚之。

章疏留中，则此疏便形同密疏。正如欧阳修所说，公事当公言之，对于乞留中之请，君主自然亦不会轻易允从。故有乞留中而偏要降出之例。元祐元年（1086）十月，章惇之子章持上疏言台谏朋党，且与执政相结，陷害其父章惇，疏末章持请求将此疏留中，高太后曰："他乞留中，却与降出，教他执政辈知！"[3]

有乞留中，而隐姓名降出者。如仁宗庆历六年（1046）御史唐询上奏，请"内批行下"罢制科，"疏上，帝刊其名付中书"，参知政事吴育驳之，并提出那些归德于君的奏疏，可"刊名赴外"，而此类"阴邪沮事，正当明辨"者，应"出姓名按劾，以申国法"。[4] 又有乞留中而节略降出者。元丰八年（1085）十二月，西夏遣使入贡。李清臣上疏请释放所擒西夏首领二三人以推恩于夏，兼以观察敌情，"臣所奏，乞留中。如蒙收采，即乞节略臣奏，自御批降出，付三省、枢密院商议，取旨施行"。[5] 乞留中而节略降出，则其名亦必是刊去。

乞留中而降出的反面便是请降出而留中。

仁宗自至和三年正月得疾后，中外言者"以根本为急，交章论述，每辄留中"，故其疏"不为外人所知者，不可胜数"。[6] 治平二年、三年间议濮王典礼，"凡言者一切留中"，言官御史吕诲等积忿，攻欧阳修，

1　《长编》卷八五，大中祥符八年八月戊寅条，第1943页。
2　《长编》卷一七三，皇祐四年十二月庚子条，第4185页。
3　《长编》卷三九〇，元祐元年十月壬寅条，第9483~9485页。
4　《长编》卷一五八，庆历六年六月丙子条，第3833~3836页。
5　《长编》卷三六二，元丰八年十二月乙丑条，第8657~8658页。
6　《欧阳修全集》卷一一九《奏事录》"又三事"，第1839页。

"连章累疏，恶言丑诋"，英宗皆"留中而不出"，于是吕诲等"自写章疏，宣布中外，今间巷之人皆能传诵"。[1]自真宗以来法不许乞留中的主要原因之一是请留中者多涉诋诬，或发人之私，而自北宋中期以后这种现象却更多地体现在台谏章疏上。台谏攻人，必欲其成，故无不请尽速降出，实际上留中者也是最多。元祐元年二月，苏辙供职右司谏，上疏云："臣自至阙廷，闻台谏封事，一切留中不出，既不施行，又无黜责。"[2]至三月，台谏前后数十章弹右仆射韩缜，"皆留中不出"，苏辙再上疏云"臣等所陈，一切留中不出"，请法仁宗故事，"凡台谏封章，一一付外施行"。[3]元祐三年十月，台谏攻尚书右丞胡宗愈，言章数十，又是"一切留中"。[4]实际上，言者不满于留中，被攻者同样不满。元祐八年三月，御史董敦逸两次上疏言苏辙等川人党盛，奏上，"留中不下"，董敦逸请"早赐施行"，苏辙也上奏言"不令臣得知敦逸所言，臣窃有所未喻也"，请"所有董敦逸言臣章疏，伏乞早赐付三省施行"。[5]

台谏章疏留中不出，则无法据以行遣，请之不已，则有节贴降出。所谓节贴，是指节取章疏中非所宜言者降出，即所谓"事有窒碍则节帖付出"。[6]理宗后期，台纲不振，"时嬖宠干政，弹文及其私党，则内降圣旨宣谕删去，谓之节贴"。[7]节贴台谏章疏，南宋初期即已有之。绍兴八年（1138），御史中丞常同上疏论大臣用事，沮抑言路，"喜怒好恶，一出私意。台谏章疏，多不报行。朝廷命令，既无所因，而言事之官，亦被缄默之谤。陛下既以更正其非，而近者言章所论，尚循前例。请之再三，然后报出，或加节贴，文理不通"。[8]理宗端平更化后，杜范拜殿中

---

1 《欧阳修全集》卷一二〇《濮议》卷一，第1848页；卷九二《乞出第一札子》，第1363~1364页。

2 《苏辙集》卷三六《论台谏封事留中不行状》，第623~624页。

3 《长编》卷三七二，元祐元年三月癸酉条，第9013~9014页。

4 《长编》卷四一五，元祐三年十月庚子条，第10100页。

5 《长编》卷四八二，元祐八年三月，第11476~11478页。

6 《宋史》卷四〇八《吴昌裔传》，第12302页。

7 佚名撰，王瑞来笺证《宋季三朝政要笺证》卷二，中华书局，2010，第183页。

8 《建炎以来系年要录》卷一一八，绍兴八年正月丙申条，第1898页。

侍御史，上奏言理宗有"委曲调护之弊"，致台谏失职："其所弹击，或牵制而不行，其所斥逐，复因缘以求进。臣于入台之初，固已力言之，不惟不之革，而其弊滋甚，甚至节贴而文理不全，易写而台印无有，中书不敢执奏，见者为之致疑。不意圣明之时，其弊一至于此。"[1]其实节贴固然是台谏不得伸其言职的表现，但总还是好于"一切留中"！

宋有法不许请留中之说，君臣上下也大多明确表示反对留中，但吊诡的是，臣僚反留中，但经常自己有留中之请；君主反留中，但经常自己将章奏留中不下。章奏留中不出，则朝廷命令"无所因"，行政无法展开。臣僚同时不免狐疑，章奏到底是否"已达御览"。至和二年（1055）孙抃上疏论章疏多留中不降出，"臣即不审是已经圣览、别有特旨使之然耶？将权势侥幸、妄生希合而致然耶？……吁，可骇也！"[2]到了绍熙五年（1194）时，彭龟年又提出同一问题："若是已达御览，其言未合圣意，亦合付之外廷，使议可否，不应留而不下；使未达御览，必是有人隐匿，此岂可不立法以关防之耶？"[3]

孙、彭两人是从防弊角度考虑文书不曾降出是否因为君主被蒙蔽。实则文书的留中或者降出，正反映了君主对信息和议程的掌控，也是控制朝政局势的一种手段，而较之于章奏的留中和降出，君主对章奏的批示，尤能体现君主意志及其在决策体系中的核心地位。

（三）章奏的批出

君主处理章奏，除不加阅读便降出以及阅后留中之外，最主要的便是批示后降出。降付的对象主要是宰辅机构，也有其他有司或官僚个人。就批示的内容而言，大致有批转、批复、建议和指令四类，其中指令性批示，包括重要事务的决策、人事、刑赏问题等，有可能并不降出原始奏疏，直接出内批，这也是最受关注的一类批示。

1　《宋史》卷四〇七《杜范传》，第12282页。
2　孙抃：《上仁宗论章疏多留中不降出》，《全宋文》第22册，第349页。
3　彭龟年：《请御殿施行画一疏》，《全宋文》第278册，第161~162页。

最简单的批示，是表示认可、同意，主要是用画可、依奏等形式。如批宰辅机构所进熟状，批"可"、批"依"之类。据吕陶《记闻》云：

> 本朝中书奏事，批曰"可"；密院曰"依"。或三次批可，则宥密必有登庸者，吏胥率以验之。[1]

又如宦官陈衍在元祐高太后垂帘听政时，"主宣仁阁中文字"，在高太后病卒前，"衍可否二府事，画'依'画'可'及用御宝，皆出于衍，不以禀上"。[2]这是简单的批复型批示。史载宁宗时，"大臣进拟，不过画可，谓之'请批依'"。[3]遇到君主怠政或者权臣专权，则批依画可便成了君主例行公事的最主要政务处理方式。

如果君主对宰辅拟议有异议，会批示自己的意见建议，令改拟。如建炎四年十月签书枢密院事赵鼎奏，"诘刘光世违命不救楚州之罪"，状中有云："逐官但为身谋，不恤国事。且令追袭金人过淮，以功赎过。"高宗批示四字"语言太峻"，令改定进入。次日进呈，高宗解释说："光世当此一面，委任非轻，若责之太峻，恐其心不安，难以立事。"[4]孝宗时曾令"宰执进呈，退，将得旨文字再具熟状进入"，孝宗再度审阅批出后施行。洪咨夔阐发说，君主合当如此，"惟能存主一之敬，每事收敛精神，熟观详绎"，而后出令，否则"熟状之进，随入随可，而思虑不加焉，其与不再进何异？"[5]

臣僚奏请获准，批"依奏"。如辽宁省博物馆藏宋徽宗时《行书方丘敕》，卷后附有大观四年（1110）观文殿学士、正奉大夫、中太一宫

---

1 《长编》卷二七八，熙宁九年十月丙午条引吕陶《记闻》，第6804页。

2 《长编》卷四九五，元符元年三月戊午条引《曾公日录》，第11780页。

3 《四朝闻见录》乙集"宁皇二屏"条，第64页。

4 《建炎以来系年要录》卷三八，建炎四年十月戊子条，第724~725页。

5 洪咨夔：《平斋文集》卷二九《故事》，《洪咨夔集》，侯体健点校，浙江古籍出版社，2018，第701页。

使兼侍读郑居中的札子，札子右上批瘦金体"依奏"。[1]不过文书批"依"并非仅限于君主批章奏，其他机构长官判本官文案亦可。孝宗时周必大上疏论"依"字：

> 臣窃见臣下凡有奏请，或自内批降，或三省批旨，其可从者，皆谓之"依"。是以唐穆宗为太子，每书"依"字辄去"人"，曰："上以此可天下事，乌得全书？"宪宗闻而嘉之。夫全书犹在所避，则有司临文与决之际，不可一律用此字明矣。臣窃见六部文案，凡所施行，逐曹郎官随事欲笔于前，长贰例皆判"依"于后。相承已久，无敢改易。揆之事理，深为未安。臣愚欲乞明降指挥，日后六部所判文案，并以"行"字代"依"字，庶几稍严上下之制。[2]

据周必大所言，知当时皇帝、三省以及六部长贰"临文与决之际"皆可批"依"。必大认为"依"乃君上可否天下事所用之字，臣下不当用，故建议以后六部判案批"行"字。必大此议意在尊君，奉圣旨"依"。则此后六部所判文案当是批"行"字矣。吕祖谦认为"秦、汉以后，只患上太尊下太卑"，在致周必大书中表示此奏不当上。[3]

　　章奏文书君主阅后批示降付宰辅机构，相当于批转宰辅，往往会有自己的建议、意见，尚有待进呈取旨处理。熙宁二年三月，苏辙《上神宗书》，指出"三冗"等问题。神宗"批付中书"："详观疏意，如辙潜心当今之务，颇得其要，郁于下僚，无所申布，诚亦可惜。"[4]召对，除

1　张祎：《制诏敕札与北宋的政令颁行》，博士学位论文，北京大学，2009，第58页。
2　周必大：《论依字》，《周必大集校证》卷一四二《奏议九》，第2179~2180页；《全宋文》第228册，第87~88页。"上以此可天下事，乌得全书"句，点校本以及《全宋文》皆作"上以此可，天下事乌得全书？"，似误。"此"指的是"依"字，穆宗之意是"依"是宪宗用来批天下事的，自己不得僭用，故每书则去其中的"人"字。
3　《吕祖谦全集·东莱吕太史集·别集》卷九《与周丞相》，第411页。
4　《皇宋通鉴长编纪事本末》卷六六《三司条例司废置》，第1159页。

为制置三司条例检详文字。熙宁六年（1073）二月，司农寺奏请陕西诸路并省冗役，神宗批："陕西之民数困科调，最为贫弱，所出役钱独多诸路，诚为可恤，宜依所奏。"[1]这是将司农寺之奏批转中书。元祐六年，御史安鼎论供备库副使赵思复乞将磨勘一官回授其子事以及三省吏任永寿徒罪不当。安鼎札子降出，并有批示云："宜依所奏。"外封上印"急速"字样。[2]绍兴三年（1133），左朝奉大夫知藤州侯彭老献卖盐羡钱千万，高宗"批其奏付三省"曰："纵有宽剩，自合归之有司，非守臣所当进纳。或恐妄有刻剥，取媚朝廷。特降一官，以惩妄作。"彭老遂罢。[3]亦有批转相关个人者。如熙宁二年，文彦博判大名府，转运判官汪辅之奏彦博不事事，帝批其奏以付彦博曰："以侍中旧德，故烦卧护北门，细务不必劳心。辅之小臣，敢尔无礼，将别有处置。"[4]不久，汪辅之罢去。此类批奏，有知会、慰谕之意。但如果是将台谏弹疏转给被弹者，则有令其自请引退之意。

最后看一个章奏批转后进呈取旨之例。据《宋史全文》：

> （淳熙八年十一月）辛卯，进呈吏部侍郎赵汝愚奏："广招徕之路，绝朋比之嫌，莫若用故事，令侍从、两省、台谏各举所知若干人，须才用兼备而未经擢用者，陛下以其姓名悉付中书籍记，候职事官有阙，则选诸所表，以次用之。其有不如所举，则坐以谬举之罪。"上曰："此说极是，可从之。"王淮奏："御笔抹若干人字，今乞作二三人。"上曰："可。"[5]

孝宗阅吏部侍郎赵汝愚奏，抹去奏中的"若干人"三字后降付三省，别

1 《长编》卷二四二，熙宁六年二月庚寅条，第5902页。
2 《长编》卷四五八，元祐六年五月庚午条，第10961~10962页。
3 《建炎以来系年要录》卷六三，绍兴三年三月丁丑条，第1082页。
4 《宋史》卷三一三《文彦博传》，第10262页。
5 《宋史全文》卷二七上，第2266页。

无其他意见。及三省进呈，根据御笔提示，提议改为"二三人"，孝宗可其奏。

　　臣僚上殿面对，其上殿札子的处理，有当廷独断、退朝后审阅两种方式，总的趋势是前者越来越少，后者变得越来越主要，可行者便将札子副本交付相关部门审议。[1] 北宋前期上殿札子常见有不得批"依奏"的记载。大中祥符七年（1014）三月，诏臣僚上殿札子奏事进呈后，不得批"依奏"，并送中书、枢密院、三司等处别取进止。[2] 熙宁十年（1077）九月，诏上殿进呈文书，并批送中书、枢密院，"不得直批圣旨送诸处"。[3] 哲宗元符二年八月，又重申了熙宁十年九月诏书的规定。[4] 此前元祐元年时还曾一度规定臣僚上殿札子并须"实封于通进司投进，即不得直乞批降三省、枢密院"。[5]

　　不得直批"依奏"，不得"直批圣旨送诸处"，显然是针对奏对官员。可知北宋初期上殿札子若当廷获允，奏对官员自批"依奏"或所得旨，持之交相关机构执行。至大中祥符七年禁止，即使面得旨依奏，也不能批于札子上，须送中书、枢密院等进呈取旨，至神宗熙宁十年时改为上殿札子皆批送二府进呈取旨。上殿札子皆须进呈取旨，则宰辅机构的主动权增强。元丰五年七月有诏"自今臣僚上殿札子，并进呈取旨"，看起来是在重申以前的规定，实际原因却是："先是，三省、枢密院或不以进呈，直寝之，故有是诏。"[6] 可知宰辅对君主转付的部分臣僚上殿札子，并不进呈取旨，而是自行决定冷处理了，故君主又不同意。真宗大中祥符二年五月，还有一关于上殿札子的新制，群臣上殿札子，需要写两本进入，这样可以退朝后再阅，"可行者一留中，一付有司；否者

────────────

1　周佳：《北宋上殿札子探研》，《史学月刊》2012 年第 4 期，第 34~39 页。

2　《宋会要辑稿》仪制六之六，第 2403 页；《长编》载此事有误，见《长编》卷八二，大中祥符七年二月戊寅条，第 1866 页。

3　《长编》卷二八四，熙宁十年九月乙卯条，第 6961 页。

4　《长编》卷五一四，元符二年八月戊子条，第 12221 页。

5　《长编》卷三六五，元祐元年二月癸亥条，第 8755 页。

6　《长编》卷三二八，元丰五年七月辛丑条，第 7905 页。

俱留不报"。[1]这可谓是君主裁决的优先权，同意的方进入议程，不同意的就直接留中，无须交中书，而退朝后再批出的上殿札子之"可行者"，就跟其他章奏一样可以直接批"依奏"之类了。

南宋时引对官员时，批上殿札子之例，据周必大《思陵录》，似是当场批札子"依奏"。淳熙十四年十一月，殿中侍御史冷世光、监察御史吴博谷入奏，"并'依奏'"。淳熙十五年三月，洪迈引对，进札子，议修实录、配享等事，"并批依奏"。[2]

对于那些不便降出而留中的奏疏，君主可以就章疏事宜采取直接出批示付有司的方式。与此相近的则是有一类批示，并不以奏疏为依托，而是君主基于口奏或其他信息等，内出指挥，直接批给宰相部门或个别官员。这两类批示就是为外朝士大夫所强烈反对的典型内降了。

以上诸种类型的批示，皆是自内而外，降出施行，故称"内批"，以其出于君主之手，又常被称为御批、御笔，乃至于手诏，等等。御批，顾名思义，似当皆为君主自从批出，实际上正如正式的王言有代王言者一样，内批亦有代笔与亲批之异，从而产生"御宝批""御笔批"之别。

第二节　宋代御批的类型及其运行

一　御宝批与御笔批

嘉祐六年（1061）闰八月起，司马光、吕诲相继上疏仁宗请早定皇嗣。十月，宰辅进呈两疏，遂定议起复前右卫大将军、岳州团练使赵宗实，即后来的英宗为泰州防御使、知宗正寺。宗正之命是为英宗正皇子

---

1 《长编》卷七一，大中祥符二年五月戊戌条，第 1615 页。

2 《周必大集校证》卷一七二《思陵录》卷上，淳熙十四年十一月辛酉条，第 2631 页；《思陵录》卷下，淳熙十五年三月丁未条，第 2663 页。

之名的重要一步。故韩琦等宰执对仁宗说："乞陛下断之于心，内批付臣等行之可也。"仁宗曰："此岂可使妇人知之？中书行之足矣。"[1] 此事可见仁宗此前的内批似皆是由宫中女官代批，否则当出亲笔手诏直接付宰执施行。仁宗说只中书施行即可，即是按照常规程序，据臣僚章奏进呈取旨画可。实际上这种做法虽合乎规范，然并不足以表明此议是仁宗"断之于心"。至嘉祐七年，英宗正皇子之名，"琦等乞帝书手札付外施行"。手札降至中书后，韩琦召翰林学士王珪令草诏，王珪请面对而后草诏。据《长编》：

> 戊寅，请对，言："此大事也，后不可悔。外议皆云执政大臣强陛下为此，若不出自陛下，则祸乱之萌未可知。"上指心曰："此决自朕怀，非由大臣之言也。不如此，众心不安。卿何疑焉？"乃再拜殿上曰："陛下能独断为宗庙社稷计，此天下之福也。"退而草诏以进。[2]

英宗被立为皇嗣，议出于宰辅，而以仁宗手札行之，翰林学士王珪犹且必待面对确认后方才草诏。不过他所疑的是手诏内容是否出自仁宗本心，而不是手札的真实性。"妇人"所预之内批与仁宗自书之手札，即为御批之御宝批与御笔批两类。

李心传论"亲笔与御笔内批不同"：

> 祖宗时，禁中处分事付外者，谓之内批；崇观后，谓之御笔。其后或以内夫人代之。近世所谓御宝批者，或上批，或内省夫人代批，皆用御宝。又有所谓亲笔者，则上亲书押字，不必用宝。[3]

1　《苏辙集》卷二三《欧阳文忠公神道碑》，第 1134 页。《长编》卷一九五，嘉祐六年十月壬辰条，第 4727 页。

2　《长编》卷一九七，嘉祐七年八月丙子条、丁丑条、戊寅条，第 4772~4773 页。

3　《建炎以来朝野杂记》乙集卷一一《故事·亲笔与御笔内批不同》，第 671 页。

根据李心传的解释，禁中处分事赴外之文书，称为"内批"，即徽宗时期之"御笔"。李心传所说的"近世"的御宝批，从仁宗立皇子一事即可知，乃是北宋旧制，且自批者少，"以内夫人代之"则为常制。

北宋禁中有尚书内省，设内尚书，协助君主处理政务文书。[1]至徽宗政和三年时定内省官制，尚书内省分六司"以掌外省六曹所上之事"。[2]时人云："国家建省于内，以总女官之职；政本所系，盖与外之中台无以异也。"[3]此言最可见尚书内省之地位。朱熹也说："宫中有内尚书，主文字，文字皆过他处。天子亦颇礼之，或赐之坐。不系嫔御，亦掌印玺，多代御批。行出底文字只到三省。"[4]内尚书既掌"批出四方奏牍及临时处分"，[5]又掌印玺，用宝，则禁中付外之内批，即所谓内出中旨、内降等，太半出自内尚书之手。嘉祐六年预备立储事，宰相韩琦请"从内批出"，而仁宗答以"此岂可使妇人知之"，正是内批掌于内尚书之证。此例也可见仁宗似是不曾亲笔写过内批，然自神宗始，亲笔内批显著增加，至徽宗时而有御笔、御笔手诏之名目。

尚书内省的"直笔"宫官，尽管影响政治的能力不宜高估，但居于政务文书流转的关键位置，又负有代笔之责，确是存在利用自己在文书运转环节中的地位影响君主决策的可能。若是君主怠政、能力不足或者个性过于仁懦，这种可能性也就更高，这也正是自仁宗朝始宋代士大夫不断提出反内降、反近习的制度背景之一。

内尚书之外，偶尔有宦官代批之记载。徽宗时，宦官梁师成得宠，"凡御笔号令，皆主于师成。于是入处殿中，多择善书吏习仿奎画，杂

1　邓小南：《掩映之间：宋代尚书内省管窥》，收入《文书·政令·信息沟通：以唐宋时期为主》，第368~407页。
2　《宋史》卷二一《徽宗三》，第391页。
3　慕容彦逢：《宫正张氏可同知尚书内省公事制》，《摛文堂集》卷九，《全宋文》第136册，第143页。
4　《朱子语类》卷一二八《本朝二·法制》，第3064页。
5　吕颐浩：《吕颐浩集》卷五《乞留直笔兼管内侍省事状》，徐三见点校，浙江古籍出版社，2012，第61页。

诏旨以出，外庭莫能辨"。[1]又据岳珂《宝真斋法书赞》卷二引蔡絛《国史后补》，梁师成所统有"小阉三四人主出纳用宝以付外"。合此两条记载则代御批、用宝皆在宦者手矣。此事恐不无夸张。据所谓"习仿奎画，杂诏旨以出"的说法，宦者有可能利用掌出纳用宝之便伪为御笔，且据岳珂言其所见徽宗宣和末年诸阁直降御笔确是伪作。[2]

御批都是君主口气，确定御批出自何人之手，区分标准有御宝、御押、书法以及行文中"亲笔"等提示。

（一）御批之用印与押字

御宝批本来是既有皇帝亲批，也有内夫人代批，当"亲笔"之说流行的时候，意味着御宝批已是多为代批了。代批之行，证明其合法性的是必用御宝。亲笔批最主要的特征则是君主亲笔、御押，"不必用宝"，即御宝或用或不用，无一定之规。

宋代玺印制度，据《宋史》，宋初天子三宝，此外又有三印：一曰"天下合同之印"，中书奏覆状、流内铨历任三代状用之；二曰"御前之印"，枢密院宣命及诸司奏状内用之；三曰"书诏之印"，翰林诏敕用之。雍熙三年，并改为宝。[3]可知此后二府所进之奏状的处理，分别用"天下合同之宝""御前之宝"，翰林学士院所草诏敕则用"书诏之宝"。

徽宗大观时复八宝之制，其中镇国宝、受命宝不常用，唯封禅则用之，其余六宝中，皇帝行宝，"降御札则用之"，[4]此处"御札"指的是"王言之体有七"中的御札，并非指御批。实际上不仅镇国宝、受命宝不常用，其他六宝，"虽各有所施，其宝皆藏而不用"，据陆游《家世旧

1 《皇朝编年纲目备要》卷二九，宣和二年十月戊辰条，第737页。
2 岳珂：《宝真斋法书赞》卷二《历代帝王帖·徽宗皇帝诸阁支降御笔》，《景印文渊阁四库全书》第813册，第578~579页。
3 《宋史》卷一五四《舆服六》，第3582页。
4 《宋史》卷一五四《舆服六》，第3586页。

闻》，凡诏书，别铸"书诏之宝"，而内降手札及与契丹国书，用"御前之宝"而已。[1]

徽宗时期实际使用之玺印远不止此。靖康之难作，"诸宝俱失之，惟大宋受命之宝与定命宝独存"，其他皆没于金。据《金史》，金灭宋，获得玉宝十五，金宝七，金涂银宝五，印一，以及内府图书印三十八。其中玉宝中即有"皇帝行宝""御书之宝""宣和御笔之宝"。金宝中有"御前之宝""御书之宝""宣和殿宝"各一。金涂银宝中有"御前之宝""书诏之宝""御前锡赐之宝"各一。合计"御书之宝"二，"御前之宝"二，"书诏之宝"一、宣和殿宝一。内府图书印中有玉制"御书"三、"御笔"一、"御画"一、"御书玉宝"一、"奎璧之文"一、"宣和殿制"一、"宣和大宝"一、"宣和书宝"二、"宣和画宝"一、"封"四。玛瑙制"封"一、"御画"一；水晶制"政和御笔"。[2]

南渡之后，作金宝三：一曰"皇帝钦崇国祀之宝"，祭祀词表用之；二曰"天下合同之宝"，降付中书门下省用之；三曰"书诏之宝"，发号施令用之。[3] "书诏之宝"用于"发号施令"，指向较模糊，李心传则将其直接表述为"印诏书"。[4] 又据赵彦卫《云麓漫钞》：

> 本朝故事，虽存前代之制，常所用曰"书诏之宝"，书诏则用之；"御书之宝"，宸翰则用之；"御前之宝"，宣命缄封则用之；奏钞则用"天下合同之宝"；祭祀则用"皇帝恭承天命之宝"。[5]

1　陆游：《家世旧闻》卷下"先君言玉玺"条，孔凡礼点校，中华书局，1993，第 211~212 页。

2　《金史》卷三一《礼四·陈设宝玉》，中华书局，1975，第 764 页。另《大金国志》载"金国取去大宋宝印"以及李心传《建炎以来系年要录》卷一引《靖康要盟录》，金国所取诸印中，既有"御书之印"，亦有"御书之宝"。宇文懋昭撰，崔文印校证《大金国志校证》卷三二《金国取去大宋宝印》，中华书局，1986，第 455 页。《建炎以来系年要录》卷一引《靖康要盟录》，第 35 页。

3　《宋史》卷一五四《舆服六》，第 3587 页。

4　《建炎以来朝野杂记》乙集卷五《制作·宝玺》，第 581 页。

5　赵彦卫：《云麓漫钞》卷一五《碑本》，傅根清点校，中华书局，1996，第 265~266 页。

总之，两宋时期最常用者为"书诏之宝"，用于诏敕；与御前文字有关者，徽宗时期名目较多，最主要是"御书之宝""御前之宝"。

现存宋代实物文书及石刻文献、书画著录中所见的宋代用宝，举例如下。

"书诏之宝"

《毛应佺知恤诏》（国家图书馆藏）、《赐虞允文敕》（四川博物院藏）、宣和七年（1125）徽宗奖谕毕渐敕书碑，"首行敕字上有御玺文曰书诏之宝"。[1] 理宗嘉熙三年（1239）赐杜范敕，"敕杜范"三字上钤"书诏之宝"。[2]

"御书之宝"

《蔡行敕》（辽宁省博物馆藏）、《方丘敕》（辽宁省博物馆藏）及所附御批郑居中奏。

宋高宗付岳飞御批和批答，"付岳飞"三字上盖有"御书之宝"之印，其下为高宗押字。[3]

宋神宗赐文彦博诗（元丰三年），"彦字上用御书之宝"。[4]

宋哲宗御书"忠清粹德之碑"（元祐三年），原碑在略阳县，中印"御书之宝"。现存略阳县灵崖寺文管所。[5]

宋徽宗跋唐代李绅拜相制，跋语后有"复古殿"三字，上用"御书之宝"。[6]

宋孝宗赐曾觌御书《政道》卷（隆兴二年），"赐曾觌"三字上押

1　阮元：《山左金石志》卷一八，《宋代石刻文献全编》第1册，北京图书馆出版社，2003，第829页。

2　钱大昕著，陈文和主编《潜研堂金石文跋尾》卷一七"理宗赐杜范敕"，凤凰出版社，2016，第393页。

3　朱家溍：《宋高宗付岳飞敕书和批答》，《文物》1997年第2期，后收入氏著《故宫退食录》，紫禁城出版社，2009，第21~23页。

4　倪涛：《六艺之一录》卷九六《石刻文字·宋碑·宋神宗诗》，《景印文渊阁四库全书》第832册，第75页。

5　《司马温公碑额》，李慧主编《陕西石刻文献目录集存》，三秦出版社，1990，第288页。

6　王恽：《玉堂嘉话》卷一，杨晓春点校，中华书局，2006，第45~46页。复古殿为高宗时建。则此跋当为高宗作。

"御书之宝"。[1]

宋孝宗御书"通神庵"，钤"御书之宝"。[2]

宋理宗御书《道统十三赞》（淳祐元年），其末有"辛丑御书之宝"印。[3]

"御书"印

宋徽宗付刘既济御笔手诏[4]："御书"印、徽宗押字。

宋徽宗《听琴图》（故宫博物院藏）、《瑞鹤图》（辽宁省博物馆藏）、《五色鹦鹉图》（波士顿美术馆藏）："御书"印、徽宗押字。

宋理宗御书《道统十三赞》（淳祐元年），前有"庚寅御书"印。

"锡赐之宝"

此宝之用，不见于实物及著录，周必大跋文有记载。孝宗淳熙十年，周必大生日，"受生日牲饩文书一轴，首以宸翰，而诏书次之（赵彦中草）。赐目又次之（用锡赐之宝）"。[5]必大没有记"宸翰"与"诏书"的用印，想必是用印或押字的，对所赐生日礼物之"赐目"则特别提到用"锡赐之宝"。金灭北宋所收诸宝中，有金涂银之"御前锡赐之宝"一，《大金国志》载其应用为"印赐月茶药合"，[6]与必大之说合。

以上实物及碑刻文字所见宋代用宝及御押的情况，主要涉及"书诏之宝""御书之宝""御书"三种玺印。只用"书诏之宝"者为诏敕，上文所举诸例，"书诏之宝"钤于"敕某某"名字上。"御书之宝"的使用，就文字性质而言，可分为政事与文翰两类。前者如《蔡行敕》等；后者如宋神宗赐文彦博诗、宋孝宗赐曾规书、宋理宗书《道统十三赞》等。凡是用"御书之宝"中文翰，都是皇帝亲笔；政事文字只用"御书

1　梁师正等编《三希堂法帖》，浙江古籍出版社，1997，第128页。

2　《潜研堂金石文跋尾》卷一六"御书通神庵三字"，第380页。

3　《潜研堂金石文跋尾》卷一七"理宗道统十三赞"，第395页。

4　北京图书馆金石组编《北京图书馆藏中国历代石刻拓本汇编》第43册，中州古籍出版社，1989，第53页。

5　周必大：《淳熙癸卯生日御笔跋》，《周必大集校证》卷一四《省斋文稿一四》，第174页。

6　《大金国志校证》卷三二《金国取去大宋宝印》，第456页。

之宝"的为御宝批；兼用御宝及御押，如高宗付岳飞御批、宋理宗付三省御笔等，为皇帝亲笔；仅用御押的御批文字为皇帝亲笔。

金朝所收徽宗时期诸印中，有"御笔""御书""御画""宣和书宝""宣和画宝""政和御笔"等，材质有玉、玛瑙、水晶等，通常都被视作"内府图书印"，用于鉴藏、御书御画等，如《听琴图》《瑞鹤图》《五色鹦鹉图》等皆是。而徽宗付刘既济御笔不是书画，而是处理政事的御笔手诏，却用了"御书"印，是比较特别的例子。

御笔文字只有御押不用宝，是颇为常见的做法。周必大在绍兴三十二年（1162）任中书舍人时，得录黄一件，上奏说录黄中的内批："既非御笔，又非宝批，止用白札子而已。臣不知此命何自而出？幸付三省，尚可进呈。设若指挥百司，亦用方寸之纸，奉行则难辨真伪，不行则轻损命令。甚为陛下惜之。"[1] 此内批没有用宝，故不是御宝批，而周必大判断其"非御笔"，其依据只能是孝宗笔迹以及御押的有无。

乾道七年（1171）四月庚午，时周必大在翰林学士院，"御药李某持御笔'皇太子某宜领临安尹'总二十字，有御押焉。三鼓进草，又格式一通，御批并依"。[2] 必大先是得孝宗亲笔令草诏，有御押，及进草后，得御批"依"。此御批必是用宝。

岳珂曾收藏有钦宗御笔文字两帖，皆为批付内藏库者。其一为付内藏库御笔："内藏库支钱一万贯付李觳充应副道君皇后修造使用。"其末为御押。其二为御押防河御笔，其文曰："内藏库取银五千两日下交割，付王褒充犒设防河将兵等使用。"其后为钦宗御批"支"字、御押。[3]

又，周密《云烟过眼录》载郭祐之藏有宋代御书十余卷。其中与政事有关者，太祖时期一幅，其事为河阳武林关使身故，乞差人充替，"御笔上用内合同印"。徽宗数幅，"皆处分中省进呈短奏，亦多不急之

1　周必大：《缴张宏特支请给奏状》，《周必大集校证》卷九九《掖垣类稿六》，第1443页。

2　周必大：《皇太子领临安尹御笔并御批诏草跋》，《周必大集校证》卷一四《省斋文稿一四》，第166~167页。

3　《宝真斋法书赞》卷二《历代帝王帖》，《景印文渊阁四库全书》第813册，第580~581页。

事，皆御笔亲书'照已画旨'"。钦宗一幅，亲事官节级徐钊状，称某处某人聚众疑作贼等事，钦宗御批付程振，令追捕，杖脊配千里，御批封皮押字，用御前之宝。[1] 周密关于郭氏藏品的记载中，徽宗御笔未提及用印与押字外，太祖御笔用"内合同印"，为他处所不载，当为国初之制。钦宗御笔押字并用"御前之宝"，与赵彦卫《云麓漫钞》所说"宣命缄封"用"御前之宝"相合。

最后，再举一例略见御批、御笔与诏敕之别。乾道八年（1172）二月，孝宗御笔令周必大草改左右仆射为左右丞相诏，必大"迫遽，殊不工。寻奉御批'依'，即写大本请宝"。[2] 周必大此段记事中，涉及孝宗御笔、御批、诏书，其御笔当是有御押，御批"依"则用"御书之宝"，所谓"大本"所请之宝为"书诏之宝"。

（二）内批、手诏与"亲笔手诏"

内批与诏、敕等不同，并非正式王言，然而宋人又有"王言之大，莫如手诏及御笔"[3] 之说。若取"诏"之泛义，内批也可以称作"诏"。[4] 较难辨别的是史料中被视为"手诏"的情况。"手诏"虽名为"诏"，可能只是"批"；虽云为"手"，可能只是代笔。正如内批有御宝批、御笔批之分，手诏亦有亲笔与否的区分。君主的内批能不能称为"诏"，并具有诏书之权威与效力？

"手诏"起源较早，从作者角度看，皇帝自作诏书即为手诏。如晋

1　周密：《云烟过眼录》卷上"郭佑之天锡号北山所藏"，邓子勉点校，中华书局，2018，第38~39页。

2　周必大：《改左右丞相御笔并御批诏草录跋》，《周必大集校证》卷一四《省斋文稿一四》，第167页。

3　《宋会要辑稿》职官二之一六，第2996页。

4　熙宁二年十月，神宗"内批"给中书指示宋守约可本官签书枢密院事，安石谓宰相曾公亮曰："此岂可奉诏？"（《太平治迹统类》卷一二，熙宁二年十月甲辰）《皇宋十朝纲要》卷九载此事，称此"内批"为诏："（熙宁二年）甲辰（十一日），诏以步军副都指挥使宋守约为签书枢密院事。宰相曾公亮等力争以为不可，遂止。"（李埴撰，燕永成校正《皇宋十朝纲要校正》，中华书局，2013，第280页）

惠帝"手诏"免卫瓘等官。北魏孝文帝矫"口传诏敕"之弊，"尽从中墨诏"。[1] 这些手诏、墨诏，其功能大致包了宋代的御批、手诏两类，应该都是君主亲笔。等到唐宋时期，不管是御批还是"手诏"，都可以由翰林学士代笔时，就出现了"手诏"有代笔与亲笔之别的问题。

手诏内容通常为翰林学士所作，文字进入后，以君主名义发布。元祐七年五月，翰林学士梁焘请高太后还政，"伏望面出手诏，付大臣施行"，且云"如有合用手诏文字，望降密旨遣使到院谕臣，即当进入"。[2]

熙宁十年十月，吴中复以龙图阁直学士新差知荆南府、充荆湖北路兵马都钤辖、提举本路兵马巡检等事，上奏言衔内"举"字犯其父讳，乞改提举为"提辖"。据《宋会要辑稿》：

> （神宗）手诏曰："易朝廷官称，避守臣私讳，于义未安，宜不行。"先是，中书以中复状入奏请依，上特批也。[3]

此处所谓的"手诏"，是神宗的"特批"。

元祐二年七月壬申（二十三日），"手诏付吕公著等，令于文臣中择有才行风力，兼知边事，堪大用者三五人，具姓名亲书实封进入"。李焘《长编》注载，吕公著在二十七日应诏上疏，其疏云："臣今月二十三日准御批，令臣于文臣中择有才行风力，并知边事，堪大用之人三五人者。"[4] 可见此处"手诏"并非指翰林学士所代笔之诏书，而是君主内批。

熙宁三年六月二十七日，秘书丞、集贤校理、同知谏院胡宗愈落职，通判商州。手诏："宗愈自领言职，未尝存心裨补朝廷治道，凡进对论事，必潜伏奸意，含其事情，旁为邪说，以私托公，专在破坏正

1　《晋书》卷三六《卫瓘传》，第 1059 页；《魏书》卷一一一《刑罚志》，中华书局，1974，第 2876 页。

2　《长编》卷四七三，元祐七年五月壬子条，第 11289 页。

3　《宋会要辑稿》仪制一三之三〇，第 2584 页。《长编》载此事"中书拟从其请，上批"云云（卷二八五，熙宁十年十月庚寅条，第 6977 页）。

4　《长编》卷四〇三，元祐二年七月壬申条，第 9821~9822 页。

理，中伤善良。所为如此而置之左右前后，岂非所以自蔽聪明！可落职与外处差遣。"[1]据《长编》，神宗与宰执议事，提及胡宗愈之罪，"令检出前后章疏行遣"，王安石"请御批著其奸状"，于是神宗乃"批付中书"贬胡宗愈。[2]

胡宗愈在元祐三年五月被刘安世弹劾。安世在弹疏中提及熙宁三年胡宗愈罢知谏院事：

> 昔熙宁中尝知谏院，神宗皇帝深照其奸，乃手诏中书曰："宗愈自领言职，未尝存心朝廷治道，凡进对论事，必潜伏奸意，含其事情，傍为邪说，以私托公。"坐是落职，与通判差遣。御批具在，天下共知。[3]

刘安世说神宗"手诏"中书罢胡，又说"御批具在"，可知此御批必是神宗亲笔，故时人视作"手诏"。

再举一例：熙宁九年十月五日，翰林学士、兵部郎中、权御史中丞邓绾落职，知虢州。《宋会要辑稿》云是神宗"手诏中书门下"罢之，[4]《长编》载此事，则称邓绾之罢是出于"上批"。[5]十月九日，诏中书户房习学公事练亨甫身备宰属，与言事官交通，罢为漳州军事判官。两人之罢皆出于王安石论奏。安石论邓绾不知分守，练亨甫不当备宰属，并"乞以臣所奏付外，处以典刑"。[6]于是神宗"批其奏"曰："邓绾操心颇僻，赋性奸回，论事荐人，不循分守，可落御史中丞，差知虢州。练亨甫罢为漳州军事判官。"[7]

1　《宋会要辑稿》职官六五之三二，第 4816 页。
2　《长编》卷二一二，熙宁三年六月丙戌条，第 5159~5160 页。
3　《长编》卷四一一，元祐三年五月甲戌条，第 10013~10014 页。
4　《宋会要辑稿》职官六五之四一，第 4821 页。
5　《长编》卷二七八，熙宁九年十月戊子条，第 6794 页。
6　《长编》卷二七八，熙宁九年十月壬辰条，第 6797~6798 页。
7　任伯雨：《劾蔡卞奏》，《全宋文》第 108 册，第 257 页。

以上诸例中的"手诏"实际上皆为御批。是不是御批皆可视作"手诏"？

治平四年四月，神宗"直批付中书"，以御史中丞王陶为翰林学士，参知政事吴奎具奏称"内批指挥除陶翰林学士"不当。[1] 神宗大怒，指责吴奎以"手诏为内批，留三日不下"，他对多人说起过此事，[2] 并以此罪名罢吴奎参政。显然在神宗心目中，内批、手诏截然不同。那么吴奎所收到的神宗除王陶为翰林学士的命令到底是内批还是手诏呢？有学者认为，手诏即体重之诏，属翰林内制，是正式的命令之体，"皇帝对于两者之间的区分很清楚、敏感"，故神宗才会痛斥吴奎"以手诏为内批"。[3] 然而吴奎又焉能不知翰林内制之"手诏"与御批不同，何必非要指称神宗命令是"内批指挥"呢？而且李焘《长编》中明确记载神宗是"直批付中书"。

前文所举数例，不管是史文还是刘安世等个人叙述中所提到的"手诏"，皆为内批，而结合吴奎之例，笔者认为被视作"手诏"的内批，当是指亲笔御批。吴中复所受之"特批"、王安石请著胡宗愈奸状的"御批"、王安石奏罢邓绾的"上批"等，皆是神宗自为，故而也皆被视作手诏奉行。神宗认为自己的亲笔御批是"手诏"，臣僚也基本认同，而吴奎把神宗的亲笔御批视作内夫人所作御宝内批对待，是为神宗所不能忍。根据此认识，我们可以判断《长编》《会要》等史籍所见神宗时期的"手诏"大多是神宗亲笔御批。[4]

李心传论亲笔与御笔、内批不同："又有所谓亲笔者，则上亲书押

1　《皇宋通鉴长编纪事本末》卷五七《宰相不押班》，第 1005 页。

2　王珪：《邵亢墓志铭》，《华阳集》卷五九，《全宋文》第 53 册，第 324 页。《苏轼文集》卷一四《张文定公墓志铭》，第 452~453 页。

3　方诚峰：《北宋晚期的政治体制与政治文化》，北京大学出版社，2015，第 172~173 页。

4　如熙宁八年王安石《诗序》的"上批"，王安石称"伏奉手诏"（《长编》卷二六五，熙宁八年六月甲寅条，第 6514 页）。熙宁元年七月，手诏王安石之弟王安国"可令舍人院召试"（《通鉴长编纪事本末》卷五九《王安石事迹上》），熙宁八年二月丁卯，手诏："乳母崇国夫人张氏可特进封魏国安仁保祐夫人。"（《长编》卷二六〇，熙宁八年，第 6332 页）此两例手诏，显然皆为内批，与仁宗时期士大夫所极力反对的内降并无不同，区别在于此为神宗亲笔而已。

字，不必用宝。"[1] 其所谓"亲笔"，便是指亲笔内批。确系出自君主之手的"手诏"便须与代笔之作有所区分，用以区分的标志，可以是押字，可以是笔迹，典型的如徽宗的瘦金体，再则就是在内容上有时候会有明确的"亲笔"等文字提示。

以下以李纲为例略作说明。靖康元年（1126）三月，李纲与耿南仲议论不合，耿南仲攻以太学生赴阙请留李纲事，李纲遂先后六札乞罢知枢密院事除外任宫观，相关札子及御笔批答皆载于《梁溪集》卷四五。各札后所附"御笔"如下：

1. 今封还卿奏，岂可如此。朕委付之意至矣，更勿少疑，不得再请。虽累百章，亦当封还。付李纲。
2. 依已降旨，不许般出启圣院，依旧赴院供职。
3. 可赴院供职，不得再有陈请，今封还卿奏。
4. 不允，仍依累降旨挥，勿更有请。
5. 不允所乞，今封还卿奏，勿复有请。
6. 依累降旨，不允所乞。

执政辞免不允，本来是由禁中批转翰林学士院降批答。[2] 唐始有批答之名，本意是指天子手批而答之也，实际上自唐太宗以后便"未有不假手于词臣者"，因为是词臣代笔，故词华渐繁。[3] 钦宗或者尚书内省女官在李纲札子后直接批不允所请，也就是不由学士，自作批答，实即御批。故李纲在札子中提到钦宗的这些御批，或称"御批"，或称"批答"。这些御批出自钦宗还是内尚书之手很难判断，不过从《梁溪集》中对皇帝"亲笔"的刻意强调看，极可能是出自内尚书。李纲六辞知枢密院事皆御批封还不允后，钦宗又续有"亲笔宣谕"和"亲笔手诏"。《亲笔

1 《建炎以来朝野杂记》乙集卷一一《故事·亲笔与御笔内批不同》，第671页。
2 《石林燕语》卷六，第91页。
3 徐师曾：《文体明辨序说》"批答"条，罗根泽校点，人民文学出版社，1982，第117页。

宣谕赴院供职》云：

> 卿忠义之志，朕所素知。方国家多艰，实赖共济。更不得有请，便赴院供职。付李纲。

《亲笔手诏》云："卿累贡封章，恳求去位，自陈危恳，甚骇予闻。……卿其深体朕心，亟安厥位，以济国事。付李纲。"[1]这种"付某某"体式的赐予臣僚诏书，本来亦多为学士所职，李纲特地标出"亲笔"二字，以示不同。这两道"亲笔"是此前六次御批不允的继续，其实质也是御批。

李纲自靖康元年正月入为执政，共半年；自六月起宣抚两河，至以疾求罢，共五十余日，"前后祗受御笔七百余件"。[2]如上述之例甚多，不赘述。需要指出的是，所谓"亲笔"手诏云云，主要是指书写而言，即"亲书"，至于其文辞则并不一定是出自君主。即以李纲所受"亲笔"诏书而言，绍兴五年春《赐李纲亲笔诏书》（朕昨总戎车）及绍兴五年十月《赐李纲诏》（朕以大江之西），皆为参知政事沈与求作。[3]这个阶段其他文武官员如吕颐浩、刘光世、张俊等人也都收到过沈与求所作的高宗"亲笔奖谕""亲笔诏谕"。[4]甚至李纲自己执政时也代笔过诏书若干，包括钦宗诫谕姚古的"亲笔诏示"，[5]可见所谓"亲笔"手诏，执政代笔者不少。

二　御批的运行方式

章奏是君主决策的基础，是降出至宰相机构等到进呈取旨再做决策，

1　以上李纲乞罢知枢密院事外任宫观札子及相关御批等，参见《李纲全集》卷四五，第528~533页。其中求去第六札为重新缴进第五札。札子后所附"御笔"，点校本均作"御批"。
2　《李纲全集》卷一六一《渊圣皇帝御书跋尾》，第1482页。
3　沈与求：《赐李纲诏》，《全宋文》第176册，第222、224页。
4　沈与求：《赐刘光世张俊诏》《赐吕颐浩诏》，《全宋文》第176册，第224~225页。
5　《李纲全集》卷三三《戒谕姚古诏书》，第436~437页。

还是自己主动以御批指挥，选择权在君主，但御批的成立不都是君主独断的结果，作为一种更具权威性的政务处理方式，不管是臣僚个人还是宰辅都会试图加以利用，反过来又不断强化御批的权威和御批决事的流行。

（一）"乞留中"与"求内降"

臣僚章疏言事，欲事之速行，往往会主动求内批。若事涉机密或者出于陈请，不欲明示其章，便经常会乞留中的同时求内批。

嘉祐元年（1056）七月，欧阳修上疏请罢狄青枢密使，"臣之前奏乞留中，而出自圣断，若陛下犹以臣言为疑，乞出臣前奏，使执政大臣公议。此二者当今之急务也"。[1] 熙丰变法时，反对者力不能胜安石，上疏神宗请废新法时，也往往是寄希望于神宗"奋然独断"，自己"直从中批出指挥"罢之，如此则"奸心自沮而陛下之圣泽行矣"。[2]

元祐元年（1086）二月，监察御史王岩叟上奏论台谏官论不应当使台谏官两人同时上殿奏事，当只令一人上殿，"如蒙允臣所奏，只乞作出自宸衷批出指挥"。[3]

元祐五年，御史中丞苏辙上疏论宗室外戚之家卖酒禁约不当，"欲乞圣意裁定。如可施行，更不出臣此章，只作圣旨批降三省"。[4]

靖康元年（1126），侍御史李光弹奏燕瑛、胡直孺二人皆自郡守监司以赃污致身，他的前两札是希望钦宗能够"奋发乾刚"，"直批付三省褫夺职名"。钦宗虽纳其言而未行，于是李光上第三札再论，并请将先后所上弹疏"降付三省，早赐施行"。[5] 是不得御批，则退而求其次请将文书降付三省进呈取旨。

---

1 《长编》卷一八三，嘉祐元年七月丙戌条，第 4427 页。
2 《长编》卷三五九，元丰八年九月末，第 8602 页。
3 《长编》卷三六五，元祐元年二月壬戌条，第 8749 页。
4 《长编》卷四五三，元祐五年十二月丁巳条，第 10875 页；《苏辙集》卷四六《论禁宫酒札子》，第 810 页。
5 李光：《论燕瑛胡直孺札子》《再论燕瑛胡直孺札子》《论燕瑛胡直孺第三札子》，《庄简集》卷九，《全宋文》第 154 册，第 69~71 页。

　　臣僚本人实际上亦以受御批和亲笔手诏为荣，尤其是外官能收到御批是求之不得之事。如李纲便经常将所受徽宗、钦宗、高宗亲笔刻石。[1]

　　正如士大夫对留中之态度呈现矛盾的一面一样，士大夫对君主内批的使用亦如此。一方面，反对内批；另一方面，又希望利用内批解决问题，尤其是有关自己的或自己关注的问题。元丰八年三月，神宗去世，太后临朝，以内批的形式"废罢京师民情不便十余事"以及摒弃宦者数人，旧党士大夫给予高度赞美，"中外喧呼，交相称快"，以为"积年之弊，指日可除"。而从七月以后则"未闻勇决，犹郁天下之望"，致新法不能尽除，"傥陛下如听政之初，直从中批出指挥，令罢某事，则奸心自沮而陛下之圣泽行矣"。[2] 这是政争意识较强的宋代士大夫群体对于御批决事的一种比较典型的态度，若能达成自以为正确的政治目标，采取何种方式不足较。

　　御批作为一种决策形式，首先冲击的是宰辅在决策体制中的地位，但正如韩琦要求仁宗出手诏以正英宗皇子之名之例，宰辅对于御批的使用既欲限制又想利用。

　　熙宁三年（1070）六月，贬知谏院胡宗愈，虽议出于神宗，然亲笔御批则是出自安石所请。此事背景是宰辅对于神宗提出的贬胡宗愈意见不一，故安石请以御批形式"著其奸状"，[3] 有口说无凭御批为证的意味。七月，罢枢密使吕公弼知太原府，亦是出自神宗提议，宰相曾公亮"请自内批出"。[4]

　　嘉定元年（1208）四月，宁宗杨皇后乞减俸，钱象祖"乞御笔批不允，径付本殿。臣等退而书之，以备史臣纪述，庶彰懿范，贻之永世"。[5] 同年闰四月，宁宗据赵彦逾之奏，谕宰辅欲令皇太子参决事："皇

1　参见《梁溪集》卷一六一《题跋上》所载诸题跋，《李纲全集》卷一六一，第1482~1485页。
2　《长编》卷三五九，元丰八年九月末，第8601~8602页。
3　《长编》卷二一二，熙宁三年六月丙戌条，第5159页。
4　《长编》卷二一三，熙宁三年七月壬辰条，第5166页。
5　《宋会要辑稿》后妃二之二八，第300页。

太子参决事，朕有此意甚久。昨日赵彦逾经筵求去，奏及此。此事断自朕意，不欲因人言批出。卿等可商量教稳当，欲待批出。"宁宗本当自作亲笔手诏批出，但慎重计，让宰辅商量拟词。于是宰辅"退而商议，以圣意拟定御笔进入"，请宁宗"御笔批降施行"。[1]

南宋诸帝中，理宗使用御笔最频，宰相请内批也多。淳祐四年（1244）杜范拜右相，因病在假，又时常与左相范钟异同。故杜范奏请理宗允许自己进小简，实即密奏。杜范常常是事先与理宗沟通，然后"乞御笔"，由理宗以御笔指挥，"以见出于圣断"。淳祐五年三月上密奏请增边上诸军请给，"乞御笔行下"。然后杜范与范钟同奏，"乞降内批付三省、枢密院，臣某、臣某即当拟指挥颁行"。而此内批，实际上又是由杜范代拟。[2]景定元年（1260）三月左相吴潜上奏论士大夫当纯意国事，又奏请四事，皆与除授有关，其中三事为"乞御笔"，一为"乞内批"，如乞御笔降授丁大全中奉大夫生前致仕等。[3]

宰相自请用君主亲批的形式处理政事，一则可以显示出自宸衷之意，二则也可以借君主权威以息众论。

（二）御批与诏敕的并行

君主就具体政事与宰辅个人或者群体之间的御批往来，也是议政的过程。从宰辅群体在与君主议事时就议决之事主动请出御批，到钦宗、高宗时期的不少御批和亲笔手诏是由执政代笔，都意味着这些御笔本身可视作君相共同决策的结果，只不过对于决策结果采取了御笔的形式。

还有一些御笔决策，并非出自臣僚建请，是君主独断，然究其过程亦有与宰辅共同决策的一面。南宋孝宗好独断，"中出文字，日日

1　卫泾：《缴进御笔札子》，《后乐集》卷一二，《全宋文》第291册，第284~285页。
2　杜范：《奏上小札》《又奏》，《全宋文》第320册，第212~214页；《三月初七日未时奏》，《全宋文》第320册，第216页；《同左相奏》，《全宋文》第320册，第220页；《奉御笔同左相回奏》，《全宋文》第320册，第220页。
3　吴潜：《十四日具奏论士大夫当纯意国事》《同日具奏四事》，《全宋文》第337册，第220~221页。

有之"。[1] 周必大《奉诏录》中载有数例，可见其御笔成立过程。淳熙
十一年（1184）三月孝宗作付蜀中吴挺、郭钧、彭果三帅亲笔御札。御
札并没有径自发出，而是录副后送周必大等征求意见："录白付蜀中三
帅亲札，宣示卿等，看讫却缴进来。"周必大等阅后再缴进"回奏"。[2]
淳熙十五年正月二十日，孝宗欲禁小报，乃先自作词禁小报御笔送周必
大，御笔录文后末云："欲依此降指挥，如何？"必大《奉诏录》中不载
对此篇御笔的"回奏"，但此御笔见于《宋会要辑稿》，较之《奉诏录》
所载，改"其所受小报官员取旨施行"中的"官员"为"官吏"，并删
"仍出榜晓谕"一句。[3] 以上两例皆孝宗亲笔手诏指挥边将或者宣示天下，
然大臣之"议"实在其中。

　　就另一角度言，君主即使将章奏降付三省处理，仍可再出御笔，出
现御批与其他诏敕并行的政务运作方式。

　　靖康元年（1126）五月，李纲除河北、河东路宣抚使，其间曾上
《乞令李邈权帅真定札子》，并得到御笔回复：

　　　　臣曾具札子乞令李邈权帅真定，盖恐钱伯言到迟，有妨刘韐
　　出入。李邈权帅真定，亦可倚以办事。伏望圣慈早赐降旨施行。
　　取进止。
　　　　御笔：已批付三省讫，只今更催（已批出三四日，为甚至今
　　未行？卿可问三省官）。[4]

据此可知李纲先是有札子奏请令李邈权帅真定，钦宗按照常规程序将李
纲札子降付三省，李纲没有得到回复后就再上札子，于是钦宗御笔回复，

1　《朱子语类》卷一三二《本朝六·中兴至今日人物下》，第 3178 页。
2　周必大：《宣示蜀帅亲扎御笔》，《周必大集校证》卷一四六《奉诏录一》，第 2234 页。
3　周必大：《禁小报御笔》，《周必大集校证》卷一五一《奉诏录六》，第 2307 页；《宋会要辑稿》
　　刑法二之一二三，第 8351 页。
4　《李纲全集》卷五二《乞令李邈权帅真定札子》，第 592~593 页。点校本改"御批"为御笔，
　　改原注小字为正文。

表示再给催一催，并让李纲自己也问问三省。大约也是在此期间，钦宗收到刘韐奏报"取径路前去真定会合"，钦宗付手诏，告之金军谋深而气锐，须徐观事势，不可轻与交锋。此手诏末有钦宗原注云："已敕付卿，恐未到，今再批此。"[1] 可知刘韐之奏已先是降付三省，其决策以敕的形式付刘韐，同时，钦宗又亲笔手诏将敕中之意转达。针对刘韐之奏，一敕、一手诏，两者传递渠道不同，互相配合。李纲《梁溪集》卷五三《奏知约束解潜等会和札子》末附钦宗御笔云："……卿所奏并依奏，付三省、密院讫。"[2] 李纲奏降付三省密院，同时钦宗御笔依奏。同卷又有钦宗宣谕节制事亲笔手诏三，其一云："节制不一，乱之道也。朕已屡批付卿外，今三省议定，再札下，可行下诸将。"其二云："节制事一项，付卿施行，庶归于一，易于听从。已亲笔批去，今再札下，可遍行诸将。"[3] 关于节制诸将事，除了此前已屡有御批外，此次再经"三省议定"，或当降敕，同时钦宗两度亲笔手诏。类似的还有钦宗赐刘韐令便宜指挥的手诏，其末云："高职要位，虚位待卿，已批去，恐迟滞，今再付卿。"[4] 亦是在"已批去"之后，再度御批，其意按照钦宗所说是"恐迟滞"。

这种处理方式并不是钦宗时的个案。熙宁八年（1075）十二月，神宗根据雄州缴到北界来牒，令枢密院札子付与辽议界的韩缜，同时又自己御批付韩缜，"更切和会商量，勿致诳张，庶早见了绝"。[5] 建炎四年（1130）六月，朱胜非除江西安抚大使，胜非辞，不允，其诏末云："卿其体国，勿复固辞。除已令学士院降诏并遣使抚问外，故兹亲笔，宜悉朕怀。"[6] 此诏为高宗亲笔手诏，辞则出于参知政事张守，[7] 据此可知胜

1　宋钦宗：《赐刘韐诏（一二）》，《全宋文》第 191 册，第 315 页。

2　《李纲全集》卷五三《奏知约束解潜等会和札子》，第 598 页。

3　《李纲全集》卷五三《亲笔宣谕节制事》《宣谕施行节制事》，第 603 页。

4　宋钦宗：《赐刘韐诏（五）》，《全宋文》第 191 册，第 312 页。

5　《长编》卷二七一，熙宁八年十二月癸巳条，第 6637 页。

6　张守：《赐江南西路安抚大使朱胜非诏一》，《全宋文》第 173 册，第 189 页。朱胜非在建炎四年六月除，八月始被命，辞章十月至行在。参见《建炎以来系年要录》卷三六，建炎四年八月乙亥条及李心传注，第 687 页。

7　张守：《赐江南西路安抚大使朱胜非诏一》，《全宋文》第 173 册，第 189 页。

非辞章至，已经令学士院降不允诏，同时高宗又付亲笔手诏。

岳珂《鄂国金佗稡编续编》载岳飞事迹，亦多见此种御笔、诏敕并行的方式。绍兴三年（1133）六月，岳飞平虔州固石洞。七月十二日高宗御笔："具奏省……已诏卿赴行在，可即日就道，勿惮暑行。"是诏与御笔并行。绍兴四年十一月，金、伪齐入寇，也是高宗御笔、朝廷指挥并行令岳飞全军东下。[1]

以上的御批不与其他王言冲突，而是作为君主与臣僚个人沟通的重要方式，借助其天子权威与通信之便对朝廷指挥起到补充作用。

（三）内降、手诏与君权的扩张

正如省札、批状之如宰辅，御批是君主日常行政所必须，咨询、提议、决策，与宰执或者其他中外臣僚沟通，皆有赖于御批。就政务处理而言，御批可以是政务沟通的方式，也可以是最终决策；可以是纯出于君主独断，也可以是与宰辅共议；可以单行，也可以与其他王言并行。御批之用虽广泛，但仍有其限度，对实际政治影响最大处在于其内容及运行方式。

赵汝愚《国朝诸臣奏议》卷二三《君道门》"诏令下"中收文20篇，全是反内降，其中仁宗朝11篇，超过半数，其他则是哲宗朝4篇，徽宗朝5篇。徽宗朝5篇，似是不多，然《宋大诏令集》中，"御笔"凡175见，以"御笔"名篇者149篇，全部是徽宗时期。[2]至于神宗，据统计，《长编》共载"上批"910条，其中神宗朝独占894条。[3]这些数字直观反映出仁宗朝"内降"问题突出，御批与御笔则分别是神宗、徽宗朝文书行政的特色。理解仁宗到徽宗时期从内降到御笔的性质差

1　岳珂编，王曾瑜校注《鄂国金佗稡编续编校注》续编卷一《高宗皇帝宸翰摭遗·令赴行在诏》，中华书局，1989，第1141~1142页；《鄂国金佗稡编续编校注》卷一《高宗皇帝宸翰卷上·援淮西二诏》，第4页。

2　据王智勇《宋徽宗朝"御笔"与北宋后期政治》（《宋代文化研究》第17辑，四川大学出版社，2009）统计数字：《宋大诏令集》著录徽宗朝诏令780篇，以"御笔"名篇者117篇。

3　杨世利：《论北宋诏令中的内降、手诏、御笔手诏》，《中州学刊》2007年第6期，第187页。

异，关键是御批的内容及运行方式问题。

关于仁宗朝前期内降的典型描述为宝元二年（1039）右司谏韩琦请止绝内降的上疏：

> 国家祖宗以来，躬决万务，凡于赏罚任使，必与两制大臣于外朝公议，或有内中批旨，皆是出于宸衷。只自庄献明肃太后垂帘之日，遂有奔竞之辈，货赂公行，假托皇亲，因缘女谒，或于内中下表，或只口为奏求。是致倖幸日滋，赏罚倒置，法律不能惩有罪，爵禄无以劝立功。……臣欲乞特降诏谕，今后除诸宫宅皇族有己分事，方许于内中奏陈，自余戚里之家及文武臣僚，或有奏请事件，并于阁门及合属去处进状，更不许于内中批旨。如辄敢因缘请托，及自于内中陈乞特批指挥，即望降出姓名，并为奏求人，并送有司勘劾，重行贬责。[1]

据韩琦此疏的描述，仁宗朝内降问题源起于刘后临朝，先是"皇族""戚里之家"，后是"假托皇亲"者，利用"女谒"等禁中信息通进渠道，"或于内中下表，或只口为奏求"，因缘请托，干求恩泽。庆历元年右正言孙沔上疏请绝内降，大意与韩琦相似。"巧宦"者与"中人、佞人"相结，干冒宠荣，内降之出，"莫测夤缘，尽由请托"。[2]次年，尹洙上疏论时弊三事，其二为"恩宠过滥之弊"，指向的就是内降："近时外戚、内臣以及士人，或因缘以求恩泽，从中而下，谓之'内降'。"[3]

综合此三人所言，可见仁宗朝内降就内容而言主要指向的是利用内批干求于法不合之恩泽。史料所见案例与此相合，仁宗朝的内降多是求

1　《长编》卷一二三，宝元二年五月己亥条，第2904~2905页。
2　《长编》卷一三二，庆历元年五月壬戌条，第3126页。
3　《长编》卷一三七，庆历二年闰九月壬午条，第3297页。

恩泽，诸如"补军吏"[1]"恩幸多以内降除官"[2]"免田税"[3]等，称为"内降恩"[4]，而时人请止绝内降，其意义指向的也是"抑侥幸""杜幸门""禁束左右奸幸"之类。[5]从程序上看，包含不正常的文书上行和禁中轻易下内批两个过程。在政治话语中隐含请托禁中的"开后门"之意。[6]既然是非法干求，可以想见，原奏必然留中，内批之出，不是以批出章奏的形式，而是中旨直降。希求恩泽，内中直批，这些也都是此后诸朝士大夫所反对之内降的主要内容。

仁宗朝内降的运作形式，是内批决策直降二府或有司。前者是不经二府预议，直接指挥二府出令，视二府为有司；后者则是绕过二府直接指挥有司施行，以天子之尊行宰相之职。尽管二府、有司俱有执奏的权利，但这两种做法传统上都被视作有违为君之道。

仁宗朝内降以干求恩泽为大宗，二府执奏也多，加之后世又不断提出法仁宗绝内降恩，故而对仁宗朝其他政务处理上的内降直批有司不免忽略，实际上尽管仁宗朝不停地反内降，但越是到仁宗后期，内降愈烈。

嘉祐元年（1056），判大名府贾昌朝以宰相文彦博、富弼主李仲昌议开六塔河事不成，谋倾宰相，教内侍上密奏，于是仁宗据此内降诏置狱。殿中侍御史吕景初言"言事无根原，不出政府，恐阴邪用此中伤善良"，乃另遣殿中侍御史里行吴中复，促行甚急，据说"一日内降至七封"。吴中复固请对，以所受内降纳御座，言"恐狱起奸臣，非盛世所

1　《宋史》卷二七八《王德用传》，第9467页。

2　《宋史》卷三一四《范仲淹传》，第10268页；卷三一八《张昇传》，第10363页；卷三二〇《彭思永传》，第10411页。

3　《长编》卷一二〇，景祐四年十月乙酉条，第2838页。

4　《宋史》卷二九〇《曹利用传》，第9707~9708页；卷二八八《高若讷传》，第9686页；卷三一〇《杜衍传》，第10191页。

5　《宋史》卷三一二《韩琦传》，第10221页；卷三一一《庞籍传》，第10198页；卷三一六《吴奎传》，第10319页。

6　丁义珏：《论北宋仁宗朝的"内降"——制度、政治与叙事》，《汉学研究》第30卷第4期，2012，第71页。

宜有。臣不敢奉诏",请"付中书行出"乃受。[1] 在此之前，御史赵抃也上疏云：

> 事从中出，差一台官以讯劾之，遣四内臣以监视之，才及数日之内，三出内降文字，中外惊骇。外议以谓初发二小臣之罪者，谁为奏陈？今起二小臣之狱者，孰与评议？所可惜者，国体之重，不询于公卿大臣；政事之权，乃付之宦官女子。至于政府，见如此等事，始不预议，终无执持，将顺奉行，焉用彼相？臣恐斜封墨敕之弊，不足罪于昔时；告密罗织之风，复基祸于今日矣。伏望特赐指挥，追还内降之命。[2]

河狱之兴，起自内侍密奏，置狱、遣御史，皆出自内降直批，宰相不知，此后知而不言，故赵抃说"政事之权，乃付之宦官女子"。及吴中复执奏，乃改从中书行下。一日七出内降，恐不免夸张，但河狱之事前后内降总数恐不止七封之数。两年后，欧阳修权知开封府，到官不足两月，便"十次承准内降"，更有意味的是，本府执奏再三，"而内降不已"。[3]

　　仁宗内降始行于刘太后临朝，自仁宗景祐初政，"首革兹弊"，[4] 施行内降执奏之法，从控制通进渠道和颁行方式两方面解决内降问题，此后又屡屡申明之，[5] 然内降之风却未能为之稍戢。实际上这也是仁宗之后诸朝从未解决的问题。一直到理宗后期，杜范为相，也还是一方面常请内批，同时又反内降。

　　杜范乞御笔是便于议事，并调和与范钟之间的关系，并非赞同理

1　《长编》卷一八四，嘉祐元年十一月甲辰条，第 4457 页。

2　《长编》卷一八四，嘉祐元年十一月甲辰条，第 4458~4459 页。

3　《长编》卷一八七，嘉祐三年七月癸巳条，第 4518 页。

4　包拯撰，张田编《包拯集》卷四《请绝内降》，中华书局，1963，第 46 页。

5　参见周佳《北宋中央日常政务运行研究》，第 391~398 页。

宗任由御笔行事。一旦遇到理宗独出心裁之御笔，杜范会尽量执奏。入相之初，杜范即缴还理宗内降除授事两件，并告诫理宗不当"仍循习之弊"，毋牵于"姻族之私"。[1]杜范《四月初三日酉时奏》云：

> 臣屡蒙圣旨传谕燕宗仁等差遣，缘照条多碍，所以都司难于拟上。已仰体陛下笃亲广恩之仁，拟定五阙，谨以缴进。近者一年，远者不过二年以上，皆不为远，但未免使已受阙之人各迟二年，于义未安。此后恐难复有此等差注，当以义断恩，不失以天下为公之道，惟陛下深念之。中间有欲带阁门祗候者，于法尤不可，所不敢徇。[2]

据此则是在理宗屡次内降燕宗仁等差遣恩泽后，杜范勉强为之拟定五阙，应当是未能尽如理宗所愿，还需要待阙一至二年，而对于"中间有欲带阁门祗候者"，杜范则指出"于法尤不可"，予以坚拒。在回奏中，杜范提出"此后恐难复有此等差注"，即下不为例之意，以后当"以义断恩"，不能以私恩坏公义。

　　以上两例中对内批、内降的反对，主要体现为两方面，一是内容，一是运作方式，而这也是自北宋仁宗以来一直存在的问题。

　　韩琦在疏中曾提及祖宗时期的内降，"或有内中批旨，皆是出于宸衷"。太祖、太宗朝内中批旨不少，却很少有异议者。按照韩琦的解释，是因为他们的内降，皆是出自宸衷，不曾为人蒙蔽。这颇可代表仁宗时士大夫反内降的心态。仁宗内降，一则事情本身出于私，走的又是非正常的信息通进渠道；二则能够自宫中干请君主内出中旨的多是"外戚、内臣""宦官、女子""中人、佞人"，都是士大夫政治所不容之势力，故存在着君主信息失误被蒙蔽的可能，从防弊的角度出发，也在所

1　杜范：《缴还内降札子》，《全宋文》第 320 册，第 208 页。
2　杜范：《四月初三日酉时奏》，《全宋文》第 320 册，第 218 页。

必反。但是如果仁宗内降重点不在恩泽，又确实是与祖宗一样出自宸衷呢？这两点正是神宗以后内批的发展方向。

神宗励精图治，事无大小，惯于乾纲独断，"一有奏禀，皆出宸断"。[1]神宗御批之多，适用范围之广，清晰地反映在其《御集》的编纂上。

元丰元年（1078）闰正月，中书礼房习学公事蔡京请求编录"御宝批降指挥"，元丰五年（1082），蔡京编成《中书御笔手诏》，从治平四年（1067）到熙宁十年（1077）共1346事，分21册。[2]从《中书御笔手诏》名称看，所收应该不仅是"御宝批降指挥"，当包括神宗独立决策的内出手诏。这1346事，仅仅是熙宁时期的，而且只是"中书"所承受到的御笔手诏。元丰时期，神宗愈发独断，势必更多。据楼钥所说，沈括在元丰年间任鄜延路经略安抚使时，16个月之内所受神宗密诏便有273道之多。[3]

元祐四年（1089）十月，编成神宗《御集》90卷，共著录935篇，"内四十卷皆赐二府及边臣手札，言攻守秘计，先被旨录为别集，不许颁行"。[4]绍圣中重新编次，至元符三年（1100）六月书成，比元祐所集凡增8872篇，总计9800多篇，通为200卷，分为文辞、政事、边防三门，其中文辞10卷，政事150卷。[5]可知神宗御集200卷中，政事、边防两门即有190卷。

与向来仁宗时内降问题最严重的印象相反，仁宗御集100卷，其中手诏一卷，边防一卷。原因应当是仁宗内降中旨不曾编入。这说明"手诏"的确与"内批"不同，而仁宗"内降"多是尚书内省所代笔御宝批。徽宗时编哲宗御集27卷，以亲政前后为别，各分文辞、政事两门，

1　《长编》卷三〇二，元丰三年正月辛巳条，第7346页。
2　《长编》卷二八七，元丰元年闰正月辛卯条，第7031页；《宋会要辑稿》载蔡京之请在八月十七日（职官三之七，第3026页）；《长编》卷三二八，元丰五年七月辛卯条，第7897页。
3　《楼钥集》卷六七《恭题神宗赐沈括御札》，第1187页。
4　《苏辙集》卷四七《进御集表》，第825页。
5　王应麟：《玉海》卷二八《圣文·御集》"元祐神宗御集"条，广陵书社，2003，第548页。

前集政事 18 卷，后集政事 7 卷。绍兴二十四年编成徽宗御集 100 卷，内政事手札 1350 篇，边机手札 244 篇。[1]

　　宋代君主的御笔"多少反映了他们当权和施政不同的个性"，[2] 神宗御集中"手札"之多，为北宋诸帝之冠，其内容绝大部分是有关"政事""边机"的批示，与仁宗时手诏、边防合计两卷之数形成鲜明对比。自神宗御集始，宋代君主御集内容从"以文辞为主"变为"以政事为主"，显示出君主在政务处理中角色的变化。[3]

　　神宗御批的再一个特点是亲笔多，"裁决庶政，动出亲札"。[4] 有学者认为神宗朝的内批仅仅是代表君主个人政务意见的文字，并不具备直接执行的效力，是决策形成过程中的一道环节，其御批需要覆奏，神宗没有从制度上提高"内批"的效力。[5] 这恐怕是忽视了神宗时期大量指挥边事的内批。熙宁四年（1071）四月，王安石对神宗言及当赋予边帅更多的财政自主权，神宗使安石作文字指挥诸路，因为枢密院迟留不决，安石找机会再对神宗提及此事时，神宗曰："已有手诏与赵卨矣！"[6] 赵卨刚在三月新除鄜延帅。又仅据《长编》记载统计，元丰四年六月至七年十二月，神宗直接给李宪手诏就有 31 次，[7] 而这些所谓"手诏"实际上绝大部分就是绕过二府直接指挥边事的亲笔内批。边事之外，三司承受内降虽有"当申中书覆奏取旨"的规定，而在实际运行中，"三司奏请御批，例不覆奏"。[8]

　　在反对神宗常以御批指挥政事这一点上，新旧两派领袖难得一致。

1　《玉海》卷二八《圣文·御集》"治平仁宗御集"条、"崇宁哲宗御集"条、"绍兴徽宗御集"条，第 547~549 页。

2　王曾瑜：《宋帝御集和御笔述论》，《兰州学刊》2015 年第 3 期，第 1~15 页。

3　周佳：《北宋中央日常政务运行研究》，第 439 页。

4　《攻媿集》卷六九《跋汪季路书画·蔡京自书甯譪元符党人诏草》，第 1220 页。

5　周佳：《北宋中央日常政务运行研究》，第 417 页；丁义珏：《论北宋仁宗朝的"内降"——制度、政治与叙事》，第 69 页。

6　《长编》卷二二二，熙宁四年四月癸亥条，第 5403 页。

7　余春燕：《宋代内降研究》，硕士学位论文，河北大学，2008，第 24 页。

8　《长编》卷二五一，熙宁七年三月乙丑条，第 6140 页。

富弼曾批评神宗："内外事多陛下亲批，虽事事皆中，亦非为君之道，况事有不中，咎将谁执？必至请属交走，货贿公行，此致乱之道，何太平之敢望？"[1] 王安石也早在熙宁四年就批评神宗"区区劳心于细故，适足以疲耗聪明为乱而已"，其言云：

> 且以近事验之，边事之兴，陛下一日至十数批降指挥，城寨粮草多少，使臣、将校能否，群臣所不能知，陛下无所不察。然边事更大坏，不若未经营时，此乃陛下于一切小事劳心，于一切大事独误。[2]

安石论政，最能直言无顾忌。这段话显示出神宗压抑不住的扩张君主权力的冲动，也可见安石对神宗御批政治的否定态度。

神宗大大提高和扩大了内批的使用频率和适用范围，御批广泛施之于政事、边防的决策，且其御批多亲笔，称手诏，权威在普通内批之上。神宗即位之初便忿于吴奎以手诏为内批，罢其参政之职，及安石为相，以其倔强对于神宗之御批政治亦无可奈何。哲宗亲政，效法乃父收揽威柄，事多"里面指挥"。[3] 北宋君主深度参与日常政务运作，控制信息，借御批扩张君权，神宗亲笔手诏导夫先路，至徽宗时乃有空前绝后的御笔手诏。

第三节　徽宗时期的御笔手诏

徽宗时期的"御笔"，首先要明确的是有御笔批和御笔手诏之分。毕竟御批与手诏本应该是决策过程中的不同环节。如宣和六年九月记

1　晁说之：《韩文忠富公奏议集序》，《嵩山文集》卷一七，《全宋文》第 130 册，第 72~73 页。

2　《长编》卷二二四，熙宁四年六月乙丑条，第 5451 页。

3　《长编》卷四九四，元符元年正月戊寅条，第 11740 页。

事的相关诏令，在《宋史》中统称为"诏"，而《皇宋十朝纲要》记载
如下：

> 九月乙亥，门下侍郎白时中为太宰兼门下侍郎，尚书左丞李
> 邦彦为少宰兼中书侍郎。庚寅，手诏以金芝产于艮岳万寿峰，改
> 名寿岳。辛卯，手诏苏轼、黄庭坚诬毁宗庙，义不戴天，片文只
> 语，并令焚毁勿存，如违，以大不恭论。丙申，御笔：今后道官
> 表奏及道官差除，令进奏院报行。[1]

这段记事中，大除拜诏令之外，手诏、御笔区分明确。明了这个区分，
可以更为清晰地认识徽宗在政务处理中的角色。

徽宗朝的诏令在很多宋代史籍中并不做刻意区分，同一事在不同史
籍中或称"诏"，或称"御笔"。[2] 还有一些"手诏"实际上就是亲笔御
批。比如，政和六年五月十九日，内出手诏："燕王俣第三子与依长子
有章例，赐名、授官、支破请给等。"五月二十四日，徽宗因为阅国史，
"见故益王頵与神考情义甚笃，在元丰末，忠言正论，力排异意，功
在社稷"，而其子孙未曾褒显，故"内出手诏"："可检会故实，取旨褒
录。"[3] 此两"手诏"皆为付三省的亲笔御批，其中后一诏亦见于《宋大
诏令集》，作《褒录益王子孙御笔手诏》。[4] 这些亲笔御批，即御笔手诏，
常简称为"御笔"或者"手诏"。如政和七年许景衡《乞罢宫定宋中孚
参部札子》，先引"御笔手诏节文"，后文再度提及时则称为"御笔"。[5]

---

1 《皇宋十朝纲要校正》卷一八，宣和六年，第534页。同月纪事见《宋史》卷二二《徽宗四》，
　第414页。
2 比如崇宁四年七月置四辅郡，十二月，诏四辅兵力各以二万人为额，此事在《宋史》中为
　"诏"，《长编纪事本末》则为"御笔"。参见《宋史》卷一八七《兵一》，第4581页；《皇宋通
　鉴长编纪事本末》卷一二八《四辅》，第2151页。
3 《宋会要辑稿》帝系二之二〇，第49页。
4 《宋大诏令集》卷三五《褒录益王子孙御笔手诏》，第184页。
5 许景衡：《乞罢宫定宋中孚参部札子》，《全宋文》第143册，第316~317页。

大观元年正月一日手诏置议礼局，十三日"御笔"令议礼局于尚书省置局，七月二十六日议礼局又"承御笔"令"先次检讨来上"。[1]其间或称"手诏"，或称"御笔"，其实则一。两宋时人讨论徽宗"御笔"问题，通常又不作批、诏的区分，或总称为"御笔处分"。实际上不论是御批还是御笔手诏，其作为"御笔"的效力与权威基本上是一致的。

一 御笔之始

御笔与御笔手诏是徽宗朝的政治特色，史籍中有不少关于御笔与御笔手诏事始的记载。据《宋史·蔡京传》：

> 初，国制，凡诏令皆中书门下议，而后命学士为之。至熙宁间，有内降手诏不由中书门下共议，盖大臣有阴从中而为之者。至京则又患言者议己，故作御笔密进，而丐徽宗亲书以降，谓之御笔手诏，违者以违制坐之。事无巨细，皆托而行，至有不类帝札者，群下皆莫敢言。繇是贵戚、近臣争相请求，至使中人杨球代书，号曰"书杨"，京复病之而亦不能止矣。[2]

据此则御笔起于蔡京之专权，起始时间不详。又据《宋史·吴敏传》，吴敏，"大观二年，辟雍私试首选。蔡京喜其文，欲妻以女，敏辞"。虽然婚事不成，此后蔡京还是推荐了吴敏充馆职，"中书侍郎刘正夫以敏未尝过省，不可，京乃请御笔特召上殿，除右司郎官。御笔自此始，违者以大不恭论，繇是权幸争请御笔，而缴驳之任废矣"。[3]据此则御笔始于大观年间蔡京利用御笔为吴敏谋馆职。然而将御笔之始系于大观年间未免太晚了。且此记载在时间上亦有疑问。刘正夫为中书侍郎在大观四

---

1 《宋会要辑稿》职官五之二一，第 3131 页。
2 《宋史》卷四七二《蔡京传》，第 13726 页。
3 《宋史》卷三五二《吴敏传》，第 11123 页。

年八月，蔡京罢相在三年六月。最晚之说当为政和年间。据《铁围山丛谈》，"政和初，上始躬揽权纲，不欲付诸大臣"，又云"政和三、四年，由上自揽权纲，政归九重，而后皆以御笔从事"。[1]

据《宋大诏令集》，所载最早的"御笔"为《邹浩重行黜责御笔》，时在崇宁元年闰六月二十日；[2]"御笔手诏"的出现则在崇宁四年，计有《明堂图御笔手诏》（八月二十四日）、《赐大晟乐名御笔手诏》（八月二十七日）、《开封府置居养安济御笔手诏》（十月六日）、《上书编管羁管人放还乡里御笔手诏》（十二月三十日）四道，[3]时间集中在八月至十二月。

上书编管羁管人放还乡里一事，《宋大诏令集》另载有《上书羁管编管人放还诏》，时在崇宁四年七月二十二日，杨仲良《皇宋通鉴长编纪事本末》、陈均《皇朝编年纲目备要》载此事，记当日所下诏为"御笔手诏"，《皇朝编年纲目备要》且曰"御笔手诏始此"，李埴《皇宋十朝纲要》同。[4]然同年十二月的徽宗《上书编管羁管人放还乡里御笔手诏》云："昨降手札，应上书、奏疏见编管、羁管人令还乡里，责亲属保任，而有司止从量移。"[5]若七月二十二日诏是"御笔手诏"，想必徽宗不会自称为"手札"。由"有司止从量移"可知，其过程应该是三省接到徽宗"手札"后，进呈取旨，改放还乡里为量移。徽宗令还乡，有司改为量移，据《宋会要辑稿》，为"九月五日诏"，《宋大诏令集》所载亦同，然据《长编纪事本末》则为九月"己亥御笔手诏"。[6]宋代诏令文

1　《铁围山丛谈》卷一，第18~19页；卷六，第109~110页。

2　《宋大诏令集》卷二一一《邹浩重行黜责御笔》，第801页。同日又有《邹浩衡州别驾永州安置制》，文辞与前者多有重复，知前者为御批，后者为诏书。徽宗御笔入词头，制词载王言。

3　以上参见《宋大诏令集》卷一二四，第427页；卷一四九，第551页；卷一八六，第681页；卷二一七，第829页。

4　《宋大诏令集》卷二一七《上书羁管编管人放还诏》，第829页；《皇宋通鉴长编纪事本末》卷一二二《禁元祐党人下》，崇宁四年七月丁巳条，第3816页；《皇朝编年纲目备要》卷二七，崇宁四年，第683~688页；《皇宋十朝纲要校正》卷一六，崇宁四年，第451页。

5　《皇宋通鉴长编纪事本末》卷一二二《禁元祐党人下》，崇宁四年十二月癸巳条，第3816页。

6　《皇宋通鉴长编纪事本末》卷一二四《追复元祐党人》，第2075页。

献中,《宋大诏令集》是比较难得的对徽宗时期各种诏令类型做出明确分类的,而其分类可能是沿袭自编纂时所参考的各种官方诏令汇编,如《元符庚辰以来诏旨》《大观诏令》等,大致是可以信从的。故《皇朝编年纲目备要》《皇宋十朝纲要》认为"御笔手诏始此"的《上书羁管编管人放还诏》,恐非御笔手诏,如此则徽宗御笔手诏当以崇宁四年八月的《明堂图御笔手诏》为最早。

同月,徽宗"御笔更制军政",十月,中书省言"御笔手诏已刊石,并用金填,毋得摹勒",自是而后,"御笔之行始盛"。[1] 数月之后,蔡京罢相,而御笔行事更为流行。可见创御笔之令为所欲为的只能是徽宗本人,蔡京不过是逢君之欲罢了。

不敢直接批评君主,便诿过于宰臣,自是国家传统。神宗之后宋人对新法的批评总是归罪于王安石更是典型的例子。前引《蔡京传》云:"初,国制,凡诏令皆中书门下议,而后命学士为之。至熙宁间,有内降手诏不由中书门下共议,盖大臣有阴从中而为之者。至京则又患言者议己,故作御笔密进,而丐徽宗亲书以降,谓之御笔手诏。"将徽宗之御笔手诏溯源至神宗的内降手诏,其所谓"大臣有阴从中而为之",显然是指王安石,蔡京袭安石故技而又变本加厉。将徽宗朝恶名昭彰的御笔政治归结为始于安石成于蔡京,正是一箭双雕的手法。将徽宗本人的错误,包括御笔行事,全都推到蔡京头上,早在崇宁五年蔡京第一次罢相时即已如此。

崇宁五年(1106)二月,星文变异,太庙斋郎方轸奏疏论京:"每有奏请,尽乞作御笔指挥行出,语士大夫曰:'此上意也。'明日或降指挥,更不施行,则又语人曰:'京实告之也。'善则称己,过则称君,必欲陛下敛天下之怨而后已。"[2] 徽宗自己也对赵挺之说:"蔡京所为,皆如卿言。"而实际上"京改法度者,皆禀上旨"。[3] 二月十三日,蔡京罢相。

1 《皇朝编年纲目备要》卷二七,崇宁四年,第688页。

2 《宋宰辅编年录校补》卷一一,第723~724页。

3 《皇朝编年纲目备要》卷二七,崇宁五年二月,第688~689页。

方轸之奏实际上严厉批评了御笔，虽归过于蔡京，而徽宗则假蔡京之手报之以诏狱。大观元年（1107）正月，蔡京复相，"上以轸奏示，京奏乞付有司推究事实，轸竟付诏狱，坐此编管岭南"。[1]

　　长于书画的徽宗同样擅于权术，玩弄年长 35 岁的蔡京于股掌之上。虽说御笔行事非创于蔡京，然"长君之恶其罪小，逢君之恶其罪大"，蔡京之谓也。

　　如李心传所说，徽宗朝以前之内批，"崇观后，谓之御笔"，徽宗朝的御笔手诏也就是亲笔手诏，而不管是内批、手诏，还是亲笔内批、亲笔手诏，或者以亲笔批、诏直接指挥有司，都是前朝故事，在徽宗朝之后也依然存在。徽宗在即位之初已经常用内批指挥三省和有司，在崇宁四年之前，"内中事有批降指挥，除付三省、枢密院外，亦有直付有司者"。[2] 故徽宗朝之御笔和御笔手诏必然有与此前之内批和手诏截然不同的特点，否则两宋时人追究徽宗朝御笔之始这样的问题也就没有什么意义了。此特点是什么呢？

二　徽宗朝御笔政治的特点

（一）御笔的法度化

　　徽宗在崇宁初已经常使用内批、手诏等处理政务，其亲笔手诏模勒刻石也在崇宁初出现。崇宁三年（1104）十一月四日，徽宗"幸太学，遂幸辟雍"，并"亲书手诏，面赐国子司业吴绹等"，十六日，从宰臣蔡京所请，将手诏"下有司模勒刊石，颁赐诸路州学"。[3] 此手诏由宰相蔡京"奉敕题额"，承议郎试大司成兼侍讲薛昂"奉圣旨撰并书"后

1　《宋宰辅编年录校补》卷一一，第 725~726 页。
2　曾肇：《上徽宗论内降指挥不可直付有司议》，《宋朝诸臣奏议》卷二三，第 231~232 页。
3　《宋会要辑稿》崇儒六之一〇，第 2867 页。

序，颁天下诸路州学刻石，现在文献中仍可见到不少。[1]大观元年八月十七日，根据资政殿学士、中太一宫使、兼侍读郑居中的奏请，御笔八行八刑书"模写于石，立之宫学，次及太学、辟雍、天下郡邑，与石经比"[2]，与此同出一辙。

越州绍兴府学辟雍碑中提到"崇宁四年三月十六日敕：应诸州学俟颁到手诏立石"。其中提到诏、敕、手诏等，无"御笔"，[3]亦可证当时无"奉御笔"之说，至八月而行御笔之法。十月二十三日，中书省检会应颁降天下御笔手诏摹本，已刊石讫，诏并用金填，不得摹打，违者以违制论。[4]前述赐辟雍诏，当在这些"应颁降天下御笔手诏摹本"中，越州绍兴府学立石在十二月二十日，应该便是"用金填"的。模勒、刻石，再增金填之诏，徽宗御笔的神圣性进一步提升。

徽宗将自己的手诏令宰相题额，令学官撰序，令天下模勒刊石、填金，无疑是借此手段凸显自己的君主形象与权威，并在此路上越走越远。

继御笔手诏刊石后，崇宁五年二月丁丑，以前后所降御笔手诏模印成册，班之中外。[5]此时距四年八月御笔行事之始仅仅数月，前后所降御笔便已达模印成册的规模，可见徽宗御笔理政之频繁。御笔手诏的刊石与模印成册在崇宁以后逐渐常规化、制度化。大观三年（1109）四月以后御笔手诏刊印，半岁一颁，"诸处被受御笔手诏，即时关刑部，别

1　毕沅、阮元：《山左金石志》卷一七《徽宗赐辟雍诏书碑》（陵县县学），《续修四库全书》第910册，上海古籍出版社，2002，第15页。姚良弼修，杨宗甫纂（嘉靖）《惠州府志》卷一六《宋徽宗赐辟雍诏》（循州州学），《天一阁藏明代方志选刊》，上海古籍书店，1961，叶37。阮元：《两浙金石志》卷七《宋徽宗辟雍诏碑》，《续修四库全书》第910册，第590页。顾浩修，吴元庆等纂（嘉庆）《无为州志》卷二六《艺文志》"宋（哲）[徽]宗付辟雍诏"，《中国地方志集成·安徽府县志辑》（八），江苏古籍出版社，1998，第307页。宋徽宗：《付辟雍诏》，《全宋文》第163册，第386页。

2　《宋会要辑稿》崇儒六之一〇，第2867页。

3　越州绍兴府学刊石时在崇宁四年十二月二十日，《两浙金石志》卷七《宋徽宗辟雍诏碑》，第592页。

4　《宋会要辑稿》崇儒六之一〇，第2867页。

5　《宋史》卷二〇《徽宗二》，第376页。

策编次，专责官吏，分上下半年，雕印颁行"。¹ 宣和三年（1121）八月，礼制局奉旨雕印御笔手诏五百本赐宰臣、执政、侍从、在京职事官、外路监司守臣各一本。² 御笔刻石的情况，据权知河阳军元绍直作于宣和六年三月十八日的《跋孟州门颁诏厅碑》："凡郡之奏疏，被上之亲笔而下者，皆刻之金石，以垂示天下。"³ 地方上凡是得到徽宗亲笔批复，皆须上石。

　　与御笔的模印、刊石相伴随的是御笔行事的法制化。崇宁五年二月御笔手诏模印成册颁行并不仅仅是为了宣传上的需要，更是为了御笔政令的推行，"州县不遵奉者监司按劾，监司推行不尽者诸司互察之"。⁴ 同年七月，诏："当十钱法系御前处分，若有人怀奸乱议，沮坏已行之令者，当置典刑。"⁵ 当十钱自崇宁二年二月行于陕西，十一月令江、池、饶、建、舒、睦、衡、鄂州八钱监依陕西样铸当十钱，至此则以其是"御前处分"而禁止"乱议"。御前处分禁止妄议，需无条件奉行，监司对于"不遵奉者"与"推行不尽者"进行按劾、互察。御笔有违，"当置典刑"，具体该当何罪呢？

　　据南宋文献记载，在大观三年五月违御笔以大不恭论之前，有"违御笔以违制坐之"之法，两者皆出于蔡京。⁶ 今人也据此将违御笔"以违制论"看作与御笔行用伴生之法。⁷

1　《宋会要辑稿》崇儒六之一〇、一一，第 2867 页。

2　《宋会要辑稿》礼六二之五二，第 2142 页。

3　元绍直：《跋孟州门颁诏厅碑》，《全宋文》第 174 册，第 109~110 页。

4　《宋史》卷二〇《徽宗二》，第 376 页。

5　《皇宋通鉴长编纪事本末》卷一三六《当十钱》，第 2297 页。

6　《皇朝编年纲目备要》卷二七，第 696~697 页。《楼钥集》卷二一《雷雪应诏条具封事》，第 419 页。《楼钥集》卷六九《跋汪季路书画·蔡京自书谳元符党人诏草》，第 1220 页。《独醒杂志》卷八："崇宁四年，中书奉行御笔。时蔡京欲行其私意，恐三省台谏多有驳难，故请直以御笔付有司。其或阻格，则以违制罪之。自是中外事无大小，惟其意之所欲，不复敢有异议者。"（曾敏行撰，朱杰人整理，《全宋笔记》第 4 编第 5 册，大象出版社，2008，第 183 页）《东都事略》卷一〇一《蔡京传》，齐鲁书社，2000，第 867 页。

7　李如钧：《予夺在上——宋徽宗朝的违御笔责罚》，《台大历史学报》第 60 期，2017，第 119~158 页。

　　宋代文献中常见某某事有违则"以违制论"的记载，御笔中关于具体某事的规定，常申以若违反即"以违制论"，如崇宁四年九月己亥，御笔手诏元祐党人量移，"近来系特降诏许量移，今后有司不得用例检举量移，违者以违制论"。[1]大观二年五月庚戌，御笔："给地养马之法虽已推行，而地之顷亩尚多，访闻多是土豪侵冒，百不得一。今遣官括地，限一日起发，亲诣地所。如违及不实、不尽，杖一百；故隐落，以违制论。"[2]御笔令派遣官员括地，对于官员在此过程中不同程度的违法行为，有不同的规定："违及不实、不尽"者，杖一百；故意隐落者，才是"以违制论。"不能理解为违反五月庚戌的这条御笔就"以违制论"。又如此前的正月三十日御笔，令"自今应于乡村城市教导童稚，令经州县自陈，赴所在学试义一道。文理不背义理者，听之。上书及党人不在此限。违者以违制论"。[3]御笔主要内容是关于城乡蒙师试义的新规，其中"上书及党人"则不在允许之列，"违者以违制论"针对的便是州县不得允许他们参加考试，否则以违制论。故而尽管"以违制论"常见于徽宗御笔，但并不宜解释为违御笔即"以违制论"。宋代文献中也不见有违反御笔即"以违制论"罪之的明确记载。但御笔在崇宁五年时便已禁止"乱议""沮坏"，违者有刑又是确定的。将"御笔"抬高至与"制"同等的地位，奉行御笔不力即以违制论是可行的办法。

　　据《宋史·刑法志》：

　　　　崇宁五年，诏曰："出令制法，重轻予夺在上。比降特旨处分，而三省引用敕令，以为妨碍，沮抑不行，是以有司之常守，格人主之威福。夫擅杀生之谓王，能利害之谓王，何格令之有？臣强之渐，不可不戒。自今应有特旨处分，间有利害，明具论奏，虚

1 《皇宋通鉴长编纪事本末》卷一二四《追复元祐党人》，第2076页。
2 《皇宋通鉴长编纪事本末》卷一三八《马政》，第2323页。
3 《宋大诏令集》卷一五七《乡村城市教导童稚令试义御笔》，第591页。

心以听；如或以常法沮格不行，以大不恭论。"明年，诏："凡御笔断罪，不许诣尚书省陈诉。如违，并以违御笔论。"又定令："凡应承受御笔官府，稽滞一时杖一百，一日徒二年，二日加一等，罪止流三千里，三日以大不恭论。"[1]

这段记载要点有四：其一，崇宁五年定制御笔权威在常法之上，"以常法沮格不行，以大不恭论"；其二，大观元年定制御笔断罪为终审，人主权威在法律之上；其三，为保障御笔施行，严稽滞之罪；其四，出现了两种与御笔有关的量刑规定，即"以违御笔论"和"以大不恭论"。

崇宁五年（1106）诏不见别处有记载。"擅杀生之谓王，能利害之谓王，何格令之有"之语对法令之蔑视露骨之极，尽显专制君主本色，难以置信是出自正式王言。据此诏则崇宁四年八月始行御笔之法，次年御笔即已超越法律，沮格御笔之罪过于违制，以大不恭论。然而此段记载时间多有可疑。《宋史·刑法志》所载"明年"的"御笔断罪"条，据《宋史·徽宗本纪》，其时为宣和六年（1124）七月。[2]若据此"明年"上推，则"崇宁五年"当为宣和五年，然而这个时间则又太晚。据《皇朝编年纲目备要》，大观三年（1109）五月，"制违御笔法"，"诏中外官司，辄敢申明冲改御笔处分者，以大不恭论"。[3]这与《宋史》叙述不同，大意则同，故邓广铭先生认为所载当即同一事。

"定令"条，是立御笔日限。据《建炎以来系年要录》，其时在宣和二年（1120）正月，[4]但未载具体内容。据《皇朝编年纲目备要》则时在政和三年正月，"诏应承受御笔处分，无故违限一时者，徒二年；一日，

1　《宋史》卷二〇〇《刑法二》，第4990~4991页。邓广铭：《宋史刑法志考证》，《邓广铭全集》第9卷，第264~265页。
2　《宋史》卷二二《徽宗四》，第414页。
3　《皇朝编年纲目备要》卷二七，第696~697页。
4　"宣和二年正月九日，立御笔日限。靖康元年正月十八日，照依祖宗法并作圣旨行下。"《建炎以来系年要录》卷五八，第1008页。

加一等；三日，以大不恭论".[1]违限一时即徒二年，与《宋史·刑法志》
所载"稽滞一时杖一百，一日徒二年"小异。又据《宋会要辑稿》：

> 政和八年四月二十四日，中书省言："检会诸受制书急速者当
> 日行下，遇夜收到限次日午时前，非急速者限一日。诸承受御笔
> 处分，无故违限一时者徒二年，一日加一等，三日以大不恭论。
> 看详：承受御笔处分，理宜虔恭不可稽缓，然誊写指挥，或遇假
> 及出者，贵就宰执书押、用印，并入夜有门禁限隔，理宜立限行
> 遣，而元条未曾立行下之限。"[2]

中书省请依照制书行下之例，立御笔行下之限，限外稽滞御笔者再根据
违限时间施以不同处罚。中书省提到的御笔时限与《纲目备要》同。如
果此御笔时限是政和三年所定令，则中书省似不当在五年之后方才提
出"元条未曾立行下之限"。本书姑依《纲目备要》政和三年之说。如
此则《宋史·刑法志》中三条记事的时间次序是先有违御笔法（大观三
年），然后是御笔时限（政和三年），最后是御笔断罪不得上诉（宣和
六年）。

大观三年五月违御笔"以大不恭论"出台前不久的四月二十五日，
刚刚修订好御笔雕印半年一颁的细则。[3]显然在这个关节制定的"违御
笔法"，与政和三年关于稽滞御笔的规定一样正是为了禁止"乱议""沮
坏"御笔，保证御笔的权威性及其顺利推行。徽宗对政和八年中书省所
请的御笔行下之限的处理办法是下诏在"于制书字上"增"御笔"二
字，即御笔与制书一样当日行下，过此则为稽滞，处罚则严于制书。稽
缓制书，一日笞五十，一日加一等，十日徒一年，[4]而稽滞御笔一时便已

1　《皇朝编年纲目备要》卷二七，第 696 页。
2　《宋会要辑稿》刑法一之三〇，第 8243 页。
3　《宋会要辑稿》崇儒六之一〇、一一，第 2867 页。
4　窦仪等详定，岳纯之校证《宋刑统校证》卷九《职制律》"制书稽缓错误"条，北京大学出版
　　社，2015，第 137 页。

经是徒二年。御笔断罪，不许陈诉。如违，依违御笔论，稽滞御笔的最高处罚与违御笔皆"以大不恭论"。

"大不恭"为十恶之七，意谓"所犯既大，皆无肃恭之心"，含九种罪名，断罪不同。与冲改御笔最为接近的当为"指斥乘舆情理切害"及"对捍制使而无人臣之礼"两种，而两者断罪分别为斩、绞。[1]

"违御笔者以大不恭论，自政和末年以来，已是海行指挥。"[2]徽宗御笔的法度化意味着御笔的等级与权威俱在制书和常法之上。

比违御笔"以大不恭论"更值得注意的是"以违御笔论"。《宋史·刑法志》关于"以违御笔论"一句的叙述，容易造成两种印象，一是"以违御笔论"仅适用于"御笔断罪"；二是"以违御笔论"始于宣和六年，已是北宋灭亡前夜。据李心传言："国朝法令，大抵从宽。政和后，始有御笔特断刑名。"[3]按说御笔断罪也是"御笔"，当同样适用于大观三年的"违御笔法"，宣和六年之诏当是对于有异议者"诣尚书省陈诉"的补充规定，并不是"以违御笔论"之法的开始。"御笔断罪"之外，在其他很多方面，很早就已推行"以违御笔论"了。

检《宋大诏令集》中申明"以违御笔论"之诏令共有12条。最早的一条为政和二年（1112）正月《禁止杂服若毡笠钓墩之类御笔》，"自今应敢杂服若毡笠钓墩之类者，以违御笔论"。[4]然此条禁令亦见于《宋史·舆服志》与《宋会要辑稿》，系年分别为政和七年、宣和元年正月，[5]恐是《宋大诏令集》有误。此外则以政和三年十二月十一日《置杖不如法决罚过多许越诉御笔》最早，御笔申明置杖决杖之法，"辄违前令者，许赴尚书省越诉，以违御笔论。行杖人同。若被决人不诉，与同罪"。[6]最晚一条为重和二年（1119）正月八日，御笔手诏佛教寺院屋宇

1　《宋刑统校证》卷一〇《职制律》"指斥乘舆"条，第144~145页。

2　胡安国：《答陈几叟书》，《全宋文》第146册，第160页。

3　《建炎以来朝野杂记》甲集卷四《绍兴乾道淳熙庆元敕令格式》，第111页。

4　《宋大诏令集》卷一九九《禁止杂服若毡笠钓墩之类御笔》，第738页。

5　《宋史》卷一五三《舆服五》，第3577页；《宋会要辑稿》舆服四之七，第2232页。

6　《宋大诏令集》卷二〇二《置杖不如法决罚过多许越诉御笔》，第751~752页。

田产常住一切如旧，"永不改革，敢有议者，以违御笔论"。[1] 其他诸条在政和五年至八年间，内容涉及官僚选任、吏员迁补、礼制等。[2]

《宋大诏令集》中"违御笔论"，政和年间 11 条，重和年间 1 条。宣和之前的还有不少见于《宋史》《宋会要辑稿》等，但未见有早于政和三年者。[3] 宣和之后的多见于《宋会要辑稿》，其中最晚的为宣和七年。[4] "以违御笔论"的责罚自政和三年前后出现后便被应用到政治、经济、军事、司法、礼仪等诸多领域，一直到徽宗在位的最后一年。

徽宗时期随着御笔地位的提升，"以违制论""以大不恭论""以违御笔论"成为针对御笔奉行不同情况的三种等级不同的处罚，并非有了违御笔以大不恭论取代以违制论。故大观三年以后，这两种规定与处罚同时存在。如政和二年二月诫约不许更改已行法令，"非甚窒碍而辄议改易者，以违制论"。[5] 政和三年十二月，御笔手诏搜访道教仙经，"委监司郡守广行搜访，敢有沮抑，不为施行，以违制论，会赦降不原"。[6] 政和六年二月，徽宗以御笔冲改自己以前御批关于情轻法重取旨的规定，"辄循前批者，以违制罪论"。[7] 政和八年二月御笔禁止不得用"君"

1 《宋大诏令集》卷二二四《佛号大觉金仙余为仙人大士之号等事御笔手诏》，第 868 页。
2 《宋大诏令集》卷一六四《不得托边事辟守臣御笔手诏》，第 627 页；卷一九七《诫饬三省密院省台寺监与百职事官御笔》，第 727 页；卷一九七《诫谕不更改政事手诏》，第 727 页；卷一五七《臣僚上言八行预贡人与诸州贡士混试御笔手诏》，第 593 页；卷二二三《敢言毁拆寺院沙汰僧徒者以违御笔论诏》，第 863 页；卷一二四《建明堂推恩毋得为例御笔手诏》，第 428 页；卷一六四《监司郡守不得申陈通理诏》，第 628 页；卷一六四《监司郡守自今三载成任不许替成资阙诏》，第 628 页。
3 较早的，如政和四年点检措置秘书省官以旧条参定吏额及迁补法："其投名不如令者，以违御笔论，不知情减二等，许人告，每名赏钱二百贯。"（程俱撰，张富祥校证《麟台故事校证》卷四《官联》，中华书局，2000，第 177~179 页）政和五年三月，诏："自今敢占留将兵，不赴教阅，并以违御笔论。"（《宋史》卷一九五《兵九》，第 4861 页）
4 宣和七年二月十日诏三省申严盐法近制，"遵用新法，悉禁旧盐，改奉新钞。毋或封记不严，尚虑隐匿旧货。违者，并以违御笔论，流之海岛"（《宋会要辑稿》食货二五之二五，第 6548 页）。
5 《宋大诏令集》卷一九七《诫约不许更改已行法令诏》，第 726 页。
6 《宋大诏令集》卷二二三《搜访道教仙经御笔手诏》，第 862 页。"三年"，据《皇宋通鉴长编纪事本末》卷一二七《徽宗皇帝·道学》补。
7 《宋大诏令集》卷二〇二《遵守法重情轻上请法御笔手诏》，第 752 页。

字为名字，"违者以大不恭论"。[1] 宣和二年三月十九日，今后监司被受御笔处分，无故不亲往辄委官者，徒二年，不以赦减。[2]

　　奉行御笔时，不同环节的各级官吏有违御笔，处罚不同，并非一概按照违御笔法。如宣和二年十二月二十四日诏诸司自今后不得起请方田，若有违反，"官吏并送御史台以违御笔论，吏人不以有无并配海岛"。[3] 更典型的例子是宣和元年六月御笔令诸路审度粜籴并推行保伍等不如条令者，提举司"若籴粜失时，及有欺弊，官以违制论，人吏决配千里"；提举保甲官督察州县都保，"如奉行违戾不依法差使，并以违御笔论"；本县当职官若不觉察保内有犯以及匿盗的情况，"以违制论，知通监司不按劾，与同罪"。[4] 此御笔根据不同层级官吏的奉行情况，分别处以"以违制论""以违御笔论""决配"等不同处罚，其中又以"以违御笔论"为最高等级处罚。

　　总之，大观三年"违御笔法"的出台以及后续的御笔时限等措施，完成了御笔的法制化过程，意义重大，一则违御笔有了明确的量刑依据，二则"违御笔"本身也成为一等刑名，出现高于"以违制论"的"以违御笔论"。御笔高于制书，御笔断罪"多出于三尺之外"，[5] 对政宣时期的徽宗朝政治影响深远。

（二）御笔运行机制

　　法制化后的御笔运行方式自然也不能遵循以前的运作机制。

　　靖康元年（1126）正月，半个月之内连续颁四道与政务运行有关的诏旨。（1）正月三日诏："祖宗典训具存，纲纪修明，朕当与执政大臣共遵成宪。自今除授黜陟及恩数等事，并须参酌典故。"（2）同日诏：

1　《宋大诏令集》卷一九九《禁止不得用君字为名字御笔》，第 738 页。
2　《宋会要辑稿》刑法二之七七，第 8325 页。
3　《宋会要辑稿》食货四之一五，第 6040 页。
4　《宋大诏令集》卷一八一《审度粜籴并推行保伍等不如条令者黜罚御笔》，第 656 页。
5　《建炎以来朝野杂记》甲集卷四《绍兴乾道淳熙庆元敕令格式》，第 111 页。

"命令之出，以信四方。倘朝令夕改，人用不孚，自今令三省详议，毋得轻有改易以惑人心。凡诏敕有不经三省者，官司勿行。违者并以违制论。"（3）正月七日诏："三省枢密院，号令所由出。体统之严，靡容僭紊。昔在神祖，厘正官制，事无大小，并中书省取旨，门下省奏覆，尚书省施行。枢密院为本兵之府。朕嘉与辅臣共遵成宪。自今除中书省画旨，尚书省奉行，枢密院专兵政外，一遵元丰官制，毋或侵紊。"（4）正月十八日诏："应批降处分，虽御笔付出者，并作圣旨行下。"[1] 这几则诏书强调要恢复元丰旧制，君主与宰辅共同决策，体现了钦宗初政对徽宗朝政务运作机制的否定，反映出徽宗朝政务运行的主要特点是君主独裁，诏令不经三省商议，甚至直接指挥有司。十八日诏直接针对徽宗朝御笔，规定即使是皇帝御笔亦须"作圣旨行下"。

　　三月二日，又有臣僚提出出御笔问题。监察御史余应求上奏论御笔中旨："近年以来，凡有中旨皆降御笔施行，期限严促，稍有稽违，置以不恭之罪。三省有司奉行不暇，虽有违戾法宪，前后重复者，不敢执奏。或被受即行，不申三省，事之甚微，亦烦宸翰。"[2] 余应求上奏后，诏："今后圣旨不经三省枢密院者，诸官司不许便行，并申中书省审奏，俟得旨，方许施行。"[3] 这看起来是重申了正月的诏令。实际上余应求奏疏在谈及御笔直接指挥有司这个问题外，还涉及徽宗御笔的另一个更重要的特点，即御笔的权威问题。他指出，"近年以来"，也就是徽宗时期，御笔超越法律，即使"违戾法宪"，亦不敢执奏，三省有司奉行御笔，不得稽违，违者"置以不恭之罪"。

　　靖康元年九月臣僚上言，"自蔡京当国，欲快己私，恐人拟议，遂乞降御笔手诏，出于法令之外，不复经由朝廷。有司得之，遂为定令。

1　《宋会要辑稿》职官一之四四、四五，第 2962 页。汪藻《靖康要录》卷一载正月十八日诏云："应批降处分虽系御笔付出者，并依祖宗法作圣旨行下，常切遵守。"这个"祖宗法"，根据此前三日、七日的诏书，似是指神宗元丰官制（汪藻著，王智勇笺注《靖康要录笺注》卷一，四川大学出版社，2008，第 159 页）。

2　余应求：《上钦宗论御笔中旨》，《宋朝诸臣奏议》卷二三，第 233~234 页。

3　《宋会要辑稿》职官一之四五，第 2963 页。

或因人而请，或因事而设，前后自相抵牾者甚多"，请删修御笔手诏。[1]

建炎南渡后，御笔问题依然存在。绍兴二年（1132）十一月，右谏议大夫徐俯言："祖宗朝应批降御笔并作圣旨行下。自宣和以来，所以分御笔、圣旨者，以违慢住滞科罪轻重不同也。今明诏许缴驳论列，当依祖宗法作圣旨行下。方其批付三省，合称御笔，三省奉而行之则合称圣旨，然后名正言顺。人但见宣和御笔，谓不当然，不知祖宗御笔不少。"[2]徐俯指出徽宗御笔与圣旨的不同，在于"违慢住滞科罪轻重不同"，这也是余应求在靖康元年所提到的御笔的特征。

总之，从靖康至南宋绍兴初，时人对于徽宗御笔的批评，主要集中在两点：一是徽宗独断，御笔直接指挥三省、有司，有其自身独特的运行机制；二是徽宗御笔凌驾于法律之上，三省、有司奉行不得稽违，违者以违制乃至大不恭论。

徐俯说："方其批付三省，合称御笔，三省奉而行之则合称圣旨。"三省奉行时，确是称"奉圣旨"，但内批批付三省时，在徽宗御笔政治之前，并不是称御笔，而是称"奉御批札子"[3]"奉旨"[4]"奉御批""准御宝批"[5]"奉内降指挥"[6]之类。及三省奉行，则以"奉圣旨"为文。此过程有将君主旨意转换为正式王言的意味，即不经中书门下宣出何名为敕之意。徽宗时期的"御笔""御笔手诏"即此前之内批、手诏，宋人之所以会关注起"御笔手诏始此"之类的问题，原因即在于御笔行事前后运行机制不同，影响不同。

在崇宁四年御笔行事之前，徽宗的内批和手诏基本遵循旧制。崇宁元年五月四日，徽宗还特别降诏严内降执奏法，"传宣内降特旨"，许三

1　《宋会要辑稿》刑法一之三二、三三，第 8246 页。

2　《建炎以来系年要录》卷六〇，绍兴二年十一月庚午条，第 1034 页。

3　《长编》卷三〇，端拱二年八月辛亥条，第 685 页。

4　《长编》卷一四六，庆历四年正月乙亥条，第 3532 页。

5　《长编》卷三五二，元丰八年三月甲午条，第 8419 页。

6　《长编》卷四一一，元祐三年五月癸亥条，第 10005 页。

省密院契勘，"虽奉特旨令冲改旧条等指挥，须子细契勘"。[1]三省及有司奉行内降中旨主要有"奉内降指挥""奉御宝批"等几种称呼。崇宁四年御笔行事之后的非御笔指挥，则依然同以前一样"奉圣旨""奉内批"等。奉行御笔上则与前不同，改称"奉御笔"之类，之后又有违御笔法加持，遂产生不同于以往的"奉御笔"文书运行机制。

奉内降指挥

称奉行内批为"奉内降指挥"，元祐时已有前例。元祐三年（1088），胡宗愈除尚书右丞，谏议大夫王觌上疏论胡宗愈朋党，五月十三日内批："王觌论列不当，落谏议大夫，与外任差遣，仍不得带职。"三省奉行内降拟定王觌差知润州，进呈取旨后付词头与中书舍人曾肇草词。词头云："五月十三日奉内降指挥：'王觌言事不当，与一外职合入差遣，不得带职。'十八日，三省同奉圣旨，差知润州者。"在词头中，三省称所受五月十三日内批为"奉内降指挥"，[2]徽宗初期承受内批者亦有采此种行文者，如崇宁四年三月，造九鼎成。制造官魏汉津在其进状中言及最初所受铸鼎命令便是"承内降"。[3]

奉御宝批

崇宁元年五月，先是贬责元祐党人，然后令三省籍记姓名，不得与在京差遣。其施行时的尚书省札子，皆是以"三省同奉圣旨"为名。[4]其所奉"圣旨"，即徽宗御批。同年九月乙亥，徽宗"御批付中书省"，令"应系元祐责籍并元符末叙复过当之人，各具元籍定姓名人数进入，仍常切契勘，不得与在京差遣"。[5]陈均《皇朝编年纲目备要》载九月"刻御书党籍端礼门"事，作"奉御宝批"云云。[6]崇宁五年正月，叙复

1 《皇朝编年纲目备要》卷二六，第659页；《宋大诏令集》卷一九五《传宣内降特旨许三省密院契勘诏》，第719页。
2 《长编》卷四一一，元祐三年五月癸亥条，第10003~10005页。
3 《能改斋漫录》卷一二《记事·造九鼎》，第79页。
4 《皇宋通鉴长编纪事本末》卷一二一《禁元祐党人上》，第2027页。
5 《皇宋通鉴长编纪事本末》卷一二一《禁元祐党人上》，第2028页。
6 《皇朝编年纲目备要》卷二六，第665页。《宋史》卷一九《徽宗一》载此事在九月己亥，籍120人（第365页）。

"石刻人"，二月十六日"奉御宝批"，内臣张士良"为系哲宗皇帝随龙人，持许任便居住"。[1]崇宁五年已经御笔行事，此处"御宝批"，可能并非徽宗亲笔，故不称御笔。

奉手诏、三省同奉手诏

崇宁元年七月十一日，诏设讲议司，以宰臣蔡京提举。徽宗此诏，实为亲笔手诏，即后来的御笔手诏。二十八日降诏令中外臣庶就诏内事件具利害闻奏时，徽宗自称十一日诏为"置讲议司手诏"，八月四日，蔡京上疏提到此诏时称"奉诏提举讲议司"。[2]

臣僚个人或者有司受手诏后在所上表奏中"奉手诏"在徽宗前即已如此，但政府公文中以"奉手诏"为文似是始自徽宗。崇宁三年五月徽宗令集议翼祖祧庙事，十月诏复翼祖宣祖庙。《宋史》《宋会要辑稿》载此事皆云为诏。[3]《皇宋十朝纲要》则称两诏俱为手诏，然不载诏文。[4]《宋大诏令集》有《复九庙诏》，开头云"崇宁三年五月二十七日，三省同奉手诏"，以下为诏词。[5]可知五月诏确是徽宗"手诏"，三省奉行则称"三省同奉手诏"。十月诏亦见于《宋大诏令集》，名为《复翼祖宣祖庙诏》："崇宁三年十一月四日，尚书省准十月二十九日诏书，敕门下：朕诞膺文武之绪（中略）并复故。故兹诏示，想宜知悉。"[6]《宋大诏令集》定此诏为"诏"而非"手诏"是准确的，对于我们理解徽宗手诏的运行十分重要。其过程当是十月徽宗亲笔草诏，其内容为"朕诞膺文武之绪（中略）并复故"。至次月四日，尚书省据此出正式诏书。

奉御笔

崇宁四年御笔行事，徽宗内批、手诏等，三省、枢密院奉行时称奉

---

1 《皇宋通鉴长编纪事本末》卷一二四《追复元祐党人》，第 2088 页。

2 《宋会要辑稿》职官五之一二、一三，第 3126~3127 页。

3 《宋史》卷一九《徽宗一》，第 370 页；《宋史》卷一○六《礼九》载此事于崇宁二年，又误"五月"为"五年"（第 2576~2577 页）。《宋会要辑稿》礼一五之五六，第 869~870 页。

4 《皇宋十朝纲要校正》卷一六，第 444、447 页。

5 《宋大诏令集》卷一三八《复九庙诏》，第 491 页。

6 "十月二十九日"，原文作"十一月二十九日"，误，《全宋文》收此文已改正（宋徽宗：《复翼祖宣祖庙诏》，第 160 册，第 385 页）。

御笔、奉御笔手诏之类。

政和六年（1116）正月二十九日，徽宗御笔给枢密院部署泸州修城事，枢密院札子给知泸州孙羲叟即是称"奉御笔处分"，孙羲叟"遵奉圣训施行"期间又两度上奏，政和六年十二月八日得尚书省札子云十二月五日"奉圣旨依奏"。[1]

江苏丹徒有政和七年《华阳观尚书省札子》碑刻，载政和七年正月六日尚书省札子云："奉御笔：自今后应天下道士与免阶墀迎接。"此御笔全文见于《长编纪事本末》。[2]

宣和七年（1125）十二月《抚恤军人诏》，首云："十二月二十一日奉御笔。"[3]

三省、枢密院同奉御笔

崇宁四年八月，御笔付三省、枢密院，更制陕西、河东军政六事。三省、枢密院同奉御笔始此。[4]三省、枢密院奉行御笔，即当以"三省、枢密院同奉御笔"为文。政和五年（1115）十二月二十八日。赵遹乞置泸南安抚使，奏中引用了一道省札："三省、枢密院同奉御笔：晏州夷贼犯顺，王师出征，拓地千里，建置五城，悉隶泸州，接连交、广，外薄南海，控制十州五十余县，团、纯、滋、祥州、长宁军属焉，边寄宜重，依河东代州置沿边安抚司。"[5]

奉御笔批

徽宗御笔实为内批，故史籍中载徽宗御笔亦称"上批""御笔批"，大观元年（1107）二月己未，御笔批："道士序位令在僧上，女冠在尼上。"[6]在"奉御笔"之外，也就有"奉御笔批"等说法。陈瓘自政和元

1　孙羲叟：《泸州修城记》，《全宋文》第 138 册，第 329~330 页。
2　民国《江苏省通志稿·艺文志三》，《宋代石刻文献全编》第 2 册，第 236 页。《皇宋通鉴长编纪事本末》卷一二七《道学》，第 2131 页。
3　《宋大诏令集》卷一八一《抚恤军人诏》，第 654 页。
4　《皇朝编年纲目备要》卷二七，崇宁四年，第 688 页。《皇宋十朝纲要校正》卷一六载此事在崇宁四年九月（第 451 页）。
5　赵遹：《乞置泸南安抚使奏》，《全宋文》第 138 册，第 47 页。
6　《皇宋通鉴长编纪事本末》卷一二七《道学》，第 2129 页。

年九月送台州羁管，凡五年，始降旨特叙承事郎，许自便，"被命之后，忽得州牒，备坐省札云：奉御笔批叙复，数内陈瓘合取旨与差遣"。[1]

奉御笔手诏

崇宁四年九月，九鼎成。己亥，御笔手诏许元祐党人量移。[2]黄庭坚卒于是月三十日。《山谷年谱》此条下按语引《国史》云："九月五日奉御笔手诏……不得至四辅畿内。"其后续云："后批崇宁元（当为四之误）年九月十六日送进奏院遍牒行下。"知此许元祐党人量移确为御笔手诏。

《山右石刻丛编》载有政和八年河中龙门县札，其中引用了政和二年二月初三日尚书省札子，首云："二月初一日奉手诏……应今日已行法令三省恪意遵守，无容妄有纷更，非甚窒碍而辄议改易者，以违制论，仍令御史台觉察弹奏。"[3]此"手诏"当为御笔手诏的简写。

从内批到御笔，从手诏到御笔手诏，看起来仅仅是名称的改变，仍遵循着原来的出令方式，实际上是名、实俱变。名称改变的同时，"奉御笔""奉御笔手诏"等用语正式进入三省、有司的政务文书中。与名称、文书用语的改变相伴随的是御笔的法度化，从以违制论到以大不恭论，进而到以违御笔论，本来只是批示性质的御笔正名成为无条件执行的正式王言，且凌驾于法律、体制之上，徽宗御笔的出令与施行方式均已改变了此前的运行机制。

违御笔法，毫无疑问是适应于内批和手诏两者。以前的御批、手诏有别，钤"御书之宝"同亲笔、御押有别，而这些区别在徽宗时实质上已不重要。徽宗根据不同的政务直接指挥三省枢密院和有司，或御笔内批，或御笔手诏，其地位、效力和权威是一样的。钦宗及高宗初对徽宗御笔的否定除了御笔手诏之外，也包括"御批手诏、或御笔、或手诏、或御笔依奏、御笔依拟定、御宝批、及批依奏详定之

1　《宋史全文》卷一四，第956~957页。

2　《皇宋通鉴长编纪事本末》卷一二四《追复元祐党人》，第2075页。

3　《山右石刻丛编》卷一七，《宋代石刻文献全编》第1册，第753页。

类"出于"法令之外者"。[1] 靖康元年御笔中直接指挥有司和批与三省的都很多，只不过是有的政务需要经过三省去执行，有的是有司直接去执行即可，故是否越过三省而直接行下并不是徽宗时期"御笔"问题所在。命令不经三省固然是不与三省共议，经过三省也是命自中出。"御笔之出，上则废朝令，下则侵有司"，[2] 徽宗利用御笔任心而治，三省、有司俱为治具。

徽宗时期御笔的最大的特点便是御笔法制化。"王言之大，莫如手诏及御笔"，[3] 朝廷大政，皆由御笔处分，"御笔永不冲革，云章奎画援著为永法！"[4] 正所谓君暗臣谄，国事日非。

（三）徽宗御笔政治的影响

徽宗以绍述神宗为旗号的种种"新政"涉及政治、军事、外交、经济、思想、文化、社会等几乎所有领域，而这些政务自崇宁四年始大多以御笔的形式推行。检《宋大诏令集》，该年八月份，即徽宗御笔行政的第一个月内的御笔便已经涉及礼乐、军政、党人、社会救济诸方面，此后更是广泛用于刑赏、官制、戒饬、诸局所、盐法、茶法、钱法、常平、农田水利、赋税、学校、教育、科举、道释等领域。也就是说，徽宗时期的几乎每项"新政"都有御笔的影子，打上徽宗个人的烙印，其中有的具有公益的性质，有的是改造政治与社会的实验，更多的是为满足一己之私或者假公济私，"二十有五年间，蠹国害民之政相仍无间"。[5] 诸措置的利弊得失难以一概而论，但御笔之弊极于徽宗则是毋庸置疑的。

徽宗时期御笔行政的具体施行及其影响，此处仅举一例略窥一斑。

1　《宋会要辑稿》刑法一之三三，第8246页。
2　《宋史》卷四三八《汤汉传》，第12976页。
3　《宋会要辑稿》职官二之一六，第2996页。
4　许景衡：《乞罢宫定宋中孚参部札子》，《全宋文》第143册，第316页。
5　陈渊：《与龟山先生杨谏议书一》，《全宋文》第153册，第196页。

建炎初，朝散郎薛昌宋赴御史台投状，叙述宣和六年（1124）中监左藏库时，因为步军司支例物事自己无罪却被断以违御笔罪，追毁出身以来文字，除名勒停，请求改正。张守时为台官，上状言自己当时恰好推勘过此件公案，备知本末。据其状言：

> 户部左藏库先于宣和六年闰三月内奉御笔，限两日支步军司厢军例物。本库已依限据已到支帖尽数支讫外，有其余数目未有支帖到库，无凭照支。其步军司何灌便作本库不支申奏，画下御笔，送台推勘。寻根勘得所支例物限内桩管并足，依法候见支帖方合支给，所有户部、左藏库即无违御笔事迹，止坐有失申催支帖情犯，约系杖罪，具案奏闻。下大理寺，初亦约定杖罪，其后忽作违御笔处断，实与元勘情法轻重略不相当。盖缘是时内侍梁平先总领左藏库，朝廷恶其擅权不法，罢平总领，平无所发怒，因以偿怨。虽大理寺两次定作杖罪，并令退换，又令梁平核实，遂皆坐违御笔之罪。朝廷灼见非辜，当年五月二十五日奉圣旨令大理寺根究，仍令步军司具析，既系未曾给降支帖，因何元奏内称系未支数？限一日具析闻奏。才行遣间，又奉御笔免勘疏放，于是命官追削者一十八人，吏杖脊者七人。惟户部侍郎王义叔独免除名即复差遣外，其余虽累遇大霈稍已牵叙，而无辜之冤终未昭洗。[1]

监左藏库薛昌宋"奉御笔"，据步军司提供支帖支给厢军例物，未有支帖之数便没有支付。步军司以不支申奏，于是徽宗"御笔"送御史台推勘后下大理寺断罪，初断为杖罪，旋即又改为以"违御笔"断。不知是否涉案中人申诉之故，五月二十五日"奉圣旨"令大理寺根究，令步军司具析，然不足一日间，又"奉御笔"免勘，最终命官追削者一十八

---

[1] 张守：《辨正薛昌宋违御笔罪名状》，《全宋文》第173册，第365~366页。

人，吏杖脊者七人。

在此案例中，徽宗先是御笔指挥左藏库支付步军司厢军例物，继而又御笔直接批步军司何灌奏状奏指挥御史台推勘，均是未经三省以御笔直接指挥有司。接着否决大理寺所断杖刑，改坐以"违御笔"罪，据张守言是内侍梁平从中作梗，"小人弄权而诏狱成"，但徽宗在此事中御笔屡出，显然知情。及朝廷"奉圣旨"令大理寺重审，案情本有澄清之机会，结果旋即又以"御笔"免勘，否决先前出自三省之议的"奉圣旨"，最终以"违御笔"定罪。一个多月以后，即有御笔断罪不得陈诉的规定，不知是否与薛案有关，案中 25 人除一人外，"其余虽累遇大霈稍已牵叙，而无辜之冤终未昭洗"。

薛案中，以薛昌宋"奉御笔"始，以"违御笔"断罪终。徽宗以御笔先后直接指挥户部、左藏库、御史台、大理寺以及三省，御笔不仅违背固有决策与行政程序，违背法律，自己旨意亦前后相戾，奉御笔高于奉圣旨。事实分明的一件普通政务，在御笔指挥下愣是衍为一牵涉数十人的"违御笔"且不得昭雪的恶性案件。

徽宗御笔高于法律，徽宗将自己的御笔置于法律、祖制之上，然一事之中，一日之间，御笔屡出难免出现前后相违，自我背戾。政和七年（1117）十一月六日，特降御笔手诏规定"应缘人吏补官，不罢吏职不得参部"，并且"著为永法，无或冲革"。宣和初，开封府使臣宫定、宋中孚"许令参部，依旧本府祗应"。许景衡上疏称此举是"破御笔永不冲革之法"，而且使得"云章奎画援著为永法者，殆成虚文"，希望徽宗能够"守已行之令，凡有侥幸干请，一切断以明刑"。[1] 像这种前后冲突的御笔在徽宗二十多年的施政中屡见不鲜，其御笔本欲重其命令，实际上反失命令之体。许景衡以徽宗御笔手诏反对徽宗，盖徽宗御笔在常法之上，能打败徽宗的只有他自己的御笔。

徽宗御笔地位崇高，违法罪轻，违御笔罪重。以至于臣僚即使欲有

1　许景衡：《乞罢宫定宋中孚参部札子》，《全宋文》第 143 册，第 316~317 页。

所作为者，亦不得不假御笔以行其志。如陈遘宣和年间为发运使，凡所施置，便是"以御笔先下"。[1] 其下者则假御笔以行其私，"凡私意所欲为者，皆请御笔行之"。徽宗朝出现很多诈冒御笔的案例。有诈称御笔于左藏库公取金银者，有诈奉御笔赍金字牌骚扰人民者，有诈撰御笔手诏纽折收赎产业者，有诈作御前奄箧乞取钱物者，"乃若踪迹诡秘，假诏命于州县之间而事未发露者，又不知其几人也！"[2] 有司奉行御笔唯上是从，轻易不敢致疑，致使出现伪为御笔的现象，甚至出现诈为徽宗御笔手诏罪己者，[3] 实际上皆御笔过滥、权威太过之恶果。

御笔权威太过，行政部门不敢不行，而御笔过多且过于随意，又奉行不暇，应付之道便是虚与委蛇，得过且过，"大抵中外相应，一以虚文，上下相蒙，驯致靖康之祸"。[4]

徽宗御笔政治，师心自用，唯我独尊，以私乱法，假公济私，颇坏法制，紊乱行政，更大的隐而不显的危害则是坏了风俗。

他梦想着"道德一而政治成"，[5] 用的手段却是禁止"异议"，"凡百在位，其务戮力一心，各循分守，毋或侵紊。其或徇俗妄议，越职侵官，持偏见以干正，怀私利以背公，前却两端。浮伪不根，顺非冈上，刑兹无赦"。[6] 有异议即是"播腾是非""动摇国是"，[7] "立则聚谈，行则耦语。转相探刺，欲为身谋。各怀疑心，潜相睽异。为间谍之计，伸怨悱之私"。[8] 异议者是"蠹害之人，敢私行智"，为臣不忠，罪莫大此，"有犯以违御笔论！"[9] 聚谈、偶语亦在疑贰之列，这简直是李斯焚书之议的口气，以为使人无异论便可定于一尊。

1　《宋史》卷四四七《陈遘传》，第 13182 页。
2　《宋会要辑稿》刑法二之七二、七三，第 8322 页。
3　《宋会要辑稿》刑法二之五三、五四，第 8312 页。
4　《宋史》卷一九七《兵十一》，第 4920 页。
5　《宋大诏令集》卷一九六《诫约无侵官御笔手诏》，第 722 页。
6　《宋大诏令集》卷一九七《诫饬在位各循分守诏》，第 726 页。
7　《宋大诏令集》卷一九六《诫饬鼓惑之言御笔手诏》，第 724 页。
8　《宋大诏令集》卷一九六《增赏训戒鼓惑邪说御笔手诏》，第 723 页。
9　《宋大诏令集》卷一九七《诫谕不更改政事手诏》，第 727 页。

徽宗以御笔凸显自己圣君形象的同时，也以御笔告诫"百执事官"，"非尔所职勿行，非尔所责勿言，毋利口以胥动。敢不遵承，以违御笔论！"[1]有时候他又觉得自己继神宗之政，已经完成了一道德而同风俗的伟业，"以道莅天下而治以法"，其"道"是"万世无弊，一定而不易"，其法是效在天下，"将传之无穷，施之罔极。天下后世。岂可复议！"士大夫敢有倡为异端，以欺愚众，致疑众听者，"当议重行黜责"。[2]在专制君主心目中，士大夫不再是与之"同治天下"者，而是纯粹的治具。

不但如此，士还是改造的对象。他要"一道德以同俗，严分守以造士"，要振起廉隅，砥节砺行，使士风丕变，[3]故而更改学制、教育，八行取士，"矜以节行，厉以廉耻，宠以高爵厚禄"，[4]其结果却是士风普遍的无耻。

南宋黄震论宋度宗时形势云："民日以穷，兵日以弱，财日以匮，士大夫日以无耻。"[5]其时距离临安陷落，还有八年。宣和年间徽宗时期的形势，号称"法成令具，吏习而民安之，休祥荐臻，四方蒙福"，已经是"太平丰亨豫大极盛之时"，[6]貌似民不穷，兵不弱，财不匮，实际上却是"有财而不知所施，有兵而不知所用"，士大夫更是群体堕落。

自崇、观以来，二十余年，天下以言为讳，"立朝廷者争为歌颂，取说求容"。[7]朝廷不复崇尚名节，故士大夫寡廉鲜耻。[8]"平居既无犯颜敢谏之士，临难必无捐躯殉义之人。"徽宗正所谓作法自毙者，尽管

---

1 《宋大诏令集》卷一九七《诫饬三省密院省台寺监与百职事官御笔》，第727页。
2 《宋大诏令集》卷一九七《诫妄意更革朝政御笔手诏》，第727页。
3 《宋大诏令集》卷一九六《申饬百僚御笔手诏》，第724页；卷一九七《申谕公卿大夫砥砺名节诏》，第725页。
4 《宋大诏令集》卷一九七《训饬士大夫御笔手诏》，第725页。
5 黄震：《戊辰轮对札子》，《全宋文》第347册，第320页。
6 《宋大诏令集》卷一九七《诫谕不更改政事手诏》，第727页。
7 《斐然集》卷二五《先公行状》，第494页。
8 《建炎以来系年要录》卷六，建炎元年六月癸亥条，第149页。

他声称"所以共治者，惟吾士大夫而已"，[1] 但其统治时期士大夫政治已死，徽宗自己也仓皇内禅，仓皇南奔，仓皇北狩。自己神圣形象竖起来，北宋王朝倒下去。靖康时开封可耻地陷落，铸成两宋政治上之伤心史。

第四节　南宋时期御笔概观

靖康以后对徽宗御笔政治的改变包括两方面：一是取消御笔超越法令的地位，二是在行用范围上取消直接指挥有司。前者，御笔"作圣旨行下"即是取消其地位，后者与仁宗时期的反内降性质相近，而这一点从来也没有真正削弱过。

钦宗时已经罕见有作"奉御笔者"。作"奉圣旨"者，如靖康元年九月九日，张商英赐谥，"奉圣旨：依奏，碑额朕当亲书"。[2] 又有作"奉御宝批"者。如《三朝北盟会编》卷四八收录了靖康元年（1126）六月的一份省札，其内容如下：

> 尚书省札子：奉御宝批：朕托于兆庶之上，所赖以共守祖宗疆土者，实惟郡邑之臣。比闻河朔、河东尚有弗思体国，惟务便私，沿檄去官，先遣家属，有一于此，民何望焉！朕念今岁之春，我实无备，故逃职之吏，逭其大戮；今边计鼎新，可以责其固守矣。法不可弛，恩不可再，五申三令，诛将必行！咨尔有众，体予至意。[3]

"朕"云云以下，视其行文显然是手诏，当为学士代笔，内省用宝行下，故省札云是"奉御宝批"，这固然是对徽宗时"奉御笔"的纠正，然不

1　《宋大诏令集》卷一九七《诫内外职务诏》，第 728 页。
2　《靖康要录笺注》卷一一，靖康二年九月九日，第 1085 页。
3　徐梦莘：《三朝北盟会编》卷四八《靖康中帙二十三》，上海古籍出版社，1987，第 365 页。

作"奉圣旨"行出而是径言"奉御宝批"，仍与正月十八日"应批降处分，虽御笔付出者，并作圣旨行下"[1]的要求有距离。刘钰曾上疏云："比者内降数出，三省罕有可否，此御笔之开端也。"[2]钦宗时期的御笔行政从李纲在建炎元年八个月间受御笔七百余即可见一斑。

高宗在即位之初，便已常行御笔。建炎元年（1127）六月癸亥贬张邦昌，御笔令"特与免贷"；甲子，"手诏犒设行在将士"；丁卯，"手诏河东、北郡县，谕令坚守"。[3]绍兴二年（1132）九月高宗应三省之请下诏："自今应批降处分，系亲笔付出身者，并依旧作御笔行下。"十一月，右谏议大夫徐俯言："今明诏许缴驳论列，当依祖宗法作圣旨行下。"高宗听取其议，再次下诏，"自今御笔并作圣旨行下"，[4]而这等于是重申靖康元年正月十八日诏书的命令。高宗此后虽不再将御前处分作御笔行下，但自绍兴二年起始以御笔除拜侍从官，[5]同神宗一样大量使用手诏，称亲笔诏书[6]、亲笔手诏之类。[7]绍兴前期亦偶有三省奉行称"三省同奉手诏"之例。[8]

孝宗在南宋诸帝中以独断称，主要表现在驾驭宰相和御批行事上。孝宗常有抑制内降之言论，实际上则是"中出文字，日日有之"。[9]即位之初，隆兴元年（1163）即御笔指挥邵宏渊出兵，[10]一直到乾道中陈俊卿为相时依然是"禁中密旨直下诸军，宰相多不预闻"。[11]除了常见的批付

---

1 《宋会要辑稿》职官一之四五，第2962页。

2 《宋史》卷三七八《刘钰传》，第11665页。

3 《建炎以来系年要录》卷六，建炎元年六月癸亥条、甲子条、丁卯条，第148、150、154页。

4 《建炎以来系年要录》卷五八，绍兴二年九月辛未条，第1008页；卷六〇，绍兴二年十一月庚午条，第1034页。

5 《建炎以来系年要录》卷五八，绍兴二年九月乙亥条，第1009页。

6 《李纲全集》卷九一《进皇帝御笔诏书奏状》，第891页。

7 《鄂国金佗稡编续编校注》卷一，第14页；亲笔手诏多见于李纲《梁溪集》卷四五、卷四七、卷四八、卷五二、卷八六、卷一二五。

8 胡铨：《萧先生春秋经辨序》，《全宋文》第195册，第260~261页。

9 《朱子语类》卷一三二《本朝六·中兴至今日人物下》，第3178页。

10 《宋史》卷三九六《史浩传》，第12067页。

11 《宋史》卷三八三《陈俊卿传》，第11787页。

三省外，孝宗亦经常绕过三省直接指挥政务，史籍中有"直得旨"的记载。乾道四年（1168）八月十六日诏："今后臣僚及诸处官司如直得旨，并仰依条申朝廷奏审。内承受金字牌御笔处分，先次施行讫，具事因申三省、枢密院。"[1] 此诏规定直得旨之官僚或机构需要申朝廷"奏审"，即是前朝常行之覆奏机制，然经由金字牌递的"御笔处分"则依然是先施行，然后再照会三省密院而已。而且从以后的实际情况看，即使不是"金字牌御笔处分"，也常是先施行后照会。

周必大为参政时，"临安府承例凡内降或本府小可公事往往径取旨断遣"，当月十一日、十四日、十五日连续三天临安府径自施行之后再照会三省。周必大上札子云：

> 今临安止申三省照会，并不曾画旨下吏刑部及大理寺，纵使经曾申部，逐部亦难奉行，深恐有司别无凭据，他日或启弊端。兼数日之间，三次如此，例已成熟，万一事有大于此者，防微谨始，不可不虑。臣欲望圣慈密谕吴渊，令将此三人行遣，经由朝廷翻黄行下，况目今内中诸司取索一物，行遣一吏，逐处无不申审取旨。今临安非是全然不申，但止申照会，于理实为未安。臣欲乞日后临安所奏公事，遇有事涉命官等，并批降付三省行下，庶合旧制。臣以政体所系，密具奏知，更乞圣裁。[2]

临安府按照孝宗的意见行遣官员，既不经刑部、大理寺等司法部门，也未曾经吏部等人事部门，事后虽然照会了三省，但有司"别无凭据"，"逐部亦难奉行"，故周必大请日后临安所奏公事，"遇有事涉命官等，并批降付三省行下"，按照程序施行。不过他也只是将事务限定在"命官"的范围内，而不是提出杜绝内降。

---

1 《宋会要辑稿》职官一之六一，第2971页。
2 周必大：《论宗室省额及临安奏命官公事批付三省》，《周必大集校证》卷一四三《奏议十》，第2190~2191页。

　　淳熙八年（1181）十月甲子，孝宗宣谕付出知临安府王佐按新宁国府监押王康成状，曰："可罢新任差遣。"又曰："所以王佐奏状不欲径批出施行，寻常文字须是经由三省施行方合事体。记得向来参政周必大曾有此请，故朕遇事不忘。"[1] 孝宗将王佐的奏疏降出三省，并向三省做了免去王康成新任差遣的口头指示。王康成之罢还有待于三省的进呈取旨的程序而三省未必遵从孝宗的指示。若是孝宗"径批出施行"，则是直接在王佐奏状上批示意见，降付三省执行，实际上也就是不经三省，内出御笔决定人事问题。两者差别在此。周必大曾奏请"遇有事涉命官等，并批降付三省行下"，看来他的意见还是起了一定的作用。

　　孝宗时多行御笔，然活在高宗阴影中的宋孝宗，还经常得秉承已禅位的高宗和皇太后的批示处理朝政。[2] 孝宗奉行太上皇和皇太后的命令皆称"圣旨"。[3] 据周必大《思陵录》载，淳熙十四年十月，孝宗批付密院："奉皇太后圣旨，差甘昇提举德寿宫。"中书舍人李巘、给事中王信先后封驳，孝宗宣谕令书读。[4]

　　光宗在位时间虽短，然罗点在绍熙元年（1190）七月拜吏部侍郎之初，即上疏光宗，"极言内降之弊"，指出"今有司虽许执奏，而干求未有明禁，则已求而复却，既却而复求"。可知光宗即位不久，内降已是不少。次年二月罗点应诏上疏，其疏云光宗时期的"御笔处分"，是"纷焉四出"，"近者大小之臣，纷纭去国，远近疑骇，不知其罪。而宰执不敢问，台谏不敢言。至于节钺之除，出于御前直降，虽台谏攻之而不胜，卒至于宣谕而后止"。其疏中所言五事，"一曰务学问，二曰肃宫禁，三曰明黜陟，四曰察左右，五曰除国讳"，[5] 其中第二、三、四项皆涉及内降。

1　《宋史全文》卷二七上，淳熙八年十月甲子条，第 2265 页。
2　参见柳立言《南宋政治初探——高宗阴影下的孝宗》，收入王健文主编《政治与权力》，中国大百科全书出版社，2005，第 337~368 页。
3　《愧郯录》卷二 "圣旨教令之别"，第 25 页。
4　《周必大集校证》卷一七二《思陵录》卷上，第 2625 页。
5　袁燮：《罗点行状》，《全宋文》第 281 册，第 286~287 页。

　　宁宗前期，韩侂胄假御批以专其政，"御批数出，不由中书"，[1]逐首相留正，罢朱熹侍讲，台谏官去留皆以内批，[2]故王介说宁宗"即位未三月，策免宰相，迁易台谏，悉出内批，非治世事也"。[3]彭龟年说宁宗即位以来，"好出御笔，升黜之间多为不测"。[4]

　　宁宗中后期史弥远代韩侂胄之后，御批行政出现新的变化，即再次出现三省"奉御笔"的情况。嘉定二年（1209）五月，因为天久不雨，虑伤禾稼，御笔令应两省侍从台谏暨百执事之臣，条上封事。据应诏上疏的蔡幼学在《应诏条上封事》中所引五月二十七日都省札子，三省承旨的用语不是"奉圣旨"，而是"三省同奉御笔"。[5]徽宗之后，高宗在绍兴初一度有亲批作"奉御笔"之诏，旋即更改，至史弥远掌政，却再度出现"三省同奉御笔"，是一大变化，且直接影响了史弥远之后理宗亲政时期的御笔政治。理宗即位之次年，宝庆元年（1225）六月，史弥远进封魏国公，亦是"三省同奉御笔"。[6]

　　端平更化后理宗亲政，洪咨夔曾上疏论治乱之原，言"中书之弊端"有四："一曰自用，二曰自专，三曰自私，四曰自固。"又云："陛下亲政以来，威福操柄，收还掌握，扬廷出令，震撼海宇，天下始知有吾君。"[7]看起来确是对史弥远长期专政的反动。洪咨夔想要强调的是"权归人主，政出中书"，没想到此后的理宗却是大权、大政俱出于君。理宗"断出于独，固欲一切转移之"，其独断的方式就是多行御笔指挥政事，三省奉行时是作"奉御笔"行出。南宋文集中所见理宗御笔行事最多的是洪咨夔文集。理宗提高御笔地位作为收揽大权的手段，自史弥远

1　《宋史》卷四〇〇《游仲鸿传》，第12150页。
2　《宋史全文》卷二八，绍熙五年闰十月戊寅条，第2419页。《续编两朝纲目备要》卷三，第40、51页。
3　《宋史》卷四〇〇《王介传》，第12153页。
4　彭龟年：《应诏论雷雨为灾奏》，《全宋文》第278册，第176页。
5　蔡幼学：《应诏条上封事》，《全宋文》第289册，第323页。
6　《宋史全文》卷三一，第2621页。
7　《宋史》卷四〇六《洪咨夔传》，第12265~12266页。

卒后便已开始。绍定六年（1233）十月史弥远卒，同月，洪咨夔"奉圣旨"除礼部郎官，同月二十九日，"三省同奉御笔"，除监察御史。此后在端平元年（1234）至三年间，洪咨夔历任殿中侍御史、中书舍人、兼同修国史实录院同修撰、兼权吏部侍郎、兼直学士院、兼侍讲、吏部侍郎兼给事中、给事中、兼侍读、翰林学士知制诰、端明殿学士在京宫观等，据洪咨夔所上辞免状中所提到的任官省札，除了"兼权吏部侍郎"外，其他诸职都是"三省同奉御笔"除授。[1]这并非洪咨夔文集独详，也不是洪咨夔特例。在此期间，崔与之在绍定六年召赴行在；魏了翁在端平三年辞免知潭州，辞知绍兴府浙东安抚使，辞免知福州福建路安抚使，他们所受省札，皆是"三省同奉御笔"。[2]淳祐年间的事例，如十一年十月初十日，太府卿知庆元府兼沿海制置副使章大醇别与差遣，十一月刘克庄兼侍讲，次年，赵汝腾除礼部尚书兼给事中，他们所收到的省札亦皆为"三省同奉御笔"。[3]

除了这样经由省札可知明确为御笔者之外，史料所见理宗时期的诏令当还有不少名为"诏"而实为"御笔"者。仅举一例。淳祐元年正月十五日，以周、张、二程、朱熹等五儒列诸从祀，《宋史》载此事曰"诏"，《宋史全文》则作"御笔"，[4]而据李心传《道命录》所载"五先生从祀指挥"，起首即云"正月十五日，三省同奉御笔"。知此诏确为"御笔"，该"指挥"当为省札。[5]

理宗时期枢密院札子之"奉御笔"例，《景定建康志》载有若干。

1　洪咨夔辞官奏状、申省状，参见《平斋文集》卷一二，《洪咨夔集》，第291~305页。
2　崔与之:《辞免召赴行在奏状》,《全宋文》第293册，第279页；魏了翁:《辞免除资政殿学士知潭州札子》《辞免知绍兴府浙东安抚使奏状》《辞免知福州福建路安抚使奏状》,《全宋文》第309册，第191、194、196页。
3　胡榘修，方万里、罗濬纂《宝庆四明志》卷一《郡志一·叙郡上·郡守》,《宋元方志丛刊》本，第5007页；《刘克庄集笺校》卷七七《辞免兼侍讲奏状》，第3469页；曹彦约:《代辞免除礼部尚书兼给事中恩命状》,《全宋文》第292册，第287页。
4　《宋史》卷四二《理宗二》，第821页；《宋史全文》卷三三，第2743页。
5　李心传:《道命录》卷一〇《濂溪明道伊川横渠晦庵五先生从祀指挥》，朱军点校，上海古籍出版社，2016，第115页。

建康御前诸军都统制司建于绍兴十二年，理宗时期历任者中，鄧进，
"枢密院札子：六月十四日奉圣旨兼权建康府驻札御前诸军副都统制职
事"，至淳祐七年五月，"枢密院札子：五月十九日奉御笔，除江州驻札
御前诸军都统制"。继任者张仲宣，"枢密院札子：五月十九日奉御笔除
建康府驻札御前诸军都统制"、马汝海、汤孝信、张文彬、王德等分别
在淳祐八年至十二年间据枢密院札子"奉御笔"就职或离任。[1]

即使在南宋亡国前数年，御笔行事也未为之稍戢。咸淳三年
（1267），监察御史刘黻论度宗时内降之多，"今日内批，明日内批，邸
报之间，以内批行者居其半"。[2] 他说"邸报之间，以内批行者居其半"，
能够从邸报的记载中分辨出命令是出自内批，可知当时三省奉行亦必多
有以"奉御笔"为文者。

南宋时期君主的日常行政，从士大夫自身的感受和言论看，内批
频繁是一大特色，当然按照他们反权臣反近习之立场，其中又有权臣假
御笔专权的因素。从史料所载看，高宗、孝宗、理宗时，也是内批施政
最多的时期，其中又尤以理宗最有代表性。理宗亲政以后御笔使用之频
繁，仅次于徽宗，所涉政务遍及颁布大政方针、进退宰执、戒敕百官、
学校、贡举、赏功、求言、风俗等。

理宗时期御笔最频，然理宗亦知此非善政。当有臣僚上奏请理
宗法仁宗绝内降时，理宗会说"政欲法此"；当臣僚言"愿陛下官
府事一以付之中书"，理宗也会表示同意，[3] 并辩解说已告知大臣应该

---

1 马光祖修，周应合纂《景定建康志》卷二六《官守志三》，《宋元方志丛刊》本，第 1774~1775 页。
2 《宋史》卷四○五《刘黻传》，第 12247 页。
3 《宋史全文》卷三三，淳祐元年五月甲辰条、十二月丙寅条，第 2745~2746、2747 页。秘书郎
  梅杞奏："内廷画降，或夤缘可得。"上曰："亦是有例者。"奏云："昔我仁祖手诏，谓背理觊
  恩、负罪希贷求内降者，中书、密院执奏毋得行。此仁祖仁心中勇也。愿陛下以为法。"上曰：
  "政欲法此。"刘应起对进，言："大有为之君，常使近幸畏宰相，今宰相畏近幸；使宰相畏
  台谏，今台谏畏宰相。愿陛下官府事一以付之中书，而言官勿专用大臣所引，则权一归于公
  上矣。"

执奏，[1] 甚至也以仁宗为法下诏戒饬臣僚"夤缘私谒，以希批降"。[2] 理宗
认同内降之弊，又御笔如故，故理宗时期御笔多，批评者亦多，甚至
有极严厉的批评。淳祐中牟子才上疏便指责理宗亲政以来，"奉御笔也，
事燕游也，崇土木也，逐君子也，讳谠言也，思权奸也，用戚里也，信
宦官也，激盗贼也，致外患也"，无徽宗时期之事功，却有其亡国之症
候。[3] 理宗对于此类批评，尚能持一种包容的态度，而不是以刑罚威之。
故而尽管理宗时期的御笔行事在数量、范围以及文书运作的形式上都直
追徽宗，但两者之间还是有着重大的区别，即理宗时期的御笔并没有如
徽宗时期那样法度化，这也是南宋时期御笔行政的特点。

1　《宋史全文》卷三四，淳祐六年闰四月己酉条、八月辛亥条，第 2783、2784 页。
2　《宋史全文》卷三五，宝祐二年九月癸亥条，第 2837 页。
3　牟子才:《论时政阙失疏》,《全宋文》第 334 册，第 224 页。

第四章　宋代的省札与批状

王言之制体现的主要是君主的意志，其成立尽管有宰相参与其中，但宰相的角色只是辅助。宰相机构能够相对"独立"指挥日常政务的文书有省札与批状两种。

第一节　从堂帖到省札

唐代自中期以后，中央政治制度以及政务运行机制都发生了明显的变化，各种帖文的使用，墨诏、墨敕的运用以及皇帝"批答"的增多都是这种变化的反映，[1]堂帖亦是适应此种变化而出现的一种新的文书形

1　参见雷闻《唐代帖文的形态与运作》，《中国史研究》2010 年第 3 期；游自勇《墨诏、墨敕与唐五代的政务运行》，《历史研究》2005 年第 5 期；叶炜《唐代"批答"述论——以地方官所获"批答"为中心》，《北京大学学报》2010 年第 2 期。

式，它"体现了中书门下独立的机构建制，反映了中书门下作为政务裁决机关的性质及唐代宰相职权政务化的特征"。[1] 堂帖的运用历中晚唐、五代，至宋又经历了札子、省札的新变。考察此一演变历程，揭示堂帖等相关文书的文书特征及其运行，有助于增进我们对唐宋时期中枢权力运作的理解。

一　唐五代的"堂案"与"堂帖"

现存关于堂帖最早也是最主要的认识来自唐人李肇的《唐国史补》：

> 宰相判四方之事有堂案，处分百司有堂帖，不次押名曰花押。黄敕既行下，有小异同曰帖黄，一作押黄。[2]

与堂帖同时出现的还有堂案。按照李肇的说法，堂帖与堂案似是宰相用来分别处理中央和地方政务的两类文书形式。张国刚即认为"宰相在政事堂处理日常事务，有'堂帖'与'堂案'两种形式"。[3] 刘后滨也明确提出"宰相直接裁决政务的权力落实到具体的公文程序上，就是堂案与堂帖"。[4] 然究诸文献，两种文书之说不能无疑。

先论堂案。尽管唐代堂案与堂帖的实物资料均未有发现，不过从有限的相关文献记载中，我们仍可大致推知堂案的性质。

会昌三年（843）十月，李德裕与武宗论《宪宗实录》修史体例，其中有云：

1　刘后滨：《唐代"中书门下"机构建制考》，《北大史学》第7辑，北京大学出版社，2000。关于中书门下体制的研究以及堂帖的集中论述，可参见刘后滨《唐代中书门下体制研究》，齐鲁书社，2004。
2　李肇：《唐国史补》卷下，上海古籍出版社，1983，第49页。
3　张国刚：《唐代官制》，三秦出版社，1987，第12~13页。
4　刘后滨：《唐代中书门下体制研究》，第301页。

　　宰臣及公卿论事，行与不行，须有明据。或奏议允惬，必见
褒称；或所论乖僻，固有惩责。在藩镇献表者有答诏，居要官启
事者亦合著明，并当昭然在众人耳目，或取舍在于堂案，或与夺
形于诏敕。前代史书载明奏议，无不由此。近见实录，多载密疏，
言不彰其明听，事不显于当时，得自其家，实难取信。[1]

　　对于其中的"或取舍在于堂案，或与夺形于诏敕"一句，或以为"诏敕
的与夺就是敕旨对奏状的批复，堂案的取舍则应是中书门下对一些奏状
的直接裁决"。[2]如此，则堂案与诏敕便成了对奏状的两种不同层次的处
理方式：诏敕属王言，堂案则是宰相独立指挥公事的文书形式。考虑
到"取舍"与"与夺"的对举，这里的堂案实际上还可做别的解释，即
堂案并不一定是宰相指挥公事的行下公文，而是宰相部门内档案性质的
文书。

　　史言李德裕奏改修《宪宗实录》条例的原因是删削掉一些对其父李
吉甫不利的章奏，以掩其父不善之迹，所以他提出"宰臣及公卿论事，
行与不行，须有明据""实录所载章奏，并须朝廷共知者，方得纪述"，
而密疏不见于堂案，乃是无据，因此李德裕请求"密疏并请不载"。这
样，不见于堂案的密疏章奏便被认为不足为据，可以删削了。对此顾炎
武曾有评论云：

　　此虽出于李德裕之私心，然其言不为无理。自万历末年，章
疏一切留中，抄传但凭阁揭；天启以来，谮慝弘多，喷言弥甚。
予尝亲见大臣之子追改其父之疏草而刻之，以欺其人者，欲使盖
棺之后，重为奋笔之文，诳遗议于后人，俟先见于前事，其为诬

1　《唐会要》卷六四《史馆杂录下》，第 1113 页。
2　刘后滨：《唐代中书门下体制研究》，第 304 页。

阂，甚于唐时。[1]

章奏留中不出，不为人知，于是后人便可以随意窜改，"重为奋笔之文"；如果堂案有据，自然也就不易发生追改旧疏以欺后人的事情了。顾炎武说的正是章奏的原始性问题，而不是对章奏的裁决问题。

又据《资治通鉴》卷二四四，大和四年（830）冬十月，文宗以李德裕为西川节度使，李德裕在论及四川兵防时有言：

> 若使二虏知蜀虚实，连兵入寇，诚可深忧。其朝臣建言者，盖由祸不在身，望人责一状留入堂案，他日败事不可令臣独当国宪。[2]

在此，李德裕要求那些建言不重四川防务的朝臣各写一状，留堂案为底，以为凭证，显然堂案不是指挥政务的文书。在以上两次李德裕提到堂案的场合中，笔者认为堂案的含义当是一致的。同时，从后一条记载中，我们也可以看到，堂案并不单是针对地方，所谓"判四方之事"的，正如在后文中我们所看到的，堂帖也不单是针对"百司"的。

正所谓"取舍在于堂案"，堂案之上也许会记有宰相对这些章奏的取舍原因，甚或初步的处理意见，唯有如此，才会有下一步决策的形成。如颜真卿为宋璟所撰并书的神道碑有云：

> 中书令河东张公（嘉贞）……求公规模，悉阅堂案，每至危言谠议，执正守中，未尝不废卷失声，汗流浃背。其为通贤所服也如此。[3]

---

1 顾炎武著，黄汝成集释《日知录集释》卷一八《密疏》，上海古籍出版社，1985，第1380~1381页。
2 《资治通鉴》卷二四四，太（大）和四年十月戊申条，第7873页。
3 颜真卿：《有唐开府仪同三司行尚书右丞相上柱国赠太尉广平文贞公宋公神道碑铭》，《全唐文》卷三四三，第3479页。

肃宗乾元元年（758）六月，在贬房琯的诏书中曾说："或云缘其切直，遂见斥退。朕示以堂案，令观所以，咸知乖舛，旷于政事。"[1] 由堂案而知宋璟之危言说议，亦由堂案而知房琯之旷于政事，可知堂案又可指宰相对于文案的初步处理。但它毕竟还只是政事堂内部的存档文书，而不是对外指挥政务的文书，故而非常人所能见。

简而言之，从以上数例中，我们看到的堂案只是政事堂内部的一种文书档案，而不是宰相对外指挥公事的公文书。堂案只是宰相判四方之事或指挥京百司的依据，阅而后判；堂帖才是处理政事后所形成的公文。

李肇"宰相判四方之事有堂案，处分百司有堂帖"的说法也许可以做互文理解，不管是四方之事还是百司之事，宰相都需要依据堂案而判，以堂帖来指挥施行。宋人记载中关于堂帖的性质就明确多了。北宋沈括说：

> 唐中书指挥事谓之"堂帖子"。曾见唐人堂帖，宰相签押，格如今之堂札子也。[2]

徐度《却扫编》亦云：

> 唐之政令虽出于中书门下，然宰相治事之地别号曰政事堂，犹今之都堂也，故号令四方，其所下书曰堂帖，国初犹因此制。[3]

在沈括和徐度的记载中，都不曾提到堂案，也不曾有宰相判案中中央与地方事务的分野，宰相独立指挥公事号令四方的文书只是堂帖。

1　《旧唐书》卷一一一《房琯传》，第3324页。
2　沈括撰，胡道静校注《新校正梦溪笔谈》，中华书局，1958，第24页。
3　《却扫编》卷上，第130页。

帖由政事堂出，故谓之堂帖。[1]唐初之政事堂，即中期以后之中书门下，从以上各家记载中，我们并不能确定堂帖之始。政事堂改为中书门下，时在开元十一年（723）。现在我们的确尚未见到开元十一年之前有堂帖处分公事的记载，但在此前政事堂显然已经有独立指挥公事的文书。

开元四年，山东蝗起，中书令姚崇奏请遣御史分道杀蝗，汴州刺史倪若水不肯应命，姚崇大怒，"牒报若水"令灭蝗。姚崇报倪若水之"牒"，当是政事堂独自处分公事的文书——政事堂牒。后来面对朝廷喧议，玄宗复问姚崇，姚崇回答说："陛下好生恶杀，此事请不烦出敕，乞容臣出牒处分。"[2]在这里，牒与敕对举，从中可见此政事堂牒的性质。敕属王言，其发布须经过皇帝，牒则显然是宰相独立指挥公事的文书。政事堂改为中书门下时，"政事印亦改为中书门下之印"，则此前的政事堂牒自然亦用政事堂印。堂帖的运用，距政事堂制度的建立不远，当是合理的推测。据学者考证，政事堂当始于贞观十六年（642），[3]但《隋书》有"内史门下印"的记载，关于政事堂起始时间似仍有商讨的余地。[4]不管怎样，在政事堂改为中书门下之前，政事堂已经有自己处分公事的专用公文和专印是毋庸置疑的。

开元前政事堂牒的运用于史料中并不多见，此后则较为常见，如《旧唐书·王缙传》载："缙为宰相，给中书符牒，令台山僧数十人分行郡县，聚徒讲说，以求货利。"同书《杨炎传》："建中二年二月，奏请城原州，先牒泾原节度使段秀实，令为之具。"[5]唐代的"牒"与"帖"经常混用，[6]这里的"符牒""牒"等与堂帖的性质并无二致，应该都看

1 《资治通鉴》卷二四五，太（大）和八年十二月癸未条胡注，第7901页。
2 《旧唐书》卷九六《姚崇传》，第3024页。
3 陈振：《政事堂制度辨证质疑》，《中国史研究》1985年第1期。
4 《隋书》卷一二《礼仪志七》："常行诏敕，则用内史门下印。"（第255页）抑或当为"内史、门下印"？
5 《旧唐书》卷一一八，第3418、3422页。
6 张国刚：《唐代官制》，第13页。

作堂帖。这种牒或者堂帖的应用多见于开元之后，正是中书门下体制下宰相职权政务化加强的表现。

"牒"与"帖"混用的事实，很容易使人将敕牒与堂帖相混。《金石萃编》卷九五之《会善寺戒坛碑》，以及编号 P.2504 的敦煌文书天宝令式表残卷中天宝元年（742）为颁布《新平阙令》而发的牒文，都曾被学者认作是堂帖。实际上，正如刘后滨所言，这两份文书都是敕牒而不是堂帖。[1]唐代普通所言之牒与政事堂牒（堂帖）、敕牒是三类性质不同的文书。

敕牒属于"王言"，特点有三：一是中书门下奉敕而牒；二是内容广泛，不拘大小事；三是形式灵活，可牒机构或直接牒个人。[2]其最基本的特征是由中书门下牒某官或某司，不经过三省分工的签署程序；其性质是对奏状的批复，在其成立之前，都有奏状。[3]无论敕牒的内容与形式如何变化，其"牒。奉敕：宜依。牒至准敕。故牒"这一基本的公文格式是一定的。较之于敕牒的这些特点，堂帖与敕牒的不同主要表现在它们所处理的事务的界限、是否承旨而牒，以及由此带来的文书形式的差异。

堂帖作为宰相指挥公事的文书，所处理的公事主要属于小事的范畴。宰相可以直接以堂帖对一些小事做出批复，而不需要请示皇帝。沈括在谈到后唐的枢密院时说："小事则发头子，拟堂帖也。"[4]五代时期，头子之于枢密院，正如堂帖之于中书门下，都是处理小事的。沈括所言是五代之制，而五代时期的堂帖又是承自唐代。

敕牒是对奏状的批复，在其成立之前，都有奏状；同敕牒相比，堂帖的运用则要灵活得多。堂帖可用于对一些小事相关的奏状的批复，更

1　参见张国刚《唐代官制》，第13页；中村裕一《唐代公文书研究》，汲古书院，1996，第93页；刘后滨《唐代中书门下体制研究》，第302页。

2　李锦绣：《唐"王言之制"初探》，《季羡林教授八十华诞纪念论文集》，江西人民出版社，1991，第288页。

3　刘后滨：《唐代中书门下体制研究》，第343~344页。

4　《新校正梦溪笔谈》卷一，第25页。

多的则是用来对涉及百司或个人的平常公务发布命令或指示。如开成三年（838）二月兵部尚书判太常卿事王起等奏：

> 准今月十日堂帖："天宝初置七太子庙，异室同堂。国朝故事，足以师法。今欲闻奏，以怀懿太子神主祔惠昭及悼怀太子庙，不亏情礼，又甚便宜。送太常寺三卿与礼官同商量议状"者。[1]

王起奏状的开头部分引用了堂帖内容，此后是对堂帖中所提问题的回答。"今欲闻奏"云云，表达的是宰相自己的态度，显示这份堂帖是宰相独立发布的。又如"堂帖：中外臣僚各举善《周易》学者""堂帖：人输堂例钱三百缗"等。[2] 在如上以及类似的事例中，堂帖发布的对象既可以针对全体官员，也可以针对具体的机构或个人，堂帖扮演的角色都是一种命令体文书，而不是对奏状的批复。

前文最后两例中，堂帖所宣布的内容应该是皇帝知情并允许的，由此我们可以看到，有的事情是需要向皇帝请示获得其认可之后才能下堂帖。仍以姚崇灭蝗事为例。姚崇要求不出敕而以牒指挥灭蝗，必须征得玄宗的同意，说明遇到本该用敕指挥的事情如果要用堂帖，是需要奏请的。正如他在回答同僚卢怀慎时说："此事崇已面经奏定讫，请公勿复为言。"[3] 在倪若水执奏的情况下，姚崇大怒，直接牒若水灭蝗，则又显然是宰相个人行为，无须上奏。

既然有的事情宰相无须奏闻即可独立指挥，有的事情须上奏，那么在后一种情况下，君主的意志在堂帖上是应该有所体现的，因此颇疑那些经奏请后所发堂帖之上当有"奉旨"之类的字样。大和五年，文宗与宰相宋申锡谋诛宦官与郑注等人，使京兆尹王璠捕之，而"（王）璠密

1　王起：《覆奏祔怀懿太子神主状》，《全唐文》卷六四三，第6504页。
2　《旧唐书》卷一七《文宗纪下》，第554页；《资治通鉴》卷二五二，咸通十一年二月庚子条，第8158页。
3　《旧唐书》卷九六《姚崇传》，第3025页。

以堂帖示王守澄"致使事败。[1] 像诛宦官这等大事，倘无奉诏之语，王璠又如何肯信？

五代时期的中书在独立指挥公事时继续使用堂帖。如《资治通鉴》卷二八七载契丹人萧翰责宰相张砺曰："吾为宣武节度使，且国舅也，汝在中书乃帖我！"[2] 如果张砺的堂帖有奉旨之文，想必萧翰就不至于如此愤愤不平了。五代堂帖的使用较之于唐，出现了一些新的变化，如堂帖与敕的并用，试举数例。如后唐天成三年正月十七日，吏部格式司申："当司先准敕及堂帖指挥：应焚毁告身、勘同及坠失文书等请重给告身，仍先检敕甲，如无敕甲，即取同敕甲告身勘验，同即与出给。"后周显德六年冬十二月，尚书兵部上言："本司荫补千牛、进马，在汉乾祐中散失敕文，自来只准晋编敕及堂帖施行，伏缘前后不同，请别降敕命。"[3] 在这两件事上我们知道显然是先后有过敕与堂帖的共同指挥。

在后面的两例中，对于同一事情的处理，敕、帖并用，已是常行于宋代而为唐代所不多见的新制了。

二　北宋的中书札子

入宋之后，宰相处理政务的方式发生了一些变化。宋太祖即位以后，继续留用范质等原后周三相。范质等自以前朝旧臣，不能不稍存形迹，于是改变了过去那种拟进熟状的办法，采用遇事多用札子的形式当面请太祖定夺，然后宰相署字奉行。[4] 这样随着中央决策体制的变化，君主的权力日渐向行政事务方面渗透，君主专制自太祖初期即较以前明显加强。宰相独立处理政务的空间变小，堂帖的运用自然也就

---

1 《资治通鉴》卷二四四，太（大）和五年二月戊戌条，第 7875 页；卷二四五，太（大）和八年十二月癸未条，第 7900 页。
2 《资治通鉴》卷二八七，天福十二年六月甲寅条，第 9365 页。
3 《五代会要》卷二一《选事下》，第 261 页；《旧五代史》卷一四九《职官志》，第 2005~2006 页。
4 王曾：《王文正公笔录》"坐而论道之废"条，第 12 页。

大打折扣。

及原周三相相继罢去，太祖亲信赵普为相，中枢政务运作方式再起变化。史云赵普"为政也专，廷臣多疾之"，"独相凡十年，沉毅果断，以天下事为己任"。[1]魏泰《东轩笔录》亦云："祖宗朝，宰相怙权，尤不爱士大夫之论事。赵中令普当国，每臣僚上殿，先于中书供状，不敢诋斥时政，方许登对。"[2]赵普专权，极大地扩大了宰相的权力，充分发挥了堂帖作为宰相独立指挥公事的文书的作用，终于致使太祖产生"堂帖势力重于敕命"之感，遂禁用堂帖而代之以中书札子。[3]

宋太祖禁堂帖而代之以札子，札子相对体轻是一定的，但其体式及实际运作方式到底发生了什么变化，我们并不清楚。不过按照徐度的说法，此时的中书札子"犹堂帖也"，在太宗淳化年间，中书所发之札子，依然可称作堂帖。[4]其实际地位与功能则从太宗时参政寇准用中书札子处分冯拯一事中可见一斑。寇准刚强自任，除拜专恣，广州左通判冯拯封中书札子上诉于朝。至道二年（996）七月，寇准罢为给事中，据《长编》记载：

> 上又曰："前代中书有堂帖指挥公事，乃是权臣假此名以威服天下，太祖朝赵普在中书，其堂帖势重于敕命，寻亦令削去，今何为却置札子？札子与堂帖乃大同小异尔！"张洎对曰："札子盖中书行遣小事，亦犹京百司有符帖关刺，若废之则别无公式文字可以指挥。"上曰："自今大事，须降敕命。合用札子，亦当奏裁方可施行也。"[5]

1　《长编》卷一四，开宝六年六月庚戌条，第304页；八月甲辰条，第306页。
2　魏泰：《东轩笔录》卷一四，李裕民点校，中华书局，1983，第158页。
3　《却扫编》卷上，第130页。
4　《长编》卷二九，端拱元年闰五月，第654页。
5　《长编》卷四〇，至道二年七月丙寅条，第846~847页。

张洎认为札子是宰相独立指挥小事所用之公文，而且是唯一的一种公文，这与此前的堂帖显然是一样的。从太宗之言亦可得知，太祖时虽禁堂帖代之以札子，但两者实际上的确无甚区别。即如寇准以札子独立处分冯拯事，如冯拯不奏，皇帝如何可知？

太宗忿于中书札子为权臣所利用而思有以更张，既然札子不可无，于是太宗就从限制札子的使用上着手。据《长编》"自今大事，须降敕命。合用札子，亦当奏裁方可施行"一语看，太宗之意是自今后大事须降敕，即使要用札子亦需奏裁。《宋会要辑稿》中亦明确记载为："诏自今中书所行札子，并须具奏取旨，方可行下。"[1] 这一记载又为更多文献所证实。太宗至道二年对中书札子的这次新的整顿，意味着中书在政务运作方式上的一次重要转变。

太宗改革后的中书札子，一方面对该用敕命还是札子的范围重新做了厘定，另一方面规定中书用札子处分公事，亦需奏裁。至于其文书体式及运用，我们于石刻资料中觅得几组材料，从中可知其大概。

《金石萃编》载有《中书门下牒永兴军》敕牒以及《永兴军中书札子》碑刻各一份，恰可做一对比。现将两份碑刻摘录于下：

> A、中书门下牒永兴军
>
> 户部侍郎知永兴军范雍奏：……伏见本府城中见有系官隙地，欲立学舍五十间，乞于国子监请经典史籍。一监仍拨系官庄田一十顷以供其费，访经明行修者为之师范，召笃学不倦者补以诸生。候敕旨。牒
>
> 奉敕：依奏。许建立府学……牒至准敕，故牒。
>
> 景祐元年正月五日
>
> 刑部侍郎参知政事宋
>
> 户部侍郎参知政事王

---

1 《宋会要辑稿》职官一之七一，第2976页。

工部尚书平章事李

门下侍郎兼吏部尚书平章事吕

B、永兴军中书札子

户部侍郎知河阳军范雍奏：臣昨知永兴军……臣到任后，奏乞建置府学，兼赐得九经书，差官主掌，每日讲授。据本府分析，即今见有本府及诸州修业进士一百二十七人在学，关中风俗稍变，颇益文理，见是权节度掌书记陈谕管勾。欲乞特降敕命指挥，下本府管勾官员，令常切遵守所立规绳，不得隳废。候

敕旨。右奉

圣旨依奏，札付永兴军准此者。[1]

这两件事都发生在仁宗景祐初年，而且两件文书都是对同一人奏状的批复。

从内容上看，前者范雍请立府学，为大事，故由中书门下奏请批准后给敕牒；而后者范雍请降指挥令学生遵守规绳，为小事，故只中书出札子。从格式上看，敕牒是奉敕而牒，即"牒奉敕"，其"牒。奉敕：依奏。牒至准敕，故牒"的格式与唐、五代的敕牒格式无二；而中书札子亦需奏请得旨，反映在格式上，即"奉圣旨：依奏"。前碑上有所有宰执押字，后碑虽无，但实际上札子亦是需要所有宰执押字的（见后文《浑王庙中书札子》）。

大事、小事之区分固然事关降敕还是出札子，而同一事中涉及不同级别人员的任用亦有敕、札之别。仁宗至和三年（1056）正月二十六日差员两人赴北岳设醮，两人题名见于今河北曲阳《北岳安天天元圣帝庙碑》碑阴，分别为：

1　王昶：《金石萃编》卷一三二《宋十》，《宋代石刻文献全编》第3册，第196~198页。

尚书虞部员外郎、通判定州军州事马耿奉敕差，诣北岳灵祠
设醮七昼夜。

三班奉职苏拱之奉中书札子差，赍祝板香合赴定州交割，随
通判虞部至北岳灵祠设醮。[1]

马耿、苏拱之同赴北岳，只是一为正七品朝官，一为从九品之小使臣，
故而前者敕差，后者札子行遣，区别皎然。

前碑中所见之"奉圣旨：依奏"的格式，正是太宗后期整顿札子的
运用后对奏状类文书批复的最基本的格式，这一点从文献记载中也可得
到证实。

宣、敕、札子等文书传递到地方之后，地方都会将文书编录成册留
为档案。李焘《长编》中曾数次引用《成都府编录册》，其中仁宗皇祐
年间的一份中书札子云：

皇祐五年二月二十一日中书札子：吏部员外郎、充天章阁待
制、知谏院、兼判登闻检院李兑札子奏：……奉圣旨：依。[2]

王明清《熙丰日历》中亦载有数份中书札子，其一云：

中书札子：度支员外郎充龙图待制秦凤路经略安抚使吕大防
奏：……奉圣旨："依奏。许朝参。"令发来赴阙依旧供职。[3]

以上所引两札子，一为仁宗时，一为神宗时，都是对奏状的批复。其

1　《马耿题名》《苏拱之题名》，北京图书馆金石组编《北京图书馆藏中国历代石刻拓本汇编》第
　　38 册，第 156、157 页。
2　《长编》卷一七四，皇祐五年二月戊子条，第 4200 页。
3　王明清：《熙丰日历》，收入陶宗仪编《说郛》卷四二，《景印文渊阁四库全书》第 878 册，第
　　322 页。

内容都是先引用官员奏状，并以"奉圣旨：依奏"结。"依奏"字样后有的会有字数不一的批语。两份中书札子的最后俱省略了日期及宰相押字。

百官臣僚在承受到中书札子之后，如续有奏议，经常是以"准中书札子，奉圣旨：云云"开头，如余靖《谢转工部侍郎表》[1]之类，此类实例甚多，不一一列举。

中书札子具奏取旨后，其行下原则上应当经过通进银台司所辖之发敕院、封驳司等机构的点检、封驳。真宗咸平三年（1000）十一月，枢密直学士冯拯言中书户房直发札子四道，不由发敕院点检。于是下诏逐处"凡受宣、敕、札子，须见发敕院官封书，方得承禀，违者遣吏押送发敕院"。发敕院、封驳司对下行之宣敕和札子有点检、封驳之责，因此在此类文书行下的过程中，知通进银台司的官员遇到不便之事可条奏以闻。例如真宗天禧元年（1017）四月，翰林学士、知通进银台司兼门下封驳事晁迥、李维曾经上奏云：

> 中书门下札子付登州：据牟平县学究郑河状，以本州民阙食，愿出粟五千六百石赈济，望赐弟巽班行，奉圣旨不行者。臣等商度："损余补乏，为利亦大。望令宰臣定议，特从其请，俟丰稔即止。庶储积之家有所劝率，大济饥乏，上宽圣虑。"诏补巽三班借职，自是纳粟者率以为例。[2]

晁、李奏疏前半引用了中书札子，此过程应该是中书札子在行下点检、封驳的时候为二人所见，因而没有行下，而是上奏，请求令宰相重新定议。以上种种史料都证明太宗时所定中书札子须"奉圣旨"之制确是已成为定制并被遵守了的。

1　余靖：《武溪集》卷一五《谢转工部侍郎表》，《景印文渊阁四库全书》第1089册，第146页。
2　《长编》卷八九，天禧元年四月甲申条，第2056页。

　　中书札子与敕牒的运用既然有大小事的区分，理论上讲同一事情似不必同时降敕、札。但在实际政务运作中，这反而是较为常见的情形。《金石萃编》卷一三八载有《浑王庙牒》，其牒末云：

　　牒奉

　　敕：云云，宜特封忠武王。牒至准

　　敕，故牒。

　　元丰二年八月日牒

　　右谏议大夫参知政事蔡（假）

　　礼部侍郎平章事王（押）

　　工部侍郎平章事吴（押）

其碑侧又有《中书札子》：

　　丹州咸宁郡王庙，已降敕命，特封忠武王。

　　右奉

　　圣旨：宜令丹州差官往彼，精虔祭告，及造牌额安挂，所有敕牒，仰本庙收掌，应

　　有合行事件，令太常礼院检会施行。札付丹州准此。

　　元丰二年八月八日押押[1]

丹州咸宁郡王庙因祈雨有验，太常礼院议定请以忠武谥号为王号，乃特封忠武王，前碑即为封王之敕牒，后碑则是中书以札子的形式对相关事情之安排。据敕牒前半部分所记，此敕牒形成之前先是有咸宁郡王庙所属之宜川县申丹州状，丹州申中书，中书"批送"太常礼院，礼院议定后上奏。中书札子"奉圣旨云云"即当为中书奏事时所奉之旨。奏请得

旨后，则分别出敕、札，札子简捷，故同一事情虽敕札并用，然札子通常是先于敕行下。

　　敕札并用而札子先于敕行下的事情到了南宋以后变得更加普遍。南宋时"自渡江以来，除拜台省等职事官，率受堂帖即视事"。[1]札子在官员任命上的这种便利，徐度《却扫编》卷上有较为详细的描述：

> 　　每除一官，逮其受命，至有降四五札子者。盖初画而未给告，先以札子命之，谓之"信札"；既辞免而不允或允，又降一札；又或不候受告，而俾先次供职，又降一札；既命其人，又必俾其官司知之，则又降一札，谓之"照札"。皆宰执亲押。

徐度说的是南宋的情况，其实北宋亦是如此。敕、札的配合行下，很早便有章可循。咸平四年八月，发敕院为中书札子的行下问题曾抱怨道："中书降札子，有合与敕同行下者，多不一时到院，每至催督，方始行下。"[2]显然敕、札并行是有制度依据的，只是限于资料，哪些事情是札子"合与敕同行下者"，我们已不甚清楚。不过从文书运行上讲，敕牒为正式，手续也繁于札子，而札子则较简易，便于迅捷指挥公事，这从札子经常绕过文书的点检、封驳部门即可明了。故而好多事情往往是有敕命之后，即先发札子通知相关事宜，咸宁郡王庙特封忠武王事正是这样的例子，也就是徐度所言"不候受告而俾先次供职"或"既命其人又必俾其官司知之"等情况。

　　元丰改制之后，政令须经尚书省行下，宰相部门指挥公事的文书称作"省札"或"尚书省札子"，自后迄南宋相承不废。[3]不过在书信等非

1　《建炎以来系年要录》卷三七，建炎四年九月甲子条，第547页。

2　《宋会要辑稿》职官二之四一，第3010页。

3　《却扫编》卷上，第131页。

正式场合，依然常以"堂帖"称省札。[1]省札同中书札子一样须奏裁处分，即"奉圣旨"，其后有全体宰执押字。周必大《文忠集》有《徽猷阁待制宋公暎墓志铭》，载北宋末年徽宗禅位后，曾示宋暎一"尚书省付知宿州林篪札子"之事：

> 初，州有御前竹石钱十万缗，道君过州时，亲笔付篪取其半，篪才输二十之一，而以其事上尚书省，尚书符宿州，其以钱上京，毋擅用。后题正月十三日，日下独执政官一人签书。公读毕，奏曰："陛下在位，凡御札、宝批及三省批旨若画可画闻，有不作'奉圣旨'付外者否？"道君曰："无之。"公指堂帖曰："此既无圣旨二字，又未尝遍书宰执，非朝廷意甚明。殆围城中小吏作常程行遣，而当笔者不察尔。臣非敢游说以宽圣虑也。"道君视之，欣然曰："卿言是。我未思此。"[2]

周必大将"尚书省付知宿州林篪札子"又称作"堂帖"，其中道理与北宋前期之中书札子同样被称作"堂帖"同。宋暎之所以能对这份省札做出正确的解释，正是因为这份省札在格式上出现了不合程序之处，即，既没有"奉圣旨"字样，又没有所有宰执押字，而这也正是此前之中书札子在文书格式上的两个最重要的特征。

　　就行文格式而言，若其事为三省同取旨者，则省札之首由此前的"奉圣旨"改为"三省同奉圣旨"，最后同样是宰相押字。兹举一例。绍兴十一年四月有《罢诸路宣司省札》：

---

1 《斐然集》卷一八《寄书·寄张相》《寄参政》《谢魏参政》，第348、349、359页；《文定集》卷一五《与朱元晦》，学林出版社，2009，第156页；朱熹：《与陈侍郎书》《与陈丞相书（己丑）》《与汪尚书书（己丑）》，《朱子全书》第21册，第1084、1095、1096页。或称"堂札"，如朱熹《答许顺之》，《朱子全书》第25册，第1735页。

2 周必大：《文忠集》卷三一《徽猷阁待制宋公暎墓志铭》，《景印文渊阁四库全书》第1147册，第345页。《周必大集校证》，"暎"作"暎"（卷三一，第477页）。

　　　　三省同奉圣旨：已降指挥，韩世忠、张俊、岳飞除枢密使、副，其逐路宣抚等司合罢，所有司属并优与升擢差遣。统制官等既带"御前"入衔，下及军兵，并隶密院，不得拨属他处。日前或有负犯，一切不问，并不许相告言。令三省疾速行下。右札送枢密副使岳少保。绍兴十一年四月二十七日。押押。

如果是对奏状的批复，如付岳飞《依张俊例差破宣借人省札》，则是在录奏状之后，札子末书"三省同奉圣旨：云云"。[1]

　　南宋时期的省札同此前的中书札子相比，非常明显的特点是其应用场合更为广泛，所处理的政务远远突破事情大小的界限。此前唐、五代、北宋时期本应该以敕处理的事情，南宋时常是以省札来处理。省札既用来批复有关官司，亦可转发制敕、敕文等重要诏书。如淳熙十年（1183）七月十三日尚书省用省札向秘书省转发了孝宗要求近臣等上言朝政阙失的诏书；[2]开禧二年（1206）六月十七日的一份都省札子则转载了复泗州敕文。[3]此时的省札其实起的是北宋前期中书之敕的作用，而与前期敕牒对应的尚书省牒的运用则相对减少许多。

三　中书札子、省札与宋代相权

　　从堂帖到省札的演变略如上述。尽管本书推测唐代个别堂帖的行文可能会有"奉圣旨"这样的用语，但一则尚无实据，二则少数个案的存在无从断定所有堂帖皆须如此，而唐代宰相在很多场合使用堂帖独立处理公事则是确定的，"堂帖势力重于敕命"是这种宰相独立决策权的很好的写照。从宋太祖以札子代堂帖至太宗后期，中书札子缩小了使用

1　以上两省札分别参见《丝纶传信录》卷一一，《鄂国金佗稡编续编校注》续编卷一二，第1306、1307 页。

2　佚名：《南宋馆阁录·续录》卷六《诏馆职言事》，中华书局，1998，第 222 页。

3　《愧郯录》卷一二《开禧复泗州敕》，第 156 页。

的范围，且又必须承旨，这对于宰相独立指挥公事或者说宰相权力的限制是明显的，因而此后屡有人提出更张。先是庆历三年（1043）宋祁提出：

> 愿陛下诏中书枢密院，自今以往取有司申请不干大事者，许依唐时堂帖之比，直令堂判，院付之有司。[1]

及王安石任相时，亦试图改变之。据《宋史》卷三一六《唐介传》：

> 安石既执政，奏言："中书处分，札子皆称圣旨，不中理者十八九，宜止令中书出牒。"[2]

王安石所说的"止令中书出牒"同姚崇所说的"此事请不烦出敕，乞容臣出牒处分"如出一辙，这里的"牒"即是札子之前的堂帖。也就是说，王安石想改变中书出札子亦需奏请的局面，而独立指挥公事。这固然可以看作谨命令、对君主权威的维护，自然也可视作权力之争。因而唐介认为："如安石言，则是政不自天子出，使辅臣皆忠贤犹为擅命，苟非其人，岂不害国。"唐介着眼的是名分。结果，神宗纵然对王安石信任有加，还是不能接受此议，凡事奏请取旨才能出札子的这种制度规定也一直沿用到宋末。

如果凡事"奉圣旨"制度真的被不折不扣地施行，那么我们说自唐至宋以来君主专制在逐步强化，宰相独立理政空间越来越狭小应该是不成问题的，但实际情况并非如此简单。

真宗时王旦为宰相，因为备受真宗信任，得以"小事一面专行"，在奏事时，经常不经上览，"但批旨行下"。[3]这当然可以看作君臣相得

1　宋祁：《景文集》卷二八《言三路边防七事》，《景印文渊阁四库全书》第 1088 册，第 238 页。
2　"札子皆称圣旨"，点校本《宋史》中"札子"上属，第 10329 页。
3　《长编》卷八八，大中祥符九年九月丙午条，第 2012 页。

的特殊情况，但实际情况是君相之间的这种默契是连同列都不知道的。也就是说，当中书札子行下的时候，宰执们但随王旦押字，承受者但见上书"奉圣旨云云"，却没有人知道乃至怀疑这只是宰相王旦"专行"的结果，这样"奉圣旨"而下的札子又与堂帖专行何异呢？同样是真宗时期的例子，天禧四年六月，寇准罢相，《长编》载：

> （丁）谓等不欲准居内郡，白上欲远徙之，上命与小州，谓退而署纸尾曰："奉圣旨，除远小处知州。"迪曰："向者圣旨无远字。"谓曰："君面奉德音，欲擅改圣旨，以庇准耶？"[1]

所谓"圣旨""德音"都是指宰执们面请得旨，即"奉圣旨"，然而真正落实到文书上，却是轻重由己了，很难有人有能力或者机会去核实。再看与李迪有关的另一个事件。仁宗明道二年（1033），李迪身为宰相"自用台官"，结果等到数月之后仁宗方才知晓，[2]则李迪想必是以札子任官，这与前述寇准以札子处分冯拯事出一理。

元丰年间，郭逵讨交趾，传言宰相吴充"忌其成功，堂帖令班师"。李心传考证此事为误之后评论道："班师，大事，不得旨而下堂帖，丞相且获罪不轻。"[3]其意为大事原则上不能用堂帖指挥，但如果奏请得旨仍是可用的，这样也就突破了大事、小事的界限。至绍圣、元符时期，有元祐臣僚被贬谪，"所被受止是白札子"，或又称"白帖"者，[4]则又是与堂帖无异了。

对南宋时省札之"奉圣旨"同样不能做刻板理解。绍兴二十五年（1155）十二月曾有诏书云："命官犯罪，勘（鞫）[鞫]已成，具案奏裁。比年以来，多是大臣便作已奉特旨，一面施行。自今后三省将上取

1　《长编》卷九六，天禧四年八月甲申条，第2211页。
2　《长编》卷一一三，明道二年十二月丁未条，第2647页。
3　李心传：《旧闻证误》卷二，崔文印点校，中华书局，1997，第37页。
4　《旧闻证误》卷二，第40页；《宋史》卷三四二《郑雍传》，第10900页。

旨。"¹ 可见本该"奏裁"之事，实际上却并没有将上取旨，就作"奉圣旨"施行了。"空名敕札""空头省札"的应用更能够说明这一点。绍兴元年九月，侍御史沈与求弹前宰相范宗尹二十罪，其中之一便是"印押空名敕札付之胥吏，随事书填，贿赂公行"。² 宁宗时，陈自强拜相，"时押空头省札，以送（韩）侂胄，须用即填之。故一时造命，庙堂或不与知"。³ 这种空头省札尽管必然作"奉圣旨"云云，实际上却是"庙堂或不与知"，而且这并不是特例，魏了翁在论及省札时有云：

> 所谓奉圣旨依、奉圣旨不允，有未尝将上先出省札者矣；有豫取空头省札，执政皆先金押，纳之相府而临期书填者矣；有疾病所挠，书押之真伪不可得而必者矣。⁴

空头省札自然是不可能经过奏请的，如魏了翁所说，即使那些有"奉圣旨依"或"奉圣旨不允"等字样的圣旨，亦有很多是"未尝将上"的。这样的情况下，宰相堂帖处分公事就可能既突破大事小事的限定，也突破奏请取旨的限制。

总之，自中唐以后宰相机构在奉行王言的同时，确是有自己独立处分公事的文书，如张洎所说："若废之则别无公式文字可以指挥。"此种文书即唐时的堂帖、宋前期的中书札子及宋后期的省札。不管是取代堂帖的中书札子，还是取代中书札子的省札，都经常被称为"堂帖"，这固然可以被看作唐代制度文化的影响，三者之间也确有关键的共同之处，但同时也应注意到，从堂帖到省札，变化的不仅仅是名称，其实际运作及其背后的政治关系也都发生了变化。由唐代堂帖向南宋时期省札转变的过程中，其所受之限制越来越多，作为宰相独立处理公事的文书

---

1 《宋会要辑稿》职官一之五一，第2966页。
2 《建炎以来系年要录》卷四七，绍兴元年九月戊午条，第850页。
3 《续编两朝纲目备要》卷九，开禧二年十二月乙亥"陈自强送空头省札"条，第169页。
4 魏了翁：《应诏封事》，《全宋文》第309册，第118页。

的色彩越来越弱，似是凸显了君相权力之争与君权日益强化的总趋势。但揆诸政务之实际运行，又不尽然。我们看到不管是在北宋还是南宋，宰相权力运作的空间依然广阔，不必说空头敕、空头省札、白帖子之类是宰相权力最直白的表露，即使具奏取旨、拟状得旨等体现、保障君权的运作方式，君相之间亦难言宾主。这一点即使到了元朝时期依然如此，[1] 一直要到明清时期随着宰相制度的废除方为之一变。

第二节　《徐谓礼文书》所见南宋省札及其运用

　　徐谓礼文书系首次从墓葬中发现的宋代文书，文书经包伟民先生主持整理后，定名为《武义南宋徐谓礼文书》，于 2012 年由中华书局出版。[2]《武义南宋徐谓礼文书》作为最新出土宋代文献，具有政治、经济、文化等多方面的研究价值。文书含录白告身、敕黄、印纸等共计 15 卷，完整记录徐谓礼自嘉定十四年（1221）至淳祐十二年（1252）三十多年间的仕宦履历。就文书类型而言，《徐谓礼文书》含录白告身、敕黄、印纸三种，实际上根据文书内容，尤其是其中分量最重的印纸部分，我们可以从中发现省札的广泛使用。本节从文书中辑出省札十数份，并以之观察省札在南宋的运用及其与其他文种如敕牒、告身之间的关系。

1　元朝宰相裁决政务的中书省札之运作几乎完全沿袭宋代的尚书省札。元仁宗延祐五年（1318）发生了一起伪造中书省札骗取户部盐引的事件，伪省札被识破是因为"省札印文昏淡、署押不完、押字差异"而引起户部怀疑。札子结语"奉圣旨：那般者"，恰如宋代中书札子或省札的"（三省同）奉圣旨：依奏"。省印、押字、奉圣旨的结语形式等也正是唐宋以来自堂帖至省札的基本特点。其形成同样是要经过奏请之后，中书省才能出省札。张帆先生分析了一件省札的决策过程，揭示了其间君相权力运作的关系，与宋代的情况有异曲同工之妙。参见党宝海《蒙元时代的双语公文初探》、张帆《从〈元典章·新集〉的一条文书看元朝中后期的御前奏闻决策机制》，俱收入《"文书·政令·信息沟通"国际学术研讨会论文集》，北京大学中国古代史研究中心，2010，第 428、430~437 页。

2　包伟民、郑嘉励编《武义南宋徐谓礼文书》，中华书局，2012。

一 《徐谓礼文书》省札辑释

宋代官员考课之法，"莫重于官给历纸、验考批书"。[1] 历纸，是历子和印纸的统称。历子是指记录下来的仕宦经历，在宋太宗时分化为颁给幕职州县官的南曹历子与颁给京朝官的御前印纸。批书印纸就是由相关部门在官员印纸上填报、记述官员仕履相关内容，具有重要的文书档案属性，是人事核验的凭据。[2] 徐谓礼文书实载印纸批书 81 条，批书内容包括仕宦过程中的到任、与前任的职事交割、请俸、丁忧、成考、转官、保状等，而核以现存于《庆元条法事类》卷六《职制门三·批书》的考课式等相关制度，可知徐谓礼文书所见之批书印纸制度在南宋被严格遵行。[3] 批书印纸需要备载官员申状以及"条事迹"的特点和文书档案属性，使得其可以保留大量官员个人申状和政务事迹。徐谓礼一生仕宦，共获差遣十三次，最后一次未赴任，实历十二次差遣，自第四次差遣主管官告院始，开始获得省札。以下以历任差遣为序，辑录印纸中所见省札。

主管官告院

> 1. 省札一
> 准尚书省札子，差委起发前去浙西提刑司，取索平江府百万东、西两仓薄历干照，逐一点检考核收支见在数目，委的有无欺弊，除程限五日，保明申尚书省。（印纸 31）

徐谓礼于端平三年（1236）丁忧，嘉熙三年（1239）正月服阕从

1　《宋史》卷一五五《选举一》，第 3604 页。
2　邓小南：《再谈宋代的印纸历子》，《国学研究》第 32 卷，北京大学出版社，2014。
3　魏峰：《宋代印纸批书试论——以新发现"徐谓礼文书"为例》，《文史》2013 年第 4 辑。

吉，赴部注授差遣，四月敕牒差主管官告院，该年四月初八日到任（印纸30）。正是在这个主管官告院任上，徐谓礼文书中第一次出现了省札。据印纸31，在任不足一个月，徐谓礼接到省札，使命是审核浙西宪司所关平江府百万仓收支情况。

2. 省札二

准尚书省札子，臣僚上言，将与在外合入差遣。六月二十五日，三省同奉圣旨"依"。（印纸31）

徐谓礼于嘉熙三年五月二十一日启程前去平江府百万仓，然尚未回京复命，又于六月接到第二份省札，"将与在外合入差遣"。省札载因"臣僚上言"，徐谓礼才别有差遣，然上言内容不明。据徐谓礼自作《有宋孺人林氏圹志》，其"奉省符核平江府百万仓，得所以欺弊之实，官吏［恶其］见底，卒以贾祸"，[1]如此则徐谓礼的审计工作属人为受阻。主管官告院的差遣既罢，核百万仓的临时差遣自然随之并停。

徐谓礼六月二十五日受省札，当日便"解罢职事"，计在任两个月零十七日。七月，两受省札的经历，批入主管官告院零考印纸，列入其中的"差出"项中。

添差通判建昌军

3. 省札三

准淳祐二年七月初三日尚书省札子，三省同奉圣旨，"徐差监三省枢密院门兼提辖封桩上库"。（印纸38）

---

1 《有宋孺人林氏圹志》，李晖达、郑嘉励《武义南宋徐谓礼墓的发掘》，《武义南宋徐谓礼文书》，第273页。

嘉熙三年八月徐谓礼奉敕添差通判建昌军，次年四月到任。淳祐二年（1242）四月添差通判建昌军第二考成，七月三日接到省札差监三省枢密院门兼提辖封桩上库，七日到任供职。

监三省枢密院门兼提辖封桩上库

4. 省札四

八月二十七日准尚书省札子：为臣僚论列罢黜，奉圣旨：依。（印纸 40）

淳祐二年七月徐谓礼申三省枢密院门由检正左右司批书到任印纸（印纸 38）。八月，申提领左藏封桩库所批书印纸（印纸 39）。同月接到正式的任命敕牒（敕牒 9）。徐谓礼在七月份即据省札所命就任新差遣，而正式的任命敕牒在次月方下。此前的几任差遣都是"准敕差"，此任差遣则是"准省札"差，但是其考核是按照就任的日期而不是据敕牒日期执行的。

徐谓礼在接到差监三省枢密院门兼提辖封桩上库正式任命敕牒后不久，八月二十七日，接到省札，因为被臣僚论列而罢职，徐谓礼"于当日解罢职事"，九月分别申三省枢密院门和左藏封桩库批书印纸。徐谓礼在监三省枢密院门兼提辖封桩上库任上共计 50 日，其间到、罢相关批书共四份，即印纸 38~41。

主管台州崇道观
通判建康府
浙西两淮发运司主管文字

5. 省札五

蒙朝廷节次札，令往来镇江府转般仓，督运百万仓米斛

六十万石。（印纸 52）

淳祐四年（1244）七月十六日徐谓礼浙西两淮发运司主管文字到任，五年七月一考成。徐谓礼在任职浙西两淮发运司主管文字期间，曾受省札差遣，往来镇江府转般仓，督运百万仓米斛六十万石。时间不详，省札具体措辞不详。此事与端平三年省札差遣审核浙西宪司所关平江府百万仓收支情况相同，亦是临时差遣，故而在此后的随司解任批书中，批入"差出"一项中。

6. 省札六

准尚书省札子：两淮浙西发运司状申，据朝奉郎特改差淮浙发运副使司主管文字徐申："昨准敕差通判建康府，将祗戍间，蒙改差充本司主管文字，于淳祐四年七月十五日，交割职事，今已历过一考零九个月。窃见窠阙自寺丞杨瑾去后不曾差人，朝廷念本司欲理籴运，遂从本司所请，举此废官，两年之内本司招籴二百六十余万石。又蒙朝廷节次札，令往来镇江府转般仓，督运百万仓米斛六十万石，俱已办集。今因发运魏侍郎被命归班，合行随司解任，乞备申朝廷，从申施行。"本司所据申述，申乞行下，以凭遵守，伏候指挥。都省已札下淮浙发运司，从所申事理施行外，札照应准此。（印纸 52）

淳祐六年四月"因发运魏侍郎被命归班，合行随司解任"，徐谓礼上申状于两淮浙西发运司，"乞备申朝廷，从申施行"。发运司上申状于尚书省"申乞行下，以凭遵守"。尚书省收到申状后"札下淮浙发运司，从所申事理施行"，同时又给徐谓礼下省札，告知已札下发运司施行，"札照应准此"。徐谓礼在收到该省札后，再上申状于发运司请求批书印纸。

省札六除了末尾的签署程序外，当系札子正文内容的原文。在淳祐六年将作监主簿到任批书申状中，徐谓礼说的"准省札，随司解任"，便只是省札的主要内容了。

将作监簿

7. 省札七

淳祐六年十月日尚书省札子，当月初六日，三省同奉圣旨：徐除将作监簿。（印纸 65）

淳祐六年十月日尚书省札子，三省同奉圣旨：徐除将作监簿。（印纸 70）

徐谓礼于淳祐六年四月解淮浙发运司主管文字之任，同年十月除将作监簿，并于当月十二日赴监供职，"续准告，授前件职，已于当年月日赴朝谢祗受讫"。[1] 此"告"，据印纸 70，告身下发时间为十二月，省札后两月给告。此次差遣确实是给告身了，告身不见于徐谓礼文书，但诰词今见于刘克庄文集。[2]

徐谓礼在就任五个月后方于淳祐七年三月批书印纸，七年四月五日因为任淮浙发运司主管文字日，招籴推赏，转朝散郎。

将作监簿之命，有省札，续有告身。既给告，则无敕牒。录白敕黄中无任命敕牒，而同年十月的申状中，亦是言"续准当年十二月日告，授前件职"，可知此次任命确实是有札、告，无敕牒。

8. 省札八

准淳祐七年十月四日尚书省札子：三省同奉圣旨：徐除太府

---

[1]《录白印纸》70《淳祐七年十月日将作监主簿在任历过月日》所载徐谓礼申状为"二十日"（《文书·录文》，第 253 页），未知孰是。

[2]《刘克庄集笺校》卷六〇《谢堂将作丞徐谓将作簿》，第 2863 页。笺注云"徐谓无考"。点校本中"谓，礼名父之子，详而雅"，当作"谓礼，名父之子，详而雅"。

寺丞。(印纸 70)

徐谓礼在接到此省札的当日,"住管将作监簿职事讫",此时据将作监一考成仅有数日之差。据印纸 72,徐谓礼在接到省札当日,"于当月初四日赴寺供职讫"。再据告身 10《淳祐七年十月四日转朝请郎告》,告中旧衔署"朝散郎新除太府寺丞",新衔为"朝请郎行太府寺丞"。[1]可知徐谓礼受省札当日即申将作监批书印纸,然后赴寺,并于同日磨勘转官。

太府寺丞

9. 省札九

准淳祐七年十二月二十四日尚书省札子:三省同奉圣旨,差知信州。(印纸 72)

徐谓礼在省札除太府寺丞后仅两个月零二十日,"在任未准职告间",即在太府寺丞告身尚未下时,再获省札差知信州。当日住管太府寺丞职事,淳祐八年正月申尚书户部批书太府寺丞在任历过月日印纸。淳祐八年二月,徐谓礼权知信州敕牒下。

知信州

10. 省札十

准淳祐十年九月空日尚书省札:"勘会知信州徐职事修举,九月十五日三省同奉圣旨,特转行一官,令再任。"(印纸 77)

---

1 《文书·录文》,第 195 页;《文书·图版》,第 33~35 页。

11. 省札十一

　　准当年十月空日尚书省札，备奉圣旨，不允。（印纸 77）

　　待阙数月后，徐谓礼于淳祐八年十二月十八日知信州到任，次年十二月一考成。淳祐十年九月，特转一官再任。徐谓礼在接到转官再任省札后，具申状辞免，十年十月收到辞免不允省札。此次因"职事修举"的转官，在三个月后二考成批书中批入"劳绩推赏"。同年十二月二十一日特授朝奉大夫告下。二十三日，磨勘转朝散大夫。这两次转官批入淳祐十一年知信州三考成印纸。

　　这两份省札在徐谓礼信州任上批书中多次抄录，其中前者不管是在徐谓礼的多次申状中，还是在批书中，都存在着"奉圣旨"云云与"备奉圣旨"云云的两种叙述。后者在徐谓礼申状中均作"备奉圣旨"。

12. 省札十二

　　准淳祐十二年月空日尚书省札，备奉圣旨，徐除福建市舶兼知泉州。（印纸 80）

13. 省札十三

　　准当年四月空日尚书省札，备奉圣旨，不允。（印纸 80）

　　淳祐十一年十二月，徐谓礼知信州三考成。大约是在十二年四月，省札除知泉州，徐谓礼申省辞免，不允。遂于六月十二日交割职事，合计在知信州任上三年五个月零二十三日。

　　以上合计省札共 13 道，皆是出自录白印纸中所见徐谓礼申状。在具体分析这些省札之前，有两点需要首先略做解释：一是徐谓礼文书中省札的数量，二是"备奉圣旨"释义。

　　徐谓礼仕宦三十余年，合计转官十二次，获差遣十三次。尽管有的告、敕当有而文书未见，但综合各种信息我们知道其应获得的告身以及敕牒的数量是明确的，而这十三次省札却并不是徐谓礼仕宦生涯中所获省札的总数。

在上列之"省札五"中，出现了"节次札"一词。徐谓礼的申状中提到是奉"朝廷节次札"，批书中表述为"节次准省札"，故徐状中之"节次札"，非专有名词。节次，即逐次之意。"节次准省札"，即是陆续多次接到省札。节次札的这种用法，并非少见。

据赵甡之《中兴遗史》，靖康二年二月十八日，相州康王赵构的大元帅府号召勤王，有指挥云："当府今月七日、九日、十一日、十三日、十五日、十七日，节次札下兴仁府黄待制、驻札开德府宗元帅，节制诸头项人马，及札下南京宣、总两司互为应援，及一面关牒陕西京西江淮勤王师帅去讫。"[1]从中我们看到帅府自七日至十七日，为勤王事，间日一札，连续六札付相关人员，故而是"节次札下"。绍兴二年，李纲宣抚荆广，四、五月间曾"节次被受朝省札子"，都是关于李纲去广东赴任之事。据李纲自己开列，计有尚书省札子一、枢密院札子三。其中既包括尚书省的省札，也有枢密院的密札，所以李纲又有"节次被受尚书省、枢密院札子"之语。[2]

所以，节次之意，正如"累牒""累降指挥""累承"某某公文一样，都是指连续、多次的公文行下或者承受。如此则徐谓礼督运百万仓米斛事，当是连续承受多次省札指挥，而不是只有一次省札。尽管有多次省札，事则只是督运一事，本书在此权作一次省札处理。

我们说徐谓礼实际承受到的省札不止十三件，除了"节次札"这样的问题外，还有一个原因就是徐谓礼所获省札未必尽书于印纸。寄禄官或者差遣之迁转，印纸必书，因此我们不难通过印纸获得告、敕的实际数目，而省札是中枢部门政务处理所使用的文书，人事除授仅仅是政务处理的一个方面，那些与印纸批书所要求的"差出""劳绩"等不相

1 《三朝北盟会编》卷八一《靖康中帙五十六》，靖康二年二月十八日戊寅条引，第 609 页。
2 《李纲全集》卷七〇《开具钱粮兵马盗贼人数乞指挥施行奏状》，第 738 页。

关的省札指挥便没有必要书于印纸。总之，尽管徐谓礼文书中省札隐而不显，并没有像敕牒、告身那样单独录白，实际上其运用却是要比后两者更广泛、日常，南宋时期政务运作中敕牒与省札之关系亦由此可见一斑。

徐谓礼文书中的省札皆是辑自录白印纸中徐谓礼的申状。申状中引用省札，不可能完全照录，不但会省略承受人与宰执系衔、签押等环节，也会省略事由等内容。如省札二"臣僚上言，将与在外合入差遣。六月二十五日，三省同奉圣旨'依'"，省札四"八月二十七日准尚书省札子：为臣僚论列罢黜，奉圣旨：依"，两省札的主体部分都是徐谓礼概述大要，何人上言，如何论列，内容完全不知。"为臣僚论列罢黜"也不是公文中语，只能是徐谓礼本人的概述语言。此外，凡是"奉圣旨依"之类的省札，都是对于奏状或者申状的批复，在处理意见之前都当录有原状内容，而这些在两省札中皆省略。故徐谓礼申状中所录省札，大多是省札节文，只保留"奉圣旨"云云的决策部分。不过仔细观察徐谓礼文书中所引用的省札，同样是节文，却存在着"奉圣旨"与"备奉圣旨"两种叙述方式。

省札十一、省札十二、省札十三等三份省札，都是"备奉圣旨"云云：

> 省札十一：准当年十月空日尚书省札，备奉圣旨，不允。
> 省札十二：准淳祐十二年月空日尚书省札，备奉圣旨，徐除福建市舶兼知泉州。
> 省札十三：准当年四月空日尚书省札，备奉圣旨，不允。

其中省札十在徐谓礼不同时期的申状以及批书中共六次引用，都存在着"奉圣旨"与"备奉圣旨"两种叙述。如徐谓礼自己在申状中的引用：

（1）准淳祐十年九月空日尚书省札：勘会知信州徐职事修举，九月十五日三省同奉圣旨，特转行一官，令再任。（印纸77，知信州第二考成）

（2）准尚书省札，备奉圣旨，以职事修举，特转行一官，令再任。（印纸78，磨勘转朝散大夫）

在批书中的引用：

（1）准尚书省札，以职事修举，奉圣旨，特转行一官，令再任。（印纸77，批书"劳绩推赏"）

（2）准省札，备奉圣旨，以职事修举，特转行一官，令再任。（印纸79，批书"转官"）

从文意上看两种表述没有差别，无歧义，然同一文本两种叙述，必有其故。宋代文献中言及奉行省札，"奉圣旨"与"备奉圣旨"两种叙述方式大量存在，故厘清其含义，有助于同类文献的阅读理解。以下以岳珂《金佗粹编续编》以及李纲《梁溪集》中相关资料为例，试加推论。

绍兴三十二年（1162）十二月，省札付岳家，赐显明寺充岳飞功德寺，因与同知大宗正事赵士篯家冲突，赵家上疏朝廷。隆兴二年（1164）十月十七日，省札下。原札如下：

礼部状："准都省批送下检校少保、安庆军节度使、同知大宗正事士篯等札子，叙陈先父太傅、仪王仲湜安攒在临安府北山显明寺忏堂内。近有故少保岳飞孙甫获降指挥，充功德院，士篯等每遇时序，不得前去祭享。乞行下故少保岳飞府，别行指占寺院，充功德院事。后批送部看详，申尚书省。本部今看详，欲令岳甫别行指占寺院，充功德院，伏乞朝廷详酌指挥施行。申闻事。"十月十六日奉圣旨，依礼部看详到事理施行。

　　右札付两浙西路安抚司干办公事岳承务

　　隆兴二年十月十七日[1]

此札子因赵家奏请而下，必是同时札付赵、岳两家，故而岳家得以存有此札，当为省札原文。据札子知，在收到赵家札子后，都省据礼部看详结果，请旨令岳家别行指占。此事中辍，后来直到嘉定十四年（1221），岳珂方另行指占智果寺充岳飞功德院，并上状请赐"褒忠衍福寺"为额。在状中，岳珂叙述此事经过，提及隆兴二年的省札时说道：

　　准隆兴二年十月十七日尚书省札子，备奉圣旨，依礼部看详到事理，令本家别行指占。[2]

岳珂使用了"备奉圣旨"的叙述方式。"令本家别行指占"确实是"礼部看详到"的事理，但并不是省札中的话。

　　上例中我们只看到原札以及一种"备奉圣旨"的叙述方式。实际上一份省札在奏状中的引用还有更多的表现方式，被引用的次数越多，表现出来的不同也就越明显。李纲《梁溪集》中有一些省札被李纲多次引用，可资对比。

　　在前引关于节次札的资料中，提到李纲自绍兴二年二月宣抚荆广始，曾多次被受朝省札子，"并令由广东前去之任"。其中有一份是绍兴二年四月七日的省札。《梁溪集》卷六五《乞差拨诸项人兵奏状》所引到的省札全文为：

1　《天定别录》卷三《赐褒忠衍福寺额省札》，《鄂国金佗稡编续编校注》卷一五，第1353页。
　　按："后批送部看详，申尚书省"，当作"后批'送部看详，申尚书省'"。
2　《天定别录》卷三《赐褒忠衍福禅寺额敕》，《鄂国金佗稡编续编校注》卷一五，第1349页。

> 准尚书省札子：勘会已降指挥，福建、江西、荆湖南北路宣
> 抚使副孟庾、韩世忠总率大军，自温州起发，迤逦入江西，由洪、
> 袁州前去湖南措置盗贼。今来新除荆湖、广南路宣抚使李某，见
> 在福州，前去之任，其经由道路，理合照应。四月七日，三省同
> 奉圣旨，令李某将带军马疾速起发，依已降指挥，相度由汀、道
> 州就令抚定广东经过州军，前去之任。

同书卷六七《乞差拨兵将前去广东招捕曹成奏状》亦引此省札文字，几
乎全同。《梁溪集》卷七〇《开具钱粮兵马盗贼人数乞指挥施行奏状》
所引：

> 尚书省札子：孟庾、韩世忠总率大兵由袁、洪州前去湖南措
> 置盗贼。今来荆湖、广南路宣抚使李某前去之任，经由路分，理
> 合照应。四月七日奉圣旨，令李某将带军马，相度由汀、道州就
> 令抚定经过州郡前去之任。

《梁溪集》卷六六《乞措置招捕虔州盐贼奏状》：

> 准尚书省札子节文：四月七日，三省同奉圣旨，令李某将带
> 军马疾速起发，依已降指挥，相度由汀、道州就令抚定广东经过
> 州军，前去之任。

以上两奏状所引该省札，前者略有删削，"奉圣旨"之前的"已降指
挥"部分主要内容大致保留；后者为"札子节文"，其中"已降指挥"
部分完全删略，但"奉圣旨"部分则完全保留。两札最大的特点在
于，尽管有删减，但字字有来历，都是原札中语。更为难得的是李纲
对于此札亦有"备奉圣旨"的表述。《梁溪集》卷一一五载李纲致吕
颐浩的信中，说的便是："承都省札子，备奉圣旨，令相度由汀、道

之任。"[1]

简言之，采取"准省札奉圣旨"云云的方式，以下基本上是对省札的行文的直接引用，根据行文意图，可能会是原札照录或是节文，不计文字多少，"某月日奉圣旨"是最基本的文本形态。言"备奉圣旨"，随后的行文便只是对原札子的间接引述或者撮要，绝不会出现全文备录的情况。正因为只是摘其语句或者撮述大意，才会说"备奉圣旨"，因为圣旨全文已经备载于省札之中了。

二　南宋省札的运用

（一）关于省札"奉圣旨"问题

徐谓礼所获省札中，第一、五、六等三札中，无"奉圣旨"字样。第一札是在主管官告院时，"准尚书省札子，差委起发前去浙西提刑司"。第五札是在准浙发运副使司主管文字时，"蒙朝廷节次札，令往来镇江府转般仓"督运仓米。第六札是都省对准浙发运司所申徐谓礼随司解任事，"从所申事理施行"，并札付徐谓礼"照应"。

前两次都是临时差遣，如果是取旨后出敕或省札，当言"准敕差"，或准省札"奉圣旨差"之类，如徐谓礼文书中所见"准敕差主管台州崇道观""准敕差通判建康府""奉圣旨差知信州"等，不管是省札节文还是撮要，绝无省略"奉圣旨"三字的可能，故第一、五两札的两次差遣都是都省自行出札，不曾取旨。

省札六中申请类事务最简单的批复是批"依"。如果是都省进呈取旨获批"依"，根据奏状、申状的不同，则所出省札当云"奉圣旨'依'"或"奉圣旨'依所申'"之类。徐谓礼文书所见省札二，臣僚奏请予徐谓礼"在外合入差遣"获准，出省札时便作"三省同奉圣旨

1　《李纲全集》卷六五《乞差拨诸项人兵奏状》，第694页；卷七〇《开具钱粮兵马盗贼人数乞指挥施行奏状》，第738页；卷六六《乞措置招捕虔州盐贼奏状》，第701页；卷一一五《与吕相公第二书别幅》，第1093页。

'依'"。此为批奏状后出省札之例。元祐二年（1087）十一月，苏辙具状申尚书省请特降指挥晓谕裁减吏额本意，此申状进呈得批，尚书省出札子："奉圣旨依所申。"[1] 此为批申状后出省札之例。如果都省或者枢密院不曾取旨，自批"依"，则札子中无"奉圣旨"之语。乾道七年（1171）九月，御前军器所申枢密院，乞诸路州军岁进黄牛皮于四角用火印记，并于纲解内封连火印样记，以凭照验，枢密院札子在备录申状后，末云："右依申，札子付工部施行。"[2] 徐谓礼文书省札六中，徐谓礼申淮浙发运司，发运司申都省，如果都省进呈后获批，则省札付淮浙发运司，当云"奉圣旨，从所申事理施行"。今札子中无"奉圣旨"，可见确系都省自批札。

　　徐谓礼所获十三件省札中，近四分之一不曾取旨，如果再考虑到第五札是"节次札"，不曾取旨的省札数量就更可观。

　　徐谓礼文书中所见不"奉圣旨"之省札，并非个案，而是南宋广泛存在的现象。淳熙十三年（1186）十一月，宰臣进呈司农寺已分委西仓余事，孝宗回答说："此等文字便可自札下。"[3] 孝宗觉得此事属于宰相可以自行札下的细务，也就是不必取旨，反映在省札上，当无"奉圣旨"字样。大事、小事的区分很难有一定不变的界限，孝宗为宰相增一类可自行处理的细务，此事当然并非"自札下"之事始，省札处理政务中"奉圣旨"与"自札下"的区分早就存在。关于两者的运用，以下以相关材料最为丰富的朱熹事迹略做分析。

　　乾道六年（1170）底，省札召朱熹赴行在，朱熹以丧制未终辞。七年底至九年初，省札再召，朱熹五辞得免。九年五月，孝宗嘉其廉退，许其奉祠之外，并特改官。朱熹四次申省辞免，其间又两次申建宁府，至淳熙元年（1174）六月乃受。据《辞免改官宫观状》及《申省状》，

1　《长编》卷四四四，元祐五年六月，第 10698 页。《苏辙集》卷四四《论吏额不便二事札子》，第 773 页。
2　《庆元条法事类》卷七九《畜产门·总法·随敕申明》，第 874~875 页。
3　《宋史全文》卷二七下，淳熙十三年十一月甲寅条，第 2332 页。

在此过程中所见朱熹所受省札情况如下：

    1. 乾道九年五月二十八日，奉圣旨，朱熹安贫守道，廉退可嘉，特与改合入官，主管台州崇道观，任便居住。

    2. 乾道九年十一月二十四日，尚书省札子，据熹状，辞免改合入官，主管台州崇道观恩命，乞许仍理旧资，别与岳庙差遣事，检会到乾道二年十二月十八日敕节文，臣僚辞免恩命，各有定制，比来不合辞免，亦具申陈，委是妨废职事，令吏部申严行下，札熹依已降指挥施行。

    3. 淳熙元年三月十七日尚书省札子，据建宁府据熹状申，乞敷奏寝罢昨来特改宣教郎、主管台州崇道观恩命事，并检会乾道九年闰正月二日不许臣僚辞免恩命指挥，三月十六日，三省同奉圣旨，札下朱熹照会。

    4. 淳熙元年六月，准尚书省札子，检会近降圣旨，再札付熹照会。[1]

　　淳熙元年六月二十三日，朱熹受命，有《谢改官宫观奏状》《申省状》《申建宁府状》。[2] 以上四次省札，第一、三次是"奉圣旨"，第二、四次都是"检会"云云。朱熹在五辞召命之后又连续辞改官，关于出处

1　束景南《朱熹年谱长编》淳熙元年纪事中不载六月省札 [束景南:《朱熹年谱长编（增订版）》，华东师范大学出版社，2014，第 507~514 页]。据朱熹在受命以后所上《谢改官宫观奏状》，朱熹自云"前后三次具状申尚书省，乞与敷奏寝罢。寻准尚书省札子，检会近降不许庶官辞免指挥，奉圣旨札与臣照会者"。《申省状》改"札与臣"为"札付熹"，余同。李心传《建炎以来朝野杂记》则说朱熹"四辞"（第 634 页）。其中第二状是在收到告身后所上，当在第一状后不久，状中云"愚悫已具前状""乞赐检会前状"，此状不在朱熹所说的"前后三次具状申尚书省"之列。所收到的三次省札分见于第一、三、四状。三月份接到第三省札后乃有第四状辞免，此后必当再有省札，朱熹才可能有六月二十三日的受命，此即《谢改官宫观奏状》中的"寻准尚书省札子"云云。

2　以上四次省札的信息，参见《辞免改官宫观状（一、二、三、四）》《申建宁府状（一、二）》《谢改官宫观奏状》《申省状》，《朱子全书》第 21 册，第 975~982 页。

进退颇费思量。一方面求退得进，于义难安；另一方面又拿不定主意是否该固辞不已，因此关于此次辞官他跟朋友有不少讨论。吕祖谦虽然也觉得"改秩有当商量处"，但总体还是主张"少逡巡而受之可也"，甚至有"不为已甚"之说。[1] 张栻则主张不当受。最值得注意的是张栻关于省札不同类型的说法：

> 某向来有疑于兄辞受之间者，非它也，意谓若其初如伯恭之说，承当朝廷美意，受之可也；后来既至于再，至于三，守之亦云固矣，非寻常辞官者比也。若只是朝札检举不许辞免指挥行下，则是所以辞之之义竟未得达于君前而被君命也。若君命不许辞而使之受，则或可耳。今初未尝迫于君命也，忽复受之，恐于义却未尽。[2]

　　张栻认为再三辞免之后，此事已"非寻常辞官者比"，当视君主的态度决定辞受。如何分辨省札中君主的态度呢？张栻的看法是："若只是朝札检举不许辞免指挥行下，则是所以辞之之义竟未得达于君前而被君命也。若君命不许辞而使之受，则或可耳。"所谓"只是朝札检举不许辞免指挥行下"，是指省札只是检会前命或者条例不许辞免，自行札下，并没有取旨，所以张栻说"所以辞之之义竟未得达于君前而被君命"。在朱熹拜命之后，张栻给朱熹的另一封信中写道："向来略有疑于辞受之际者，无它，只为既已坚辞，后来只是堂中检坐不许辞免旨挥，未曾再被君命，疑以为未可也。"[3] 可见如果"只是堂中检坐不许辞免旨挥"，便是"未曾再被君命"。朱熹所受乾道九年十一月二十四日省札即是此类。所谓"若君命不许辞而使之受"，显然是指取旨后"奉圣旨"

1　《吕祖谦全集·东莱吕太史集·别集》卷七《尺牍一·与朱侍讲》，第 379 页；《尺牍二·与朱侍讲》，第 381 页。
2　《张栻集·新刊南轩先生文集》卷二〇，第 1063 页。
3　《张栻集·新刊南轩先生文集》卷二一，第 1085 页。

不许辞免，如朱熹所受第三札，都省在检会不许辞免旧条后进呈取旨，奉圣旨札付朱熹。"奉圣旨"便意味着"达于君前而被君命"，张栻认为如此则或可受。

通过张栻的分疏，便可明了省札中是否有"奉圣旨"字样的意义。由此再检视乾道六年底至九年初朱熹召赴行在的六次省札，可发现其中只有第一、三次是"三省同奉圣旨"，其余四次皆是都省自行札下。[1]

朱熹的例子，可注意者有二。一是在省札推动的政务运作中，通常需要经过多次往复，整个过程中除第一次省札通常是奉圣旨外，其后就不一定需要次次取旨，表现在省札行文上，便有"奉圣旨"有无之别。二是宰相机构能够自行札下的是针对申省状。朱熹所上辞免状，全为申省状，其间还有申建宁府请为之备申省。申状申省后，都省检会条例，"朝札检举""检坐"等，其中便有相当一部分采取了自行札下的处理方式。

关于对申状的勘会，再举两例。高宗时期的例子，可举李弥逊《乞罢人吏赡家钱待罪状》，此状全文照录了绍兴八年七月二十七日的一道尚书省札子：

> 户部申："承详定一司敕令所申，备准尚书省批送下本所札子，申明百司人吏赡家钱、库务官食钱，乞特赐住罢。如百司人吏日后遇有差出，及将来车驾回京日，合取朝廷指挥，权时量给赡家钱。后批：勘会上件钱系一时支破，见行取会外，即不须修立为法，与见修《禄令》别无相妨。绍兴八年六月十二日，送详定一司敕令所照会施行申部。勘会百司人吏等，昨在东京差拨，分番前来南京，承指挥支破赡家钱，并库务官日支食钱，系一时指挥支破。今承前项批状指挥，切虑并合住罢。除已行下粮料院，权住放行，听候朝廷指挥。伏望朝廷详酌指挥施行。伏候指挥。"

---

[1] 六次省札的信息，见于《辞免召命状（一、二、三、四、五）》，《朱子全书》第21册，第972~975页。

　　右，勘会官吏请给，若无朝廷指挥，即不合一面住罢。今札付户
　　部照会，遵依见行条法指挥。[1]

此件政务起于详定一司敕令所上的札子，"申明百司人吏赡家钱、库务
官食钱，乞特赐住罢。如百司人吏日后遇有差出，及将来车驾回京日，
合取朝廷指挥，权时量给赡家钱"。都省批状："勘会上件钱系一时支
破，见行取会外，即不须修立为法，与见修《禄令》别无相妨。绍兴八
年六月十二日，送详定一司敕令所照会施行申部。"敕令所申部后，时
为户部侍郎的李弥逊根据敕令所申部状中所载批状，较起了真，自作主
张，行文粮料院，权罢百司人吏赡家钱、库务官食钱，同时申省。此省
札照录户部申状后，批评了户部的擅自主张，"札付户部照会"，令修正
错误。省札中并无"奉圣旨"之语，为都省的独立裁决，不曾取旨。

　　都省是在"勘会"官吏请给的相关条法后，才札付户部修正错误。
都省中负责勘会的为都司。嘉定八年（1215）真德秀四状申省，乞将平
江府百万仓拨到米二万石付广德军。三月二十二日上第三状，据其自
注："四〔三〕月三十日札：'检会……难从所乞。'此乃都司拟笔，札付
本司，四月十二日到司。"[2]都司检会条例后，根据规定否决其请。真德
秀收到的这道省札显然也是都省自札下。

　　申状上都省，付部勘会再申省，都司拟笔，这一文书运作的程序是
元丰改制之后尚书省成为行政中枢之后的制度。也就是说，大量不"奉
圣旨"省札的出现主要是南宋时期的现象，体现了元丰改制之后中枢运
作机制的变化。这一点也有助于我们理解南宋权相问题。

（二）省札与敕牒、告身的关系

　　徐谓礼一生仕宦中，共转官12次，获差遣13次。阶官迁转皆给告

1　李弥逊：《乞罢人吏赡家钱待罪状》，《全宋文》第180册，第244~245页。
2　真德秀：《申尚书省乞再拨广德军赈济米状（第三状）》，《全宋文》第312册，第363页。

身,《徐谓礼文书》中收录转官告身 10 道，缺初授官承务郎告以及最后两次的特授朝奉大夫告、磨勘转朝散大夫告，告虽不存，但相关信息俱已批入印纸。[1] 实历 12 任差遣中，将作监主簿、太府寺丞均为中央职事官，给告身，[2] 其余 10 次差遣皆给敕牒，俱见于《徐谓礼文书·录白敕黄》。其中值得注意的现象是迁转、除授过程中省札的使用。

徐谓礼所历诸迁转与差遣除授中，特转朝奉大夫以及差监三省枢密院门兼提辖封桩上库、将作监簿、太府寺丞、知信州、知泉州等 5 次差遣皆是先给省札（省札三、七、八、九、十二），后给告身或者敕牒。使用省札的场合还有 3 次差遣解任（省札二、四、六）、2 次辞官不允（省札十一、十三）。徐谓礼所有寄禄官、职事官与差遣的除授，或给敕，或给告，无敕、告并用者，然札敕、札告并用者有 5 次。

官职除授先命以省札，续降敕牒或者官告，不仅徐谓礼所在时代如此，亦是整个南宋时期的常态。以下以淳熙八年（1181）朱熹除直秘阁为例，窥其一斑。

七月十七日奉圣旨朱熹除直秘阁，十八日下省札，朱熹收到省札后进状辞免；

八月十七日出诰；

九月四日朱熹收到告命后再辞；

九月五日收到第一次辞免不允省札，三辞；

九月二十二日省札下，改除浙东提举。此次不再辞，即日拜命，上疏乞奏对。

1　初授官承务郎，见《录白印纸》1《嘉定十四年五月日拟注监临安府粮料院》,《文书·录文》,第 206 页；特授朝奉大夫告、磨勘转朝散大夫告，见《录白印纸》78《淳祐十一年二月日知信州任内磨勘转朝散大夫》,《文书·录文》, 第 261 页。

2　将作监簿给告身，见《录白印纸》70《淳祐七年十月日将作监主簿在任历过月日》,《文书·录文》, 第 253 页。告身不见于徐谓礼文书，但诰词今存于《刘克庄文集》。太府寺丞当给告，然未及下即别有差遣，参见《录白印纸》72《淳祐八年正月日太府寺丞在任历过月日》,《文书·录文》, 第 255~256 页；告词见告身 11,《文书·录文》, 第 196 页。

十月二十八日省札下令疾速奏对。[1]

朱熹先是以省札除直秘阁，一个月后告身始下，此后的辞免不允、改差、上奏得请，均是以省札指挥，三个月间，凡四受省札。

一官之除，命以省札，继而给告，中间又以省札不允辞免、督促赴任，围绕着除授所下之省札，或奉圣旨，或宰相自札下，名目虽同，功能不一，故有"信札""照札"之区分。

据徐度《却扫编》：

> 至元丰官制行，始复诏尚书省已被旨事，许用札子。自后相承不废，至今用之。体既简易，给降不难，每除一官，逮其受命，至有降四五札子者。盖初画旨而未给告，先以札子命之，谓之"信札"；既辞免而不允或允，又降一札；又或不候受告，而俾先次供职，又降一札；既命其人，又必俾其官司知之，则又降一札，谓之"照札"。皆宰执亲押，欲朝廷之务简，难矣。然予观近代公卿文集中，凡辞免上章，止云"准东上阁门告报"，则是犹未有信札也。[2]

徐度言及南宋省札使用之频，提到了"信札""照札"两个概念。

所谓"信札"，也就是以此札为信之意，"初画旨而未给告，先以札子命之，谓之'信札'"。持此省札即可履职，不必等到告命之下。徐谓礼文书中所见徐谓礼根据省札到任、交割、请俸、批书等也证明了"信札"的功用。当然徐度的解释并非严密，本当敕差，先命以札子，此札子亦是"信札"，如徐谓礼差知信州，敕牒之下后信札两月。也就是说，合当用敕、告的除授，不候敕、告，先命以省札，此省札的性质就是信札。朱熹《与福建颜漕札子》云："前日已被改除信札，传闻会稽斗米

1　朱熹：《辞免直秘阁状（一、二、三）》，《朱子全书》第 21 册，第 991~995 页；《除浙东提举乞奏事状》《辛丑延和奏札三》，《朱子全书》第 20 册，第 642~648 页。

2　《却扫编》卷上，第 131 页。

八百钱，其势不容辞避，已申乞奏事矣。"[1] 其中提到的"改除信札"，就是淳熙八年九月二十二日改除浙东提举省札。朱熹认为浙东受灾，义不容辞，故浙东之命，省札甫下，即日拜命，并上疏乞对，且于一个月后再得省札获允。

实际政务运行中，信札必多，而文献所见明确标题为"信札"的省札很少。岳珂编《金佗稡编续编》中收有四道信札。岳珂于嘉泰四年（1204）四月通过登闻检院缴进高宗御札手诏及所编《行事编年》等书，共上三表、一奏。五月初九日，三省枢密院同奉圣旨，岳飞"可特与追封王爵"，十一日省札付岳家。岳珂将此札编入《天定录》，称为"封王信札"。因有岳飞封王指挥，但王爵名称未定，故先有信札。同月二十一日，三省同奉圣旨，岳飞追封鄂王；二十二日，札付岳家。此时虽已封鄂王，然告命未下，故此省札性质仍为信札，岳珂称为"鄂王信札"。信札之后两个月，降下《追封鄂王告》。八月，因岳珂奏请，十七日奉圣旨，岳云、张宪"各与追赠一官"，省札分别札付岳云、张宪本家，此即《加赠先伯云信札》《加赠张宪信札》，两札正文为同一文本，只是札付对象不同。后来岳云、张宪分别赠节度使、承宣使。[2]

所谓"照札"，徐度的解释是："既命其人，又必俾其官司知之，则又降一札，谓之'照札'。"据此，则"照札"当是取其照会之意，既命其人，又札付相关官司知会。

台北"故宫博物院"藏有南宋吴说尺牍一册，共九页，其七的收信人为"福建运判鲁朝请"，其中有云：

> 九月初，得提领海船张观察公裕书云："近准枢密院照札，福建运判鲁朝请候起发海船齐足日，躬亲管押，于提领海船司交割讫，发赴行在。"窃料必有异数之宠。近有士大夫自福唐来者，皆

1　朱熹：《与福建颜漕札子》，《朱子全书》第 21 册，第 1174 页。
2　以上四信札分别参见《鄂国金佗稡编续编校注》卷二七《天定录》卷中，第 1104~1105 页；卷二八《天定录》卷下，第 1124~1125 页。

言使坐尚未承准此项指挥，不知今已被受否？[1]

根据书信提示，可知枢密院曾札付鲁运判，命其管押海船于提领海船司交割后赴临安。因为事干海船司，故枢密院又札付提领海船张公裕知会，此即张公裕所说的"枢密院照札"。

徐谓礼文书中的省札六在所有省札中内容最完整，正文为原札照录。淳祐六年四月两淮浙西发运司在收到徐谓礼申请随司解任的申状后，为之备申尚书省，尚书省收到发运司申状后，"札下淮浙发运司，从所申事理施行"，同时又札付徐谓礼"札照应准此"。故省札六是先札付官司，再札送当事人，实际上亦是徐度所说的"照札"。

照札的功用既然在于照会，则其使用也就不必限于人与官司之间，也用于不同官僚之间。《金佗稡编续编》中也有照札实例。绍兴九年（1139）岳飞奏请追复张所，十月九日得旨张所特与追复旧官，并出张所追复旧官敕。十月十五日省札录岳飞奏及追复张所告词，"札送湖北、京西路宣抚使岳开府"。岳珂将此札编入《丝纶传信录》，题为"照会追复张所左通直郎直龙图阁省札"。同年十一月岳飞再申请褒赠张所；十二日奉圣旨，张所特与一资恩泽；十三日"札下张所本家"，同时札送岳飞："照札一道，送湖北、京西路宣抚使岳开府照会。"[2]张所追复与褒赠，皆起于岳飞的奏请，故省札札付张所本家的同时，又降一札付岳飞知会。是以以上两札皆照札。

宋代文献所见还有一种"照札"，含义与徐度所言有别。《庆元条法事类·职制门》中引有两条与照札有关的荐举令，内容大致相同，其一云：

> 诸捕盗或干办公事之类，殁于王事特与恩泽之家，限十年陈

1　徐邦达：《古书画过眼要录》，湖南美术出版社，1987，第464页。

2　《丝纶传信录》卷八《照会追复张所左通直郎直龙图阁省札》《赐张所一资恩泽仍支银绢省札》，《鄂国金佗稡编续编校注》续编卷九，第1265~1266、1266~1267页。

乞。以上自给照札日理。其家若无尊长及近上亲属，止有子孙而年小者，自十八岁理；若止有未嫁女，元得旨许安排女夫者，自应出嫁日理。出限不许收使。[1]

此令规定，因为捕盗或其他公务而殁于王事特与恩泽之家，其所与恩泽需要在"自给照札日"起十年之内陈乞。特殊情况两种：其一，只有子孙且年龄尚幼者，自十八岁理；其二，若只有未嫁女，所与之恩泽自出嫁日理。子女成年或者出嫁以后，他们陈乞恩泽的依据是很多年以前所给付的"照札"。这类"照札"，在《金佗稡编续编》中亦有其例。

《金佗稡编续编》卷一三《天定别录》卷一载有《先兄甫等复官省札》。根据省札所言，绍兴三十二年七月，岳飞追复原官后，朝廷下诏"访求其后，特与录用"。十月十八日，三省同奉圣旨，岳云、岳雷之子岳甫等六人特补承信郎；女三人，"候出嫁日，夫各与补进武校尉"。补承信郎之六子，朝廷命词给降告命；未嫁之三女，"合给降尚书恩泽照札"。十一月十四日省札下，"札付故岳枢密本家，候将来收使日缴今来札子，经所属陈乞，准此"。[2]这通省札，岳珂题为《先兄甫等复官省札》，实即《荐举令》所说的"照札"。依照《荐举令》，"有未嫁女，元得旨许安排女夫者，自应出嫁日理"，故岳飞三女孙将来出嫁时，便可缴此省札为其夫陈乞补进武校尉。

信札之始，多以为是南宋初。程大昌《演繁露》"差除行词"条：

旧制，凡有除授，格当命词者，无今时初除信札，皆即日命词，词出便给告。……不知不候授告、先降札子供职起自何时，

1　《庆元条法事类》卷一二《职制门九·殁于王事》引《荐举令》，第220页。
2　《天定别录》卷一《先兄甫等复官省札》，《鄂国金佗稡编续编校注》续编卷一三，第1320~1321页。

或说在南渡后。[1]

大昌"笃学，于古今事靡不考究"，[2] 然对于信札始起已不能究知。徐度根据文书用语差异，做了一个南北宋的比较："然予观近代公卿文集中，凡辞免上章，止云'准东上阁门告报'，则是犹未有信札也。"他认为信札的普遍使用是南宋才有的现象，这大致也是南宋臣僚的普遍看法。北宋实有，不过尚未如南宋般普遍。

北宋时，合给告者，通常是亦有敕，然在前期就出现单以敕除的现象。明道二年（1033），御史中丞孔道辅等谏仁宗废后事，宰相吕夷简进熟状贬道辅等，"故事，罢中丞，必有告辞。至是，直以敕除"。[3] 至和元年（1054），殿中侍御史马遵、吕景初、吴中复三人因弹劾宰相梁适，事有不实处，皆外贬为通判。知制诰蔡襄"以三人者无罪，缴还词头"，改付其他词臣，亦未有行词者，"执政耻为所沮，遂单用敕牒降官"。[4] 单以敕除而不降诰，成为规避封驳的一种手段。此后类似事情仍有不少，刘敞曾两次上奏论责降官"直以敕牒"不出诰，甚非故事，有失旧体。[5] 至元丰改制时，定制"入品官皆给告身，其无品者给黄牒"，后来随着改制后省札使用日广，出现所谓"先札指挥"，[6] 实即不必等到敕、告，可据省札先行供职。从敕诰并用到单以敕除，再到先札指挥，此"先札"实即南宋"信札"先声。

南宋信札流行，原因有二，一则南渡之初典故散失，制度草创不复能如北宋之旧；再则军事压力导致对效率的追求，不可能如承平时循规

1　《演繁露校证》续集卷一《制度·差除行词》，第1145~1146页。

2　《宋史》卷四三三《程大昌传》，第12861页。

3　《长编》卷一一三，明道二年十二月丙辰条，第2649页。

4　《长编》卷一七，至和元年七月己巳条，第4265页；卷一八〇，至和二年七月戊寅条，第4360页。

5　《宋会要辑稿》职官七一之二七，第4962页；刘敞：《论除降不用诰札子》，《全宋文》第59册，第106~107页。

6　《宋会要辑稿》职官一一之六七，第3354页。

蹈矩。

　　建炎南渡之初，军旅方兴，事务日繁，"机速事皆以白札子径下有司。既报行，然后赴给舍书押降敕。其后拟官断狱皆然，两省之职殆废"。[1]建炎四年（1130）时就有臣僚上疏指出近来除授，"事出迫蹙，理失雍容，多令日下供职。比及舍人封还词头，给事中条具论驳，言事官有所劾奏，则朝廷用人之失已布于中外，使士大夫进退失据，殊非祖宗旧典。兼自巡幸以来，以省札易敕黄，小人易为伪造，奸罔浸多，命令不严，于体未便"，提出除军旅急遽外，"其余除授，并候受告入谢，方许莅事"。[2]当时有诏令三省、枢密院遵守，然实不能守。绍兴三年（1133）九月，中书舍人孙近再次提出"今给舍但书押已行之事，虽欲论执，而成命已行，非设官本意"，奏请申严旧制，乃下诏"应非军期急速不可待者，并先书读而后行"。后来留正为此大发议论，盛赞太上皇帝"断然以重事非急速者，仍命给舍书读。不以一时之权，而忘万世之制"。[3]然而不足一月，尚书礼部员外郎舒清国试起居郎，"仍诏以见阙官日下供职"，从此以后"职事官除拜，不俟给舍书读，率得堂帖即视事"。[4]甫得省札即供职视事，在南渡之初尚为一时权宜，自绍兴初期起即已成为"旧例"，绍兴五年（1135）、六年、九年，都有言者提出批评，[5]朝廷也往往是诏从之。实际上则正如我们所看到的，此风未戢，反而愈烈。徐度《却扫编》作于绍兴时，其中关于信札、照札的描述正是绍兴时期省札运用的写实。至孝宗乾道七年（1171）时正式下诏："今后除授职事官，并令不候授告，先次供职。"[6]淳熙三年二月八日，又诏："除授四川监司、帅守，如已被受信札，令不候授告敕，先次赴上。

1　《建炎以来系年要录》卷六八，绍兴三年九月壬申条，第1157页。
2　《宋会要辑稿》职官一之四八、四九，第2964页。
3　《建炎以来系年要录》卷六八，绍兴三年九月壬申条，第1157页。
4　《建炎以来系年要录》卷六九，绍兴三年十月戊戌条，第1169页。
5　《建炎以来系年要录》卷九六，绍兴五年十二月庚子条，第1582~1583页；卷一〇二，绍兴六年六月甲辰条，第1666页；《宋会要辑稿》职官一之五〇、五一，第2965~2966页。
6　《宋会要辑稿》仪制五之三〇，第2396页。

自今准此。"[1]

不候授告，先次供职，敕、告的重要性减弱，敕、告之迟速，并不影响到具体的行政运作。在单以敕牒除的时候，自是据敕牒到任、交割等；在先以札除后给告时，便可以据省札到任，而考核是按照就任的日期而不是据敕牒日期执行的。持省札到任后，在到任批书时，已可在申状中结入新衔，不必等到降下敕牒或者告身。显然官僚选任时省札的使用，取代了敕牒的部分功能，且更加便捷。

省札除授的弊端当然首先在于南宋臣僚所屡屡谈及的对封驳制度的破坏，还有一意料之外的后果是，着眼于快捷的先札指挥反而使得正式敕、告的给付变得更慢。洪迈说："自南渡以来典故散失，每除书之下，先以省札授之，而续给告，以是迁延稽滞。"其父洪皓使金还，除徽猷阁直学士，"时刘才邵当制，日于漏舍嘱之"，结果一直到新差遣命下，"几将一月，犹未受告"。[2]洪皓除学士及出知饶州，事在绍兴十三年。[3]周必大在绍兴、乾道间两当外制，其《掖垣类稿序》云："除目出，则先给信札付其人，所谓词命，急者数日，缓或累月。"[4]朱熹也说：

> 旧制：迁谪人词头，当日命下，当日便要，不许隔宿，便与词头报行。而今缘有信札，故词头有一两月不下者，中书以此觉得事多。此皆军兴后事多，故如此。国朝旧制，然有因军兴后废格而未复者。[5]

从徐谓礼的案例看，自降省札至给告、敕，其间的时间差通常是在两个月左右。可见南宋时自信札之行，给告愈迟，一至两个月为当时常态。

1 《宋会要辑稿》职官四五之三一，第 4249 页。
2 《容斋随笔·三笔》卷四"外制之难"条，第 475 页。
3 《建炎以来系年要录》卷一四九，绍兴十三年八月丁未条，第 2406 页；卷一五〇，绍兴十三年九月甲子条，第 2409 页。
4 周必大：《掖垣类稿序》，《周必大集校证》，第 1325 页。
5 《朱子语类》卷一二八《本朝二·法制》，第 3078 页。

洪迈由此感叹，以前作词臣必欲速成，其职为难，现在容易多了，"不觉其难，殊于昔异"，甚至有足够的时间假手于人。[1]

自有信札，有些政务本该出敕，为简便故，改为仅用省札。绍熙三年（1192）朱熹辞湖南转运副使得请，其《答黄仁卿》书云："熹自劾之章已批上旨，喻以事不相关，则是已经进呈矣。逊词避宠，亦事之宜，纷纷不已，又似过甚，今已幸得请矣。只用省札令还故官，更不再出敕牒亦甚省事。"[2] 他所谓"故官"，是指主管南京鸿庆宫，当以敕除，正如五十年后徐谓礼主管台州崇道观，便是"准敕差"，而朱熹此次复得祠，朝廷只是下省札，不曾出敕。在《答刘晦伯》书信中，朱熹再次谈到此事："某复得祠，只用省札令还旧任，更不曾别出敕也。"[3] 本该得敕而仅有省札，对于官员个人而言毕竟有所不足，朱熹此信，亦不免有怏怏之意。

南宋省札"体既简易，给降不难"，功能扩展，文书运作程序上简易，然自信札、照札之行，宰相机构的事务反而增多了。正如徐度所说，信札之后，"既辞免而不允或允，又降一札；又或不候受告，而俾先次供职，又降一札；既命其人，又必俾其官司知之，则又降一札"，且皆宰执亲押，"欲朝廷之务简，难矣"。事务增加的另一面是"权力"的扩展，权相与清中枢之务也成为南宋时期士大夫论政核心议题。

第三节　宋代的批状

宋代宰相机构日常政务处理除了使用省札之外，尚有"批状"之

1　《容斋随笔·三笔》卷四"外制之难"条，第 475 页。

2　朱熹：《答黄仁卿》，《朱子全书》第 22 册，第 2154 页。系年据陈来《朱子书信编年考证（增订本）》，三联书店，2007，第 355 页。

3　朱熹：《答刘晦伯》，《朱子全书》第 25 册，第 4722 页。

制。省札是正式文书，采用札付的形式，批状则是直接批示于状后赴外施行。显然，批状更为简捷，也更具效率，其中所蕴含的"权力"也更大，实际上也更为"日常"。

一　关于元丰改制期间的"罢批状"问题

批状的使用，在宋代史料中很常见，然关于批状之具体制度并无专门记载，其原因可能正是过于"日常"之故。因事见义，从史料所载批状使用的具体事例以及宋人议论中，可以推知批状的性质及其运用原则。对理解宋代批状影响最大的叙述来自元祐时期苏辙的《论三省事多留滞状》和司马光的《乞合两省为一札子》。

元丰官制改革，在中枢体制层面，开三省互相维系局面，效率上则不免受到影响。元祐元年（1086），不少人上疏谈到此问题。元祐元年三月，右司谏苏辙上疏论元丰官制改革后政务处理迂缓之弊，建议四事，第一事便是"复批状之法"。据苏辙所说，在官制改革之前，"日生小事及事之方议"之类，"皆执政批状，直付有司，故径而易行"；行官制之后，"遂罢批状，每有一事，辄经三省，誊写之劳，既已过倍，勘当既上，小有差误，重复施行，又经三省，循环往复，无由了绝"。小事如此，事贵机速的"疆场机事，河防要务"等，在这种体制之下，"求事之速办，不可得也"。[1]

同年，司马光作《乞合两省为一》《令六曹长官专达》两札子，后者在元祐元年七月进呈，前者则并未奏上，两札子遗稿皆在元祐四年由司马康奏进。《乞合两省为一》中说到元丰改制之前的文书运作：

　　百司长官及诸路监司、诸州长吏，皆得专达，或申奏朝廷，

1　《长编》卷三七三，元祐元年三月辛巳条，第9034~9035页。《苏辙集》卷三八《论三省事多留滞状》，第662~664页。

或止申中书、枢密院。事大则中书、枢密院进呈取旨，降敕札宣
命指挥，事小则批状直下本司、本路、本州、本人。故文书简径，
事无留滞。[1]

《令六曹长官专达》论尚书省困于细务，"非朝廷所以责宰相之事业也"，
故提出赋予尚书六曹以较大的权力，臣民所上文字降付尚书省者，"事
之可否，皆决于本曹长官"，只有那些"改更条法、或奏乞特旨、或事
体稍大、或理有可疑"之类非六曹所能专决者，"听诣仆射、左右丞咨
白，或具状申都省，委仆射、左右丞商议，或上殿取旨，或头签札子
奏闻，或入熟状，或直批判指挥"。[2]大致与司马光同时，监察御史上官
均也奏请尚书省事务当分别轻重，由六部尚书、左右丞、左右仆射分别
处理。司马光等人的建议获准，定制："事不至大者并委六曹长官专决。
其非六曹所能决者，申都省委仆射、左右丞同商量，或送中书取旨，或
直批判指挥。其常程文字及讼牒，止付左右丞施行。若六曹事稍大及有
所疑，方与仆射商量，若六曹施行不当及住滞，即委不干碍官定夺根
究。"[3]

　　正是基于苏辙和司马光等人的描述，学界建立起关于北宋前期宰
辅机构批状的基本认识：批状所批之"状"为申状，处理的为日常政务
中的小事，其特点是不必取旨，"直批判指挥""直付有司"，体现了宰
相在某些政务上的"独立裁决权"。苏辙奏疏提出的另一重要问题是元
丰官制改革前后批状的演变，他明确地说："自行官制，遂罢批状。"司
马光虽然没有直接说到曾"罢"批状，但事小则直批判指挥的建议，显
然亦有"复"批状的意味。故而元丰官制改革时一度罢批状亦为学界共

1　《长编》卷四三一，元祐四年，第10408~10409页。《司马光集》卷五五《乞合两省为一札子》，
　　第1136页。

2　《长编》卷三八三，元祐元年，第9328~9329页。

3　《长编》卷三八三，元祐元年七月己卯条，第9330页。

识，而对元祐以后是否复批状、批状是否需要取旨等问题则认识不一。[1]

如学界已经注意到的，苏辙说"自行官制，遂罢批状"，然而元丰后期却多有其例。最典型的如元丰六年八月的尚书左丞蒲宗孟等以批状指挥修缮西府事件。蒲宗孟事件距元祐不远，影响也很大，苏辙不容不知，何以他却说"自行官制，遂罢批状"？如果解释为罢批状是自此事件始，则未免过于简单，且若果有此举，必有诏，则史料不容不载。苏辙之奏当和司马光的札子一并观察。

苏辙在元祐元年请复批状，针对的是元丰改制后三省分别取旨、覆奏、施行的分工，认为事事如此难免造成迂缓之弊、迁滞之病。复批状之法，也就是要改变"每有一事，辄经三省"的状况，只有"国之大事及事之已成者"经历三省程序，"日生小事及事之方议者"则不需要，而是由宰相机构批状"直付有司"。所谓"直付有司"，就是绕过三省中的某省，可做两方面的理解：有些已取旨之事不必覆奏、出敕札，直接批状施行；有些事是不必取旨，直接批申状施行。苏辙所言欲赋予此权力的机构是指中书、门下两省。

在苏辙之后四个月司马光作的两札子，分别是谈中书、门下和尚书省问题，所以前者是司马光（左仆射兼门下侍郎）、吕公著（右仆射兼中书侍郎）、韩维（门下侍郎）、张璪（中书侍郎）同具奏，后者是司马光与吕公著两仆射同李清臣（尚书左丞）、吕大防（尚书右丞）二丞同具奏。在《乞合两省为一》札子中，他说：

> 凡内降文书及诸处所上奏状、申状至门下、中书省者，大率皆送尚书省，尚书省下六曹，付诸案勘会，检寻文书，会问事目，

1　关于"批状"的最新研究为曹家齐《南宋"三省合一"体制下尚书省"批状"之行用》，《学术研究》2020 年第 11 期，第 110~118 页。此前论及批状的有张祎《制诏敕札与北宋的政令颁行》（第 132~134 页）、王化雨《申状与宋代中枢政务运行》（《"宋代政治史研究的新视野"国际学术研讨会论文集》，北京大学，2013）、周佳《北宋中央日常政务运行研究》（第 192~198 页）。

近则寺、监，远则州、县，一切齐足，然后相度事理，定夺归著，申尚书省，送中书取旨。中书既得旨，送门下省覆奏画可，然后翻录下尚书省，尚书省复下六曹，方得符下诸处。以此文字太冗。行遣迂回，近者数月，远者逾年，未能结绝。或四方急奏待报，或吏民词讼求决，皆困于留滞。[1]

这一稍嫌冗长却并无浮词的叙述正可见当时三省程序下的政务之繁、文字之冗与运作之机械，所言其实就是苏辙说的"每有一事，辄经三省"之迂缓；司马光说"或四方急奏待报，或吏民词讼求决，皆困于留滞"，也就是苏辙说的"至于疆场机事，河防要务，一切如此，求事之速办，不可得也"。两人谈的是同样的问题，但解决的方法不尽相同。司马光提出"乞依旧令中书、门下通同职业，以都堂为政事堂，每有政事差除及台谏官章奏，已有圣旨三省同进呈外，其余并令中书、门下官同商议签书施行"，指向的是机构调整，即合二省为一，而批状是新机制下的政务处理方式之一："事大则进呈取旨降敕札，事小则直批状指挥，一如旧日中书门下故事。"由此也可理解苏辙说的复批状，其实就是复"中书、门下官"之批状，而中书、门下的批状权力确是在元丰改制后被取消的。

元丰官制改革之初，中书门下一分为三，三省各得取旨出命，"纷然无统纪"。元丰五年（1082）六月，神宗诏："自今事不以大小，并中书省取旨，门下省覆奏，尚书省施行。三省同得旨事，更不带'三省'字行出。"据李焘《长编》引田昼《王安礼行状》，此议出自王安礼。安礼认为"政畏多门，要当归于一"，别而为三，则本末不相见，与唐高祖时"秦、齐二王教与诏敕杂行"无异，令人无所适从，遂建此议。[2]数日后又诏："尚书省六曹事应取旨者，皆尚书省检具条例，上中书省。"

---

1 《司马光集》卷五五《乞合两省为一札子》，第 1138 页。
2 《长编》卷三二七，元丰五年六月乙卯条，第 7871、7872 页。

又诏："门下、中书省已得旨者，自今不得批札行下，皆送尚书省施行。著为令。"[1] 中书、门下两省分掌取旨与覆奏，不能直接指挥政务，"不得批札行下"也就是不得再以批状的形式直付有司，而须经历尚书省。此诏"著为令"，当即是苏辙所说"自行官制，遂罢批状"的依据。

　　尚书省虽不能再自行取旨，然"六曹事应取旨者"一条意味着尚书省显然还有不少事务不须取旨，可自行处理，其方式便是批状。一年后便发生蒲宗孟修缮西府事件，此事所见之批状正是尚书省批状。事件最终处理结果是尚书左丞蒲宗孟因"违法缮治西府"守本官知汝州，工部、将作监相关官员共 6 人因奉行"不经左右仆射书押"的批状而分别被处以 10~20 斤的罚铜。宰臣王珪、蔡确，右丞王安礼则分别罚铜 8 斤、10 斤。[2] 中书侍郎、门下侍郎则置身事外。此时的批状显然与改制前的"执政批状直付有司"不同。

　　元祐元年司马光所作两札子，分别是与中书、门下两省和尚书省长贰同奏，与蒲宗孟事件中只是两仆射、左右丞担责都体现了同一制度背景。司马光身为左仆射，自然明了尚书省批状，在《令六曹长官专达》札子中，他的重点是要求赋予六曹长官直接处理部分政务的权力，"非六曹所能专决者"才"委仆射、左右丞商议"，根据实际情况采取"或上殿取旨，或头签札子奏闻，或入熟状，或直批判指挥"等不同处理方式。"直批判指挥"与其他三种方式皆为当时已有之方式，这与他和苏辙在谈到中书、门下时的"复批状"全然不同。实际上，苏辙在《论三省事多留滞状》中建议四事的第二事，同司马光的第二札子一样，也是专论尚书省文书运作。同年八月十六日，尚书省奏请："本省凡受内降已有御札指挥者，事大者依元送中书省取旨，事小及急速者，止尚书省具圣旨札子或批状行下讫奏知。仍关门下、中书省照会，即碍条于事未

1 《长编》卷三二七，元丰五年六月癸亥条，第 7877 页。

2 《长编》卷三二七，元丰六年八月辛卯条，第 8148~8149 页。

便者，自当执奏。"[1] 此前七月份就尚书省内部事务当分别轻重、分头处理做出了规定，此奏则是针对尚书省所承受的"内降已有御札指挥者"，亦是区分轻重，采取不同的处理方法，"批状行下"亦为原有之方式，与恢复批状之法无关。

总之，批状的文书处理方式在两宋时期的宰相机构中是一直存在的，元祐元年苏辙和司马光谈到的罢批状与复批状皆是基于元丰改制所造成的中枢体制变化所产生的特殊问题而言，在尚书省已恢复其地位且为宰相兼领的情况下，"一如旧日中书门下故事"的批状只能是如中书札子的演变一样，走向三省合一运作机制下的都省批状。

二　批状与取旨问题

苏辙和司马光等人认为"凡事"皆严守三省分工的政务运作程序，必然会造成政务处理的缓、滞，所以才提出复批状以革斯弊。他们所说的这些事务，显然不仅仅是来自申状。"批状"之状，包含奏状与申状。

批状多用于申状，殆无疑问，不烦举例。以下专论批状之于奏状之关系。奏状在进呈取旨或者御批之后，可以通过批状的方式施行，北宋前期即有其例。

庆历七年（1047）五月知谏院王贽上疏，言及"臣僚章疏内，有事合更张者，送两制及台谏官等同议，动经半年余，未见结绝"，奏请"今后应批状下两制及台谏等官同定者，乞限五日内聚议，半月内连书奏上"。皇祐元年（1049）正月御史中丞张观言"诸处起请文字，中书、枢密院批状下两制令与御史台同共详定"，而"御史台官务在弹奏，朝廷班序坐立不同，盖古者使异其局，专其职，欲乞今后免同两制议事"。[2] 王贽和张观提到的二府批状下两制、台谏同议，其所批之"状"

<hr />

1　《长编》卷三八五，元祐元年八月辛丑条，第 9387~9388 页；《宋会要辑稿》职官一之二五，第　2951~2952 页。

2　《长编》卷一六〇，庆历七年五月丙子条，第 3873~3874 页；卷一六六，皇祐元年正月戊午　条，第 3983 页。

是"臣僚章疏""诸处起请文字",不管是奏状还是申状,有需要同议者,皆可以批状形式处理。

嘉祐四年(1059),礼官张洞奏请降等收录少字赋论进士,其奏由"中书批状"付贡院,刘敞时为权知贡举,上驳奏云:"其张洞起请,议难施行。"[1] 同年八月,刘敞论郭后不当祔庙,张洞驳之,"中书批状令两制同议"。[2]

皇祐五年,两浙转运司奏请苏州、秀州两州税绢折钱,七月中书批状依奏施行。[3]

元祐时期的批状之例,苏轼文中有不少。如苏轼在知扬州时论积欠六事,在第五事中引用了一份元祐二年二月七日的都省批状。知郑州张璪札子奏请将官府赈贷产生的民户所欠官钱据元祐元年九月六日《明堂赦书》予以除放,户部认为事体不同,难以除放,"都省批状,依户部所申"。[4]

南宋时期事例更多,限于篇幅,仅举两例。

绍兴三十二年(1162)十二月,岳飞之孙岳甫进状,乞将本府显明寺充本家功德院。同知大宗正事赵士篯上札子叙其先父仲湜安攒于本寺忏堂内,奏请令岳家别行指占寺院充功德院,其札子由都省批状令礼部看详。[5] 淳熙十六年(1189),孝宗内禅,光宗即位,据惯例,桂阳当贡白金三十两,陈傅良上奏请减三分之二,"是时周益公当国疑不能决,

---

1　刘敞:《礼部贡院驳张洞起请乞降等收录少字赋论进士奏》,《公是集》卷三三,《景印文渊阁四库全书》第1095册,第690页。原题"奏"下有"准中书批状"五字,显然当为奏状正文中语。此奏以"右,谨具如前"始,可知不是全文,收入文集时有省略。见《全宋文》第59册,第109页。刘敞于嘉祐四年权同知贡举,见《宋会要辑稿》选举一之一一,第5252页。
2　《太常因革礼》卷一〇〇《庙议十二》"追册皇后郭氏"条载刘敞奏疏,广雅书局丛书本。《全宋文》收此文系据《长编》,而《长编》多省略(刘敞:《再论郭后不当祔庙兼驳张洞疏》,《全宋文》第59册,第117页)。
3　程俱:《乞免秀州和买绢奏状》,《全宋文》第155册,第158~159页。
4　《苏轼文集》卷三四《论积欠六事并乞检会应诏所论四事一处行下状》,第962~963页。
5　《天定别录》卷三《赐褒忠衍福寺额省札》,《鄂国金佗稡编续编校注》续编卷一五,第1353页。

但批状送版曹会定"，户部勘会从其所请，"得旨可其奏"。[1]

上文所举诸例中，皇祐五年中书批两浙转运司之奏，据三司户部牒所录，批语是"奉圣旨送三司，依所奏施行"。批奏状称"奉圣旨"，此前亦有数例。景祐三年（1036）监铸编钟所李照状，乞减编钟十六为十二事，中书状后批"奉圣旨，送修撰乐书冯某等详定闻奏"。[2]嘉祐四年前权奉宁军节度推官郑荀奏科场未便六事，其奏由"中书批下"礼部贡院云："奉圣旨进贡院定夺闻奏。"刘敞认为六事"皆非要切，不可施行"，具状奏闻。[3]奏状是奏知君主，宰相机构不太可能在君主全不知情的情况下独立处理奏状。故施之于奏状的批状很可能与中书札子一样，有"奉圣旨"之语。同样道理，申状进呈取旨后的批状亦当有"奉圣旨"之文，如"奉圣旨，依所申"之类。

熙宁五年（1072），神宗在批状的使用上与王安石有过分歧。该年正月，神宗批示中书："近中书画旨施行事，止用申状，或检正官取索到文字，此事体不便，可检会熙宁三年条约遵守。"所谓熙宁三年条约，是指三年有诏规定"须急速公事方得用申状施行"。安石回复道："近缘河上事急速，所以只用申状行。且用申状施行，亦必得旨乃如此，即于事体未有所伤，理分不为专辄。但要事务早集而已，非过也。"又批评神宗"所以未能调一天下，兼制夷狄，止为不明于帝王大略，非谓如此小事有所不察也"。[4]所谓"中书画旨施行事，止用申状，或检正官取索到文字"，其意是中书取旨之事，本来当出敕、札施行，结果却是采用了批状的方式，而熙宁三年时刚有诏规定"须急速公事方得用申状施行"。"急速公事方得用申状施行"，不能解释为"只有"急速公事方得用申状施行，而是经过中书画旨之后的申状公事中，只有"急速者"方可用申状施行。从这个规定可推知此前申状取旨后采用批状方式施行在

1　陈傅良：《跋张魏公南轩四益箴》，《全宋文》第268册，第23页。

2　宋祁：《乞减编磬事奏》，《全宋文》第23册，第219页。

3　刘敞：《礼部贡院定夺郑荀起请科场未便事件状》，《全宋文》第59册，第107页。

4　《长编》卷二二九，熙宁五年正月壬寅条，第5572~5573页。

当时为常态。安石回答说近来所施行事确是急速公事，兼又是小事，并未违背熙宁三年诏书，再则他指出中书在得旨之后以批状方式施行，只不过是为了"事务早集而已"，提高效率，并非专断，无伤大体。不过神宗显然不这么认为。取旨后不出敕札用批状，神宗已经觉得是"事体不便"，数年后又出现中书政务先批状后取旨的状况。

熙宁十年（1077）八月，刑部用赦请量移英州编管人郑侠，中书奏移侠鄂州，而神宗以郑侠"无上不道，情至悖逆"，御批"永不量移"，并诏"中书自今入奏敕札批状，并候印画出方得书押"。判刑部及中书刑房等多名官员分别受到降官、上簿、罚铜、展年、降名等处罚。神宗不同意中书意见本为常事，但导致如此局面的原因是神宗觉得刑部叙理郑侠不当，有徇私之嫌，而"中书不俟画可辄行"，故皆责之。[1]

熙宁十年的这个诏书被学者看作事关批状的性质以及君权、相权关系变化的最重要的一个诏书。周佳和曹家齐一致认为此事说明此前宰相机构对下级提交的申状中的小事，有权以"批状"形式直接批复执行，不需要进呈取旨，宰相以批状方式处理的这部分事务，皇帝一般是无从得知的，而熙宁十年诏令，是在"批状"执行之前加了一道"取旨"环节，"实质是君主参与决策的日常政务范围扩大了，几乎涵盖宰相机构所处理的全部日常政务；同时，宰相机构的独立裁决权力被完全取消"。[2]

编管人量移并不是小事。郑侠申请叙理，判刑部王子韶、胡援等法官拟侠所犯为"稍重"，量移鄂州，事当上奏报皇帝知，中书进熟状，然并没有等到"画可"之熟状降出，便已依刑部所申施行，即"不俟画可辄行"。中书这样做大概是以为郑侠属于依法量移，例行公事，没想到神宗怨郑侠之深，竟批永不量移，并由此出台"中书自今入奏敕札批状，并候印画出方得书押"的政策。从诏书内容可以推知，出于行政效

1 《长编》卷二八四，熙宁十年八月己丑条，第6953页。
2 周佳：《北宋中央日常政务运行研究》，第198页；曹家齐：《南宋"三省合一"体制下尚书省"批状"之行用》，《学术研究》2020年第11期，第113页。

率的考虑，此前大量常规性事务不待内廷程序完毕便已先施行可能是行政惯例，而郑侠事件引起神宗的警觉，遂降此诏。诏书的重点是强调"入奏"的敕札批状等，须遵循文书运行程序，先"印画"，后"书押"，并非要求"批状"均须"入奏"取旨，故而不能理解为是在"批状"执行之前加了一道"取旨"环节，将批状完全置于君权约束之下。也就是说，宰相裁决政务之"批状"，有的是要入奏，有的不需；有的是请旨之后，用批状形式施行，有的是批状之后，报皇帝知。

实际上，在熙宁十年以后史料中常见根本不曾取旨而法所许可的批状。如上文所举元祐二年户部看详知郑州张璪奏状后的申省状，是"都省批状，依户部所申"。元祐六年（1091）八月，户部对于诸般欠负并分十料催纳的圣旨进了一个申明，"尚书省八月三日批状指挥，依所申施行"，[1]苏轼说此批状"即不曾别取圣旨"，当是据批状无"奉圣旨"语而知。元祐八年高丽使者乞买书籍，礼部尚书苏轼拒卖《册府元龟》等书，正月二十七日，都省批状令卖，并命令礼部将"当行人吏上簿"，二月一日苏轼上奏，十二日省札下，三省枢密院"同奉圣旨"许卖书籍，吏人免上簿。[2]吏人上簿是都省批状自行做出的决定，经苏轼奏请后，又以省札形式予以免除。

大观年间臣僚多因功德坟寺奏乞特免诸般差役，"都省更不取旨，状后直批放免。由是援例奏乞，不可胜数"。[3]这种"直批"，皆当为不曾取旨，批状中也无"奉圣旨"语。这种表述在枢密院的批状中亦有其例。元符元年（1098）正月吕惠卿遣副总管王愍出界讨击，斩获千余级，又进筑米脂、开光、临夏等五堡寨。吕惠卿在上奏时提到枢密院前后指挥不一。先是枢密院札子，奉圣旨，令"选择地利，从长进筑"，后来忽降朝旨放散般运保甲。在吕惠卿"具札子申明"后，又获"枢密

---

1 《苏轼文集》卷三四《论积欠六事并乞检会应诏所论四事一处行下状》，第966页。
2 《苏轼文集》卷三五《论高丽买书利害札子三首》，第994、999页；《长编》卷四八一，元祐八年二月辛亥条，第11438~11439页。
3 《宋会要辑稿》食货一四之一五、六六之七四同，第6272~6273、7924~7925页。

院直批"，令乘伺机便进筑。[1] 吕惠卿先是获枢密院札子，"奉圣旨"令从长进筑，后来又获枢密院"直批"令伺机进筑，这个枢密院直批显然亦是"更不取旨，状后直批"。

　　总之，熙宁五年、十年的这两个事件，焦点都是已进呈取旨之奏状申状用中书批状施行的问题，"须急速公事方得用申状施行""候印画出方得书押"两诏，并不意味着所有批状均须取旨，而恰恰反映了大量的所谓"小事及急速者"是用不经取旨的批状形式指挥的。

三　批状与政务运行

　　苏辙请复批状，"以便日生小事及事之方议者"，故"日生小事""事之方议者"这两类也就属于可以直批指挥而不必取旨的事务，但其侧重点不同。所谓日生小事，即"百官给假、有司请给器用之类"；所谓事之方议者，即"臣僚陈请兴革废置，朝廷未究本末，欲行勘当之类"。前者多是常规工作且有章可循，可以直接决策，如直批"依所申"之类。后者侧重的是过程，无法直接决策，需要议，最终决策之前的行政过程可以经由批状来推动。

（一）宋代文献所见之"后批"

　　宋代政务文书中常见有"前批""后批"字样，而且常常是在敕、札、奏疏、申状中蓦然出现，若是不明所以，难免误读。以下就几种古籍点校本略举数例。

　　先看《庆元条法事类》中的几个例子：

　　　　1. 乾道七年十月九日尚书省批下吏部申：今后官员见得前官

1　《长编》卷四九四，元符元年正月乙丑条，第11731页；卷四九八，元符元年五月庚午条，第11859~11860页。

委是丁忧事故，即经前官所住州军陈乞，勘验诣实，出给公文，一面前去赴任，却从本州保明，限一日申部照会。每一官员排日三次。具申后批送吏部，依所乞施行。

    2. 淳熙十年六月三十日尚书省批下敕令所申：吏部申明《选人酬赏改官后收使条法》，本所看详，如系选人合得酬赏而与改官相会者，即合引用。改官系一等及承直郎以下应循资而已改官者，比类收使条法施行。如系未该改官人，即合循转，不许存留后任收使。若系任承直郎，所得赏未该改官，缘无资可循，即合从《尚书左选令》注文施行，申省后批送吏部，从敕令所看详到事理施行。

以上两例皆为尚书省批状，基本结构是前为有司申状，后为都省批状语。涉及"后批"字样处，标点皆误。第 1 例中吏部申，都省批依。吏部申状当起"今后"至"三次具申"，尚书省在状后批："送吏部，依所乞施行。"第 2 例中，敕令所看详吏部申明后申省，故尚书省批送吏部，敕令所申状至"申省"止，尚书省批状语为"送吏部，从敕令所看详到事理施行"。又，淳熙四年十月二十一日尚书省批下户部申，前两浙路转运司主管文字陈仲谔札子奏军器物料购买的资金问题，"欲下诸州于应合起发官钱内支拨收买，及遇泛抛，亦乞准此，岁终与理豁上供之数"。"户部勘当"后提出不同意见申省，"后批'送户部依勘当到事理施行'"。[1] 此例中的批状语为"送户部，依勘当到事理施行"。文中"后批"之前全部为户部申状中语，故在状中所引仲谔札子与"户部勘当"间，原始文书中当有尚书省批陈仲谔札子语"送户部勘当后申省"之类。

    宋人笔记《东家杂记》中亦有"后批"例，《全宋笔记》本《东家杂记》"御祭文"条：

---

1 以上三例分别参见《庆元条法事类》卷五《职制门二·到罢》，第 62 页；卷一三《职制门十·理赏》，第 276 页；卷七九《畜产门·总法》，第 875 页。

　　高宗皇帝绍兴二年敕：送到吏部状，承都省批下本部徽州申，据袭庆府免解进士孔攒，乞承继判、司、簿、尉事。后批送吏部，限两日重别勘当申，尚书省本部行下太常寺。[1]

徽州申状上，都省批状下吏部勘当，其批状语当为："送吏部，限两日重别勘当，申尚书省。"吏部受批状后行下太常寺勘当。

　　文集中可举岳麓版《周敦颐集》附《先生谥告》：

　　敕中书门下省、尚书省，送到吏部状，承都省批下，礼部太常寺中准嘉定十年正月二十九日，兹送到礼部状准都省批送下朝奉郎潼川府路提点刑狱公事、兼提举常平等事、兼潼川运判魏了翁状奏……后批：送礼部申尚书省本部……后批：送吏部复谥讫，申尚书省本部，请官复谥去后，于嘉定十三年正月十六日承朝奉郎守军器监兼考功郎中楼观撰到复谥谥文。[2]

按此谥告中两次出现"后批"。魏了翁于嘉定九年上奏请为周敦颐、二程赐谥。嘉定十年批状下部，其后批当为："送礼部，申尚书省。"此后为"本部"即礼部勘会语。及礼部拟谥后，都省再次批状："送吏部复谥讫，申尚书省。"第二次"后批"后之"本部"为吏部。

　　以上诸误例，皆是不明批状之制，在"后批"处出现校点错误。管见所及，各种文献点校本中有"后批"处致误者，多是将"后批"之"后"理解为时间概念而非位置概念，割裂"后批"这一特定文书术语。"后批"之后的文字，正是都省对于各类所申之"事之方议者"的批状文字。申状上，所申之事需要勘会，则尚书省批状至相关部门。送某部

1　孔传：《东家杂记》卷上《历代崇奉·御祭文》，朱凯、姜汉椿整理，《全宋笔记》第 3 编第 10 册，大象出版社，2003，第 223 页。

2　周敦颐：《周敦颐集》卷九附录《诰命·先生谥告》，梁绍辉等点校，岳麓书社，2007，第 188~193 页。

勘会后申省，是最为常见的批状语。有司受申状，勘会后上申省状。其状基本模式是先引用奏申文字，然后录批状语，最后是本司勘会申省文字。这夹在原申与本部（司）勘会语之间的批状语，便以"后批云云"的形式出现。

简言之，遇有申奏文字中有"后批云云"者，其原本形态当是包含原申文字、批状文字、本部勘会文字三部分。以下再以《全宋文》整理中的两例稍申论之。

绍兴七年（1137）十二月，太常少卿冯楫以来年正月二十五日为徽宗及郑皇后小祥日，遂条具奠祭仪式奏上。其事见于《中兴礼书》卷二四六《凶礼十一》：

> （绍兴七年十二月九日，宗正少卿兼权太常少卿冯楫言）来年正月二十五日，圣文仁德显孝皇帝、显肃皇后小祥日……欲参酌比附下项。后批：送礼部看详，申尚书省。本部看详，欲依札子内事理施行（后接条列三项）。[1]

《全宋文》删除"后批"一句，辑得冯楫文字一篇《条具徽宗皇帝小祥奠祭仪制奏》，编者校语交代删除缘由："此节为史官叙述文字，而下文则当是冯楫奏札原文或节文，故缀为一篇。"析出冯楫文字，删去"后批"一句是应该的，但此句并非史官叙述文字。此处"后批：送礼部看详，申尚书省"为都省批状语，知冯楫此奏系都省批状付礼部看详，故"本部看详"云云为礼部看详后所上申省状中语。正因为"后批"一段文字的存在，我们才可以知道《中兴礼书》此处叙述当是来自礼部奉批状之命勘会冯楫札子的申省状。其都省收到申省状后进呈取旨，故此文末言："诏依。"

与上文可相对照的是《中兴礼书》卷一二《吉礼十二》所载绍

1　冯楫：《条具徽宗皇帝小祥奠祭仪制奏》，《全宋文》第181册，第141页。

兴十四年张晟建议大乐武舞中参照礼图改造戈以配干一事，据《中兴礼书》：

> （绍兴十四年）十二月十九日礼部太常寺言：准都省批送下太常寺主簿兼权博士张晟札子：伏见大乐所用二舞内武舞之饰以干配刀，私窃疑之。……晟欲望申朝廷下所属，依礼图改造戈以配干，去刀勿用，庶合旧制。本部寻下太常寺勘会，去后据本寺申：……今将《三礼图》讨论画到玉戚样制，委无差错，欲乞令军器所计会太常寺合用数目造作，伏乞朝廷指挥。诏依。

此处记载无疑是出自礼部申状，《全宋文》自其中辑出张晟《大乐武舞请改造戈以配干札子》，并在校语中将张晟札子之后文字全部录文。其中关于"后批"一段录文作："本部今欲依太常寺所申事理施行，后批并录白画样造，礼部太常寺更切检点讨论，如委无差错，申尚书省礼部太常寺。"[1]亦误，当作："本部今欲依太常寺所申事理施行。后批：'并录白画样造，礼部太常寺更切检点讨论，如委无差错，申尚书省。'礼部、太常寺……"另外，由此篇开头格式可推知以上冯楫一文开头本应是"礼部言准都省批下宗正少卿兼权太常少卿冯楫札子"之类，把这句删去使得文中的"后批"一段变得莫名其妙。

　　《中兴礼书》中此类文字非常多，从其中析出臣僚奏疏、申状，都应注意批状的问题。文献中除了有"后批"这样明显的标志之外，还有大量经过史官编辑过的政务文书省略了"后批"，但从"都省批下""批送""送某某部勘会（看详）""本部勘会"等用语中，可知其背后政务运作的基础是批状。文献所见宋代批状应用最多的就是此类"事之方议者"。

1　张晟：《大乐武舞请改造戈以配干札子》，《全宋文》第193册，第264~265页。

（二）批状在政务运行中的功能

批状在宋代日常政务运作中无时不在，其中最日常的就是以上"后批"类文书所见对于各类"事之方议者"的批状。凡是"朝廷未究本末"者几乎都有可能批付有司先行勘当。问题是：勘毕之后，又该如何处理呢？

在前文关于批奏状的讨论中，如景祐三年中书批李照减编钟事，嘉祐四年中书郑荀奏科场未便事，皆属于"事之方议者"，批状中明确要求参议官员"详定闻奏""定夺闻奏"，故刘敞等人在议定之后是"具状奏闻"，而不是申中书。如此之类批状看起来较为简单，只是一种批转。"送某司勘会申省"这种最基本的批状模式，体现的是元丰改制以后中枢体制的变化，都省地位突出。首次批状后的勘会后申省只是行政运作的开始，"勘当"之后政务运行要复杂得多，有着多种运作的方向。

《长编》于元丰七年（1084）六月初一日，载有户部状云："准批状，提举汴河司言：畿内诸县民间茶铺，亦乞请买水磨官茶。其法施于京师，众以为便。府界宜与辇毂下不殊。"畿内诸县民间茶铺乞请买水磨官茶。都省于提举汴河司的状后批"五月八日送户部勘当"，当户部勘当后申省，尚书省便不再批状，而是进呈取旨，奉圣旨依，出敕牒。[1]

元祐七年（1092）六月，置广文馆解额。先是都省批状送礼部："今欲复置广文馆生员，送礼部看详立法，申尚书省。"礼部看详后修立法条十余条申省，三省同奉圣旨，"诏依礼部所申"。[2]

以上两例都是"事之方议者"，都省批状，有司提出意见，议成之后，进呈取旨，以诏敕的形式决策。都省在进呈之前显然是认同了有司的意见，在其间的决策角色并不明显。

苏辙在元祐五年任御史中丞时曾上《论衙前及诸役人不便札子》，

1　《长编》卷三四六，元丰七年六月己巳条，第 8303~8304 页。

2　《长编》卷四七四，元祐七年六月甲子条，第 11303~11305 页。

其中引用了一份比较完整的元祐四年七月二十七日都省批状,《苏辙集》点校本收有此文,但未能分清文本层次。文长不录。据批状,其运作经过如下。

　　户部契勘关于州手分中投名旧人不该支给雇钱的朝旨,上申状认为手分役重,且往往招募人数不足,故而不同意朝旨的意见,提出"不限新旧人,并行支给","候施行讫,依此开析保明,申户部点检"。申状至省,都省七月七日"状后批":"勘会昨户部申请,乞以招募投名人分数支给食钱,尚虑不均,别有弊幸,今来却乞不限新旧人,一概并行支给,比前申请,尤更侥幸。七月七日退送户部子细看详,合如何立法,得为允当,及可以情愿使人投募,具状申尚书省。"都省检会此前户部申请,指出其前后矛盾处,将户部状退回重议。户部遂修改前议,重上申状。都省"状后批":"七月二十七日送户部。依所申。"这是全文中的第二个"状后批",即七月二十七日都省批户部所重新提交申状的意见。[1]

　　这份七月二十七日的批状,意见只有寥寥数字,此前全文为户部的第二次申状,其中又详载了第一次申状及批状的情况。此为都省为同一事多次批状之例,大致可见都省以批状裁决政务的运行规则。都省对于勘会后申省的文书亦要勘会,由此也体现了都司的作用。实际上这第二次的批状依然是"事之方议"中的批状,并非最后的决策。户部状中说欲"别行立法"后申都省,可见户部当续有申状,提出自己的最后决策意见;如果都省不认可,依然可以再次批状令重新勘会。理论上讲,都省批状可以一直批到自己想要的结果为止。

　　元祐七年四月,《长编》有一条关于逃户归业放税的记载:

　　　　户部状:"准都省批送下白札子,臣僚上言:'……伏望圣慈矜

1　《苏辙集》卷四五《论衙前及诸役人不便札子》,第790~791页。点校本"申户部点检,状后批,勘会……"当为"申户部点检。状后批:……"

悯，特出厚恩，许依归业放税条贯施行。'本部今契勘缘已有归业条贯，勘当欲乞下诸路依条施行。尚书省勘会上件逃移人户，盖为诸县官避免批罚，及转运司存惜税额，致不依条检覆。"诏依所乞。[1]

此事经过为有臣僚上奏言逃户归业放税事，内廷刊去姓名后降至尚书省。尚书省批送户部勘会后申省，户部勘会语为："本部今契勘缘已有归业条贯，勘当欲乞下诸路依条施行。"此段记载中的"户部状"，当至"依条施行"止，"尚书省勘会"句，则为尚书省取旨语。此事以批状始，以进呈取旨终。同年六月，权两浙路转运副使毛渐申省，请在丁产文簿外置差役鼠尾都簿，户部看详后请在丁产文簿基础上排定差役，"都省批送户部，依所申施行"。[2]毛渐进申状，都省当是批状令户部看详后申省，并批状依所申，其间毛渐、户部的申省状均未取旨，最终由都省批状决策。

元祐八年高丽使者买书事件中，都省批状令卖，令礼部将"当行人吏上簿"，这两点都是对所谓"日生小事"的决策。若苏轼奉行批状，则此事毕，完全不会惊动皇帝。苏轼不服都省批状裁决，上奏后，省札下，撤销吏人上簿的命令。[3]都省对此事的处理以自行批状始，以奉圣旨出省札终。

关于奏状的处理，亦有始以批状终以省札然而却不经取旨之例。真德秀嘉定十五年知潭州，奏乞置惠民仓，《奏置惠民仓状》末有自注云：

> 后批：二件送户部勘当，限五日申尚书省。本部契勘："今都省批下湖南真安抚奏，今措置将本州秋税米内折粳米者……伏候

1　《长编》卷四七二，元祐七年四月己巳条，第11270页。

2　《长编》卷四七四，元祐七年六月丙寅条，第11305~11306页。

3　《苏轼文集》卷三五《论高丽买书利害札子三首》，第994、999页；《长编》卷四八一，元祐八年二月辛亥条，第11438~11439页。

旨挥。"右札付潭州，从户部勘当事理施行，准此。宝庆元年正月二十五日。[1]

"二件送户部勘当，限五日申尚书省"，毫无疑问是都省批状语。之所以是二件，据奏中所言，是因为此奏之外，真德秀为此事还有申省状，故此奏降出后，都省将奏状、申状一同批付户部勘当，五日内申省。末云"右札付潭州，从户部勘当事理施行"，则此事最终还是以省札处理，却又无奉圣旨之语。札子亦无直接批于状后的可能，或为尚书省重录真德秀奏状，以及批状和户部勘当语，札付真德秀而非直接在原状后如此批状。

总之，批状的使用便于对"日生小事及事之方议者"的处理，但这两者并不是简单以事务大小轻重区分的，也不能理解为是宰相机构可以"独立"裁决的政务范围。批状是政务运行中必不可少的手段，是大部分政务处理中不可少的行政环节，这一点尤其体现在对于"事之方议者"的处理上。都省以批状推动议程，这是其职责与权力，大部分政务都非一次批状所能解决，而最终决策无非两途：一是宰相专决，批状依所申施行或者出札子；一是进呈取旨，出诏敕札子。

四 批状运作中的吏与例

（一）批状与编敕

以批状形式出现的对大大小小政务的决策，是不是宰相机构"独立裁决"的结果，需要具体分析。但不管是否经过取旨，如果其事属于公共事务，那么这个朝廷批状，一旦施行，便也具有了公共政策的意义，或者会具有与诏敕札子一般的权威与效力，或者会被视为成例而得到援引。批状进入编敕，或者编为则例，都体现了批状的这种特性。

1　真德秀：《奏置惠民仓状》，《全宋文》第 312 册，第 271~272 页。

宋代在编敕中纳入批状，最晚是在仁宗庆历时。编成于仁宗庆历七年的《庆历编敕》，据张方平《进庆历编敕表》言："其中书门下、枢密院圣旨札子批状系今来纂录者，悉改曰宣、敕。"[1] 此前编敕，皆泛言"宣敕"或"宣敕札子"，[2] 张方平则明确指出所谓"敕"类，包含"圣旨、札子、批状"。后来韩琦领衔修《嘉祐编敕》，处理原则与庆历时同。一司敕的编纂，如熙宁十年详定一司敕所编刑部敕，亦是如此处理，皇祐四年以后的圣旨、札子、批状，中书颁降者悉名曰"敕"，枢密院颁降者悉名曰"宣"，与律、令、格、式、编敕兼行。[3]

宋代编敕，自神宗熙宁时期开始增编《申明》。熙宁六年八月王安石上《熙宁详定编敕》等二十六卷，[4] 其中含《申明敕》一卷。[5] 自元丰时期重修编敕，又编有《看详》。所谓"申明"，即"随敕申明"，是因事制宜的"权行指挥"，因为"不可著为永法"，故"编节作申明照用"。[6] 申明与成法参用，有补充正敕的作用。《看详》是编敕时损益旧文，明其去取之意的解释。《看详》卷帙往往数倍于正文，故难以颁降，而只是"藏之有司，以备照使"，有司于敕令有疑惑不解处，可检会《看详》

1　张方平：《进庆历编敕表》，《全宋文》第 37 册，第 219 页。

2　景德二年八月十二日诏，诸州应新编敕后续降宣敕札子并依三司所奏，但系条贯旧制置事件仰当职官吏编录为二簿，一付长吏收掌，一送法司行用（《宋会要辑稿》刑法一之三，第 8213 页）。

3　韩琦：《进嘉祐编敕表》，《全宋文》第 39 册，第 56 页；《长编》卷二八六，熙宁十年十二月壬午条注引中书《时政记》，第 6995 页。

4　《宋会要辑稿》刑法一之九，第 8220 页。李焘《长编》注引《会要》内容与此同，唯卷数作"二十七卷"。又，"附令敕、申明敕、目录"，标点本作"附令敕申明、敕目录"（卷二四七，熙宁六年九月丁未条，第 6011 页），误。元丰八年九月十四日乙巳，复申钱币阑出之禁，依《嘉祐编敕》，"其熙宁《申明敕》更不施行"（《长编》卷三五九，第 8597 页）。《玉海》卷六六"熙宁编敕"条作"二十六卷"（第 1260 页）。《宋史》卷二〇四《艺文三》作"二十五卷"（第 5143 页）。沈家本言："《志》言二十五卷而《玉海》云二十六卷者，其一卷乃目录也。"（《历代刑法考·律令六·熙宁编敕》，第 992 页）按：《宋史》卷一九九《刑法一》载熙宁编敕，"元丰中，始成书二十有六卷"，故当以二十六卷为是。

5　熙宁《申明敕》卷数，据《长编》卷三四五元丰七年三月乙巳条注，《熙宁敕》《元丰敕》"二敕有《申明》各一卷"（第 8254 页）。

6　《宋会要辑稿》刑法一之五九，第 8271 页；刑法一之二二，第 8235 页。

"考其意义所归"。[1] 真宗时编敕，曾根据真宗之意将所删削之敕，别录一本"以备检详"，神宗时"看详"的编修，是真宗时保留删敕的发展。[2] "看详"之实例，现在仍可于《庆元条法事类》中得见。

合适的批状修入海行法或者一司敕，自宋仁宗以来便成为惯例，至绍兴末年出现异议。绍兴三十年（1160）翰林学士兼权吏部尚书周麟之提出反对意见：

> 非天子不制度，不议礼，不考文。窃见吏部续降申明条册，乃有顷年都省批状指挥参于其间。向之修法官有所畏忌，至与成法并立。条目不与成法同，今遂与成法并行。以理推之，诚为未允。望令诸选具绍兴二十五年以前批状指挥，令敕令所看详。可削则削，毋令与三尺混淆。[3]

史载高宗"从之"，《宋史·刑法志》亦云"诏削去之"。[4] 周麟之认为批状不得与成法同，提出要将绍兴二十五年之前的批状指挥"可削则削"。周在秦桧死后提出此议有投机的意味，却也反映了批状与成法并行已久的现实，而他"可削则削"的提议其实也意味着不可能尽削。高宗"从之"可理解为从的是令敕令所看详的建议，而不是"诏削去之"、将吏部例册中的批状尽数删除。事实上收录重要批状的编敕原则并没有改变。现存的宋后期《庆元条法事类》和《吏部条法》中都保存了大量的批状。

《庆元条法事类》和《吏部条法》两书体例相类，皆随事分门，敕、

1　《长编》卷三四七，元丰七年七月壬戌条，第8336页。《看详》的数量，以元祐编敕为例，据苏颂《进元祐编敕》，元祐敕、令、式、申明等合计56卷，而《看详》200卷，共246册（《苏魏公文集》卷四四，第656~657页）。元丰编敕81卷，《看详》则为220册（《长编》卷三四七，第8336页）。
2　郭东旭：《宋代编敕制度述略》，《河北大学学报》1990年第3期，第32页。
3　《建炎以来系年要录》卷一八五，绍兴三十年七月乙未条，第3107页。
4　《宋史》卷一九九《刑法一》，第4965页。

令、格、式、申明分列其下。

绍兴八年十一月，吏部提出除了"停替到部及过犯"外，其余并不区分军州远近差注，都省批状："送吏部照会施行。"据《吏部条法》，此条被编入《侍郎右选申明》。敕令所解释说此条批状"系是权宜申请，不须立法，合编节存留，申明照用"。[1]

淳祐九年（1249）二月，都省批状，规定高邮县阙"送吏部，专差改官须入，及武举出身人。不许差注右选任子"。此条关于选阙的批状在《吏部条法》中被编入《尚书左右选通用申明》。[2]

《庆元条法事类》卷七五《刑狱门》"验尸"条下列有一条"杂敕"："乾道六年八月十六日尚书省批状：州县检验之官并差文臣，如有阙官去处，覆验官方差右选。"其下有敕令所的看详说明："本所看详：检验之官依法自合差文臣，如边远小县委之阙文臣处，覆检官权差识字武臣。今声说照用。"[3]因为这条批状补充了关于州县检验之官人选问题，敕令所看详后列为"申明"，"声说照用"。

敕令所的"看详"解释了编敕的去取原则以及何以有些指挥"不须立法"而编节为申明即可。修为永法之敕，皆不著年月，而编为申明者则保留。故两书所见之敕中有多少来自批状难以考知，而所见之批状，皆是编入"申明"。以下举《庆元条法事类》中两例，对批状与敕、令之关系略加说明。

《庆元条法事类》卷二九《禁榷门二》"兴贩军须"条：

> 乾道六年七月二十八日尚书省批状：兴贩军须之物过界已有指挥断罪推赏并以犯人随行财物充赏外，仍令缘边州县五家结为一保，不得透漏违禁过界之物，监司守臣常切觉察，如有违戾去

---

1 《吏部条法》"差注门一"，刘笃才、黄时鉴点校，黑龙江人民出版社，2002，第34~35页。
2 《吏部条法》"差注门二"，第79页。
3 《庆元条法事类》卷七五《刑狱门五·验尸》，第804页。

处，即仰按劾申取朝廷指挥施行。[1]

关于兴贩军须之事此前已有数敕。此批状前半所言关于"推赏""充赏"的规定见于绍兴二十九年二月四日敕和隆兴元年五月九日敕（第431~432页），后半结保则为批状的补充规定，与敕配合。两年后，乾道八年（1172）十二月有敕规定硫黄、焰硝、海金砂、桐油等军须并不许兴贩过淮博易及往极边次边州县。至淳熙十五年（1188）六月十八日，枢密院批状，将此条修改为其中桐油可以买卖，"唯不许过淮入海"，则此后关于桐油兴贩自当是遵循淳熙十五年批状而不是乾道八年的敕，但《庆元条法事类》将乾道八年敕编为"申明"，据敕令所"看详"言："续有绍熙二年二月二十五日圣旨指挥，今后遵依乾道八年十二月二十五日已降指挥施行。"如此则批状不再施行，故敕令所特别说明"照用"乾道八年敕（第433~434页）。自绍兴末至绍熙年间关于兴贩军须的诸种规定是通过敕、札、批状等形式实现的，其间决策细节不详，但经过敕令所看详后列入"申明"之敕、批状，效力与权威是相同的，都是对正敕起到补充的作用。

再如宋代品官墓田问题。《令》的规定是："合得步数之内不许本宗有分亲安葬，违者改正。"至绍兴十一年（1141）九月八日降敕，根据大理寺的意见，补充了关于本宗父子兄弟夫妇是否可以安葬的规定。绍兴十二年七月二十七日尚书省批状，先是引用了令、敕的规定，然后对"所有人户租来众共山地，如系本宗父子兄弟夫妇众议欲以昭穆相从安葬者"做了听从其便的补充规定。[2] 在此，批状补立法之未尽，与令、敕共同构成了关于品官墓田问题的完整立法。

---

1 《庆元条法事类》卷二九《禁榷门二·兴贩军须》，第 433 页。
2 《庆元条法事类》卷七七《服制门·丧葬》，第 837、842 页。标点有改动。

（二）批状运作中的"惟吏之听"与"惟例之听"

两宋编敕大率十余年一修，而其间敕札等各种指挥无日无之，故又有续降指挥之编纂，北宋半年一颁，南宋三年一次编类。六部等职能部门又有各种条例、则例与例册等。编敕、修例，共同的意图之一就是规范例的使用。

宋代政务处理，例的使用是有司运作之常。诏敕、札子、批状等所有的临时指挥，都有可能成为援引之例。不过宋人言论中的"例"含义不一，有的是已经过编修具有正式法律地位的例，如条例、则例、例册等，有的则是循习引用未经编修之散例。司马光说"执条据例者，有司之职也"，[1] 所言之"例"是指前者；陈襄说"引用编敕及本司专一条贯，多是该说事理不尽，须至检寻前后体例，比附施行"，[2] 所言之"例"是指后者。在实际政治运作中，"法所不载者，必举例以行"，[3] 未经编修之例亦在检举之列。法、例之先后关系，是先"按法之文而折中于理"，当法条文意不明甚至根本无可据之法时，"应用例以补之"。[4] 例是法条的补充，法所不载，然后用例。[5] 绍兴四年，甚至有诏明文规定尚书六曹细务，令长贰分治，"有条者以条决之，无条者以例决之，无条无例，本部酌情裁决"。[6]

有法条者依法条，无法条者"用例以补之""以例决之"，例作为法的补充，其主次轻重关系甚明。实际上法条时有"文意未明"或者"该

1　《司马光集》卷四〇《体要疏》，第 905 页。

2　陈襄：《论流内铨奏辟属官札子》，《全宋文》第 50 册，第 50 页。据《宋会要辑稿》选举二四之一二：熙宁三年，置主簿，二月七日，以著作佐郎杨完为主簿，编条例等任使，从吏部流内铨所请也。时判铨陈襄请置属官，又取铨曹所用例，去其不可行者，编为策。

3　《能改斋漫录》卷二《事始·行事举例》，第 88 页。

4　《长编》卷三四七，元丰七年七月甲寅条，第 8331 页。

5　《宋史》卷一九九《刑法一》，第 4964 页。

6　李光：《乞罢用例酌情指挥札子》，《全宋文》第 154 册，第 147 页；《建炎以来系年要录》卷七九，绍兴四年八月庚辰条，第 1291 页；《宋会要辑稿》职官八之二〇，第 2567 页；《宋史》卷三七一《徐处仁传》，第 11520 页。

说事理不尽"，即使有法可依，依然离不开例。绍兴三十二年（1162）四月，权吏部侍郎凌景夏言："疑似之间，可与可夺，悉得以例施行。"[1]宋初即已如此。仁宗亲政后延续刘后时期的方式，"朝廷命令之地，刑赏之施，合取进止，率皆引例，以决重轻"。[2]到了嘉祐时期，依然是"中书习旧弊，每事必用例"。[3]这种对例的依赖，在两宋政务运作中是常态，实际上造成了行政运作中"惟例之听"，"法令虽具，一切以例从事"，甚至出现了有法可依而无例可援，"则事皆泥而不行"的局面。[4]

"惟例之听"，显示出例在政务运行中之地位及其使用之普遍。例的特点，一是繁多，"编敕续降动若牛毛"，[5]熙宁初编中书条例未毕，已有千余册，神宗说"虽吏人亦恐不能悉究"；[6]二是一事数例，前后轻重不一；三是例因其繁多而无法刊印颁行，故"散在案牍之中，匿于胥吏之手"。[7]例太多，检详不易，一事数例，择例尤难，而该检用何例，全在吏人之手，"只由吏人检到为定"，其结果便是"惟吏之听"。叶适论曰：

> 国家以法为本，以例为要。其官虽贵也，其人虽贤也，然而非法无决也，非例无行也。骤而问之，不若吏之素也；暂而居之，不若吏之久也；知其一不知其二，不若吏之悉也；故不得不举而归之吏。[8]

国家以法为本，官员亦非尽不贤，但是行政中以例为要，"非例无行"，而官员一则不熟悉条例，二则不能久任，到替之际，"来者不可以复知，

1　《建炎以来系年要录》卷一九九，绍兴三十二年四月甲戌条，第3358~3359页。
2　《宋会要辑稿》帝系一一之二，第237~238页。
3　李清臣：《韩忠献公琦行状》，《全宋文》第79册，第45页。
4　《宋史》卷一九九《刑法一》，第4965~4966页。
5　《苏轼文集》卷四《上初即位论治道二首•刑政》，第134页。
6　《长编》卷二一一，熙宁三年五月戊戌条，第5121页。
7　《建炎以来系年要录》卷一九九，绍兴三十二年四月甲戌条，第3358~3359页。
8　《叶适集》卷一五《外稿•上殿札子》，第834~835页。

去者不能以尽告"，故不能不索例于吏，一旦"索例而不获，虽有强明健决之才，不复敢议"。[1]"惟例之听"，例在吏手，最终"不得不举而归之吏"，惟吏之听。

每一次编敕、修例几乎都是从批评用例之弊开始，而用例之弊实际上即是用吏之弊。仁宗嘉祐时，中书每事用例，"五房吏操例在手，顾金钱惟意所去取，所欲与白举用之，所不欲行或匿例不见"，至韩琦为相，"令删取五房例及刑房断例，除其冗谬不可用者，为纲目类次之"。[2]

绍兴四年（1134），李光论酌情用例之弊端："六部所用条令，纤悉备具，吏人习熟，以常法从事，尚为所欺，意所出入，无不得者。今乃公然容其废法而用例，无例而酌情，是开侥幸之门，纵受贿之路。臣恐吏益强、法益废，而事益纷纷矣。"[3]用例废法已是大弊，更何况酌情用例。绍兴九年御史中丞勾龙如渊上奏论用例之害四，提议"一切依法令从事"，敢辄引例者罚。[4]绍兴三十一年十二月右正言王淮上疏论胥吏用例八弊。[5]

胥吏用例之弊，简而言之就是吏利用例在法外、一事多例以及繁杂难检等特点，玩弄条例，高下在手，轻重由己，予取予夺，惟意所在。在士大夫看来，其结果不仅是助长腐败，造成政务处理的不公，且舍法用例、例上起例，创例害法、阴废正条，用例破条、援例废法，冲击了法的权威，导致朝廷乃至君权的旁落。

---

1 《建炎以来系年要录》卷一九九，绍兴三十二年四月甲戌条，第 3358~3359 页。

2 李清臣：《韩忠献公琦行状》，《全宋文》第 79 册，第 45 页。个别文字据《宋名臣言行录》后集卷一改。

3 李光：《乞罢用例酌情指挥札子》，《全宋文》第 154 册，第 147 页。

4 《宋会要辑稿》帝系一一之二、三、四，第 238 页。

5 八弊为：（1）所欲予则巧为傅会；（2）欲夺则工于舞文；（3）情法不相当，则云更合取自朝廷指挥；（4）自知无法可行，则云如朝廷特降指挥，于本部条法别无违碍；（5）有勘当已上而退送者；（6）有未及勘当而奏状者；（7）或因堂白而面授旨意；（8）或无处分而唯务陆沉。参见《宋会要辑稿》职官一之五三、五四，第 2967 页；《建炎以来系年要录》卷一八七，绍兴三十年十二月辛酉条，第 3135 页。《辑稿》《要录》以及隆兴元年凌景夏上奏引及此疏，皆称"言者""臣僚"，不提言者为谁，据楼钥撰《王淮行状》，知为王淮，时为右正言。参见《楼钥集》卷九〇《少师观文殿大学士鲁国公致仕赠太师王公行状》，第 1593~1594 页。

　　每逢此类问题严重，所能想到的办法首先是对用例加以限制乃至禁止，强调恪守法条；其次便是编例、编敕，规范例的使用。

　　上文提到的李光、勾龙如渊、王淮等人提出的办法都是强调一依成法，无条有例者，申朝廷指挥。隆兴二年（1164）时也有臣僚提出："中外悉遵成法，毋得引例。如事理可行而无正条者，须自朝廷裁酌取旨施行。"[1] 实际上朝廷之所以让六曹依法据例自决，也正是因为自己根本无法处理这么多的政务，检会条法就是无法承受之重。故李光等人反对用例之弊有理，但办法不可行，更可行的办法是编例。

　　以例决事，以人事、司法部门最多。庆历四年（1044）二月，范仲淹鉴于审官、三班院并铨曹，"自祖宗以来，条贯极多，逐旋冲改，久不删定。主判臣僚，卒难详悉，官员使臣，莫知涯涘，故司属高下，颇害至公"，提出差官就此三处"取索前后条例，与主判官员，同共看详，重行删定"，编成例策施行。[2] 乃诏天章阁侍讲曾公亮删定审官、三班院、流内铨条贯。同年七月，范仲淹又奏请令审刑院、大理寺"检寻自来断案及旧例，削其谬误，可存留者著为例册"。[3] 此后陈襄也提出将铨曹诸般体例文字类聚编录，本司长官等人共同看详，不可用者删去，"轻重不一，可以兼存者，并乞编为例册"。[4] 元丰三年（1080），御史舒亶再次提议将铨院之例"删定为例策"。[5] 其他部门如中书[6]、枢密院[7]、三司[8]等在真宗、仁宗时期亦各编有例册。礼仪之事，则有太常礼院《礼院例

1　《宋会要辑稿》刑法一之四七，第 8259 页。

2　《长编》卷一四六，庆历四年二月丁巳条，第 3550 页。

3　《长编》卷一五一，庆历四年七月丙戌条，第 3672 页。

4　陈襄：《论流内铨奏辟属官札子》，《全宋文》第 50 册，第 50 页。

5　《长编》卷三〇二，元丰三年正月己巳条，第 7342 页。

6　《长编》卷一七五，皇祐五年十二月未条，第 4241 页。

7　枢密院编修例策之始，有庆历四年二月、嘉祐元年八月两说（《长编》卷一四六，庆历四年二月戊戌条，第 3535 页）；至和二年十一月，又诏审官院编修皇祐三年以后冲改条贯（《长编》卷一八一，至和二年十一月己巳条，第 4384 页），熙宁三年，王存等人删定枢密院诸房例册，修成《枢密院诸房例册》一百四十二卷（《宋史》卷一六二《职官二》，第 3802 页；卷二〇七《艺文六》，第 5288 页）。

8　《长编》卷八七，大中祥符九年八月己卯条，第 2004 页。

册》。《宋史》中两度引用《礼院例册》，分别是关于辍朝之制和诏丧之制，[1] 而在欧阳修主编的《太常因革礼》中，《礼院例册》是其主要材料来源之一，共出现近八十处，实际上引及事例当然远不止此。

南宋时期例册编修以吏部最突出。绍兴四年（1134），刑部侍郎兼权吏部侍郎胡交修奏请："将应干敕、札、批状指挥可以为例者，各编为册，令法司收掌以俟检阅。"是年八月诏吏部编七司例册。绍兴二十六年九月，御史中丞汤鹏举言，"猾吏可以上下其手而轻重其心"的原因正在于"不用法而用例"，奏请吏刑部"条具合用之例，修入见行之法"。绍兴三十二年四月，权吏部侍郎凌景夏再度提出令吏部七司"亦宜许置例册"，其法是"每一事已，命郎官以次画时拟定，而长贰书之于册，永以为例。每半年则上于尚书省，用印给下"，编例之后，"事之可为例者不得遗，例之所不载者不得言也"。[2] 至孝宗时，欲革用例之弊。隆兴元年（1163）四月诏今后有司所行事件"更不得引例及称疑似，取自朝廷指挥。如敢违戾，官吏重作施行"。[3] 淳熙元年（1174），参政龚茂良言"法本无弊，而例败之"，批评当下因例立法之患，奏请在绍兴立法基础上重修吏部七司法。[4]

编敕、修例都有规范例之使用的意图。有了例册、编敕的约束，合用之条例"悉在有司之目，开卷尽知。猾吏无所肆巧，货赂不得而通"。[5] 如此可以稍戢吏人舞文，但无法杜绝，也阻止不了例的使用。

早在元丰时期，张汝贤弹劾执政用例徇私，提及很多其事相类而处理不同的案例，其中有的是例册有可引之例而不引用，有的是所用

1　《宋史》卷一二四《礼二十七》，第 2903、2909 页。

2　以上分别参见《建炎以来系年要录》卷七九，绍兴四年八月庚辰条，第 1291 页；卷一七四，绍兴二十六年九月戊辰条，第 2876 页；卷一九九，绍兴三十二年四月甲戌条，第 3358~3359 页。

3　《宋会要辑稿》职官一之五三，第 2967 页。

4　佚名撰，孔学辑校《皇宋中兴两朝圣政校》卷五三《孝宗皇帝十三》，中华书局，2019，第 1207~1208 页。据《宋史》卷二〇四《艺文三》淳熙二年成书《淳熙重修吏部左选敕令格式申明》三百卷、《淳熙吏部条法总类》四十卷（第 5145 页）。

5　《建炎以来系年要录》卷一九九，绍兴三十二年四月甲戌条，第 3358~3359 页。

之例不载于例册而辄用。[1] 南宋时虽编敕屡颁，而用例如故。孝宗乾道时有臣僚提出"绍兴以来，续降指挥无虑数千，抵牾难以考据"，于是命官详定，至乾道八年（1172）颁布《乾道敕令格式》，结果却是："当是时，法令虽具，然吏一切以例从事，法当然而无例，则事皆泥而不行，甚至隐例以坏法，贿赂既行，乃为具例。"[2] 乾道九年六月六日，中书门下省检正诸房公事、兼权吏部侍郎俞召虎再次提出"惟吏之听"的问题：

> 不能取必于一定之法，而傍出为循习之例。其求于法而不得，则委曲引例以为据。今四方之来者或以注拟，或以磨勘，或陈乞恩赏，或理雪过愆。军功、死事、归正、归明，体尤不一，必由铨部，惟吏之听。至有某事不应得，则引其例以予之；某事所应得，则引某例以沮之，以为乞取之弊。[3]

《淳熙敕令格式》在淳熙四年颁行，而据臣僚言，当时虽有"新书"，"然州县之间，往往杂取向来申请续降指挥，凡《申明》所载者悉与成法参用"。[4] 这些在新书既成后本当弃用之旧有指挥，皆为吏参用。

何以例册、编敕既行而用例如故呢？编敕、修例的篇幅固然是远远少于散例，但作为正式颁行的条例，仍是嫌多。元祐元年刘挚批评元丰编敕"增多条目，离析旧制，用一言之偏而立一法，因一事之变而生一条"；右谏议大夫孙觉亦批评元丰编敕"细碎烦多，难以检用"，乃至"虽有老于为吏，习于用法者，亦或莫能通晓"。[5] 就文本而言，由于编修体例的缘故，法条编写常有"其文隐晦""文意未明"或者"其意

1　《长编》卷三四七，元丰七年七月甲寅条，第 8331 页。
2　《宋史》卷一九九《刑法一》，第 4965~4966 页。
3　《宋会要辑稿》职官八之三四，第 3251 页。
4　《宋会要辑稿》刑法一之五五，第 8267 页。
5　《长编》卷三七三，元祐元年三月己卯条，第 9025~9027 页。

烦苛”“该说事理不尽”等问题。正如孝宗时吏部侍郎赵汝愚所说，“敕令之文简而深，请奏之辞详而备”，例较法条详明易懂、便于使用，且“其间或有便于人情，至今合行”，故“居官者既未能精通法意，遂复取已行之例用为据依，故吏因得并缘为奸”。[1]

鉴于胥吏用例之弊则修例、编敕，修例、编敕行而旧例难废，新例复起，于是复又修例、编敕，“法有所不及，则例亦有不可得而废”，[2]而“惟例之听”“惟吏之听”的局面便也终不能改变。

批状是宰相机构最为日常的指令文书，法条与例是百司运作的基础，而承担具体文书工作的则是最基层的吏，批状与例、吏的结合推动着各事务部门文书行政的展开。从散例到例册、编敕，批状或者进入编敕获得正式法条的地位，或者作为可行之例行于日常行政中。这一方面说明批状在法律和行政中的地位是得到认可的，我们可以合理推测大量的批状是要经过取旨或者事后覆奏；另一方面，实际政务运作中的“惟例之听”“惟吏之听”，尽管不无夸张，却会在实质上弱化法律的权威并削弱朝廷乃至君主权力，并非士大夫阶层的杞人之忧。

---

1 《宋会要辑稿》刑法一之五三、五五，第 8265、8267 页。
2 《宋会要辑稿》刑法一之五五、五六，第 8268 页。

第五章　宋代的封驳

第一节　封驳制度与历史上君权的限制

　　清末以来，主要是基于现实政治的需要，君主制度被视为专制政体，秦以来两千年之历史被视为专制黑暗政体之历史而受到广泛的批评。自 20 世纪 30 年代起，"一生为故国招魂"的钱穆怀抱着对传统的"温情与敬意"，不赞同诿过于历史，批评对"本国以往历史抱一种偏激的虚无主义"，创为国史新论，君主政体专制说亦在其反对之列。[1] 20 世纪 40

1　钱穆对中国传统政治的意见自早期之通史如《国史大纲》至后期之分论如《中国文化史导论》《中国历代政治得失》《国史新论》等是一以贯之的，在《国史大纲》中，他将近世史学分为传统派（记诵派）、革新派（宣传派）和科学派（考订派）三派，其中革新一派"对于国家民族已往文化之评价，特激发于其一时之热情，而非有外在之根据。其绾合历史与现实也，特借历史口号为其宣传改革现实之工具"，此派治史特点为"急于求智，而怠于问材料"。参见钱穆《国史大纲·引论》，商务印书馆，1996，第 2~6 页。

年代，吴晗亦指出，将民国成立以前之政体认作全是君主专制，是
"一种误解"，是"厚诬古人"，攻击君主政体，在革命前后只是"一
个合宜的策略"。[1]权威的政治思想史家萧公权为批驳钱穆，提出应从
权力限制的角度理解专制政体，"原则上君主的权力不受明确固定的限
制，专制政体的主要条件便可成立"，并指出了中国古代对君权的三
种限制办法及其局限性。[2]尽管萧公权个人的意见是这些限制终归无
效，但他从"专制"概念的辨析着手，将君权是否专制的问题导入制
度层面的讨论，形成"一个有意义的转变"，从此专制的问题就集中
在"制君"的问题上。[3]

　　近些年来，中国古代专制说的讨论旧话重提，研究中国古代
史、近现代史、世界史、政治学、哲学等专业的学者纷纷加入战
团，议论蜂起。[4]热闹过后，共识依然还是没有，认识也未见比几
十年前时的讨论更加深刻，竟而尚有以质疑专制说为可怪，将此问
题与爱国知识分子之革命与鲜血相联系者。从历史、事实层面的研
究与理论、价值层面的评估两个方面看，热闹的主要还是后者，而
依笔者愚见，急于立论或者驳论，而怠于问材料，才是"专制主义
理论在当前学术界没有得到深入而系统的研究"的主要症结所在，
故当前紧要而又适宜的还是多谈些问题，更何况问题本身又岂是易

1　吴晗：《历史上的君权的限制》（1943），收入氏著《历史的镜子》（九州出版社，2008，第216
　　页）及《吴晗史学论著选集》第2卷（北京市历史学会主编，人民出版社，1986，第488页）。
2　萧公权：《中国君主政权的实质》（1945），收入氏著《宪政与民主》，清华大学出版社，2006，
　　第65~79页。
3　甘怀真：《皇帝制度是否专制?》，收入氏著《皇权、礼仪与经典诠释：中国古代政治史研究》，
　　台北：台湾大学出版中心，2004，第539页。
4　近年来关于专制主义理论的研究，参见王义保《近年来国内专制主义理论研究述论》，《学术
　　论坛》2006年第10期，第57~60页；2008年以来因侯旭东《中国古代专制说的知识考古》（《近
　　代史研究》2008年第4期）一文所引发的关于中国古代专制说的讨论，黄敏兰有详细的长篇
　　评述，参见《近年来学界关于民主、专制及传统文化的讨论——兼及相关理论与研究方法的
　　探讨》，《史学月刊》2012年第1期，第100~119页。

谈的。[1]

中国古代君主的职能和权力从来没有明确的划分，"任心而治""独治天下而无所治"的这种无限的权力是难以准确描述的。关于君主权力的限制自然也就从来没有明确的规定，但不管是在思想层面还是在制度层面，历史上总是存在着种种具有限制君权意义的传统资源。萧公权提出的中国古代限制君权的三种办法是宗教（儒家的"天"）、法律（成文法及祖宗家法）以及制度（广义法制，即宰相、言官、用人制度等）。实际上在前揭吴晗文中业已简要提出过五点历史上限制君权的方法："第一是议的制度，第二是封驳制度，第三是守法的传统，第四是台谏制度，第五是敬天法祖的信仰。"后来余英时则总结提出了儒家思想、君权传统和官僚制度三大因素，具体包括儒家的"天"、"理"、教化、祖宗家法、宰相与封驳制度等。[2]此后关于历史上君权的种种限制因素，大体以吴晗和余英时的意见为代表，后来对这个问题的讨论，少有能逾此范围者。这些限制的有与无、多与少、大与小等，体现着时代特色之不同与皇帝制度变化的轨迹，认识这些"有限"有助于我们理解君权之"无限"。上述种种制君因素中对君权的限制相对尤为直接、制度化的是封驳制度。

封驳制度通常被看作随着唐代三省六部体制的确立而得以明确下来

1　事实上，即使面对大致还清楚的无异议的基本历史材料与事实，不同的学者因专业、思路、理念等的差异，其立论也可能迥然不同。譬如说从相权演变的角度看皇权，不管是萧公权还是余英时等大部分学者都同意中国古代君主权力发展的趋势是逐渐加强的，而祝总斌先生则提出君主权力发展的总趋势是削弱了。参见祝总斌《试论我国封建君主专制权力发展的总趋势——附论古代的人治与法治》，《北京大学学报》1988年第2期，收入氏著《材不材斋文集》（下），三秦出版社，2006，第16~42页。即使同一学者的意见也可能前后大异其趣，如吴晗讨论君权的限制，最初是提出五种限制方法，将两千年之帝制时期的历史分作两段，"一千四百年的君主政体，君权是有限制的"，"近六百年来，时代愈进步，限制君权的办法逐渐被取消"。见前揭《历史上的君权的限制》。五年以后，再论皇权，则认为"皇权的防线是不存在的"，即如先前认为是约束皇权的"议"的制度，此时则被看作"巩固皇权的工具"。参见《论皇权》，《历史的镜子》，第221~228页。

2　参见余英时《"君尊臣卑"下的君权与相权》，收入氏著《中国思想传统的现代诠释》，江苏人民出版社，1995，第104~106页。

的一种制度。诏令须经过门下省审署下达的制度始于南朝，但须至唐代门下省有给事中专掌制敕宣行、封驳，其制方定。[1] 对于唐代成立之三省制，宋人有"中书出令，门下封驳，尚书施行"的概括，这种概括并不完全准确，容易使人将门下封驳单纯理解为对皇帝诏敕的封驳，贻误后人。[2] 在唐人制度中并没有对于何谓封驳的明确说明，20 世纪 80 年代初，吴枫先生曾对封驳做过一明确定义："所谓封驳，是指封还皇帝失宜的诏命，驳正臣下有违误的奏章。"[3] 其指出封驳并不仅仅针对下行文书，还包括上行文书。很多年以后，刘后滨先生又做了进一步的厘清，将上行文书之章奏明确为百司奏抄，指出"封还"与"驳正"是两个概念，"封还针对于下行文书即皇帝的制敕，驳正针对于上行文书即百司奏抄，合起来称为'封驳'"。[4]

对"封驳"之真正含义的分疏有助于我们在更长的时段中更为全面地观察以君主为核心的古代政治体制的变迁。唐代给事中的职权在前期以审驳奏抄为主，在后期则以封还制敕为主，且取得了独立的封驳权，[5]

1　参见祝总斌《两汉魏晋南北朝宰相制度研究》，中国社会科学出版社，1998，第 280~285 页。

2　刘后滨对于学界关于三省体制的研究有明晰的回顾与检讨，参见氏著《唐代中书门下体制研究》第一章"导论"部分，第 1~45 页。

3　吴枫、关大虹：《封驳制度与唐初政治》，《历史教学》1982 年第 11 期，收入《吴枫学术文存》，中华书局，2002，第 56~65 页。

4　刘后滨：《唐代中书门下体制下的三省机构与职权——兼论中古国家权力运作方式的转变》，《历史研究》2001 年第 2 期，第 15~28 页。王雪玲《论唐代的封驳制度》（《史学月刊》2005 年第 9 期）旨在讨论封驳的起源、对象及封驳之执行者，受顾炎武《日知录》中的议论影响过深，认为封驳制度源于两汉，形成于唐代中后期，封驳由给事中执掌，"自出现之日起，其对象就是封建王朝的下行文书——皇帝之诏敕"。在此之前关于唐代给事中以及封驳制度的最全面、深入的研究来自毛汉光先生。毛先生对封驳制度以及有封驳资格的官员均宽泛的理解，认为在制敕文书中需要署名的三省主要官员，缺少任何一位签署，或将制书退回，便形成"封驳"。参见氏著《论唐代之封驳》，《中正大学学报》第 3 卷第 1 期，1992；《论唐代制书程式上的官职》，《第二届国际华学研究会议论文集》，台北："中国文化大学"，1991；《唐代给事中之分析》，《第二届国际唐代学术会议论文集》，台北：文津出版社，1993。毛氏虽亦将封驳理解为对制敕的审核，但其具体研究则是从制度实际运行着手的细密研究，区分了给事中、中书侍郎等不同层级的官员，以及制、敕等不同性质的文书，从中可以看到皇权之节制以及封驳制度的局限。

5　祁德贵：《论唐代给事中的主要职掌》，《中国史研究》1995 年第 1 期，第 63~72 页。

而后来给事中在明代的发展却与此迥异。明太祖朱元璋时期，罢门下省而独存六科给事中，"掌侍从、规谏、补阙、拾遗、稽察六部百司之事。凡制敕宣行，大事覆奏，小事署而颁之；有失，封还执奏。凡内外所上章疏下，分类抄出，参署付部，驳正其违误"。[1] 看起来是对唐代封还下行之制敕、驳正上行奏抄制度的承袭。顾炎武以及孟森先生都曾对明代封驳寄予高度评价，或以为国论赖此维系，或以为可借此尽绝历代斜封墨敕之弊。[2] 然而，明祖之有取于给事中制度，正如其对传统相制的舍弃，取舍之间贯穿的是同一思路。究诸史实，六科给事中实际上疏于对上之封驳，而严密于对下之监察。[3] 至晚明时制度虚设，竟有出入三垣而不知封驳为何物者。[4] 孟森批评清代"得其（明代）完具之躯壳，而不用其历世摩钝之精意，有科钞而无封驳"，大约亦适用于明代：得唐制之躯壳而遗其精神。在明代进入发展巅峰时期的给事中制度，[5] 发展的正是唐代封驳中"驳"的一面，而萎缩了其封还的职能，从中我们看到的不再是君权的限制，而是扩张。两相比较，则制度之变迁适足以卜时代之兴衰、世运之隆替。

第二节　北宋前期的封驳

宋代之封驳制度近于唐而远于明。宋代士大夫对于君权与相权这两种最易滥用的权力异常敏感，在其话语体系中，封驳已主要是指对

1 《明史》卷七四《职官三》，中华书局，1974，第1805页。
2 《日知录集释》卷九《封驳》，第697~700页；孟森：《崇祯存实疏钞跋》，收入氏著《明清史论著集刊》，中华书局，1959，第135~137页。
3 明代封驳之实际，可参见赵毅《明代六科论略》，《社会科学辑刊》1988年第6期，第91~96页；郭景未《明代六科给事中制度研究》，硕士学位论文，华南师范大学，2005。
4 李清：《三垣笔记》，中华书局，1982，第20页。
5 张薇：《六科给事中制及对明代政治体制的监控和调节》，《武汉大学学报》1989年第4期，第77~83页。

君、相之出令而言。内藤湖南在阐述其唐宋时代区分论时曾提出，唐代门下省享有封驳权，代表官吏舆论，即贵族的舆论，并不绝对服从天子的命令，封驳之权在宋代以后日益衰退，至明清几乎完全消失。[1]后来内藤乾吉又进一步发挥了这种观点，认为在唐代给事中的封驳极具权威，天子对其所持的态度也颇为郑重。这种威权得以维持的关键在于贵族社会的背景。宋代以后，给事中即使具有封驳之权，但这种社会背景不复存在，所以在君主专制之下纵然是本分行使职责内的权力，在事实上也是很困难的了。[2]内藤氏关于帝制时期封驳制度总的演变趋势的观察是准确的，但有关宋代的封驳实有待于更加细密的研究与比较。唐代的封驳主要是指门下省给事中的封驳，而以给事中为主体的封驳制度在宋代是直到北宋神宗元丰改制之后才恢复并趋于稳定的，且发展成为以中书舍人、给事中的双重封驳为特色的"给舍封驳"，此前则另有变化。以下从出令与审驳的角度考察唐代渊源的给事中封驳制度在北宋元丰改制以前的变迁、实际运行情况及其与时政之间的相互影响。[3]

一　北宋封驳职能及其机构的恢复与重建

唐代给事中在后期取得了独立的封驳权，其职权转向以封还制敕为主，但从给事中的授官制书中我们可以看到，时人关于"封"与"驳"

1　内藤湖南：《概括的唐宋时代观》，《日本学者研究中国史论著选译》第1卷《通论》，中华书局，1992，第12~13页。

2　内藤乾吉：《唐代的三省》，《日本学者研究中国史论著选译》第8卷《法律制度》，中华书局，1992，第248~249页。

3　贾玉英先生将宋代的封驳制度置于监察体系中做过讨论，参见氏著《宋代监察制度》，河南大学出版社，1996，第216~272页。关于宋代封驳制度的专文有金圆先生早期文章《宋代封驳制度考》，《上海师范大学学报》1980年第1期，第110~115页，可参看。关于宋代中书舍人的职能变化及其在中枢系统中的行政角色，可参看张袆《从"专行诰词"到"分押制敕"——北宋外制官在诏令颁行程序中的职事变化》，《北京大学学报》2009年第2期，第109~114页；宋靖《唐宋中书舍人研究》，黑龙江大学出版社，2010，第132~159页。

的区分仍然是清楚的。[1] 而且从这些制词中我们也可以看到，针对上行文书可以"封还""论驳""驳正"，以"封驳"专指针对诏敕的审核的用法已经昭然。这也正是宋人的通常用法。同驳正上行文书相比，对于诏敕，不管是臣僚之封驳，还是君主之接受与否，自然更容易引起君臣上下乃至舆论的重视。唐末五代以来，没有了给事中的封驳制敕，视作其职遂废也就是理所当然的了。[2] 因此，尽管宋初的门下省在其职事已是十亡二三之际，仍保留了部分驳正的职能，[3] 同样是属于封驳制度缺失的时期。终太祖之朝，我们没有见到过封驳诏敕的任何记载，也不曾见到有人为此有所呼吁。

太宗即位以后，对政治制度多有更张，唐代的给事中封驳制度也在此时开始有所振作。

太宗淳化年间，左谏议大夫魏羽建议"有唐以来凡制诏皆经门下省审，有非便者许其封驳"，请复唐朝故事，择名臣专领其职。魏羽的奏请得准，后人也多将首请复封驳的荣誉归于魏羽。[4] 实际上早在太平兴国九年（984）时任右补阙、知睦州的田锡就提出了这一问题。这一年的八月，田锡上疏列举了近期的一些诏令因考虑不周而前后抵牾、朝令夕改的实例，指出："有朝令夕改之事，由制敕所行时有未当，而无人

1　《全唐文》卷四一〇收有常衮所作给事中授官制书若干，从制书措辞中我们可以推知给事中之职责，如《授贺若察给事中制》，"分曹殿中，职在论驳；尚书奏议，俾尔平之"；《授韦谔给事中制》，"宜守殿中，以平台议；诏书未当，实得封还"。卷六六一收有白居易所作制书两份，《窦易直可给事中制》，"凡制令奏议，官狱典章，苟有依违，皆得驳正，所任不细，宜敬乃官"；《郑覃可给事中制》，"凡制敕有不便于时者，得封奏之；刑狱有未合于理者，得驳正之；天下冤滞无告者，得与御史纠理；有司选补不当者，得与侍中裁退之。率是而行，号为称职"。（第4207、4208、6723、6725页）

2　《宋会要辑稿》职官二之四二，第3010页。

3　由于吏兵二部关于六品以下官的注拟是以奏抄的形式上报的，所以过官实际是对奏抄驳正的具体形式之一。参见张国刚《唐代官制》，第37页。宋初由于流内铨的铨选仍需过门下，因而门下实际上仍得以保留了部分驳正的职责。其相关规定与实例，可参见《长编》卷八乾德五年三月末纪事、卷九开宝元年八月辛酉、卷一六开宝八年十二月己未等条，第192、207、355页。

4　《宋史》卷二六七《魏羽传》，第9205页。

封驳者，给事中之过也。给事中若任得其人，制敕若许之封驳，则所下
之敕无不当，所行之事无不精。"[1] 田锡希望给事中选任能得其人，制敕
能够许之封驳，慎重命令之出。然而太宗当时竟不能用，及魏羽再请复
封驳之职，已是十年之后。

　　淳化四年（993）六月太宗从魏羽所请，以右谏议大夫魏庠、知制
诰柴成务同知给事中事，恢复封驳的职能：

　　　　凡制敕有所不便者宜准故事封驳，自余常程公事依例施行者
　　不得辄有留滞。应后来行下制敕，并仰旋具编次。更有合举行之
　　事，条奏以闻。[2]

　　这个诏书对魏庠、柴成务的职掌界定的并不是很清楚，何种制
敕可以封驳，常程公事的范围为何，以及"故事"是如何规定的，
等等，都没有说明。可以看得出来，尽管太宗命令恢复给事中之职，
但实际上朝廷并没有经过仔细的讨论，封驳之职能也不会因为一道
诏书就能付诸实施。因此柴成务等在接受任命之后首先做的就是寻
检门下省封驳"故事"呈上中书门下，供宰相们讨论。不久就接到
敕命：

　　　　自今后应除职官勋爵不以废置封赠并下画敕，其刑政损益并
　　起请、厘革、制置公事并不正宣，宜令魏庠已下候到省，详依令
　　敕施行驳正、追改。

　　这个规定将封驳的范围明确为职官勋爵的废置封赠，其他诏敕则只
在事后过门下。诏书已行再过门下，显然有违制度设置之本意，故柴成

1　《长编》卷二五，雍熙元年八月癸巳条，第583页。
2　《长编》卷三四，淳化四年六月戊寅条，第751页；《宋会要辑稿》职官二之四二，第3010页。

务等再上疏称此是名实相违，"稽诸故事，颇异前闻"，同时再次提出了十年前田锡所指出的诏敕轻行的问题，请求扩大封驳的范围。[1] 结果不得而知，但从此后的记载看，应该是没有什么结果。

在后来宋人的历史书写中把淳化四年六月魏庠、柴成务行给事中事看得比较重要，看作太宗复封驳之职的开始。实际上魏庠、柴成务只是以它职兼行给事中之职，并非专职，他们没有自己的官署，没有僚佐，没有专印，可以想象，所谓的复封驳只是虚文而已，[2] 而且我们也的确没有发现魏庠、柴成务有过任何的封驳事例或者是什么条奏。事实上仅仅三个月之后魏庠、柴成务的使命便终结了。

九月乙巳，诏停废知给事中封驳公事，以给事中封驳隶通进银台司，"应诏敕并令枢密直学士向敏中、张咏详酌可否，然后行下"。[3] 通进、银台司是北宋初期内外章奏文书的出纳机构，职司诏敕下行的封驳事为什么会并入通进银台司呢？

淳化年间，与复封驳事几乎前后，通进银台司因为积弊过深，也在经历着整顿。淳化四年八月，太宗按照向敏中所提出的"别置局署，命官专莅"的建议开始整顿通进银台司，"凡内外奏章案牍，谨视其出入而勾稽焉，月一奏课，事大小不敢有所留滞矣"。[4] 在这次整顿之后不久，通进银台司的机构又得到进一步的扩大，本来隶属中书的发敕司改隶银台司兼领，[5] 掌受中书、枢密院宣敕，著籍而颁下之。[6]

1　柴成务：《上太宗论封驳故事》，《宋朝诸臣奏议》卷五六，第618页。

2　朱瑞熙先生认为六月事是"沿袭唐制"，这"说明门下省取得了封驳权，并且设置了封驳司"（《中国政治制度通史·宋代卷》，人民出版社，1996，第509页），当属误解，未有直接史料依据，实际上唐代门下省行使封驳权的时候，有斯职，即有斯事，也未曾有个单独的封驳司，太宗此时只是恢复其"事"而已。贾玉英先生亦认为"此时仍无封驳机构"，参见贾玉英《宋代监察制度》，第218页。

3　《长编》卷三四，淳化四年九月乙巳条，第752页。

4　《长编》卷三四，淳化四年八月癸酉条，第752页；《宋会要辑稿》职官二之二六，第3003页。

5　《长编》卷三四，淳化四年八月癸酉条，第752页。

6　《宋会要辑稿》职官二之四一，第3010页。

发敕司在隶属银台之前除了受付宣敕之外，其实还负有点检之责，一旦发现有要害差错者，中书之堂后官、守当官俱要受罚，罚金之三分之一赏发敕官。[1] 在复给事中封驳事之后，在点检诏敕方面，两者之间其实就已存在职能重合之处。隶银台之后，通进银台司实际上就成为上行与下行文书的总出纳之地，将诏敕的封驳之职也纳入其中实是势所必至、顺理成章之事。因此在九月份太宗终于下诏停废知给事中封驳公事，"令枢密直学士向敏中、张咏点检、看读、发放敕命，不得住滞差错。所有行下敕文依旧编录，仍令发敕院应承受到中书敕令并须画时赴向敏中等处点检，候看读、发放逐处。内有实封敕文，并仰逐房候印押下实封送赴向敏中等看读、点检了，却实封依例发放"。[2] 封驳职事始隶银台司，以封驳司为名当始于此时，[3] 通进银台司也由此整合为一个由通进、银台、发敕与封驳四司组成、由两名知司官统一领导的主管文书运行的机构。

真宗咸平四年（1001），以吏部侍郎陈恕知通进银台封驳司。陈恕上言"封驳之任实给事中之职，隶于左曹，虽别建官局，不可失其故号"，奏请改银台封驳司为门下封驳司，仍然隶属银台。[4] 同年九月，陈恕又奏请铸本司印。真宗下诏如有封驳事，取门下省印用之。封驳司既正名为门下封驳司，文书往来又用门下省印，其长官名衔中的"知封驳司"也就改为兼门下封驳事。[5]

神宗元丰五年（1082）五月一日施行新官制，三省正名，门下省职能恢复。通进、银台司俱隶门下，原隶银台司的封驳司在五月七日拨归

1　《宋会要辑稿》职官二之四一，第 3010 页。

2　《宋会要辑稿》职官二之四二，第 3010 页。

3　《长编》卷三四，淳化四年九月乙巳条，第 752 页；《宋会要辑稿》职官二之四二以及《文献通考》卷五〇"给事中"条均作"九年"，误。

4　《长编》卷四八，咸平四年五月辛卯条，第 1061 页。

5　《长编》卷四九，咸平四年九月己巳条，第 1071 页。

门下省为封驳房，[1]原来的封驳司准朝旨废罢，也就不复存在了。[2]虽然统属关系改变，但改制之初，体制未顺，恢复了封驳职能的给事中与门下省封驳房发生冲突，元丰五年六月二十五日，给事中陆佃言："三省、枢密院文字已读讫，皆再送令封驳，虑成重复。"于是下诏罢封驳房。[3]从此，门下省封驳房也不复存在，封驳事宜俱掌于给事中所领外省之封驳案。南宋建炎间，诏谏院不隶两省，又罢符宝郎，门下后省以给事中为长官，四员为额，所设案由六减为四，封驳其一，"掌录封驳文书及本省人吏试补之事"。[4]

　　综上所述，宋代封驳之职事及其机构的变化大致如下：太宗淳化四年六月设同知给事中事，然其时并无封驳司机构；九月，封驳事务并入通进银台司，有"银台封驳司"之设；真宗咸平四年，银台封驳司正名为"门下封驳司"，隶属关系不变；元丰五年五月官制改革，门下封驳司拨归门下省为门下省"封驳房"；六月，罢门下省封驳房。就职司封驳之职官而言，则无非三种：太宗时为时甚短的"同知给事中事"，元丰改制前之通进银台司长官，改制后之给事中。此后直到南宋，给事中掌后省，专掌文书，独立封驳，积极参与并影响政治。

二　封驳的内容及其方式

　　自从门下封驳事隶属于银台司后，我们所说的封驳官其实即是通进银台司的长官，在咸平四年后，在其职衔中表现为"兼门下封驳事"。

1　《长编》卷三二六，元丰五年五月丁亥条，第 7845 页；《长编》卷三六〇，元丰八年十月庚辰条，侍御史刘挚上疏引元丰五年五月七日门下省札子，第 8615 页。
2　贾玉英先生认为给事中职能恢复，但通进银台司封驳房仍在，行封驳之职，是未曾注意到"门下封驳司"与"门下封驳房"之间的细微差别，实际上两者统属关系已经不同。参见贾玉英《宋代监察制度》，第 223 页。
3　《长编》卷三二七，元丰五年六月乙亥条，第 7885 页。
4　《宋会要辑稿》职官一之七八，第 2980 页。

元丰改制以前的知司官官衔或为"知通进银台司"，或为"知通进银台司门下封驳事"，不管其衔中是否带"知门下封驳事"的字样，实际上都是辖四司的。而且根据惯例，在任命的诏书中一般会带有如下一段话：

> 如有制敕不便，依故事封驳。自余寻常公事，依例施行。及点检两司公事，应诸处申奏文字，一依先降敕命进入。候降出，看详分明，批凿合行旨挥事件，送中书、密院、三司及逐处疾速施行。如有迟滞去处，并仰举奏，当议重行朝典。更有合行提举事件，并委条奏以闻。

用此法定其封驳的职能。嘉祐六年（1061）二月，龙图阁直学士周沆为知通进银台司兼门下封驳事，其任命敕书内却没有带此一段话，宰相奏请"今后所差官宜令银台司依此施行"。[1]一直到神宗即位，范镇知通进银台司时才又恢复旧制，在所授告敕后重新写上"门下封驳制敕，省审章奏，纠举违滞"的字样。[2]

在淳化四年九月太宗下诏停废知给事中封驳公事的时候，"令发敕院应承受到中书敕令并须画时赴向敏中等处点检，候看读、发放逐处。内有实封敕文，并仰逐房候印押下实封送赴向敏中等看读、点检了，却实封依例发放"。只是针对中书，没有针对枢密院的规定，大概只是袭唐制，而忽视了本朝二府体制的特点，这样经过枢密院的宣、札就没有经过封驳司直接行下了。因此至道元年（995）十月又下诏书，令枢密院："自今除该机密外，凡行宣命，并付封驳司看详发遣。"[3]如果仅从制度规定上看，经过中书、枢密二府行下的宣、敕、札子等除了事关军

1　《宋会要辑稿》职官二之三九，第 3009 页。
2　韩维：《范镇神道碑》，《全宋文》第 49 册，第 251 页；《苏轼文集》卷一四《范景仁墓志铭》，第 439 页。
3　《宋会要辑稿》职官二之四二，第 3011 页。

机的机密文书外，通常都要经过封驳司，也就是说都在封驳范围之内。不过从实际情况看，我们所能见到的封驳事例主要还是集中在人事问题上。

诏敕过封驳司，如有异议，具体该如何封驳呢？上述命官诏书中曾说过："如有制敕不便，依故事封驳。自余寻常公事，依例施行。"此处的"故事"，自然是唐朝故事。[1]

唐制中对封还的方式缺乏明晰的说法，史籍中常见之用语多为封驳、封还、执奏、论驳、驳正等，对于这些说法与做法学界或认为有直接与间接之分，或认为有前、后期及主、次之分，[2]但都将封还与执奏视作两种不同的方式。实际上执奏是一种很宽泛的用法，各级主要官员均可执奏，自然也适用于门下之封驳。[3]诏敕过给事中，如果拒绝署敕行下，则形成封驳。此时，必定是要有奏状说明封驳的原因，而原诏书则"随状封进"，[4]因此，给事中的执奏与封还并不宜看作两种不同的方式，稽留诏书而不奏，或只封还诏书而不加分解同样是不可想象的。唐朝中后期又出现了给事中"批敕"的方式，其基本含义同此，区别在于封驳者的意见一是单为奏状，一是批于原诏之上，后者虽较特殊，但同样是有法律依据的。[5]

奏状与批敕之外，还有所谓"涂归"的方式，即欧阳修所言："诏敕不便者，涂窜而奏还，谓之'涂归'。"[6]然而涂归之说本来就

---

[1] 参见柴成务《上太宗论封驳故事》，《宋朝诸臣奏议》卷五六，第 618 页。

[2] 参见前揭毛汉光、祁德贵、王雪玲文。

[3] 吴兢撰，谢保成集校《贞观政要集校》卷一《政体二》，中华书局，2003，第 31 页。

[4] 《旧唐书》卷一五四《许孟容传》，第 4101 页。

[5] 宪宗元和三年，以国子司业李藩为给事中，"时制敕有不可，遂于黄敕后批之。吏曰宜别连白纸，藩曰：只是文状，岂曰批敕！"推测李藩语意，其批敕当有依据。参见《唐会要》卷五四《省号上·给事中》，第 938 页。"吏曰宜别连白纸"，四库本作"吏白宜别奏"，正可见别为奏状与直接批敕可视为两种不同的封驳方式。

[6] 《新唐书》卷四七《百官二》，第 1207 页。

很可疑，[1] 到了南宋岳珂的笔下（"李藩在琐闼，以笔涂诏，谓之涂归"）[2] 则又径自以李藩为宰相时之"涂诏"为给事中之"涂归"矣。

"批敕"与"涂归"的方式，在唐代已是仅一二见，宋人则虽艳羡之而事迹罕闻。王岩叟论封驳之职云："给事中处门下，当封驳，非他职比，凡政令之乖宜，除授之失当，谏官所未论，御史所未言，皆先得以疏驳而封之。"[3] 所谓"疏驳而封还"，即封还诏敕，上疏论奏，正是唐宋时期最为通行的做法。不同之处是宋代的封驳文似已有基本固定的程式，如元祐时期的驳文是："所有录黄，谨具封还，伏乞圣慈，特付中书省，别赐取旨施行。"[4] 到了南宋时期则随着官制的改革而又有新变化。

三　北宋封驳实际状况的分析

北宋中期以后宋人在谈及封驳一职的恢复时，多数人首先提及的自然是淳化四年太宗任用向、张二人掌封驳，并将其视作祖宗之法的组成部分而加以追念。[5] 故南宋吕中认为宋代百官振职始于太宗，自张咏封还诏书而后之为给事中者始敢于封驳。[6] 然而北宋龚鼎臣却说封驳振职

1　《唐会要》卷五四《省号上》记有开元十九年四月二十六日敕："加阶入三品，并授官及勋封甲，并诸色阙等进画，出至门下省重加详复。有驳正者，便即落下墨涂讫，仍于甲上具注事由，并牒中书省。"（第 927 页）此墨涂驳正授官勋封甲事，与封驳诏敕不可等量齐观。又《旧唐书》卷一四八《李藩传》与《新唐书》卷一六九《李藩传》均载有李藩为宰相时"涂诏"之事。然而"涂诏"事经不住推敲，去藩不远的崔铉即已疑之，认为此事系"不谙事故者之妄传，史官之谬记"，宋人司马光《通鉴》不取此说，叶梦得、程大昌等就此事与"批敕"事亦续有辨析，参见《唐会要》卷五二《识量下》（第 900 页）、《资治通鉴》卷二三八元和五年十一月庚戌条（第 7681 页）、叶梦得《避暑录话》卷下（徐时仪整理，大象出版社，2019，第 95 页）及程大昌《考古编》卷八"李藩涂诏"（第 136 页）。颇疑欧阳修涂归之说本于此墨涂封甲及涂诏两事，而实无其制。
2　《愧郯录》卷八《给舍论驳》，第 108 页。
3　《长编》卷三六二，元丰八年十二月甲戌条，第 8668 页。
4　《愧郯录》卷八《给舍论驳》，第 108 页。
5　可参看《宋朝诸臣奏议》卷五六给舍部分奏议。
6　《类编皇朝大事记讲义》卷四"给事"条，第 97 页。

始于仁宗时期的何郯:"自来封驳之司名存而职不振,今刬振职矣。"龚
鼎臣是景祐元年进士,与何郯同时代,他的意见无疑更值得重视。此
后吕希哲则认为:"本朝置通进银台封驳司,以侍从官知司,盖给事中
之职也。然旧制止出纳文书而已。嘉祐中何郯圣从以待制领此职,诏令
有不便者,辄封还之。仁宗嘉其尽职,皆从之,自此始为故事。"[1]将何
郯封驳看作宋代封驳之"故事"之始。然则到底孰是孰非呢?这一认识
上的矛盾恰反映了北宋时期封驳的困境。因此以下我们将一一钩稽史料
所见元丰改制以前之封驳案例,以观察北宋封驳制度恢复后的实际运行
状况。[2]

太宗时期 自淳化四年九月,封驳司隶通进银台司之后,张咏知通
进银台司,很快就有了一次封驳。

[案一]泰宁节度使、并代都部署张永德因为笞小校至死,诏
按其罪。张咏封还诏书,言:"永德方任边寄,若以一小校故,摧辱
主帅,臣恐下有轻上之心。"[3]然而太宗不从,宋代封驳之处女秀没有
成功。

在张咏之前,柴成务等人在知给事中事的时候,固然不见有所封
驳;在张、向二人任职期间,封还诏书之举,也仅此一见。而这唯一的
一次封驳也以太宗不从而止。张咏封驳之后不久,果然发生了营兵胁讼
军候的事情,张咏于是旧事重提,结果"上改容劳之"。太宗虽为之改
容,但并没有改悔。

此后太宗时代剩下的三年多时间里,向、张之后继掌封驳司的有

---

1 分别参见龚鼎臣《东原录》,黄宝华整理,《全宋笔记》第8编第9册,大象出版社,2007,
   第190页;吕希哲《吕氏杂记》卷上,夏广兴整理,《全宋笔记》第1编第10册,大象出版社,
   2003,第276页。
2 知制诰对"词头"的封还与封驳司之封驳,分处文书运行中不同的环节,封还词头在前,则
   后者无从发生。对于一身而兼知制诰与封驳官两任者,如果封还了词头,则据实就理,如果
   其单任封驳官,此次行为依然能够发生,故本章亦统计在内,如第五、第十一两例。对于同
   一人对同一事之多次封驳,则只作为一个事例处理,如第十三、第十四之例。
3 《长编》卷三四,淳化四年九月乙巳条,第753页。

史可查的还有六人，然封驳的事例一件也没有。其中翰林学士王禹偁在
至道元年（995）曾兼知审官院及通进银台封驳司，"制敕有不便多所论
奏"，但我们没有见到具体事例。

真宗时期　真宗在位的 25 年间，可查的通进银台司长官有 24 人，
各种形式的封驳一共有三次。

[案二] 第一次是在真宗即位初，田锡与魏廷式同勾当审官院、通
进银台封驳司时，两人为是否封驳三司盐铁使陈恕等不赴晡临还司敕意
见不合起了纠纷，是一桩不了了之的封驳案。[1]

[案三] 第二次是在景德初年杨亿知通进银台司兼门下封驳事。时
以吏部铨主事前宜黄簿王太冲为大理评事，杨亿认为以丞吏之贱，不宜
任清秩，"封还诏书"，结果是"不听"。[2]

[案四] 第三次是在天禧元年（1017），翰林学士、知通进银台司
兼门下封驳事晁迥、李维在任职期间，曾封驳了一件关于纳粟补官的中
书札子。[3] 这次成功。

真宗时期的封驳事例仅见此三件。其第一件不了了之，第二、三件
都是对中书札子的封驳。

仁宗时期　仁宗在位 41 年，其间封驳官可查的共有 21 人，封驳事
有六次，其中何郯自己即有四次。仁宗时期的第一例封驳已经是在仁宗
即位 20 余年后。

[案五] 庆历四年（1044）十二月，左卫上将军致仕杨崇勋为太子
太保致仕，知制诰张方平封还词头，认为"崇勋罪大责轻，以上将军就
第，物议无不愤疾，虽经沛宥，而致仕非赦文所该，东宫一品非崇勋所
宜处"。[4] 结果失败。

1　《咸平集》卷二七《奏魏廷式封驳》，第 294~295 页。
2　《长编》卷六三，景德三年五月丁未条，第 1399 页；《宋史》卷三〇五《杨亿传》，第 10082
　　页。据杨亿《封驳铨司主事王太冲状》，封驳的是一件中书札子，封驳原因与《长编》及《宋
　　史》本传所载不同，参见杨亿《武夷新集》卷一八，福建人民出版社，2007，第 283 页。
3　《长编》卷八九，天禧元年四月甲申条，第 2056 页。
4　《长编》卷一五三，庆历四年十二月丙午条，第 3726 页。

[案六] 至和年间，姜潜因为田况举荐召试学士院为明州录事参军，以母思乡求致仕，敕过门下，知封驳司吴奎封还，然后与韩绛共上章推荐，姜潜徙兖州录事参军。[1]

这两次封驳都比较特殊。张方平时为知制诰，封还的是词头，从程序上讲，诏命未成，尚不到封驳司，但彼时张方平实际上是以知制诰兼领封驳司，就事而言，倘若他不是知制诰而单领封驳司，这次封驳仍然会存在。此事正与英宗时韩维以知制诰兼领通进银台司门下封驳事，而执政虑其"不肯草制及封驳敕命"同（见案十一），故本章仍将此事视作封驳之例。吴奎的封驳则是一次成人之美、没有任何政治风险的封驳。

也正是在此期间，直臣包拯对于封驳虚文的状况给予了激烈的批评：

> 窃睹国家循旧例置门下封驳司，以近臣兼领，未尝见封一敕，驳一事，但有封驳之名，而无封驳之实，因循不振，岂不惜哉！且历代典故沦废多矣，此局幸而未坠，只在举而行之。[2]

一直到了嘉祐四年（1059）四月何郯同知通进银台司兼门下封驳事的时候，仍是"封驳职久废"，有待何郯来举而行之了。何郯自嘉祐四年四月以吏部郎中、天章阁待制同知通进银台司兼门下封驳事至次年九月徙判吏部铨，共在职近一年半，封驳四次。

[案七—十] 嘉祐四年八月封还龙昌期赐殿中丞致仕诏书。加上翰林学士欧阳修、知制诰刘敞等同时弹劾龙昌期异端害道，结果追夺昌期所赐遣归。十二月癸未何郯封还海州都监、昭宣使、果州防御使武继隆为京东西路钤辖，京东西路钤辖、北作坊使、广州团练使阎士良为鄜延

---

1 《宋史》卷四五八《姜潜传》，第 13445 页。
2 《包拯集》卷二《请复封驳》，第 24 页。《集》曰知谏院时作，当为皇祐二年以后。据《宋史》卷三一六《包拯传》则包拯请复封驳系在任监察御史时，当在庆历四年以后。

路都钤辖的诰敕，成功与否不知。同月，封还工部郎中、直龙图阁王逵知金州制，且言逵贪酷虐民，不可复使为知州。结果王逵改命提举兖州仙源县景灵宫、太极观。嘉祐五年七月，知谏院唐介差知荆南府，何郯认为唐介作为谏官，有补朝廷，不应当出外，于是封还敕书，结果唐介复知谏院。[1]

英宗时期　英宗在位不满四年，其间没有过一次真正的封驳，但在北宋封驳历史上仍具有相当意义。

［案十一］治平三年（1066）春正月，因为濮议之事，御史台官员吕诲、范纯仁、吕大防三人被罢言职。当时知制诰韩维当直，又兼领通进银台司门下封驳事，"执政恐维缴词头，不肯草制及封驳敕命，遂径以敕送吕诲等家，仍以累不遵禀圣旨赴台供职为诲等罪"。猜想这种诏敕绕过封驳司的做法在以前定不是什么新鲜事，也不见有谁出来较真，但这一次遭到了韩维强烈的反对：韩维连上三疏论吕诲等敕不由封驳司，请求追还敕命。[2]

神宗时期　在元丰改制之前神宗在位的15年中，神宗用封驳官18人，封驳实例五件。

［案十二］治平四年（1067）九月，司马光以论张方平罢御史中丞，还经幄为翰林学士兼侍读学士。封驳官吕公著认为："光以举职赐罢，是为有言责者不得尽其言也。"封还诏命。吕公著封还诏命之后，神宗没有设法取得封驳司的同意行下，而是绕过了封驳司，派人将司马光的任命诏书直付阁门。于是吕公著上言："制命不由门下，则封驳之职，因臣而废。愿理臣之罪，以正纪纲。"即使经神宗解释，公著仍坚请不

1　分别参见《长编》卷一九〇嘉祐四年八月癸未条（第4586页）、十二月癸未条（第4602页）、十二月丁亥条（第4603页）以及卷一九二嘉祐五年七月甲午条（第4635页）。

2　《长编》卷二〇七，治平三年正月壬午条，第5037页；韩维：《上英宗论吕诲等敕不由封驳司》，《宋朝诸臣奏议》卷五六，第620~622页。

已，竟解银台司之职。[1]

[案十三—十四] 熙宁三年（1070）二、三月间，谏官李常上言"州郡官吏有时不俵常平钱斛与民，而使民虚出息二分入官"，神宗令李常出具州县所在官吏姓名闻奏。知通进银台司兼门下封驳事范镇认为"（李）常但风闻言事，不当使之具析"，封还中书札子。此后中书以圣旨晓谕四五次，使之行下，范镇执奏如初。适逢司马光乞罢枢密副使，得到允许，而范镇又封还诏书，上言司马光不可罢。神宗令再送范镇行下，范镇又封还。

范镇在整个过程中等于连续封驳六次，最后神宗重施故技，以诏书直付司马光，不复由银台司行下。于是范镇自请解封驳事，三月七日范镇罢知通进银台司兼门下封驳事。[2]

[案十五] 熙宁三年四月，神宗与王安石提拔前秀州军事判官李定为台官，知制诰宋敏求封还词头，罢职。[3] 为了预防其他的知制诰封还词头，五月，另行任命了司封员外郎、直史馆、同修起居注蔡延庆，兵部郎中、集贤校理王益柔直舍人院。同时又担心封驳官陈荐封驳李定除命，因此罢陈荐而用天章阁待制孙固代替。既而知制诰吕大临及苏颂果然继宋敏求之后相继封还词头，拒绝草诏，于是神宗罢免吕、苏，而孙固却两次封驳了罢免诏书，在神宗的屡次解释和催促下，孙固最终还是将诏书行下。[4]

[案十六] 熙宁三年制科考试，前台州司户参军孔文仲对策不称神宗意，御批特黜，令流内铨告示发赴单州团练推官本任，知通进银台司

1 《宋史》卷三三六《吕公著传》，第10773页；《续资治通鉴长编纪事本末》卷五八《司马光弹劾》，北京图书馆出版社，2003，第1883~1884页；吕公著：《上神宗论司马光告敕不由封驳司》，《宋朝诸臣奏议》卷五六，第622页。
2 《宋会要辑稿》职官六五之三一，第4815页；《宋史》卷三三七《范镇传》，第10788页；《续资治通鉴长编纪事本末》卷六八《青苗法上》，第2234~2235页。
3 《长编》卷二一一，熙宁三年四月壬午条，第5105页。
4 《长编》卷二一一，熙宁三年五月乙未条、癸卯条及注引神宗《御集》，第5120~5121、5123~5128页。

齐恢、孙固屡封还御批。同时，详定官韩维及陈荐、孙永皆求对，力言文仲不当黜，韩维凡五上章，请求改赐处分。[1]在王安石的支持下，孔文仲最终还是被黜落，没有见到齐恢、孙固有别的后续反应，是否最终经过了封驳司不得而知。

自淳化四年（993）北宋复封驳之制到元丰五年（1082）改官制，九十年间有封驳事例十六件，较之于唐代二百九十年中的二十六次给事中封驳并不算少。回到本节前面的问题，在后来宋人的叙述中，太宗复封驳已被抬升到祖宗之法的高度，但我们所看到的封驳的实际情况中，在嘉祐四年何郯掌封驳之前三朝六十多年间，仅得六例。何郯自嘉祐四年八月起连续封驳，振作斯职，是没有前例的，因此，在一定程度上，如吕氏所说自何郯能封驳，始为故事，并非没有道理。此后不到二十年，则有十例。因此可以说北宋封驳之职虽恢复于太宗时，而其振作实在仁宗末年。从内容上看，在太宗、真宗、仁宗三朝的十个封驳事例中，除了第一次是有关刑罚外，其余的都与人事安排有关，此后在神宗时期的五个封驳事例中，也有四个是关于人事问题的，可以推知尽管制度上规定诏敕宣札等皆得封驳，实际上封驳所能发挥作用的领域主要还是在人事方面，这与唐代的情况也基本是一致的。

四　封驳制度与北宋政治（上）

封驳之职在最初魏庠、柴成务任知给事中的时候已有所论议，此后在张咏、向敏中、王旦、田锡等名臣任职的时候，记载中也会经常提到是如何尽职，但很少见到有封驳的事例。封驳对北宋政治生活的影响在英宗朝前后也截然不同，原因何在？

余靖、包拯两人的奏议都认为封驳不力与人选大有关系，因此都提

---

1 《长编》卷二一五，熙宁三年九月壬子条，第5245~5247页。

出了自己的人选建议。一是要求"差刚正公平大臣"，一是要求选"慎重介直不挠者"，[1]希望这样的刚直方正的大臣职掌封驳能够无可畏避，振作其职。然而据笔者统计，在元丰改制之前，先后执掌通进银台司兼封驳事的官员有76人次，其中符合这种标准的名臣比比皆是。如向敏中、张咏、王禹偁、王旦、田锡、陈恕、王曾、王嗣宗、吕夷简、王曙、欧阳修、张方平、吴育、吴奎、韩维、吕公著、范镇、陈襄等皆是一时之选，他们当中有相当一部分后来做到了宰执。正像神宗时李常所说的，"祖宗以来多选方正望重之臣典领是职，缘于朝廷所补非轻，其为责任甚重"。[2]但即使这些刚直方正之名臣，有过封驳之举的亦只是寥寥数人而已，可知即使选任得人亦不能保证其封驳之尽职，人选之外必有其他影响因素在。

北宋前期封驳的振作与否与人选个人素质的高低相关度并不大，倒是人选之任用制度一定程度上影响了封驳职能的发挥。通进银台司毕竟是一个下辖四司的综合性文书运行部门，封驳司只是其一。就此而言，其长官之"兼门下封驳事"不能完全算是"专职"封驳官，况且他们甚至连本司事务且不能"专"：通进银台司长官通常要兼任多种其他差遣。由于史料性质的不同，如《宋史》等个人传记资料，通常是综合罗列其任官情况，数职并列，较难判断其中的兼职情况。在笔者所统计的40余例信息明确或较易判断长官人选资料中，最多兼任的是知审官院，有11例；其次则是三班院和知制诰，分别为7例和6例；其他兼任较多的差遣还有流内铨、纠察在京刑狱司等。总之，所兼多为事繁任巨之差遣，且多见于太宗、真宗、仁宗时期。至道元年（995），王禹偁为翰林学士知制诰兼知审官院及通进银台司，五月，王禹偁因谤议罢为知滁州军州事，在谢表中禹偁对任职期间的经历有所回顾："臣在内庭一百日间，五十夜次当宿直，白日又在银台通进司、审官院、封驳司勾当公

1　余靖：《上仁宗乞宣敕并送封驳司审省》，《宋朝诸臣奏议》卷五六，第618页；《包拯集》卷二《请复封驳》，第24页。

2　李常：《上神宗论差提举常平官敕不由封驳司》，《宋朝诸臣奏议》卷五六，第623页。

事，与宋湜、吕祐之阅视天下奏章，审省国家诏命，凡干利害，知无不为。三日一到私家，归来已是薄暮。"[1] 身陷簿书疲于应付之状如在目前，在这种一身多任的情况下能够文书寓目、事无留滞已属不易，大概很难再细细推敲事之当否了。

"职司论驳"之封驳官无法专注于其职还只是封驳不振的可能因素，毕竟事在人为；相形之下，北宋建国以来中枢权力运作方式的转变以及君臣上下对于封驳之职的认知是更为重要的影响因素。

大中祥符八年（1015），宰相商议令翰林学士晁迥代知通进银台司门下封驳事王曾。据《长编》载：

> 上曰："朕闻外议谓曾尝封驳诏敕，自是中书衔之，多沮曾所奏，今若罢去，是符外议。"（王）旦曰："臣等本无忌曾之意。今圣慈宣谕为宰司避谤，请迥与度相易，曾如旧。"上可之。旦因言："今封驳之任，与古不同。大抵除改、差遣，大小皆先奉进止，继入熟状，俟其可奏，然后降敕。此外或差误有害勘会失实，臣等省视不至，往往有之，颁下四方诚为不当，封驳司官苟能详览改正，乃助臣等不逮，必无责之之理。"上然之。[2]

如王旦所说："大抵除改、差遣，大小皆先奉进止，继入熟状，俟其可奏，然后降敕。"王旦的解释显示出唐宋之际中央政务运作方式的转变对封驳制度的影响。同年三月，真宗与王旦之间还有一段对话：

> 上谓王旦曰："上封者言中书不言事，罕接宾客，政令颇稽滞。"旦等曰："中书当言者，惟进贤退不肖、四方边奏、郡县水

1　王禹偁：《滁州谢上表》，《全宋文》第 7 册，第 307 页。
2　《长编》卷八五，大中祥符八年十月辛卯条，第 1954 页。

旱、官吏能否、刑法枉直。此数事，日奉德音，动遵睿旨，外人
不知者，是臣等无漏言也。"[1]

这两段对话恰可互相参照。包括"进贤退不肖、四方边奏、郡
县水旱、官吏能否、刑法枉直"等种种事务，宰相都是需要奏上取
旨，即所谓"日奉德音，动遵睿旨"。而这种情况又是从立国之初就
已经开始。这样随着中央决策体制的变化，君主的权力日渐向行政
事务方面渗透，在这种情况下，"今封驳之任，与古不同"，封驳官面
对如此形势，加上北宋前期士气未振，较之于唐代，封驳自是更加
艰难。

尤令人不解的是，别的官员诸事取旨犹可说，封驳官封驳竟然也
要取旨。真宗即位初，田锡与魏廷式同掌银台司，为封驳陈恕等不赴晡
临还司敕事，两人发生龃龉。经过奏请，真宗令魏廷式自己驳奏。[2]封
驳要事先取旨，则封驳之职的原意尽失，自然也会影响到封驳官的尽职
了。以田锡之敢言，两度执掌封驳司，竟然不见有过哪怕一次封驳，与
封驳官面临的这种政治环境想必不会没有关系。

因为封驳不振，封驳司及其所归属的通进银台司自然更多地表现为
文书的收发之司。真宗景德三年（1006）二月，封驳司上言：

> 中书、枢密院多至午未方送到文字，比置此局，贵要审详，
> 况诸处文字皆有常限，或及旬日一月已来，商量施行。若当司略
> 不看读，便行发遣，乃是发放之司，岂曰封驳之职？望自今除急
> 速文字外，其余道数稍多看详未及者，许至次日发遣。又近日多
> 有发文字不由当司，欲望非涉机密，皆依旧制。[3]

---

1 《长编》卷八四，大中祥符八年三月甲子条，第 1925 页。
2 《咸平集》卷二七《奏魏廷式封驳》，第 294~295 页。
3 《长编》卷六二，景德三年二月，第 1390~1391 页；《宋会要辑稿》职官二之四三，第 3011 页。

　　由此看来，此前二府送到宣敕等文字，须当日发遣，而二府不遵守程限规定，送进文字太晚，导致文书积压过多，无法周览，发放尚恐不及，更何暇封驳，遂使封驳成为虚文。

　　然而更关键的问题是二府甚至干脆"发文字不由当司"。宰辅在直承君命后，往往就不再将文书的点检、封驳部门放在眼里，经常干脆文书不经过封驳司径直行下，这就使得封驳司不是由于文书积压无法封驳，而是文书不行无所封驳。在此前的咸平三年（1000）十一月，中书户房即直发札子四道，不由发敕院点检。[1]不由发敕院，封驳自是无从谈起了。

　　这种文书不经过封驳司的情况大概在任何时期都不同程度地存在着。到了仁宗天圣七年（1029），群牧判官司马池在转对时，言"唐制门下省诏书出有不便者得以封还。今门下虽有封驳之名，而诏书一切自中书下，非所以防过举也"。[2]此后没有几年，景祐三年（1036）龙图阁直学士李纮领银台司时，又因"宣敕札子皆不经本司，封驳之职，遂废不举"，请恢复旧制。他的奏请得到允准，十二月，乃严宣敕银台法，"诏宣敕札子非经通进银台司，毋得直下诸处"。[3]但严宣敕银台之法的颁布，似乎并没有取得多大的效果。九年之后，知谏院余靖又重新提出了这个问题，他在庆历四年（1044）上奏云：

　　　　国朝淳化中，始自枢密院分出银台、通进二司，兼领门下封驳事，令两制已上主判。凡制敕有所不便者，准故事封驳。张咏、向敏中咸领此职。此时宣敕，无不经历门下。近年以来，旧制坐废，唯选人黄甲犹准故事，其余宣敕，百无一二到彼。则是官有

1　《宋会要辑稿》职官二之四一，第3010页。
2　《长编》卷一〇七，天圣七年三月癸未条，第2505页。
3　《长编》卷一一九，景祐三年十二月戊申条，第2812页。

封驳之名，曾无改正之实。[1]

前引包拯的札子中也说道："应有除授之制，并先由门下，其不可者，得以辨别是非，封进诏敕。"[2] 本该经封驳司的各类文书，实际上却是百无一二，则严宣敕银台之法实际上只是具文而已。

在余靖上奏十五年之后的嘉祐四年（1059）四月，吏部郎中、天章阁待制何郯同知通进银台司兼门下封驳事。何郯上言："本朝设此司，实代给事中封驳之职，乞准王曾、王嗣宗故事，凡有诏敕，并由银台司。"[3] 所谓"王曾、王嗣宗故事"，无非即指他们前此担任此职且得以"举驳""封驳"之事，实际上并无具体事迹可考，而奏请"凡有诏敕，并由银台司"，实际上不过是重申景祐三年之制，这也说明此前余靖等人的奏议并没有取得效果。何郯此次奏请，仁宗同样"从之"，不过这次看起来是真正得到了落实的，有何郯随后的数次封驳可以证明。故而《宋史》卷一二《仁宗四》在嘉祐四年夏四月丙子记事中，郑重记下："复银台司封驳制。"

封驳一司自其设立到仁宗嘉祐年间，六十多年的时间中封驳之事仅寥寥数例。"未尝见封一敕，驳一事"固然有所夸大，其间大部分时间内封驳司旧制坐废，"但有封驳之名，而无封驳之实"大致是不错的。

君主对行政事务参与的加强和中央政务运作方式的变化，使得封驳官碍于君威，难于封驳，而二府文书不经本司，又使得他们即使有封驳之意也不可得。其实对于君相来说，文书不经封驳司，未必就是不欲封驳，这与后期君相故意绕过封驳司逃避封驳不同。在前引王旦的答复中，可以感到王旦的言外之意显然是说现在封驳之任，与古不同，已不如唐代那样重要，因而宰相也没有为封驳官的

1　余靖：《上仁宗乞宣敕并送封驳司审省》，《宋朝诸臣奏议》卷五六，第618~619页。
2　《包拯集》卷二《请复封驳》，第24页。
3　《长编》卷一八九，嘉祐四年四月丙子条，第4561页。

选择而上下其手的必要。这种想法是真实的，而且不是王旦一个人的看法。

仁宗康定元年（1040）曾经有诏："自今内降指挥与臣僚迁官及差遣者，并令中书、枢密院具条执奏以闻"。皇祐二年（1050）又诏："内降指挥，百司执奏，毋辄行。敢因缘干请者，谏官、御史察举之。"[1] 在这两个诏书中关于文书的运行提到了宰执、台谏、百司的执奏、察举，却毫无提及本该事先审核诏敕的封驳司。

皇祐五年（1053）五月，尚书左丞兼御史中丞王举正因力争狄青自枢密副使迁枢密使一事不得，请解言职，结果被任命为知通进银台司兼门下封驳事。[2] 台谏言事属于追救于已行，系在成命之后，封驳则是在成命之前，以言事求解而任以更为关键的封驳之职，若其时封驳之职果已举而行之，并得到君相的重视，则焉得如此任命！

此前则有乐黄目的例子。天圣五年（1027），乐黄目知潭州代还，知审官院，"以风疾题品乖当，改知通进银台司兼门下封驳事"。[3] 既已因病官且不能审，又焉能审诏敕？

可见在英宗之前不管是通进银台司长官的任命，还是其所领的通进诸司，封驳的职能好像确不在君臣眼目中，他们更多的是把它当作一个文书的发放部门，故而也不吝让其长官担任更多事繁任巨的其他差遣。在通进银台司长官一长串的职衔中，大概最被忽视的就是那个"兼门下封驳事"了。

五　封驳制度与北宋政治（下）

当诏敕受到封驳，君权受到抵制，君相之出令与封驳官员之封驳权

1　《长编》卷一二九，康定元年十月戊子条，第 3051 页；卷一六九，皇祐二年九月辛亥条，第 4060 页。

2　《长编》卷一七四，皇祐五年五月癸亥条，第 4211 页。

3　《宋史》卷三○六《乐黄目传》，第 10113 页。

形成交锋，那么，各自的界限又在哪里呢？根据毛汉光先生的研究，唐代给事中的封驳权以三次为限，如果皇帝继续坚持，则君命可以继续推行。毛先生推测给事中自请"移病休官"是皇权与给事中封驳权相冲突的底线。如果皇帝主动免除给事中，则意味着封驳权的薄弱和皇权的强大，是一种非常激烈的措施，但在唐朝并没有皇帝如此专断的案例。[1]毛汉光先生所描绘出的唐代封驳的这些特征在北宋英宗之后全都受到冲击。自英宗朝开始，受政治局势变动的影响，北宋封驳制度较之此前无论是封驳官的人选、封驳的方式、封驳的过程还是结果都呈现出引人注目的变化；不管是君、相还是封驳官或者其他臣僚都对封驳表现出异乎寻常的重视。

在英宗以前的十例封驳中，封驳的过程都比较简单，一般就是一次封驳。除去封驳成功的例子，其他的几件在封驳过后，或是再无消息，从否不详；或是封驳一次不同意之后就不再封驳。总之，一次封驳之后，不管成功还是失败，都没有引起过多的争议，更没有因为封驳而引发什么政治风潮。这显示出封驳制度在英宗之前的北宋政治生活中并不占据重要的地位或产生太大的影响。此后的封驳则没有一次是如此简单，往往是经过激烈的往复。如以上案例所显示的，常常是封驳两次以上，多者达到四五次，而且每一次封驳都不再仅仅是封驳官的单独行动，而是伴随着台谏等其他官员的上疏论列，往往会引起较大的政治争端。

在君权与封驳权的对峙中，君主所采取的措施首先是颇为低姿态的晓谕、解释。例如在［案十三］中，宰相以神宗之命晓谕封驳官范镇达四五次之多。有时候则是皇帝对封驳官的驳奏亲自御批晓谕，在［案十五］孙固的封驳中，据《长编》所引神宗《御集》可见其过程：

1　参见前揭毛汉光《论唐代之封驳》，第29~45页。

　　知银台司兼门下封驳事孙固奏："窃闻有旨李大临、苏颂落知制诰，蔡延庆未敢命词。大临与颂昨以除选人李定为监察御史里行，以故事开陈除命未当，不敢自为反复。欲望陛下宽大临与颂之责，而特从延庆之请，不胜幸甚。"御批："蔡延庆元不曾不肯命辞，兼苏颂等亦不曾论李定，自是罪他反复抗命，要卿知，可速发下。"固又奏陈，御批："敕内著罪状甚明，无可疑虑，可速发下。"[1]

　　在经过神宗的两次书面晓谕之后，孙固最终将敕命行下。

　　君相所采取的第二种办法是绕开封驳司，将文书直行行下。这有两种情况。一种是先按照文书运行的程序走，在受到封驳司的封还，而封驳官又无法通融的情况下，就绕过封驳司，或是经阁门下发，或是直接送交本人。如在〔案十二〕、〔案十四〕中，尽管神宗对封驳官吕公著和范镇做了多次解释，但两人不为所动，执奏如初，在这种情况下，神宗都选择了绕过封驳司的做法。还有一种情况就是事先预料到定会遭到封驳司的封驳，于是干脆就不经过封驳司直接行下，如〔案十一〕中韩维的例子。

　　如前文所述，文书不经封驳司在英宗之前本是极其平常的事情，但我们从来没有见过有封驳官会针对哪一次事件提出异议，当然也就没有因为封驳司的封驳而引起任何的政治纠纷。这种情况在英宗时期发生改变。在〔案十一〕中，韩维论吕诲等敕不由封驳司是北宋复封驳以来所遇到的最为激烈的反应，同何郯的能封驳相比，韩维的这一次不得封驳在北宋的封驳记录上更加具有别样的意义。这是封驳司自我意识萌发的体现，也是政治斗争激烈的前兆。此后不管是哪一种情况下绕开封驳司都会引起强烈的反弹。此前的封驳官也不见有因为封驳不遂而辞职的，而在英宗之后的封驳中，我们看到，封驳官为了维护自己的职责，在职守得不到尊重的情况下经常采取比较极端的做法，居家待罪，以辞职

1　《长编》卷二一一，熙宁三年五月癸卯条注引神宗《御集》，第5127~5128页。

相抗，在这种不可调和的情况下，就进入了封驳权与君权直接抗衡的局面。

在君权与封驳权的直接抗衡中，其结果毫无二致：皇帝总是站在宰相一边，君权总是最后的胜利者。在英宗以前不多的封驳事例中，毕竟还是成功多于失败，而神宗时期的屡次封驳竟然没有一次成功，通常是动用皇权，封驳官以罢职了事，而这样的结果经常又会引起新的政治冲突。

神宗朝的几次封驳已经显现出此后政治纷纭和人事斗争的迹象，揭示制度与政治的关联。五个封驳案例中，有四次，即 80% 是与新法相关；有两次是直接为司马光而发，在其他几次封驳过程中司马光又大多参与了发言和论争，相关的奏疏更是连篇累牍。彼时与新法相关的政争以及司马光"流俗宗主"地位由此可见一斑。

君相对封驳的担心本身就体现着封驳权一旦得到振作时所具有的制约君权的作用。封驳司意识到自己的作用，不甘沦为收发之司，而欲成为真正的喉舌之任；皇帝和宰相们也在同封驳官的冲突中增长着自己的经验。与其同封驳官纠缠不如将整个封驳司置于自己的掌控之下。正如在［案十五］中神宗和王安石所采取的办法，排除异己，将封驳司的官员置换成能够为己所用的人。在此之后终神宗之世，封驳无闻，然而此时的了无事迹已与北宋前期绝不相同。

唐代的垂范立制从五代开始即已显示出其深远的影响力，宋代封驳制度也正是在仿效唐代"故事"的基础上建立起来的，后来又被宋人奉为"祖宗之法"而加以尊崇。因此宋人论封驳，动辄引唐人"故事"，或"祖宗家法"作为自己立论的根据。考察唐代封驳制度之初始，我们会发现屡屡强调门下内的各级官员要执奏、尽其职能的不是臣僚，而是唐太宗李世民。[1] 强调门下省不管对下行文书之封驳还是对上行文书

1　《贞观政要集校》卷一《政体二》，第 27~31 页。

之驳正也无一不是出于谨命令、防过失的考虑。所以门下封驳的这种制度设计之初并不是一种以权力制约权力的设计，实际上更多的是具有谏议、监察的性质，这也正是其最终成为监察体系一部分的制度根源。但给事中封驳诏敕的这种职能又的确留下了有限制衡权力的可能性，只是这种可能性能发挥到何种程度，则端赖于政治环境、君主素质、士大夫集团之成长等各种相关条件。

综合起来看，宋人对封驳职能的发挥要比唐人更进一步。他们远远突破了唐代给事中三次封驳的限制，为了捍卫自己的职责而不顾后果。他们不断冲击着君权的底线，煽动起更大的政治风潮，这都是唐朝所未曾有的；而君权和相权一旦与封驳权形成冲突，君相们所采用的种种规避与对抗封驳的办法也同样是唐朝所不多见。在这种权力的交锋中，宋代士大夫对封驳职能的发挥远较他们的唐朝先辈们更加充分、有力，他们不仅仅是恢复了唐代"故事"，而且开创了自己为后人所引以为据的新"故事"。

唐与北宋时期封驳的个案都不是很充足，在这种情况下统计案例中成败的数量对比已不是那么重要，事件的性质、权力交锋的过程才更值得分析。没有制度，也便没有成败。唐宋封驳制度的建设与长期存在，本身便是成就。封驳案例中的所谓封驳成功与失败，都只是相对的，毕竟，封驳的一方并不代表正确。存在才是胜利。封驳官的前仆后继、屡败屡战，君主的晓谕再三、胜之不易，都体现了封驳制度本身的成功与士大夫集团力量的存在。

封驳职能的发挥在北宋前后期的不同，以及唐宋之间的差异都可以从唐宋之际政务运作方式的转变、新型士大夫集团的崛起和"共治天下"政治格局的出现中找到解释，而一旦当"共天下"的条件与可能性消失，则即欲"本分行使职责内的权力"也不可得，遑论其制君的功能了。

第三节　给舍封驳的成立：以"书读" 与"书行"为中心

尽管曾有政治学者指出封驳制度不可能起到真正限制或监督皇权的作用，然而在同时却又承认无论是唐代的"中书主受命，门下主封驳，尚书主奉行"，还是宋代元丰改制后的"中书省取旨，门下省覆奏，尚书省施行"，都不愧为古代中国最好的权力制衡体制，为他国所不及，[1]还是不能否定封驳制度的积极意义。至于唐宋时期的封驳制度，实际上并非"门下主封驳"之类的简单叙述所能概括。唐代的封驳主要是指门下省给事中的封驳，到了宋朝，尤其是北宋元丰改制以后则发展成为以中书舍人、给事中的双重封驳为特色的"给舍封驳"。以下试从"书行"与"书读"两个术语的辨析入手，讨论元丰改制以后与给、舍相关的文书运行以及封驳的成立。

一　关于"书读""书行"与"书黄"

书行与书读为宋代元丰官制改革之后所出现的与文书运转相关的两个术语。较早以此两术语解释给、舍封驳的为南宋赵升所编《朝野类要》，其中有"书黄"条云：

> 凡事合经给事中书读并中书舍人书行者，书毕即备录、录黄过尚书省给札施行。如不可行即不书而执奏，谓之缴驳。故俗谚曰，"不到中书不是官"。[2]

1　白钢主编《中国政治制度通史·总论卷》，人民出版社，1996，第40、48页。
2　《朝野类要》卷四《文书》"书黄"条，第85页。按："书毕即备录、录黄过尚书省给札施行"
　　一句，朱瑞熙先生断为"书毕即备录录黄，过尚书省给札施行"，较点校本为佳。

邓广铭、程应镠主编《中国历史大辞典·宋史卷》以及龚延明先生编著《宋代官制辞典》皆据此立有"书黄"词条。前者"书黄"词条为朱瑞熙先生所撰，全依赵升《朝野类要》之说。[1]《宋代官制辞典》同样引据赵升之说，解释为：文书名。宋制，门下省审录黄、画黄时，需由给事中签"读"，并经中书省中书舍人签"行"，方能付尚书省施行；而在录黄、画黄上书"读"、书"行"，则称"书黄"；若给事中、中书舍人拒绝书黄，不能付尚书省，得执奏退回。[2] 朱、龚两位先生的解释都采纳了《朝野类要》中先给事中后中书舍人的书黄程序，其差别则在于后者将书读、书行更为细致地解释为给事中的书"读"字与中书舍人的书"行"字。

《大辞典》未曾再立书读、书行两词条，《宋代官制辞典》则两条都有。其中"书读"的解释为：

> 凡中书省录黄、画黄，枢密院录白、画旨，及尚书省六部所上依条法申请事，得送门下省给事中审阅，如不同意，给事中有权驳回，如同意，则签"读"字放行，谓"书读"。

"书行"条的解释为：

> 即"书读"，意为"书读行下"。[3]

龚先生对于"书行"的解释未免随意了，与其在"书黄"中的解释矛盾。再者，按照龚先生的解释，不管"书读"与"书行"都是"书黄"，三者在性质上应该是相同的，而实际上，在《宋代官制辞典》中，"书黄"入"命令与行遣文书类"，而"书读""书行"两词条则入"行

---

1 邓广铭、程应镠主编《中国历史大辞典·宋史卷》，上海辞书出版社，1984，第75页。

2 龚延明编著《宋代官制辞典》，中华书局，1997，第622页。

3 龚延明编著《宋代官制辞典》，第655页。

政与故事类"。

　　近年来，朱瑞熙先生结合宋代文书实物，对此问题做了进一步的思考，修正了旧说，新的意见主要有以下三点。第一，宋朝知制诰和中书舍人的书行是撰写敕命或制敕包括诰词的初稿，有时候称"书名行下""签书行下"，更多时候简称"行词""行""命词"，有时也称"草""撰述""演词"等。也就是说，书行是知制诰和中书舍人一般应在本人撰写的敕命或制敕包括诰词初稿后署上自己的名或姓名，偶尔还在其后写上"行"字。第二，书读是给事中复看或复审这些初稿，也在其后署上自己的名或姓名，初步断定在最后面并不签书一个"读"字。第三，中书舍人的书行和给事中的书读，是朝廷敕命或制敕起草、复审、颁布和施行过程中的两个程序或手续，它们本身并不构成一种文书。[1]

　　朱瑞熙先生将书行与书读理解为文书流传过程中的两个程序，一则修正了先前关于书行与书读先后次序的错误，同时也修正了龚延明先生将"书黄"定位为"文书名"的错误；但对于书行与书读的解释，仍然是不准确的。如果如作者所言，"书行"即是"命词"，也就是起草制敕初稿，书读即是"看读"，也就是复审制敕初稿，那么这两个术语的首次出现便没有特别的制度史上的意义。

　　实际上，同为元丰官制改革的结果，"书行"与"书读"作为文书运行过程中的两个程序与术语，在宋代应是同时出现的，而其制度渊源，则应到宋神宗元丰改制所依据的蓝本《唐六典》中追寻。

二　中书舍人的草制与书名行下

　　神宗根据《唐六典》推行其官制改革，在改制的初期，不管是从三

1　朱瑞熙：《宋朝"敕命"的书行与书读》，《中华文史论丛》2008 年第 1 辑，第 101~122 页。其中"提要"与正文结论中的表述略有差异。

省六部的行政机构设置还是从三省运行机制看都的确是在高度模仿《唐六典》，这其中也包含了很多文书术语的继承，如宣奉行、读省审等，同时也有很多自己的创造，如录黄、画黄、录白、画旨等。

现在所知关于元丰五年官制改革的最主要资料有《长编》以及《宋会要辑稿》所见之《神宗正史·职官志》。据《长编》所载元丰五年二月官制改革诏书：

> 中书省面奉宣旨事，别以黄纸书，中书令、侍郎、舍人宣奉行讫，录送门下省为画黄；受批降若覆请得旨，及入熟状得画事，别以黄纸亦书，宣奉行讫，录送门下省为录黄。枢密院准此，惟以白纸录送，面得旨者为录白，批奏得画者为画旨。[1]

《长编》所言之画黄、录黄，《神宗正史·职官志》中有更为简明的解释：

> 中书省掌承天子之诏旨及中外取旨之事……皆承制画旨，授门下省，令宣之，侍郎奉之，舍人行之，书其所得旨为底。大事则奏禀，其底曰画黄。小事则拟进，其底曰录黄。[2]

不管是画黄还是录黄等，都要经过中书令、侍郎、舍人等官员的"宣奉行"，即"令宣之，侍郎奉之，舍人行之"，然后录送门下省。"舍人行之"之"行"是不是如朱先生所言是指中书舍人"撰写制敕初稿"呢？

中书省官员对制敕的"宣奉行"正是唐代的制度，根据《唐六典》的相关记载以及现存唐代制敕文书的实物资料，我们知道中书

1　《长编》卷三二三，元丰五年二月癸丑条，第 7775 页。
2　《宋会要辑稿》职官三之三，第 3023~3024 页。

令、侍郎、舍人的"宣奉行"，就是中书省官员对于已经御画后的制敕文书的签署：中书令、侍郎、舍人依次在制敕上签名，且要在各自的名字后面，分别署上宣、奉、行三字。[1]"舍人行之"即《唐六典》中"（制敕）既下，则署而行之"之意，或如《新唐书·百官二》中所记："既下，则署'行'。"[2] 故而此处之"行"，不是"行词"之行，而是"书名行下"之行，在署名行下之前已经有起草完毕并经皇帝审查过的制敕了。

据《唐六典》卷九，中书舍人的职责是"掌侍奉进奏，参议表章。凡诏旨、制敕及玺书、册命，皆按典故起草进画；既下，则署而行之"。中书舍人按照"典故"起草诏书之后，要经皇帝审阅，即"进画"，将诏书初稿送皇帝御画日。御画日后的诏书送到中书省，中书省留为案底，重写一通，然后才是各级官员的"宣奉行"。在此一过程中，中书舍人有两项重要的工作，一是起草诏书，一是署名行下。而根据唐前期制度，中书舍人中，一人专掌起草诏书，其余舍人则分署制敕，[3]也即是说，起草诏书同最后署敕行下的舍人并非同一人。在中书舍人不能足额设置，甚至仅有一人的情况下，两种工作由一人完成是可以想象的，但草诏与署敕分别属于制敕成立过程中两个不同的程序是不言而喻的。

鉴于中书舍人在草诏与署敕两方面的重要作用，可以设想，在这两个环节中的任何一个中书舍人如果表示异议，拒绝起草诏书或者拒绝署敕行下，都会形成广义上的封驳。试各举一例以见其大略。

唐穆宗长庆元年（821）十二月，都官员外郎独孤朗等四人降官，中书舍人白居易封还词头，其状曰：

1　参见李锦绣《唐"王言之制"初探》，《季羡林教授八十华诞纪念论文集》，第273~275页；刘后滨《唐代中书门下体制研究》，第127页。

2　《唐六典》卷九《中书省》"中书舍人"条，第276页；《新唐书》卷四七《百官二》，第1211页。

3　《唐六典》卷九《中书省》"中书舍人"条注文，第276页。

都官员外郎史馆修撰独孤朗可富（韶）州刺史，起居舍人温造可朗州刺史，司勋员外郎李肇可沣州刺史，刑部员外郎王镒可郢州刺史。右。今日宰相送词头，左降前件官如前，令臣撰词者……前后制敕之间，若非甚不可者，恐烦圣听，多不备论，今者所见若又不奏，是图省事，有负皇恩。伏希天慈以此详察，知臣所奏不是偶然。其独孤朗等四人出官词头，臣已封讫，未敢撰进，伏待圣旨。[1]

白居易的奏状，首列词头，但通常来说人事升降须有原因的说明，以备舍人草词，故而词头不当如是之简，或是节文。其状末"词头……封讫，未敢撰进，伏待圣旨"的驳诏格式，比同时期给事中封驳的驳文格式显得要成熟许多，与宋代的封还词头相差无几。

不署敕的事例见于唐肃宗时。至德二载（757）六月，将军王去荣以私怨杀本县令，按律当死，肃宗因为其善用炮，"敕免死，以白衣于陕郡效力。"中书舍人贾至"未即行下"，[2] 上表反对，其表云：

臣某言。伏见宰臣奉宣圣旨，将军王去荣擅打杀富平县令杜徽，其罪将合置殊死，缘新收陕郡，防遏要人，特宜免死，削除在身官爵，白身配陕郡展效者。臣等既忝职司，主在行下……伏惟明主弃琐琐之能，全其远者大者，则祸乱不日而定，师旅因兹整齐矣。天下幸甚。臣等不胜云云。[3]

1　白居易：《白居易集》卷六〇《论左降独孤朗等状》，顾学颉点校，中华书局，1979，第1268~1269页。
2　《资治通鉴》卷二一九，至德二载六月壬辰条，第7025~7026页。崔器：《将军王去荣杀人议》，《全唐文》卷三三一，第3355页。
3　贾至：《论王去荣打杀本部县令表》，《全唐文》卷三六七，第3733~3734页。

在此事中，宰臣奉宣圣旨，中书舍人本"主在行下"，但贾至异议，不为行下，上表驳诏。

不过，像上面这样的事例在整个唐代都不太多见，而且自安史之乱以后，中书省的发展趋势是逐渐向以中书舍人为首的专门负责撰写制敕的机构过渡，[1]到了北宋前期，舍人院成为"专职诰命"的机构，[2]"专行诰词，不预政事"，[3]不但失去了署敕行下的职能，即使原先所起草诏书的范围也大大缩小了。

元丰改制之后，随着中枢体制的变化，中书舍人成为中书省属下中书外省领袖，"掌为制词，授所宣奉诏旨而行之"，[4]相比于改制之前，其职能发生了从"专行诰词"到"分预朝政"的重大变化。[5]一方面，中书舍人继续负有行词命之责，另一方面则增加了"授所宣奉诏旨而行之"的职能，这后一方面也就是前引《神宗正史·职官志》所言中书省所出之画黄、录黄等皆由"令宣之，侍郎奉之，舍人行之"中的"舍人行之"，也就是唐制中的中书舍人"署敕行下"。画黄、录黄就其决策形成过程而言有差别，而一旦落实为文书进入执行程序，皆以黄纸书，皆须经过中书省的宣奉行，其实便无甚区别了。在实际的应用中，宋人自己也甚少刻意区别，多以录黄概括之，故而中书舍人署敕行下的职能，按照宋人的术语，即为"书录黄"，在录黄上书名行下，也就是"书行"。如果中书舍人对于中书省长官所宣、奉之政令不能认同的话，或封还词头，拒绝草诏；或封还录黄，拒绝书名行下，如此则构成封驳。其驳文格式，仍以朱瑞熙先生所用到的苏轼封驳为例。元祐元年（1086）七月二十九日，苏轼缴楚建中户部侍郎词头，八月四日，苏轼驳给散青苗钱斛，两状措辞如下：

1　刘后滨：《唐代中书门下体制研究》，第 230 页。
2　《宋会要辑稿》职官一之一六，第 2946 页。
3　《长编》卷三九二，元祐元年十一月戊寅条，第 9527 页。
4　《宋会要辑稿》职官三之一五，第 3031 页。
5　参见张祎《从"专行诰词"到"分押制敕"——北宋外制官在诏令颁行程序中的职事变化》，《北京大学学报》2009 年第 2 期，第 109~114 页。

　　　　准中书吏房送到词头一道，正议大夫充天章阁待制致仕楚建
　　中可户部侍郎者。……所有前件告词，臣未敢撰。谨录奏闻，伏
　　候敕旨。
　　　　准中书录黄：……所有上件录黄，臣未敢书名行下。谨录奏
　　闻，伏候敕旨。[1]

　　以上两状措辞严谨，前者为缴词头，故曰“未敢撰”，后者为驳录
黄，故曰“未敢书名行下”，区别皎然，恰是反映了中书舍人“行词命”
与“书录黄”的两项不同职能。

　　中书舍人的行词与书行不同，缴词头与封录黄亦不同，那么词头
与录黄的关系是怎样的呢？张祎先生认为“元丰改制后，中书舍人放行
人事任命，既需要签署相关画黄或录黄，转交门下审核，同时又要根据
词头起草诰词，以备最后尚书省下达该任命时制作官告之用”。[2] 如此则
词头与录黄没有关系，中书舍人会同时接到词头与录黄，行了词，书了
黄，其任务便告完成。不过，若是舍人异议，他该怎么办呢？缴词头还
是还录黄？正如唐制舍人的起草进画与署敕行下是同一文书流程的不同
环节一样，宋代舍人的行词与书行亦不应同时，当是先行词，而后据此
出具录黄行下。

　　宋代舍人草制虽然不见有如同唐代那样的“进画”的程序，但需
要进呈是确定的，一些重要的制词不但需要宰执的认可，更需要皇帝的
同意。举一官制改革后不久的事例。元丰五年八月，中书舍人曾巩罚铜
十斤。起因是曾巩草知颍昌府韩维再任制词，进呈后，神宗不满，故批
送中书改词，而草制舍人罚铜。[3] 在北宋前期、后期均有一些看起来是
中书自行改定制词的事例，实际上多是简言之故，省略了进呈取旨的

1　《苏轼文集》卷二七《缴楚建中户部侍郎词头状》《乞不给散青苗钱斛状》，第782~785页。

2　参见张祎前揭文，第112页。

3　《长编》卷三二九，元丰五年八月丁巳条，第7919页。

过程。

诏草须进呈，其再度送下中书省官员签署需要一定的时间，这就意味着起草诏草之舍人与最后书名行下之舍人可能并非同一人，因为舍人有轮值的制度。建炎三年（1129）九月，邹浩追复龙图阁待制，中书舍人綦崇礼记其草制经过云：

> 有旨：故毗陵邹公追复龙图阁待制，某以西掖舍人当草制书，推上所以褒恤遗直之意，其词略曰："处心不欺，养气至大。言期窬意，引裾尝犯于雷霆；计不惜身，去国再迁于岭徼。具臣动色，志士倾心。"又曰："英爽不忘，想生气之犹在；奸谀亦死，知朽骨之尚寒。"同省方叔舍人见之曰："比吏房词头皆常常，除目不足骋辞，今君为邹草制，良可喜也。"及录黄，余偶在告而李独直，误书己名行下，余戏谓之曰："君固欲挂名邹公之制乎？但恐润色非工，反为名累耳。"李笑曰："人当知出君手，如其不知，吾遂并得掠美，幸矣！"[1]

以上记载反映了草诏与书行既不同人又不同时：綦崇礼奉词头草诏，而另一舍人李正民（方叔）书行，其间正是诏草进御、降下后制作录黄的过程。李正民是在录黄上书名行下而不是在綦崇礼所草制词上书名，否则李不当有"人当知出君手，如其不知"之语，从中亦可知录黄上有制词的内容。这后一点亦有北宋后期的例子。

元符三年（1100）四月，中书舍人曾肇上奏说："臣三月二十六日本省刑房送到孔平仲复单州团练副使、饶州居住词头，寻撰词，签书录黄，送门下省讫。却于今月初二日刑房别写到录黄，付臣签书，其制词内有不是臣元行词语，系左仆射章惇改定……今来章惇改定词语，即非

---

1 綦崇礼：《跋道乡先生帖》，《全宋文》第 167 册，第 430~431 页。

臣所行，难以却作臣签书录黄行出。"[1] 章惇时为左仆射兼门下侍郎，曾肇所签录黄当是门下覆奏时取旨令改定的，曾肇拒绝书黄，是因为录黄内所载制词有部分词语非出自己手，这正像李正民行邹浩录黄，别人会把上面的制词认作出自李手一样。

元祐三年（1088）十二月，右正言刘安世论知扬州谢景温除官不当，其第七疏录有谢景温差知郓州的录黄：

> 谢景温除命录黄　正月二十八日，三省同奉圣旨：谢景温差知郓州，其新除权刑部尚书告，令阁门缴纳尚书省。奉敕：机衡之任，内则八座为重；方岳之寄，外则十连称贵。慎选攸属，周材是应，将明所资，出处奚异。宝文阁直学士、正议大夫、新除权刑部尚书（原注：自新除已下七字系白贴子添注在傍，用印）上柱国、会稽郡开国侯、食邑一千二百户、食实封三百户谢景温。[2]

从行文及内容看，此录黄当为全文而非节文。为谢景温行词的是中书舍人刘攽，其制词全文曰：

> 机衡之任，内则八座为重；方岳之寄，外则十连称贵。慎选攸属，周材是膺，将明所资，出处奚异？具官某，立性挺特，遭事开敏，白黑明辨，予夺时当。擢领秋官之长，实处文昌之要。朕惟邹鲁旧壤，醇济奥区，赋政之优，变道惟允。辍听履之妙选，付连城之重寄。敬服崇宠，益其善最。[3]

对比谢景温除命之制词与录黄可知，录黄中"机衡之任"云云正是出自刘攽所草制词，而录黄中"三省同奉圣旨"句，可能即是刘攽

1　《宋会要辑稿》职官三之一六至一七，第3034页。

2　刘安世：《论谢景温权刑部尚书不当奏》，《全宋文》第118册，第71~72页。

3　刘攽：《宝文阁直学士正议大夫谢景温可知郓州制》，《全宋文》第68册，第304页。

草词所依据之"词头"。

综上可知中书舍人关于人事除授从行词到书行的详细文书流程：先是当直舍人据词头草诏—进呈—降出后制作录黄—当直舍人书名行下。

三　给事中的书名与书"读"

录黄等经过宣奉行之后过门下省。据《长编》元丰五年时的规定：

> 门下省被受录黄、画黄、录白、画旨，皆留为底，详校无舛，缴奏得画，以黄纸书，侍中、侍郎、给事中省审读讫，录送尚书省施行。[1]

据此则其程序为：录黄过门下后，门下省审读、进奏，皇帝画旨，然后此录黄留为底，重抄录黄，侍中、侍郎、给事中依次署省、审、读，送尚书省施行。这样一整套制敕文书过门下省"省、审、读"的程序，并不见于《唐六典》。

关于唐代制敕等下行文书过门下，《唐六典》仅有简单的记载："凡制敕宣行，大事则称扬德泽，褒美功业，覆奏而请施行；小事则署而颁之。"[2]《新唐书·百官志》记载益发简单：凡大事，覆奏；小事，署而颁之。[3]所谓大事，即制书类；小事，即敕书类。大事须覆奏，皇帝画旨（画可），"覆奏画可讫，留门下省为案。更写一通，侍中注'制可'，印缝，署送尚书省施行"。[4]小事不须覆奏，但无疑两类文书都需要门下省官员的签署才能颁下施行。文献记载中所见唐代关于下

---

1 《长编》卷三二三，元丰五年二月癸丑条，第7775页。
2 《唐六典》卷八《门下省》"给事中"条，第244页。
3 《新唐书》卷四七《百官二》，第1207页。
4 《唐六典》卷八《门下省》"侍中"条注文，第242页。

行文书过门下的过程中，未曾出现过"省审读"这样的用语；现在所见唐代文书实物中，制敕过门下也只是相关官员署名，名字之后未见"省审读"的字样。

在唐前期三省制下，本不存在下行文书是否书"省审读"的问题，然元丰改制下"省审读"这样的审核用语又绝不是无源之水、无本之木——它们在唐代时是门下省审核上行文书时的用语。

在《唐六典》所载之唐代前期三省制政务运作中，门下省审核的核心公文书是自下达上的奏钞，而非下行的制敕文书。[1] 据《唐六典》，凡下之通于上，其制有六，首先便是奏钞，"以支度国用、授六品以下官、断流以下罪及除免官用之"。其他则是奏弹、露布等，"皆审署申覆而施行焉"。奏钞应用的主体是尚书省，尚书省制作的奏钞上于门下后，要经过门下省官员的审核，其中起主要作用的是给事中。给事中"掌侍奉左右，分判省事。凡百司奏抄，侍中审定，则先读而署之，以驳正违失"。《唐律疏议》中对这一过程有更详细一些的记载：

> 尚书省应奏之事，须缘门下者，以状牒门下省。准式依令，先门下录事勘，给事中读，黄门侍郎省，侍中审。有乖失者，依法驳正。[2]

这样一个门下省"省审读"上行文书的过程，也在现存唐代文书实物中得到验证。[3]

门下省审读上行文书当然也是元丰改制的内容。

据《神宗正史·职官志》载：

> 尚书省掌行天子之命令及受付中外之事。凡天下之务，六曹

1　刘后滨：《唐代中书门下体制研究》，第 89~111 页。

2　刘俊文：《唐律疏议笺解》卷五《名例》，中华书局，1996，第 399 页。

3　参见前揭李锦绣文。

诸司所不能决、狱讼御史台所不能直者，辨其是否而与夺之。应取裁者，随所隶送中书省、枢密院。事有前比，则由六曹勘验具钞，令、仆、丞检察无舛误，书送门下省画闻。[1]

门下省受天下成事，凡中书省、枢密院所被旨、尚书省所上有法式事，皆奏覆审驳之。若制诏、宣诰下与奏钞、断案上，则给事中读之，侍郎省之，侍中审之。进入被旨画闻，则授之尚书省、枢密院。即有舛误应举驳者，大事则论列，小事则改正。[2]

综合《神宗正史·职官志》关于尚书省与门下省职责的记载，则尚书省所掌天下之务，"有法式事"，也就是"事有前比"者，皆须由六曹"勘验具钞"，尚书省长官签署后送门下省"奏覆审驳"。哲宗绍圣三年（1096）五月，中书侍郎李清臣奏尚书省"将生事文字合送中书省取旨者更不送中书省"，而议者认为"无条上中书省取旨，有例无条具钞画闻。钞书尚书省与本曹官奏上，付门下省覆讫施行，不由中书"。其所依据正是所谓"先帝官制"，于是清臣之言不行。[3]

奏钞上门下省后，"给事中读之，侍郎省之，侍中审之"，然后进呈、画旨（画闻），最后付授尚书省执行。在这一过程中，给事中等是否如唐制一样，在奏钞上分别署"读""省""审"三字呢？在元丰五年改制后三个月，《长编》便记载了这样的一个事例。五月，时任给事中的舒亶上奏：

　　吏房前后发李规、王务民奏钞，令臣书"读"，侍郎王珪已书"省审"，坐违式举行，门下省但勘罚。今缘奏钞皆王珪书名，自合省问，岂容但称不知，归罪令史？自非执政大臣怙权擅事，轻

1 《宋会要辑稿》职官四之四，第3096页。
2 《宋会要辑稿》职官二之二，第2985页。
3 《宋会要辑稿》职官一之二九、三〇，第2954页。

蔑朝廷，即是吏史凭附大臣，沮坏法令。陛下新正官名，而上下
横厉如此，不治其微，实恐陛下复古建事之意或成虚名，为天下
后世所议。[1]

从舒亶语意看，显然是王珪以中书侍郎的身份在奏钞上签了名，即"书
名"，并署上"省审"二字，则给事中舒亶之书读，是书写一个"读"
字更无疑问。不管是按照《唐律疏议》"准式依令"所言的次序，还是
根据《神宗正史·职官志》的记载，门下省官的审核程序都是"给事中
读之，侍郎省之，侍中审之"，而中书侍郎王珪先在奏钞上书了"省审"
再送给事中舒亶，故舒亶奏其"违式"，最后的结果是以下诏承办此事
的吏人送门下省别加重罚了事。

　　唐制，给事中审读奏钞，"有乖失者，依法驳正"，既然奏钞有失，
给事中不以为然而驳正之，自然也就无须书"读"了。宋制亦然。元丰
改制后给事中驳正奏钞的例子，《长编》《会要》中载有数例：

> （元丰五年九月）给事中陆佃言："读吏部奏钞，宋彭年拟太常
> 寺丞。太常典司礼乐，亦宜选稍有学术之士，非彭年所堪。乞令
> 别拟彭年差遣。"从之。[2]
> （元丰五年十一月三日）给事中陆佃言："读吏部所上钞内朝请
> 郎、提举玉隆观吴审礼拟迁朝奉大夫，缘审礼以老疾乞宫观，法
> 不当迁。"诏寝之。[3]
> （元丰七年）八月一日，门下省言："刑部奏钞：宣德郎乐京据
> 例当作情理稍轻，不碍选注。京本坐言役法，本部不敢用例。"诏：

1　《长编》卷三二六，元丰五年五月辛丑条，第7853页。
2　《长编》卷三二九，元丰五年九月辛卯条，第7930页。
3　《宋会要辑稿》职官二之七，第2988页；《长编》卷三三一，元丰五年十一月庚辰条，第
　　7968页。

"乐京情重，刑部引例不当。"[1]

由此可见，元丰改制后对奏钞等行上文书的审核程序确是依从唐制。《神宗正史·职官志》载："若制诏、宣诰下与奏钞、断案上，则给事中读之，侍郎省之，侍中审之。进入被旨画闻，则授之尚书省、枢密院。"据此，则元丰改制后门下省对上行文书的审核采取唐制的同时，又将这种"省审读"的程序应用到了对下行文书的审核上。不过元丰改制后的三省并非纯粹模仿唐前期的三省制，三省的最高长官尚书令、侍中、中书令皆以秩高不除，而以左、右仆射分兼门下、中书两省侍郎作为宰相，同时又分设两省侍郎为副相，形成了三省相兼的体制。在这种体制下的文书签署自然无法尽同于三省制，其中最受影响者恰为门下省。石林叶氏曾有评论曰：

> 左右仆射既为宰相，则凡命令进拟，未有不由之出者，而左仆射又为之长，则出命令之职，自己身行，尚何省而覆之乎？方其进对，执政无不同，则所谓门下侍郎者，亦预闻之矣。故批旨皆曰："三省同奉圣旨。"既已奉之，而又审之，亦无是理。门下省事惟给事中封驳而已，未有左仆射与门下侍郎自驳已奉之命者，则侍中、侍郎所谓省审者，殆成虚文也。[2]

叶梦得业已指出，因为中枢体制的变化，门下省的"省、审"已成虚文，真正负责门下省封驳职能的便只是给事中了。这实际上近似于唐代中后期门下省给事中职能的变化。

唐代中后期，门下省作为宰相机构的部分职权转移到中书门下，给事中取得独立封驳权，针对奏钞之类上行文书的"省"、"审"以

---

1 《宋会要辑稿》职官二之四、五，第2987页；《长编》卷三四八，元丰七年八月戊辰条，第8341页。
2 《石林燕语》卷三，第39页。

及"驳正"等用语开始用于描述给事中对制敕类下行文书的审核工作。[1]如唐文宗大和三年（829）时有规定："凡制命颁行，事有不可，给事中职合封进。省、审既毕，宣布百司。稽停晷刻，皆著律令。自今尚书省、御史台所有制敕及官属除不当，宜封章上论。"[2]卢钧在任给事中时，"有大诏令，必反复省审，驳奏无私"。[3]但当给事中封还制敕时，落实到具体的文书术语上，并没有与省、审、读等用语相关的表述。兹举唐代文献中给事中封驳制敕后所上奏状中内容较完整之两例。贞元十八年（802），任命齐总为衢州刺史，诏至门下，给事中许孟容"上表封还"，在叙述了封还原因之后，其表末云："伏乞陛下试停兹诏……今齐总诏谨随封进。"[4]穆宗时，给事中韦弘景封还刘士泾任太仆卿诏书，状末云："其刘士泾新除太仆卿敕。不敢行下。谨随状封进。"[5]在以上两例对制敕的封驳中，一为封还诏书，一为封还敕书；一为上表，一为奏状。除了"谨随状封进"外，不但公文种类不一，驳文的开头与结尾部分也均无特定的表述方式，当然也不存在"不书读"之类的用语。《资治通鉴》亦载许孟容封还诏书事，胡三省特别加注云："封还诏书，不肯书读，所谓纠驳也；亦谓之涂归，唐人语也。"[6]胡氏将此封还视为"涂归"并不准确，而用来解释封还含义的"书读"，则是"宋人语也"：元丰改制后，"书读"方成为门下省审核文书的专门用语。

如前所述，尽管元丰改制后，有门下省官员审核所过录黄等文书的规定，实际上"省审读"的审核职能主要便是给事中的"读"了，

1　参见祁德贵《论唐代给事中的主要职掌》，《中国史研究》1995年第1期；刘后滨《唐代中书门下体制研究》，第237页。

2　《唐会要》卷五四《省号上·给事中》，第941页。

3　《新唐书》卷一八二《卢钧传》，第5364页。

4　《唐会要》卷五四《省号上·给事中》第937页；《旧唐书》卷一五四《许孟容传》，第4101页。

5　参见《册府元龟》卷四六九《台省部·封驳》，第5302页。《旧唐书》卷一五七《韦弘景传》亦载此疏，末云："其刘士泾新除太仆卿敕，未敢行下。"（第4153页）

6　《资治通鉴》卷二三六，贞元十八年三月癸酉条，第7599页。

给事中成为新建门下后省长官，以四员为额，"专主封驳、书读"。[1]
给事中对于经由己手之上、下行文书，"即有舛误应举驳者，大事则
论列，小事则改正"。所谓大事论列，系指给事中封驳中书所出之诏
令缴还之外，并须入状论奏。如是小事，如文字错误之类，则门下
可自行改正。南宋岳珂曾注意到南渡前后给事中封驳时所上驳状的
差异：

> 中兴以后，三省合为一，均为后省，封还或同衔，则曰"未
> 敢书读、书行"，否则析之，其辞止此而已。珂按典故：元祐四年
> 五月乙酉，权给事中梁焘缴蒲宗孟知虢州及胡宗回、范锷、孙升、
> 杜天经等放罪罚金旨挥，其驳文皆曰："所有录黄，谨具封还，伏
> 乞圣慈，特付中书省别赐取旨施行。"语意乃与今异。以时考之，
> 盖官制既行，分省治事，谨审覆挨议之训，故其制如此耳。[2]

南宋初三省合一，故出现过中书舍人、给事中列衔同奏的状况，[3]所以其
驳文末言"未敢书读、书行"，即给事中不书读，舍人不书行，如是单
独缴奏则析为"未敢书读"之类。而此前因为是分省治事，所以若给事
中不书读，录黄须"付中书省别赐取旨施行"。

北宋时给事中驳状全文罕见，按照岳珂所言，则驳文末措辞尚不用
"不书读"的表述方式，但给事中署名行下的行为被称为"书读"则是
没有疑问的，如在元祐元年引起轩然大波的封驳安焘知枢密院除命的事
件中，给事中拒绝书录黄，结果只好在录黄中给事中衔下书写上"奉圣
旨更不送给事中书读"。[4]南宋时文集中给事中驳状不少，就人事除授与
政事各举一例。

1 《玉海》卷一二一《官制·台省》"门下中书后省"条，第2243页。
2 《愧郯录》卷八《给舍论驳》，第108页。
3 《建炎以来朝野杂记》甲集卷九《给舍不许列衔同奏》，第186页。
4 《长编》卷三七一，元祐元年三月庚申条，第8972页。

《缴王殊叙官状》：准中书门下省送到录黄一道，为王殊叙复
元官事，令臣书读者……所有录黄，臣未敢书读行下，缴连在前，
谨录奏闻，伏候敕旨。[1]

《驳前余杭县知县蒋安定改正罪名状》：准中书门下省送到录
黄一道，为九月八日奉圣旨：蒋安定……所有籍没家财，缘年岁
深远，难以给还事，令臣书读行下，须至奏闻者……所有录黄，
臣未敢书读，谨随状缴进以闻，伏候敕旨。[2]

李弥逊与周必大两人的驳文仅有很微小的差异，"未敢书读"的用语与
岳珂所言正相符合。

在前述元丰改制初奏钞过门下的资料中，我们看到给事中的
书读程序确是要书名、书"读"字的，但从现在可见元丰改制以后
下行之授官文书实物看，在门下省官员的署名之后，并不曾分别签
"读""省""审"等字。可能下行文书过门下，相关官员确实不签"读
省审"字样。元祐元年封驳安焘除命的事件中，殿中侍御史吕陶在述
及此事时曾说道："今门下省录黄，于给事中字不书臣某之名，而书
曰'奉圣旨不送给事中书读'。"[3]据其意则给事中书读就是在文书中给
事中衔下署名而已。实际上前文所举舒亶奏钞书读之例恐怕亦非常
态。毕竟值改制之初，未免有胶柱鼓瑟处：读省审三字含义虽有别，
实际上也只是表明三级不同官员的审核而已，有了署名本已足够，再
署三字实无必要。再则侍中本不除授，侍郎名列宰执，在实际政务运
行过程中，他们实为向门下省"宣奉"诏旨之人，给事中则为门下真

1　李弥逊：《筠溪集》卷三《缴王殊叙官状》，《景印文渊阁四库全书》第1130册，第610页；《缴
　王球叙官状》，《全宋文》第180册，第222页。
2　周必大：《驳前余杭县知县蒋安定改正罪名状》，《周必大集校证》卷九九《掖垣类稿六》，第
　1437页。
3　吕陶：《上哲宗乞议经历付受官吏之罪以正纪纲》，《宋朝诸臣奏议》卷五七，第632页。

正的负责人，于是原来就极具形式主义的侍中"审"、侍郎"省"也就不再必要，过门下，实质上只是过给事中一关，是否需要多署一字，已不重要，重要的是如果给事中拒绝署名，便形成了给事中的封驳。

第四节　从《徐谓礼文书》看南宋的封驳

就徐谓礼文书中的告身类文书而言，不同时期、不同类型的告身的形成过程，都体现了制度演变的时代差异以及不同层次的中央政务运行机制的变化。北宋元丰改制，以《唐六典》为蓝本重建三省制度，从而也重新恢复了制授、敕授、奏授三种形式的告身制度。与北宋前期告身只是空系三省职衔，告身签署程序上不反映实际的政务运作体制不同，[1]元丰改制后三省正名，政务运行依托三省，就官告而言，不同层次的签署环节实际体现了政务的决策与运行过程，本节关注的是这些告身文书所体现的南宋政务运行机制中给事中、中书舍人的职能以及封驳权的行使，[2]并在此制度梳理的基础上讨论徐谓礼文书中一则告身的复原问题。

一　敕授告身中的中书舍人与给事中

徐谓礼（1202~1254）于嘉定十四年（1221）入仕，一生仕宦近三十年，共转官十二次，今《徐谓礼文书》两卷录白告身，存告身十道，始自嘉定十五年（1222）五月二十三日授承奉郎告，止于淳祐七年（1247）十月四日转朝请郎告。此十道官告，清晰反映出南宋人事除授

1　参见张祎《制诏敕札与北宋的政令颁行》，第30~45页。
2　学界中讨论南宋给事中封驳的专文有张复华《南宋给事中的封驳权》，《社会科学论丛》第3卷第2期，2010。

中的敕授与奏授两种形式。

首先，我们试以第一道告身《嘉定十五年五月二十三日授承奉郎告》为例，分析敕授告身形成过程中所体现的政务运行程序。

嘉定十五年五月二十三日授承奉郎告（录白告身第一卷图一至图三）

1　承务郎新监临安府粮料院兼装卸纲运兼监镇城仓徐谓礼，

2　右可特授承奉郎，差遣如故。

3　敕：承奉郎赵汝驭等，朕寅御路朝，祗受神宝，眷惟

4　祖宗所以承上帝镇万国者，在是百年之久，焕焉复还，岂特一时珍符而已。《诗》曰："周虽

5　旧邦，其命维新。"恢治功而答景贶，思与海内共之。并进一阶，对剔无斁，可依前件。

6　奉

7　敕如右，牒到奉行。

8　嘉定十五年五月十五日

9　少傅右丞相兼枢密使鲁国公　弥远

10　同知枢密院事兼参知政事　缯

11　签书枢密院事兼权参知政事　应符

12　给　事　中　卓

13　中　书　舍　人　卫

14　五月二十三日午时都事张　令德　受

15　左司郎中赵　付吏部

16　少傅右丞相兼枢密使鲁国公　弥远

17　同知枢密院事兼参知政事　缯

18　签书枢密院事兼权参知政事　应符

19　吏　部　尚　书　极

20　吏　部　侍　郎　章

21　告：承奉郎监临安府粮料院兼装卸纲运兼监镇城仓徐谓

礼，奉

22　敕如右，符到奉行。

23　主事祈　世荣

24　权员外郎　令史周　守忠

25　书令史孙　显祖

26　主管院　有大

27　嘉定十五年五月二十三日下

承务郎为徐谓礼入仕时初授之寄禄官，据此则告身，嘉定十五年五月，徐谓礼因为进宝赦恩特转承奉郎。进宝大赦事，据《宋史》宁宗本纪，嘉定十五年正月，宁宗受天命之宝，正月己未，"以受宝大赦，文武官各进秩一级"。[1]徐谓礼也正是因此进秩一级，由从九品之承务郎进正九品之承奉郎。

这道告身共计27行，为二人以上同制。据王应麟《词学指南》所记外制敕命"诰"之体式：

　　敕：云云，具官某云云，可特授某官。二人以上同制，则于词前先列除官人具衔姓名，"可特授某官"，于敕下便云"具官某等"，末云"可依前件"。（侍从以上用脑词，余官云"敕具官某"云云，"尔"云云）[2]

此道告身第1~2行，徐谓礼"可特授承奉郎"云云，正是王应麟所言"二人以上同制，则于词前先列除官人具衔姓名，'可特授某官'"。

1　《宋史》卷四〇《宁宗四》，嘉定十五年正月己未条，第778页。

2　王应麟：《词学指南》卷二"诰"，张骁飞点校，中华书局，2010，第435页。

第3~5行，自"敕"字始，以下云"承奉郎赵汝驭等"，至"可依前件"止，即是授官敕书内容，与王应麟所言完全相合。

以上敕文根据制度当出自中书舍人之手，第14行以后为尚书省的受、付文书，相关部门制作官告的程序，中间的签署形式则体现了自元丰改制以后两宋之际中枢体制的新变化。南宋之前、元丰改制之后的敕授告身，今有元祐三年（1088）《王伯虎权知饶州告》可资对比。[1]《王伯虎权知饶州告》文长不录，兹依据唐代《敕授告身式》之尚书省受付之前的程序，[2]取《王》告与《徐》告相关部分表列如下（见表5-1）。

表5-1　北宋《王伯虎权知饶州告》、南宋《徐谓礼授承奉郎告》、唐《敕授告身式》比较

序号	《王伯虎权知饶州告》	《徐谓礼授承奉郎告》	唐《敕授告身式》
1	……可依前件	……可依前件	敕云云　可某官
2	元祐二年十二月三十日		年月日
3	中书令　阙		
4	尚书右仆射兼中书侍郎臣公著　宣		中书令具官封臣名　宣
5	中书侍郎臣吕大防　奉		中书侍郎具官封臣名　奉
6	中书舍人臣孔文仲　行		中书舍人具官封臣名　行
7	奉	奉	奉
8	敕如右，牒到奉行	敕如右，牒到奉行	敕如右，牒到奉行

1　《王伯虎权知饶州告》，见朱存理集录，韩进、朱春峰校证《铁网珊瑚校证·金石品·王氏宋敕诸帖》，广陵书社，2012，第51~53页。

2　大庭修·原《敕授告身式》，见氏著「唐告身の古文書学的研究」『西域文化研究』3『敦煌吐鲁番社会経済資料』（下）、法藏馆、1960、291頁。

序号	《王伯虎权知饶州告》	《徐谓礼授承奉郎告》	唐《敕授告身式》
9	元祐三年正月一日	嘉定十五年五月十五日	年月日
10	侍中　阙	少傅右丞相兼枢密使鲁国公弥远	侍中具官封名
11	尚书左丞权门下侍郎挚	同知枢密院事兼参知政事缙	门下侍郎具官封名
12		签书枢密院事兼权参知政事应符	
13	给事中　临	给事中卓	给事中具官封名
14		中书舍人卫	
15	正月一日申时权都事苏安静　受	五月二十三日午时都事张令德受	月日时都事受

　　《王伯虎权知饶州告》与《徐谓礼授承奉郎告》皆为两人以上同制，故在"具官某等"之后，是"可依前件"，若是单人授官，则如王应麟所说为"具官某云云，可特授某官"，与唐《敕授告身式》同。"可依前件"一段为中书舍人所起草敕词，"徐谓礼告身"与此同，以下签署部分则大异。

　　据《王》告所见北宋元丰改制以后之告身形式和形成程序与唐代前期敕授基本相合。《王》告中"元祐二年十二月三十日"，据制度当为舍人"按典故起草"敕文后"进画"的结果，为御画日。御画日后的敕文送到中书省，中书省留为案底，重写一通，然后才是本省各级官员的"宣、奉、行"。"奉敕如右，牒到奉行。元祐三年正月一日"即是中书省在此日向门下省宣行该敕。此后则是门下省各级官员的审核、签署。

　　由于实际上元丰改制后的三省并非纯粹模仿唐前期的三省制，三省的最高长官尚书令、侍中、中书令皆以秩高不除，而以左、右仆射分兼门下、中书两省侍郎作为宰相，同时又分设两省侍郎为副相，形成了三省相兼的体制。体现在《王》告中，则是本该中书令、侍中签署的位置皆注"阙"。

这种体制下的政务决策与文书签署自然无法尽同于三省制，其中中书舍人起草与宣行的环节因为不一定是同一位舍人，故在"行"的环节存在着舍人封还的可能。最受影响者则为门下省。因为中枢体制的变化，门下省侍郎以上身为宰执，参与决策，"未有左仆射与门下侍郎自驳已奉之命者，则侍中、侍郎所谓省审者，殆成虚文也"。[1]真正负责门下省审核职能的便只是给事中了。若敕命宣行至此而给事中表示异议，即形成封驳。不管是从程序合理性还是限制权力的角度看，给事中的环节都有非常积极的意义。

反观《徐》告，"可依前件"之后即是"奉敕如右，牒到奉行"云云，其后则是全体宰执、给舍的逐级签署，告身形式上已经看不出如《王》告那样的体现元丰改制后分层签署的程序，其中给事中、中书舍人的署位在一起尤为瞩目。其间的差别反映了建炎三年以后中枢体制的新变化。

建炎三年（1129）四月十三日，尚书右仆射兼中书侍郎吕颐浩等建议："三省旧尚书左仆射今欲尚书左仆射、同中书门下平章事，尚书右仆射今欲尚书右仆射、同中书门下平章事，门下侍郎、中书侍郎今欲并为参知政事，尚书左丞、尚书右丞今欲减罢。"此议得到认可并于同日施行。[2]李心传载此事言："上纳颐浩等言，始合三省为一，如祖宗故事。"[3]《宋史》亦称此为"合三省为一""三省之政合乎一"。[4]现代学者解释为"三省实际合而为一"，并将此后的宰辅体制称为"三省合一后

<hr/>

1 《石林燕语》卷三，第 39 页。
2 《宋会要辑稿》职官一之四七，第 2964 页。
3 《建炎以来系年要录》卷二二，建炎三年四月庚申条，第 475 页。
4 《宋史》卷三七五《张守传》，第 11612 页；卷一六一《职官一》，第 3770 页。

的宰辅体制"。[1]

孝宗乾道八年（1172）又改尚书左右仆射、同中书门下平章事为左、右丞相，参知政事依旧，"删去三省长官虚称"，废除侍中、中书令、尚书令等官职。

元丰改制之后所推行的三省制，虽并不是三省首长、三省并重、三省分权的三省制，[2]但大致上仍是一个按照职能和政务处理程序分工之中有制衡的体制。然而在当时便已经有很多批评，诸如宰辅事体不均、政出多门、文字烦冗、行遣迂回、事多稽滞等。司马光在元祐元年便已写就请求制度调整的札子，建炎三年的所谓"合三省为一"正是"举行司马光之言"的结果。[3]然而司马光的札子本为《乞合两省为一札子》，按照司马光的看法，"中书、门下通同职业"，"于先帝所建之官，并无所变更，但于职业微有修改"。[4]所谓"三省合一"主要是针对中央决策体系而言，不能简单看作三省机构的合并，或者是"三省体制宣告结束"。[5]如朱瑞熙先生所解释："并不是取消三省各自的机构，而是保留各自机构的同时，三省长官一起议决朝廷重要事情，并一起联名向皇帝奏报请示。"[6]在文书签署上，根据不同的情况，三省长官的签署与三省制下的签署仍有对应关系，是可比较的。

《徐》告真切地反映了建炎三年以后宰辅体制的这种变化：告身上不再虚系侍中、中书令的职衔，史弥远、宣缯、俞应符三位宰执前后以中书门下省与尚书省的长官等不同身份出现在敕令宣行与施行的不同位置。给事中、中书舍人的签署也由《王》告上的给、舍分署演变为《徐》告上的给、舍共同签署。那么应该如何理解这种给、舍签署程序的变化呢？

1　朱瑞熙：《中国政治制度通史·宋代卷》，第199~200页。
2　参见王素《三省制略论》，齐鲁书社，1986。
3　《宋史》卷三七五《张守传》，第11612页。
4　《司马光集》卷五五《乞合两省为一札子》，第1136~1139页。
5　贾玉英：《宋代监察制度》，第226页。
6　朱瑞熙：《中国政治制度通史·宋代卷》，第253页。

　　建炎三年所开始的改制对给舍影响较大的方面，一是相关合送给、舍文字，由以前的分送改为并送；二是给舍的列衔同奏。绍兴元年（1131）四月二十七日，高宗诏："中书、门下两省已并为中书门下省。其两省合送给舍文字，今后更不分送，并送给事中、中书舍人。"[1] 同样是自绍兴以后，间有驳正，或给事中、中书舍人列衔同奏。乾道五年（1169）二月二十五日，中书舍人汪涓（养源）亦曾上奏言："伏见神宗皇帝修定官制，以中书为出令之地，而门下审覆驳正，然后付之。按，中书舍人于制敕有误，许其论奏，而给事中又所以驳正中书违失。近年以来，间有驳正，或中书舍人、给事中列衔同奏，是中书、门下混而为一，非神宗官制所以明职分、正纪纲、防阙失之意。"[2]

　　以上两点结合《徐》告，最直观的印象便是给、舍的职能与作用削弱，原来的程序控制变成具文。如贾玉英先生认为，随着南宋中央政治体制的变革，一方面，给事中地位提高，职能增多；另一方面，封驳官的权力名义上大，实际上小，封驳制度成为具文。[3] 或如诸葛忆兵先生所言，绍兴元年的规定"事实上就是取消了门下的封驳作用"。[4] 宋靖亦认为是"事实上取消了由中书再门下的审覆程序"。[5] 张复华先生也将以上两点看作组织精简背景下的"给舍混一，封驳职废"。[6] 包伟民先生在《武义南宋徐谓礼文书》的"前言"中对此的解释是，"由于南宋时期三省合一，取旨与覆奏这两个应分别执行的程序，实际中也已经合并"，因此反映到告身上，文书的签署也变得不再严谨。[7] 这些都是对南宋所谓"三省合一"以后所带来的给、舍职能变化的较为通行的理解，然而

1　《宋会要辑稿》职官一之七九，第 2980 页。

2　《宋会要辑稿》职官一之八二，第 2982 页。《建炎以来朝野杂记》甲集卷九《给舍不许列衔同奏》，第 186 页。

3　贾玉英：《宋代监察制度》，第 226~227 页。

4　诸葛忆兵：《宋代宰辅制度研究》，中国社会科学出版社，2000，第 44 页。

5　宋靖：《唐宋中书舍人研究》，第 157 页。

6　张复华：《南宋给事中的封驳权》，第 35 页。

7　《武义南宋徐谓礼文书·前言》，第 10 页。

这样的理解是有问题的。

就在建炎三年所谓三省之政合为一的次年六月即发生了一次给事中封驳的案例。建炎四年六月二十四日,高宗特批自己所宠爱的医师王继先特与换武功大夫,余人不得援例。指挥既下,给事中富直柔奏"继先以伎术杂流而易前班,则自此转行更无拘碍,深恐将帅解体",以伎术官换前班为法所不可而予以封驳。宰执进呈富直柔之驳状,高宗以继先功大,命宰相"可特令书读行下,仍谕以朕意"。结果富直柔再封还录黄。[1]此时舍人有席益、胡交修,[2]王继先之命下后省,必是已经过舍人一关,却在给事中处受阻,尽管有高宗特令书读,却依旧不成,富直柔二度封驳,命遂寝。

同年十一月,徽猷阁待制兼侍讲陈戬试给事中,次月宰相秉承高宗旨意任命辛道宗为枢密副都承旨。据李心传《要录》:

> 命下,给事中陈戬不书录黄,道宗闻之,使所亲语戬曰:"富季申以附武,故有今日,公第行之,必有以报。"

此处所谓"不书录黄",即是不肯书读,亦即是命令不"行"。此次高宗没有退步,僵持八日后,"遂命尚书右司员外郎赵子画兼权给事中,书读行下"。[3]此种重新任命给事中的做法,同命他官代为书读一样,意味着给事中可以换人,给事中"书读"之职不能废,从积极的角度看,仍然可以理解为是对给事中封驳制度的认可与维护。

绍兴元年相关文字并送给舍是与宰辅体制的变化相适应的,盖原两省长官合并为同一决策层,命令之宣、奉出于己手,如叶梦得所言,"自己身行,尚何省而覆之乎?……既已奉之,而又审之,亦无是理"。

---

1 《宋会要辑稿》职官二之八,第2988页;《建炎以来系年要录》卷三四,建炎四年元月甲午条,第669页。
2 《建炎以来系年要录》卷三三,建炎四年五月壬子条,第643页。
3 《建炎以来系年要录》卷四〇,建炎四年十二月甲申条,第746页。

所以径直送外省之给、舍是合乎情理的，而且这也并不意味着削弱给、舍的作用。

实际上，文字虽是并送给、舍，也随之出现了给、舍列衔同奏的情况，但在文书的签署上仍然是给、舍分书。就在高宗绍兴元年新规定的次年，绍兴二年十二月十八日，"中书门下省言：'韩世忠一行功赏文字系胡松年任中书舍人行词，已书录黄外，其给事中贾安宅已除工部侍郎，见未有官书录黄。'诏差擢中书门下省检正诸房公事李与权书读"。[1]此事中韩世忠功赏文字已经由中书舍人胡松年行词、书黄，但无给事中书读，则命令不成。设想，在此一阶段，即使中书舍人已经撰词、书行，如果给事中表示异议，仍然可以封驳。而如果给事中、中书舍人俱持否定意见，自然可以列衔同奏。在此之前即有这样的例子。绍兴元年七月，徽猷阁直学士、银青光禄大夫王序以奉祠满岁，请于朝，诏许再任，"给事中李擢、中书舍人洪拟言其谄事梁师成，法当讨论"，实际上即是封驳了此次诏命，结果王序"落职，降二官提举西京嵩山崇福宫"。[2]给事中李擢、中书舍人洪拟对此事意见相同，因此列衔同奏，而此时距高宗令文字并送给舍，尚不足三月。足以说明，此规定并非针对给舍的权力而设。

故而文字虽然可以并送，但并不影响给、舍分书制敕。而且在其内部，同样各自存在着分书制敕的分工。绍兴二十八年正月二十九日，诏"给舍分书制敕，并依自来条例一体施行"。具体如何分书？二月二日，门下后省言："近降旨给、舍分书制敕，并依旧例。缘给事中、中书舍人所分房分不同，见令中书舍人一员分书吏房左选及户、兵、工房，一员吏房右选及礼、刑上下房。给事中见今亦有二员，乞依中书舍人例分书房分。"[3]因而制度上，给舍封驳的职能并没有随着宰辅体制的变动而削弱。

---

1 《宋会要辑稿》职官二之八，第 2989 页。

2 《建炎以来系年要录》卷四六，绍兴元年七月丁酉条，第 822 页。

3 《宋会要辑稿》职官一之八〇、职官二之九，第 2981、2989 页。

　　对于高宗之后给事中封驳权的行使，张复华先生曾有讨论，封驳事例不烦赘述，只是张复华认为度宗时未有给事中封驳的事例，因而分了六朝加以叙述，实际上并不确。度宗时期封驳之例，《宋史》中即有两例：一是咸淳五年（1269）给事中卢钺封驳马光祖新命，[1]一是给事中常楙封还隆国夫人从子黄进观察使录黄。[2]总之，南宋时期的给、舍封驳并没有因为随着所谓"三省合一"等中枢体制的变动而混一。

　　回到徐谓礼授承奉郎告身，其第 9~13 行总共五行的签署体现了南宋中央政务运作体制的变迁，但并不意味着原先存在的中书、门下两省出令与审核环节的合并为一乃至消失。其间给事中、中书舍人的签署，看起来是共同签署，实际上则是一复杂过程。在此过程中，给舍俱无异议，才会有敕文的起草与录黄的形成，反映到告身上，方会有第 12~13 行给事中、中书舍人的签署。若其中任何一方有异议，拒绝签署，都会形成封驳。当然，实际状况是凡是我们能够看到的告身都是签署过的，即如果给舍封驳了，那么这样的告身文书我们也就看不到了。所以第 3~15 行敕旨的形成与签署体现了决策的复杂过程，远不似现在文书所见之平淡。给舍签署之后，才是过尚书省施行、给告的过程。

二　奏授告身中的给事中

　　徐谓礼告身之一、二、五、六等四道，皆为敕授告身类型，反映的是基本相似的政务运行程序。与敕授告身首行有"敕"字，表明命令所出为自上而下不同，其余六道首行皆为尚书吏部，实为尚书吏部奏抄拟官之后所形成的奏授告身。以下以徐谓礼第四道告身《淳祐五年正月十九日转承议郎告》为例，分析奏授告身所体现之政务运行程序以及其

1　《宋史》卷四一六《马光祖传》，第 12487 页。
2　《宋史》卷四二一《常楙传》，第 12597 页。

间给事中的角色。

淳祐五年正月十九日转承议郎告（录白告身第一卷图一一至图
一三）

1　尚书吏部

2　磨勘到奉议郎新改差充浙西两淮发运副使司主管文字徐
谓礼，

3　右壹人，拟转承议郎，差遣如故。

4　左丞相臣锺　　免书

5　右丞相臣范　　未上

6　知枢密院事兼参知政事臣侣　　未上

7　参知政事臣伯正

8　尚书阙

9　刑部尚书兼臣杲等言

10　谨件：钱难老等贰人，拟官如右，谨以申

11　闻，谨奏。

12　淳祐四年十二月　日　户部郎中兼臣江　湛　上

13　郎中阙

14　兼给事中臣李　性传　读

15　参知政事臣刘　伯正　省审

16　知枢密院事兼参知政事臣游　侣　未上

17　右丞相臣范　免书

18　左丞相臣锺　免书

19　闻

20　正月十九日午时都事赵受

21　刑部郎中兼左司陈付吏部

22　吏部尚书　阙

23　吏部侍郎伯大　未上

24　兵部侍郎兼

25　告：承议郎充浙西两淮发运副使司主管文字徐谓礼，计
奏，被

26　旨如右，符到奉行。

27　主事全　文炳

28　户部郎中兼　令史任　闻礼

29　主管院　书令史陈　继先

30　淳祐五年正月十九日下

淳祐五年（1245）正月徐谓礼因为磨勘转官，由奉议郎转承议郎。此件告身即反映了尚书吏部所拟转官文书自下而上报请中央和君主批准的政务运行程序。

告身第1~13行，为尚书吏部拟官以奏抄形式上闻的程序，其过程为：吏部拟定转官事宜之后，制作奏抄，由代表尚书省长官的宰执签署，然后由吏部官员奏上，即上于门下。第14~19行，为奏抄过门下画闻的程序。第20行以后为御画后的奏抄付尚书省执行的程序。

元丰改制以后尚书省所掌天下之务，无法式事送中书省、枢密院，"有法式事"，也就是"事有前比"者，皆须由六曹"勘验具钞"，尚书省长官检查无误签署后送门下省。奏抄送门下省后，"则给事中读之，侍郎省之，侍中审之。进入被旨画闻"，有应该举驳者，事大则上疏论列，事小则径自改正，此即门下省"奏覆审驳"之职。[1]

奏抄上门下，相关官员须读、省、审，亦是唐制。元丰改制之后，北宋奏抄文书过门下的实物，今可见者有一残件见于《俄藏黑水城文献》第6册之《宋西北边境军政文书》。该件文书现存17行，原整理者拟题为《政和八年张动等奏状》，孙继民先生拟题为《北宋政和八年尚书吏部员外郎张动奏状为武功大夫赵进忠子德诚拟补承节郎事》，且

1　参见《宋会要辑稿》职官四之四，第3096页；职官二之二，第2985页。

断定为抄件。[1] 据此残件，尚书吏部拟补赵德诚为承节郎，在经过尚书省长贰及吏部尚书签署之后，由员外郎张动上门下省。刘江将该文书与中村裕一所复原之唐代《奏抄式》相比对，认为该文书无论在涉及的事务还是文书体式上，都与元丰改制后恢复使用的奏抄公文相符，提出这页文书似可更名为《政和八年拟授赵德诚承节郎"奏抄"残页》，很可能是经抄录的吏部下发给赵德诚的奏授告身。[2]

该文书的前半确为吏部所拟奏抄内容，后半则是奏抄过门下时的签署。今以赵德诚补承节郎文书的后半部分为主，将其与唐代《开元公式令》所载《奏授告身式》，[3] 以及徐谓礼转承议郎文书的程序相关部分表列如下（见表5-2）。

表5-2　唐《奏授告身式》、北宋《赵德诚拟补承节郎事》、
南宋《徐谓礼转承议郎告》比较

序号	唐《奏授告身式》	《赵德诚拟补承节郎事》	《徐谓礼转承议郎告》
1	吏部侍郎具官封臣名等言： 谨件同甲人具姓名等若干人，拟官如右，谨以申闻，谨奏	11.　　□书臣光疑 等 言，谨拟 12. 右谨以申 13. 闻，谨奏	9.刑部尚书兼臣杲等言 10. 谨件：钱难老等贰人，拟官如右，谨以申 11. 闻，谨奏
2	年月日　吏部郎中具官封臣姓名上	14.政和八年二月日 员外郎臣张动　上	12.淳祐四年十二月日户部郎中兼臣江湛上 13. 郎中阙

1　孙继民：《俄藏黑水城所出〈宋西北边境军政文书〉整理与研究》，中华书局，2009，第95~96页。

2　刘江：《北宋公文形态考述——以地方公文及其运作为中心》附录一《〈宋西北边境军政文书〉所见葫补拟官文书类型再考释》，博士学位论文，北京大学，2012。《武义南宋徐谓礼文书》中"录白告身"的类型考释》，中国人民大学"徐谓礼文书与宋代政务运行"学术研讨会论文，2013。

3　参见仁井田陞《唐令拾遗》，栗劲等译，长春出版社，1989，第496~497页。

序号	唐《奏授告身式》	《赵德诚拟补承节郎事》	《徐谓礼转承议郎告》
3	给事中具官封臣姓 名　读 黄门侍郎具官封臣 名　省 侍中具官封臣 名　审	15.给事中臣　王觏　读 16.门下侍郎臣　薛昂　省 17.□□□复少保太宰兼门 下□□臣居中□	14.兼给事中臣李性 传读 15.参知政事臣刘伯正 省审 16.知枢密院事兼参知 政事臣游佀未上 17.右丞相臣范免书 18.左丞相臣锺免书
4	闻（御画）		19.闻
5	月日都事姓名受		20.正月十九日午时都 事赵受

　　根据唐《奏授告身式》，同件奏抄若为多人拟官，则其末结语为
"谨件同甲人具姓名等若干人，拟官如右，谨以申闻，谨奏"。南宋之
《徐谓礼转承议郎告》的行文用语与此全同。赵德诚拟补承节郎为单人
拟官，故曰"谨拟"云云而非"谨件"。徐谓礼淳祐七年《转朝散郎告》
亦为单人拟官，奏抄"等言"之后结语为："谨拟如右，谨以申闻，谨
奏。"因此，参考唐《奏授告身式》以及《徐谓礼转朝散郎告》，知孙
继民先生《赵德诚拟补承节郎事》录文之第 11~13 行，正确格式当为：
"谨拟如右，谨以申闻，谨奏。"

　　表 5-2 之第三部分为奏抄过门下时的审核。尽管因为职官制度
的变动，元丰改制以后在此部分署衔者身份不尽相同，但不管是北宋
后期还是南宋时期之奏抄过门下，相关官员读、省、审的环节同样存
在，都保持了"读、省、审"签署程序。给事中书"读"之外，签署
奏抄的各位宰执同样列衔于后，根据实际情况，由其中一位或两位
执政书"省""审"。具体签署格式：奏抄签署官员由高而低，仅书
名；门下签署环节则由低而高，宰相仅书名，其他书全名。实物文书
也印证了奏抄过门下审核时，相关官员的确是要在署衔之后再分别署上
"读""省""审"三字。而且，正如上文论下行文书，因为元丰中枢体

制改革的特点使然，负责"省""审"之宰执实际上已经参与此前奏抄的签署，因而真正负责门下省审核职能的便只是给事中了。若奏抄至此而给事中表示异议，即形成封驳。如无异议，审核无误则进入"画闻"。这也就是我们看到的表 5-2 中第四部分唐《奏授告身式》与《徐》告第 19 行的御画"闻"。此后第五部分则是御画后的奏抄降出，复经门下，尚书省受、付执行的过程。故而《赵德诚拟补承节郎事》第 17 行以后虽残，但既然已经走到了过门下审核的程序，其原件下一行，必定亦是画"闻"。

综合以上比对可以断定，该件《赵德诚拟补承节郎事》文书当为一件吏部奏授告身残卷，且是一自录的"副白"，其性质同于徐谓礼录白告身。由北宋晚期赵德诚和南宋时期徐谓礼的奏授告身实物我们看到，尽管其间中枢体制有过数次调整，但奏抄公文的处理机制及文书体式并没有明显改变，其中给事中的职能与作用至为稳定。与敕授告身中所见建炎三年前后给事中、中书舍人署位的变化从分到合不同，奏授告身中无中书舍人署衔，盖本来驳正奏钞之职就非中书舍人所有，由此也足见所谓"给舍混一"的说法不可靠：给、舍各司其职，无从混一。

明乎此，我们再观察徐谓礼录白告身第八道嘉熙四年（1240）《转奉议郎告》以及《武义南宋徐谓礼文书》一书对此道告身的复原便会发现，其复原仍然是不完善的：复原后的文本缺失了本不可或缺的过门下审核的程序。

三 《徐谓礼转奉议郎告》的复原

徐谓礼文书出土时，共包成两札，告身两卷与敕黄一卷为一札，印纸一札。其中第一札的告身与敕黄均是由多幅文书粘连而成。第一卷的录白告身，长达 508 厘米，共有告身八通，系由三幅文书拼接而成。《武义南宋徐谓礼文书》一书将此卷文书图版分剪为 25 图。

其中第一幅文书至第三道告身之第 22 行（图 1~ 图 8），第二幅文书起自第三道告身之第 23 行至第五道告身之第 27 行（图 9~ 图 16），第三幅文书起自第五道告身之第 28 行至第八道告身之第 9 行（图 17~ 图 25）。

整理者正确地指出三幅文书的拼接是错误的，[1]三幅文书在拼接时顺序出错，将第二幅与第三幅的位置前后颠倒，三幅文书的两个拼接处出现了错简文字。为此整理者在做了录文之后，对第三、八两道告身文本做了复原，附于文书录文之后，即《录白告身·附录》之"复原文本一"《绍定二年七月二十六日转宣义郎告》与"复原文本二"《嘉熙四年正月十一日转奉议郎告》。[2]

整理者的复原，是通过调整原先拼接错误的第二、三幅文书的顺序而自然形成。根据正确的拼接，第一幅第三道告身的第 22 行（图 8）下接第三幅第五道告身的第 28~33 行（图 17），成为"复原文本一"；第二幅第三道告身的第 23~35 行（图 9~ 图 10），上接第八道告身的第 9 行（图 25），成为"复原文本二"。除了次序调整外，其他如具体到每道文书的文字、顺序等则无一改动。

关于复原，首先因为文书的拼接错误直接影响到的是三幅原始文书之末的第三、五、八道等三通告身文本出错，故而既然是"复原"文书，那实际上瘦身后的第五道告身亦应有一复原文本。其次则是复原后的第八道告身，即"复原文本二"依然是存在问题的：最大的问题是复原后的文本缺失了整个奏抄过门下审核后进入画闻的环节。

首先我们将整理者复原后的第八道告身移录如下：

复原文本二　　嘉熙四年正月十一日转奉议郎告（录白告身第一卷图二五、图九、图一〇）

---

1 《武义南宋徐谓礼文书·前言》，第 7 页；《录文》第 193 页注释 1。
2 《武义南宋徐谓礼文书》，第 197~199 页。

1　尚书吏部

2　磨勘到通直郎新添差通判建昌军兼管内劝农营田事徐
谓礼，

3　右壹人，拟转奉议郎，差遣如故。

4　少傅平章军国重事益国公臣行简　免书

5　左丞相臣宗勉　免书

6　右丞相臣嵩之　都督

7　参知政事臣侣

8　尚　书　阙

9　户部尚书兼臣岩之等言

10　正月十一日午时都事童　受

11　司农卿兼左司颜　付吏部

12　吏部尚书　阙

13　户部尚书兼

14　吏部侍郎　阙

15　告：奉议郎添差通判建昌军兼管内劝农营田事徐谓
礼，计

16　奏，被

17　旨如右，符到奉行。

18　主事蔡　良佐

19　权员外郎　公许　令史全　文炳

20　书令史顾　佑

21　主管院

22　嘉熙四年正月十一日下

此件告身为徐谓礼经由吏部磨勘，自通直郎转奉议郎，为奏授
告身。徐谓礼告身中奏授告身计有第三、四、七、八、九、十等六
道。将此复原后的第八道告身与其他五道奏授告身比对，很容易发现

第9行"等言"与第10行尚书省吏人承受文书之间，缺失了很多内容。今以此道告身前后之第七、九两道告身相关部分表列如下（见表5-3）。

表5-3　徐谓礼《通直郎告》、《奉议郎告》（复原文本二）、
《朝散郎告》比较

序号	七　绍定六年十一月八日转通直郎告	八　嘉熙四年正月十一日转奉议郎告（复原文本二）	九　淳祐七年四月五日转朝散郎告
1	尚书臣烨等言	户部尚书兼臣岩之等言	尚书臣与籇等言
2	谨件：吴澄等贰人，拟官如右，谨以申		谨拟如右，谨以申
3	闻，谨奏。		闻，谨奏
4	绍定六年十月日秘书省著作佐郎兼权臣王会龙上		淳祐七年三月日军器监兼臣倪祖常上
5	郎中阙		郎中阙
6	兼给事中臣莫泽读		兼权给事中臣赵希垔读
7	参知政事臣陈贵谊省		参知政事兼同知枢密院事臣陈铧省
8	参知政事臣乔行简审		知枢密院事兼参知政事臣赵葵审
9	右丞相臣清之免书		右丞相臣俖免书
10	闻		闻
11	十一月八日午时都事郭受	正月十一日午时都事童受	四月五日午时都事赵焕受

由表5-3比较可知，"复原文本二"的主要缺失有二：首先是奏抄不全，缺失奏抄结语及奏上门下省部分；其次是过门下后的审核与进入画闻环节全部缺失。

　　奏抄结语部分，因为不知此件奏抄为单人抑或是多人拟官，姑且以单人考虑，则缺少"谨拟如右，谨以申闻，谨奏"之语。

　　奏抄所上之日期与吏部郎官签署。因为尚书省承受门下所下御画后的奏抄是在嘉熙四年正月十一日，参照其他告身上门下与付尚书省之间的时间间隔，[1]推测奏抄上门下的时间可能为嘉熙三年十二月。至于签署郎官则为后面出现的"权员外郎公许"，当为程公许。[2]

　　此后则是过门下后相关官员的读、省、审以及签署环节。嘉熙三年后期至四年前期出任给事中者，史料中遍检不获，嘉熙四年后期则有钱相，则嘉熙三年、四年之际当书读者还是以钱相的可能性最大。[3]自宁宗以后的给事中多为六部长贰兼官，此处书读者亦必为兼给事中某人读。

　　由此，此道告身"等言"之后缺失的部分大致为：

　　1　谨拟如右，谨以申

　　2　闻，谨奏

　　3　嘉熙三年十二月　日（著作佐郎）兼臣程　公许　上

　　4　郎中阙

　　5　兼给事中臣钱　相　读

　　6　参知政事臣游　侣　省审

　　7　右丞相臣　嵩之　都督

　　8　左丞相臣　宗勉　免书

1　徐谓礼告身中第一、二、五、六等四道敕授告身，从宣行到付尚书省，时间间隔分别为8、3、9、11天；奏授告身中，上门下与付尚书省之间的时间间隔并不清晰，其中第四道淳祐四年十二月上，次年正月十九日付尚书；第七道系绍定六年十月上，十一月八日下；第十道间隔最长，为淳祐七年八月上，十月四日下。

2　《宋史》卷四一五《程公许传》，第12455页。

3　据《宋史》卷四一三《赵必愿传》，"钱相尝缴陈洵益赠节使，不行"（第12412页）。又据《宋史全文》，嘉熙四年"十月辛卯朔，赠入内内侍省陈洵益昭庆军节度使"，知嘉熙四年十月前钱相已为给事中。次年即淳祐元年正月，钱相同知贡举，其时职为"吏部侍郎兼给事中"。参见《宋史全文》卷三三，第2741、2744页。

　　9　少傅平章军国重事益国公臣行简　　免书
　　10　闻

　　正如整理者所指出的，录白告身第一卷错误的拼接次序"实为原貌"，那么纠正了拼接错误之后，理应得到一个关于第八道告身的正确的"复原文本"才对。结果"复原文本二"竟然并不是真正的文本复原，这自然不是徐谓礼此道告身真本的复原，是不是复原到了书手录白此道告身时的"原貌"亦未可知。其可能性无非两端：抄手漏抄；或者抄手不误，后来出土之后续有损失。如果抄写无误，那么这些"遗失"的内容可能抄录的地方可能是第二幅之末或者第三幅之首。这个时候三幅文书各自的具体尺寸对于我们厘清此问题是有意义的，不过整理者未曾说明。三幅文书的长度总为 508 厘米，如果以图计算，则总共 25 图，三幅的图版数分别为 8、9、8 图，但第二幅的第 21 图仅三行，则三幅应该是尺寸大致相同的纸张。如是连续抄录没有遗漏，则文字出入最大的应为最后一幅。故而猜测三幅文书在出土后并没有续有损失，书手漏抄此十行文字的可能性最大。如此，则整理者的"复原文本二"可以说是恢复到了书手所录的"录白告身"的"原貌"，但并非徐谓礼告身原本的复原。这也提醒我们，因为文书并非原本，而只是书手个人的"录白"，因而对于全部徐谓礼录白文书的使用当持审慎的态度。毕竟因为书手个人的原因，漏抄、误抄甚至改动的可能性无论如何都是不小的。

　　《武义南宋徐谓礼文书》完整告身十道，时间跨度为 26 年，历宁宗、理宗两朝。两宋政治制度史变迁，通常不以政治变动，而是以元丰改制为界分前后两期。因而徐谓礼告身文书的价值便也不仅仅局限于南宋中后期，而是对于我们理解北宋后期和南宋时期的中央政务运行机制都具有重要的意义。

　　十道告身明确分为敕授告身与奏授告身两种类型，因为奏授告身文书罕见，所以其中的六道奏授告身具有更重要的意义，它无可争议地证明了元丰改制时依据唐制所建立的人事除授中制授、敕授、奏授三种告

身制度的存在。对徐谓礼文书中的奏授告身文书形态的分析，一则使得
我们可以补正徐谓礼文书自身，如第八道告身中存在的错误；二则可以
据此纠正一些文献资料中奏授告身的拟题错误与内容阙失；[1]三则也使得
黑水城出土西北军政文书中《赵德诚拟补承节郎事》残文书的奏授告身
性质得以确认。黑水城宋代西北军政文书与徐谓礼文书都是宋史研究中
比较罕见的出土资料，一北宋，一南宋；一北方，一南方，时间跨度百
年之久，同时都出现了奏授告身的录白文书，足以说明元丰改制以后尚
书省以奏钞为文书主体的日常政务运作方式的确立。最后，徐谓礼文书
中的奏授与敕授告身所反映的政务运作程序，使得我们更加清晰地认识
了南宋的给舍封驳制度，纠正了此前在相关问题认识上的不足。

　　元丰改制本来是宋代政治制度变迁的分界点，但谈到宋代的给舍
封驳制度，学界则往往对前文所述建炎三年以及以后的变动给予特别的
注意，强调所谓"三省合一"、给舍合署办公、列衔同奏等对于给舍职
权变化的影响，然而对于给、舍各自的职能及其作用的评估却又有截
然相反的认识。或强调给事中的作用，认为建炎以后给舍混一的结果
是中书舍人职能削弱，"给舍合一，给事中独掌封驳权，使得给事中成
为朝廷纲纪唯一所系"，能够起到牵制相权、限制君权的作用，是"限
制君主与宰执权力的最后一股力量"，也正"由于给事中封驳权一息尚
存"，所谓绝对君主专制在南宋终是不存在的。或强调中书舍人的作
用，认为中书舍人的职权在唐宋时期总体上呈扩大趋势，至南宋，其
权力达到顶峰。就封驳权而言，则是"中书舍人的封驳事权与给事中
封驳重叠，事实上侵夺了给事中的封驳权"。[2]基于相同的制度演变背
景，得出的结论却是大相径庭。何以如此？首先这些研究都对三省合

1　程敏政《新安文献志》卷九三《孔右司（端木）传》附有《宣圣子孙若谷授官录黄》，所谓
　　录黄，实为一完整奏授告身；宋人集中又有名为"札"而实为奏授告身者；亦有所载为奏授
　　告身而省略上述门下省署衔部分者。以上可参见宋哲文《宋代奏授告身与外制告身问题研
　　究——以文官授受为主》，硕士学位论文，中山大学，2013。
2　张复华：《南宋给事中的封驳权》，第45~47页以及中文摘要。宋靖：《唐宋中书舍人研究》，
　　第157~159页。

一下的所谓给舍混一给予了过高的估计，认为混一必然有其中的一方受到削弱；其次则是忽视了尚书省以奏钞为主体的文书运作以及给事中的审覆作用，对于给、舍在封驳过程中的不同表现以及职权界限认识不足。

徐谓礼文书所见四道敕授告身中给、舍的签署虽然在文书上表现为共同签署，但其实际形成过程依然是首先有中书舍人的奉行，然后才是给事中的审覆。其间给、舍任何一方提出异议，拒绝书黄，都形成封驳，这时候就会出现其中一方缴奏或者双方意见一致而共同缴奏的情况，这都体现了给、舍在决策形成过程中的作用。也就是说在正常情况下，尽管在文书上给、舍签署看似是共同签署，但在实际的政务运行过程中，给、舍的职能仍然是分离的，没有哪一方的职能被另一方削弱。

给、舍之间职能的界限更为明确地表现在徐谓礼的六道奏授告身中。奏授告身在成立之前，必先有尚书吏部制作的奏钞，经门下省进入被旨画闻，如果有"舛误应举驳者，大事则论列，小事则改正"。[1]因为三省合一后宰执的角色变化问题，实际上门下省的审覆作用便只是体现为给事中的书读。尚书省对奏钞的使用，以前因为未见文书实物以及文献记载语焉不详，并没有引起重视，言及给舍封驳，多是指对诏敕等下行文书的封还，而罕及对奏钞等上行文书的驳正。把给事中看作言官，"系以封驳诏书的方式议论朝廷得失"，[2]同所谓"封驳事权的最终统一"一样都是没有注意到给事中对上行文书的驳正之权，忽视了给事中在日常政务运行中的重要作用。奏钞经给事中审读之后进入御画闻的过程，充分体现了给事中在尚书省日常政务运作过程中的作用，这一过程非中书舍人所能参与，给事中审读奏钞的职能又岂是舍人所能侵夺？

徐谓礼十道告身文书中，敕授、奏授两种类型区别皎然，中书舍

1　《宋会要辑稿》职官四之四、二之二引《神宗正史·职官志》，第 3096、2985 页。
2　张复华：《南宋给事中的封驳权》，第 32 页。

人、给事中的职责也是泾渭分明。相应地，中书舍人的封还词头与不书行，与给事中的不书读，分别为诏敕形成过程中不同阶段的封驳行为，角色不同，互不相涉，并不曾因为所谓的三省合一而发生实质性的改变，并不存在互相侵夺的问题；而给事中审读奏钞，驳正违失的职能则是中书舍人所不具备的。敕授告身中的"诏敕"之下，与奏授告身中的"奏钞"之上，都要经过给事中，给事中若拒绝签署，则形成封驳，这也充分说明给事中在日常政务运行中的枢纽作用。元丰末曾出任监察御史的王岩叟在论及给事中的重要性时说道："给事中处门下，当封驳，非他职比，凡政令之乖宜，除授之失当，谏官所未论，御史所未言，皆先得以疏驳而封还之。其于扼天下之要，以厉至公而严朝廷，莫先此者。"[1] "扼天下之要"，很好地说明了给事中在政务运行以及言路之中的这种枢纽地位及其作用。

给事中在政务运行中的枢纽作用通过"书读"或"不书读"来实现。前引《神宗正史·职官志》以及元丰五年官制改革的诏书，[2] 均提到诏敕等下行文书与奏钞、断案等上行文书都要经过门下省官员的"省、审、读"。然而观察徐谓礼两种类型的告身中给事中的签署，我们注意到在敕授告身中，给事中在职衔之后，只是书名；而在奏授告身中，给事中在职衔之后，既要签署姓名，还要书一"读"字。奏钞等上行文书过门下须经过给事中书"读"，唐代已然，元丰改制后袭用其法，殆无疑问，然徐谓礼文书以及其他文献资料均不支持诏敕等下行文书需要签"读"字的说法；但给事中审核诏敕等文书署名行下的过程称作"书读"，若"不书读"则意味着封驳却是没有问题的。宋人集中常见"未敢书读"云云，是给事中驳状中常见之标准措辞。

总之，南宋时期的给舍封驳职能与作用并没有随所谓的"三省合一"而削弱甚至丧失，中书舍人与给事中，在文书运作过程中，或不撰

---

1 《长编》卷三六二，元丰八年十二月甲戌条，第 8668 页。
2 《长编》卷三二三，元丰五年二月癸丑条，第 7775 页。

词、不书行，或不书读，封驳事例，无代无之。孝宗在乾道时，甚至还说过"封驳章疏太频"的话。[1]制度的存在是清晰的，并且为当时君臣所认可。由于封驳权的行使受到时代环境等种种因素的影响，[2]制度的执行或不尽如人意，在实际的政治运作过程中，亦存在种种规避给事中封驳的手段，但并不存在直接针对给舍封驳制度的打击，诸如贬损其或取消。这也正显示出给舍封驳制度的重要性与严肃性。关于这一点，元祐时有一个有趣的例子。元祐元年安焘知枢密院的任命过门下屡屡为给事中所驳，于是"不令给事中书读，直自门下侍郎处过送尚书省施行"，结果"门下省录黄，于给事中字不书臣某之名，而书曰'奉圣旨不送给事中书读'"。在后来吏部所出告身上亦是如此书写。[3]告身上本该给事中"书读"，即在给事中职衔之下署名，结果签署的却是"奉圣旨不送给事中书读"，给事中封驳之职诚然未得伸张，然而却是以如此带些谐谑的方式宣示了自己不可或缺的存在。故不可谓无制度、无思想，良法美意时有所扼必有其制度以外的更为具体的政治上的原因。

1　《宋会要辑稿》职官五五之二四，第 4510 页。
2　张复华先生从时代环境、君主、宰执、给事中个人素质四个方面，列举十六项影响给事中职权行使的情况，参见氏著《南宋给事中的封驳权》，第 34~40 页。
3　吕陶：《上哲宗乞议经历付受官吏之罪以正纪纲》，《宋朝诸臣奏议》卷五七，第 632 页。

结　语

在中国古代政治中，对信息、文书的重视可以追溯到现存最古老的儒家经典文献。《尚书》《周礼》等儒经中保留了大量的后世所谓"王言"的描述，《诗经》更是上古时期政府与民间信息沟通的直接产物。从这些典籍中我们可以找到相当一部分后世文体的原型，而它们对于各种信息即"言"的区分也令人印象深刻，后人不能不惊叹彼时的"言路之广"。可以说上古时期的政治家很早便已认识到了文书、信息之于政治的重要性。无信息，则无政治；无文书，则无行政。以文书御天下，很早就已成为传统中国政治体制的一个显著特征。

一

宋代作为典型的文书行政的时代，对信息的自觉追求与掌控，自是远过三代。很多信息渠道，古今无二，然而直到宋代，才把先前典籍中所见各种与信息有关的内容，用"言路"统摄，"言路"才成为一种政治话语。对"言路"的强调与建设，正是宋代文书行政的特色之一。

　　宋人对言路的重要性有异乎寻常的关注，视"内外之情不通"为大患，认为言路之通塞，与人才进退一样，"国势之安危系焉"。[1]为了使臣民能够"各得输其情"，[2]一则要有言路的建设，使得下情能够顺利上达，再则要给予臣民言说的自由。宋代在这两方面都有不错的表现，既有众多的采访信息、传达民意的包括官员和机构在内的"耳目"，也有各种臣僚、庶民下情上达的渠道，言有常职，在宋人看来是一种言路变狭窄的表现，因而他们追求与强调的是无人不可言，无日不可言，无事不可言。宋代君主与政府的言路之广、耳目之众确实都是超越前代的。而关于言说之自由，正如苏轼所说的"自建隆以来，未尝罪一言者！"[3]仁宗也说过："今朝廷得失，军民利害，自公卿至于士庶，皆许指事而陈之，纵涉缪妄，亦未尝加罪。"[4]言者无罪，常被塑造为宋代祖宗之法之一部分，在实际政治中虽不能完全做到，但在理论上对宋代君臣而言基本上是共识。

　　宋代言路之广和信息沟通手段之多使得垄断信息并不容易。从对言路的认识上，可以理解宋代政治史上的一些重要现象，比如近习政治和士大夫的反内降等。

　　古代最怕被蒙蔽、最渴望充分获取信息的大概就是皇帝了。在宋代士大夫关于言路的理解中，文武臣僚皆可成为天子耳目，而内臣不预，因而内臣，包括其他近习作为天子耳目是不被士大夫所认同的。然而，对于君主而言，内臣、近习地近人亲，作为正规制度之外的非常态信息

1　崔与之:《应召赴阙疏》,《全宋文》第 293 册, 第 294 页。
2　程颢、程颐:《二程集·遗书附录》"门人朋友叙述并序", 王孝鱼点校, 中华书局, 2004, 第 330 页。
3　《苏轼文集》卷二五《上神宗皇帝书》, 第 740 页。
4　《宋会要辑稿》职官六〇之三, 第 4666 页。

渠道，反而可能是最可信的，是不可或缺的天子耳目。

　　君主对近习、佞幸的偏爱与士大夫对近习政治不遗余力的抨击，都是出于担心被蒙蔽的恐惧，都是为了维护信息沟通渠道的多元，本质上可视为信息渠道的争夺。在士大夫看来，打击近习、佞幸才能防止君主被蒙蔽，维护多元信息沟通，防止偏听偏信。两宋自北宋仁宗朝以后，几乎历代都在反内降，在很大程度上就是反近习。因为在士大夫看来这些内降皆是君主为身边的内臣、近习等蛊惑的结果，"一除目之颁，一号令之出，虽未必由于阉宦，而人或疑于阉宦；虽未必由于私谒，而人或疑于私谒；虽未必由于戚畹宗邸，而人或疑于戚畹宗邸。夫天下者，祖宗之天下也，非陛下所私有也"。[1]因为内臣、近习等可以借助在信息渠道上的便利，而使得君主"动涉可疑之迹"。而在君主看来，只有广植耳目，有了自己更私密的渠道，才能得到更多更真实的消息，才能维护多元，防止自己被蒙蔽。这就同君主所鼓励的"异论相搅"是一个道理，本质上是君主与士大夫集团对信息渠道的利用与控制。正邪不两立，两宋士大夫不断呼吁反近习，"愿得天下四海之心，毋但得左右便嬖戚畹之心；愿寄腹心于忠良，毋但寄耳目于卑近；愿四通八达以来正人，毋但旁蹊曲径类引贪浊"。[2]然而，"任内臣作耳目，正是祖宗故事"，[3]故终两宋之朝，内臣不能不用，近习也终不能去。

二

　　历代皆重视对信息渠道的经营，方式亦不尽同，更能体现时代差异的是君臣上下对于信息的认识与处理机制，只有当各类信息进入决策程序转化为权力的时候，才更能呈现其政权性格，权力的专断首先始于对信息的控制与垄断。

1　《宋史》卷四一三《赵必愿传》，第 12409 页。
2　《宋史》卷四二一《陈宗礼传》，第 12594 页。
3　《建炎以来系年要录》卷一五一，绍兴十四年六月丙申条，第 2440 页。

所有进入行政过程中的信息都要以文书的形态呈现，这也是文书行政最基本的特质之一。奏状与申状构成宋代政务决策的基础，从御批也就是君主的批示和宰相机构的省札、批状等日常政务文书入手，可以更为直观地观察宋代文书行政中的信息处理与权力运作机制。

批示是君主处理奏状，参与日常政务处理，表达自己意志的最主要方式，虽不入"王言之体"，却是决策过程中的关键环节，是推动政务运作的最主要动力，在政治运行中的地位最重要。众多议程因批示而起，因批示而落实为决策。我们研究决策，首要的便是御批的运作。

御批就批示内容而言，有批转、批复、建议和指令等，最受争议的是指令性批示。此类批示是对政务直接决策，相当于没有经过宰辅机构便由君主自己做出决策，其运作方式除了付与宰辅执行外，还有一种就是绕过宰相机构直接指挥行政部门。其中有些指令性批示并不降出原奏，甚至是本无奏疏，只是基于口奏或其他信息等，直接内出指挥。凡是指令性批示，不论批示何种内容，采用何种运作方式，都是士大夫官僚所反对的。从史料所反映出的宋代御批演进看，自仁宗开始御批渐多，所涉及政务范围也越来越广，并出现手诏等名目，至徽宗时出现权威高于常法的御笔手诏，呈现出宋代君权越来越强的趋势，或以为宰相独立指挥政事的批状权也在北宋中后期被取消，如此这种趋势就显得更加强烈。

御批的广泛运用确实说明君主对政务参与的程度越来越深，就预"事"之多，也可理解为其"权"在提高，但除了徽宗御笔手诏的特例外，两宋绝大多数时期内御批并没有表现出不受限制的特性。因为有覆奏制度，御批也很难脱离宰辅机构而成立。再则，在宋代严密的文书行政体制下，各部门间文书联系密切，即使君主单独指挥某机构的批示也很难脱离整个文书行政体系而独立存在。以下不避烦琐，举孝宗时期一例，以见御批的具体运行。

淳熙十四年九月，孝宗欲废枢密院。九月二日付三省"罢枢密院御笔"，据此御笔孝宗考虑废枢密院已经有五六年之久，且已将此决定告知了两枢密使。宰相王淮留此御笔两日后，九月五日回奏，表示此事可缓行。六日，孝宗在此回奏上御批，"今既欲施行，当降指挥或降旨，卿等奏来"。七日，王淮回奏，认为"祖宗二百余年规模，行之既久，似难轻改"，提出"或须更令有司详议"。当日孝宗御批："可拟指挥来！"于是王淮初拟指挥曰欲罢枢密院，"可令有司详议以闻"，继而又再拟指挥，将"有司"改为"所司"。拟定后进入，孝宗果然注意到"所司"，御批："所司系何处，当指定。"王淮回奏："三省、吏、兵部、给舍皆系所司，不然，指言侍从、台谏亦可。"孝宗御批："若使详议，或所论不一。"又言此事"兵将别无利害，似无可疑，只须降指挥"。王淮回奏言，枢密院"实收天下兵柄以制外重。于兵将岂得别无利害？既虑中辍，孰若小忍以待大业之定？此指挥所以未宜轻降也"。[1]此事最终未行。孝宗为南宋最为独断之君，欲行"五六年来思之久矣"之事，御笔屡下，却终是难成。其间往复议论可见宰相机构在文书行政中之地位，虽议出于孝宗，宰相实际上等于参与决策，并否决了孝宗的指令。所以就制度和体制而言，宰相地位及其权力不因御笔之行而受到影响。此事与理宗时丁大全为相形成鲜明对比。大全为相，回奏动辄曰"敬遵圣旨""谨遵圣训""敢不钦承圣训""敢不上遵圣训"，[2]有相如此，君权焉得不张。

批状是宰辅机构在来自官员和机构的申请类文书上直接批示指挥政务运行的一种方式。所批之"状"，可以是奏状、札子，也可以是申状，以后者为主。奏、札等皆当上闻取旨，用批状处理者，皆为奉旨而行，申状是否取旨则宰相机构有较大的自主空间。批状之应用主要在于两方面，一是用于所谓"日生小事"等常规事务，直接在状后批示处理意见，即"直批"；一是用于"事之方议者"，批状付相关机构提出处理意见。前者是直接决策，后者是行政与决策过程中的一个环节，也是

---

1 《周必大集校证》卷一五〇《奉诏录五》，第 2296~2297 页。
2 《宋史全文》卷三六，第 2880、2881、2882 页。

最为常见的批状应用，在史料中极为常见之"后批"云云，皆为都省批状。事之方议者的批状，是宰相日常行政所必须，舍此则行政无法进行。无论事之大小，决策形成之前大多有一个议的过程，这个过程通常是以申状、批状的形式开始。最终的决策，分为两途，有的不需要取旨，便依然以批状的形式施行；有的需要取旨，然后采用敕札或者批状等形式施行。经过取旨的奏状、申状所形成的决策，用批状而不是诏敕、省札等形式，除了事体相对较小外，主要着重的便是效率。亦有事体不轻而用批状者，典型的如急速公事，可以取旨后直接批状施行，亦有先施行后上奏者。这些情况下的批状并不意味着宰相的专断，如王安石所言，是取其速行耳。批状的优点在于直接、便捷，"径而易行"，言其行政效率之高，但若批状自始至终不取旨，不覆奏，就牵涉权力之争了。

北宋后期以及南宋时期，权相都是比较突出的政治现象，史料所见很多宋代权相都利用了批状来强化自己的权力。徽宗时，蔡京为相，尚书省事，"多不取旨，直行批下""不候奏拟，径行批下"。[1] 高宗时秦桧专政，"率用都堂批状、指挥行事"。[2] 宁宗时史弥远钳制中外，"事无大小，或用私书，或用申状，惟不得奏闻。故四方有败，无由上达"。[3] 批状直批决事的前提是大量政务申而不奏，如秦桧时便是"诸路监司郡守以事达朝廷，止云申尚书省取指挥"。[4] 高宗亦曾言及某官"事止申省，无一字至朕前"。[5] 宰相专权的表现不一，而手段相似，本质上是控制信息，如高宗所说"此乃大臣任意所为，不欲朕知天下事耳"，[6] 进而利用

1 毛注：《劾蔡京奏二》，《全宋文》第 122 册，第 184 页。刘安上：《再论蔡京疏》，《全宋文》第 137 册，第 343 页。
2 《宋史》卷一九九《刑法一》，第 4965 页。
3 魏了翁：《应诏封事》，《全宋文》第 309 册，第 131 页。
4 《建炎以来系年要录》卷一七〇，绍兴二十五年十一月庚午条，第 2780 页。
5 《建炎以来系年要录》卷一七〇，绍兴二十五年十一月庚午条，第 2780 页；卷一六七，绍兴二十四年七月壬申条，第 2724 页。
6 《建炎以来系年要录》卷一七〇，绍兴二十五年十一月庚午条，第 2780 页。

直批攫取权力。

权相问题以南宋最为突出，将本该奏闻之事改用申状，然后以批状行之，自然是扩张事权的手段，但南宋批状大行，本来就是宰相事权扩张的结果而不是原因。文献所见之批状多见于南宋。以礼仪事务为例，北宋的《太常因革礼》引及《礼院例册》七十余处，其中事例中明确是批状的仅一二见，而《中兴礼书》及其《续编》中，批状比比皆是，仅明确标示"后批"字样的便有一百六十余处。可见南宋权相多，批状多，两者之间确是有一定的联系，元丰改制前后两宋中央行政运作机制的差异，造成三省事务增多，文书运作程序迂回，也造成批状大行。[1]

将御批与宰相批状的流行合并观察，会发现两者有相当的重合度，基本上都是在元丰改制以后获得较大的发展，体现了君、相两者的事权都在增长中而不是互有消长。回到信息角度的观察，君、相日常政务运作的基础没有变化，依旧是奏状和申状，没有哪一方实现对信息的独占。而且宋代的政务信息沟通机制，如奏兼申、监司互察、覆奏、长贰共同签署、言官论事和严格基于文书流转的政务运行机制等制度也都有利于防止这种信息的垄断。正常状态下，宰相利用批状直批决事钳制中外实际上并不容易实现，而士大夫不停地反内降，也并不意味着君主的权力有失控之势。

实际上内批、直降等君主权力的运作方式，北宋太祖太宗时期就已经很多，但批评很少。这不能仅仅用史料多寡解释。太祖太宗时期会被后人赞为"简径"的批示行为，在仁宗以后则往往会遭到严厉的批评，其背景是北宋中期以后士大夫政治的发展。君主的地位与权力运作方式并没有变化，变化的是士大夫群体。北宋前期并无反内降的呼声，自仁

1　改制之前，诸事汇聚中书，中书自行处理或者进呈取旨。改制之后，天下之事莫不上于尚书，然后下六曹，"先从六曹用例拟定"，然后申部、申省。如此，自然申状多、勘会多、批状多。据庞元英《文昌杂录》：尚书省凡六曹二十四司，除告身账目外一百六十八案，吏额一千四百三人，总五月、六月文书一十二万三千五百余件。天下之事，莫不上于尚书，宜其多之如此也（庞元英：《文昌杂录》卷二，金圆整理，《全宋笔记》第2编第4册，大象出版社，2006，第126页）。

宗时直至南宋之末，御批成为重要的政治问题，其间的讨论就没有终止过。这个过程与士大夫群体的自觉是一致的。一直到临安陷落前十年，士大夫们还在呼吁"政事由中书则治，不由中书则乱，天下事当与天下共之，非人主所可得私也"。[1]其背后的理念一是天下为公，二是君道务简，最终便是要求君主与士大夫共天下的政治结构。

宋代士大夫总体上秉承儒家民本和天下为公的观念，认为一国之君，不当怀私恩，不当隆私亲，不当信私人，不当有私令，不当殖私财，"于群黎百姓之疾苦弗深恤，而富贵私亲；公卿在廷，其信任不若近习之笃；中书造命，其除行不若内批之专：则陛下之立心，既未能尽合乎天下之公矣"。[2]关于为君之道，则持"君道务简""臣道务勤"观念，反对君主"忧民太过，视事太勤"。[3]所以他们反对内批，并不仅仅是因为决策正确与否，而是行为本身不当。富弼曾批评神宗："内外事多陛下亲批，虽事事皆中，亦非为君之道，况事有不中，咎将谁执？"[4]富弼所说的"况事有不中，咎将谁执"这一点的核心其实就是君主和宰相职分的问题。君主、臣僚各有其职，"人主之职，本在于辨邪正，专委任，明政之大体，总权之大纲"。[5]

宋代士大夫并不反对君主独断，但他们所希望的独断是"兼听则明"式的独断，"独断当以兼听为先"，希望君主的独断是广采"公议""众论"的独断，而公论，实际上是掌于士大夫"诸贤"之手的。有了士大夫公论在先的"独断""独运"，实际上便已经是有限度的独断了。宋代士大夫常鼓吹的"断自宸衷"之类，其实皆是在士大夫"公论"基础上的独断。反映在文书运作上，就是"命出君上，政归中书"式的宋代君相一体决策机制。

---

1 《宋史》卷四〇五《刘黻传》，第12247~12248页。

2 《宋史》卷四三八《汤汉传》，第12975~12976页。

3 《长编》卷二四，太平兴国八年十二月，第563页。

4 晁说之：《韩文忠富公奏议集序》，《全宋文》第130册，第72页。

5 陈亮：《陈亮集》卷二《中兴论·论执要之道》，邓广铭点校，中华书局，1987，第27页。

　　宋人云祖宗纪纲之所寄，大略有四：大臣总之，给舍正之，然后是台谏、监司分察内外。这种权力运作方式，体现出君主与法的关系和对于组织的依赖，体现了行政学所讲的决策民主化、沟通网络化、管理分权化。大部分的信息得以不同程度地分享，异论可以相搅，文书行政运作尽可能的规范、严密，每一个环节都可以提出异议。制度非不善，重要的在于人的作为。我们当然可以说，自秦汉的大一统起，至明清的专制，都是以高度发达的文书行政的运作为基础。但是，在这些时段，我们看到的更多的是信息的垄断与权力的层级传递，是叶适所说的"以管子之言出令"，较少看到像宋朝那样大臣、给舍的执奏、封驳，较少看到像宋朝许多优秀士人那样争取与维护言说的权力和自由。

　　在皇帝制度的架构之下，士大夫政治毕竟是最不坏的政治，士大夫政治在两宋经历了其高光时刻。两宋时期不论是独断的君还是专权的相，总体上都是处于同一政治文化之中，而徽宗时期则是例外。徽宗御笔政治的"成功"实践暴露了士大夫政治虚弱的一面，显示了士大夫群体对于君权限制的无力与无奈，宣告了皇权确实是可以任心而治。超越法律与程序，奴视朝廷的御批型政治也随时有复活的可能。同宋以后士大夫政治的日趋没落相比，皇权政治还远没有达到其巅峰。[1]

1　在中国帝制体制前提下，士大夫群体最能体察中国政治文化传统的底蕴，以儒家民本主义为根基的士大夫政治文化传统更接近大社会的公共性、合理性诉求，而随着明清废宰相、设军机处、密折制度以及六科并入都察院等制度变迁，士大夫政治及清而终结，帝制时代皇权政治达到顶峰，专制性也达到顶峰。参见赵轶峰《明清庙堂政治的差异》，《安徽史学》2013 年第 5 期。

附录一　再谈天一阁藏明钞本《天圣令·关市令》之"副白"与"案记"

　　湮没千年的北宋《天圣令》(残十卷)的发现大大推动了唐宋史学界关于唐、宋律令制度的复原及其相关研究。钞本中卷二五《关市令》的保存及其随后的整理使得我们对于唐代关津与过所制度有了更为深入的了解，[1]也提出了新问题。比如在唐 1 条和宋 3 条中出现的"副白""案记"等用语为此前已知之唐宋令文所未见或未加注意的，而与日本令式中所见之"录白案记"可相互参照。这三个概念的厘清不但有助于我们了解唐宋过所的申请与勘验程序，也直接涉及唐 1 条与宋 1 条、宋 3 条等三条令文的复原问题。本文拟在此前研究基础之上，试图摆脱就过所本身讨

1　天一阁博物馆、中国社会科学院历史研究所天圣令整理课题组校证
　　《天一阁藏明钞本〈天圣令〉校证》，中华书局，2006。本文所引用之
　　《天圣令》条目皆据此校录本。

论概念的倾向，结合新出材料与唐宋文书行政运作的特点，对这些概念再做辨析，[1]以就正于方家。

一

钞本《天圣令》卷二五《关市令》中唐 1 条和宋 3 条中分别出现了"副白"与"案记"的用语：

唐 1 条：诸请过所，并令自录副白，官司勘同，即依署给。其输送官物者，检钞实，付之。

宋 3 条：诸行人赍过所及乘递马出入关者，关司勘过所，案记。其过所、驿券、递牒并付行人自随。

而在日本《养老令》中与此相关的令文中则出现了"录白案记"一词：

凡行人赍过所及乘驿传马出入关者，关司勘过，录白案记。其正过所及驿铃传符并付行人自随。仍驿传符，年终录目，申太政管总勘。[2]

日令注文中对于"录白案记"有较为清楚的解释："谓凡行人及乘驿传度关司，关司皆写其过所。若官符，以立案记。直于白纸录之，不点朱印，故云录白也。"孟彦弘先生在其《辨释》中举圆珍及石染典过所两件实物为例，提出异议。以石染典过所为例，在这件过所上，列有四行

---

1 此前较新的研究参见李全德《〈天圣令〉所见唐代过所的申请与勘验——以"副白"与"录白"为中心》，载刘后滨、荣新江主编《唐研究》第 14 卷，北京大学出版社，2008，第 205~220 页；孟彦弘《唐代"副过所"及过所的"副白"、"录白案记"辨释》，载黄正建主编《〈天圣令〉与唐宋制度研究》，中国社会科学出版社，2011，第 174~210 页。
2 《令义解》（新订增补国史大系普及版）卷九《关市令》"赍过所"条，东京：吉川弘文馆，1985，第 298 页。

文字：

> 三月十九日悬泉守捉官高宾勘西过；
>
> 三月十九日，常乐守捉官果毅孟进勘西过；
>
> 三月廿日苦水守捉押官年五用勘西过；
>
> 三月廿一日盐池戍守捉押官健儿吕楚珪勘过。[1]

这些日期、笔迹不同的标识文字是"关司勘过"的记录是没有疑问的，《辨释》认为："这样的标识，显然不是'副过所'。关司除在过所后作这样的'勘过'之外，恐怕不存在'关司皆写其过所'的情况；我们也很难想出，关司作了'勘过'标识之后，再将过所另外抄写一通意义何在。换言之，在关司勘过时，并不存在'副过所'的问题。"（第177页）提出"唐代不存在与过所对应的、一式两份的所谓副过所，或过所的副本"（第186页）。在否定了"副过所""副本"的观点之后，《辨释》提出了自己的观点："如检勘可放行通过，则要在过所后作勘出、勘入、勘过等标识；我认为，这些标识才是所谓的'录白案记'（而不是整个文书）。具体而言，'录白'就是将过关的记录直接记在过所后面的空白处，'案记'则是指这些一条一条的记录。"（第188页）宋令中的"案记"又该如何解释呢？《辨释》云："宋令中的'案记'与《令义解·关市令》中的'录白案记'所指为同一事，就是指关司的勘过记录。"（第189页）

《辨释》的结论及其重要推论可概括如下。（1）以唐代过所为例解释了什么是"录白案记"，显示作者是认同唐代有"录白案记"的，只是对其解释与《令义解》不同。（2）宋令的"案记"与日令中的"录白案记"意思相同。（3）《辨释》对于"录白案记"的解释：一条一条的记录记在过所后面的空白处，意味着"录白"与"案记"是不可分离的

1　《吐鲁番出土文书》（图版本四），文物出版社，1996，第275页。

一个过程。

圆珍过所与石染典过所上另笔所书之文字，作者认为这些标识"显然不是副过所"（第177页）。这当然是对的，作者的观点尽管明确，但实际上并没有做任何论证，而只是一种简单的认定，而由此认定而得出的结论及其推论，并没有很好地解释几个相关概念的含义，及唐、日、宋令的差异，还引发许多新的疑问：如果"录白案记"只是关司在个人所持过所空白处所做的标识，那么关司是否还另有出入关的记录？既然已经根据唐代实物对"录白案记"做出了解释，那么为什么宋3条复原为唐令时，不将其中的"案记"复原为"录白案记"呢？宋令的"案记"与日令中的"录白案记"意思相同，可宋令又为什么不用"录白案记"一词呢？

如果录白、案记只是指同一个过程，案记得有空白处，空白处不能没记录，那么合理的推论是不应该有单独出现的"录白"与"案记"，否则就是皮之不存毛将焉附了。而实际上正相反，不管是唐代、日本还是宋代文献都有单独使用的"录白"与"案记"，对于文献中这些单独出现的"录白"与"案记"是应该做出解释的。

二

首先我们从宋代的"录白"谈起。宋3条关于过所的勘过，只是说要"案记"，没有像日令那样提到"录白"，并不意味着宋代没有"录白"的概念，"录白"在宋代史料中极为常见。以下试举部分例证，以见其含义与运用。

元丰年间，吕惠卿当国，起李逢之狱，事连范纯仁，据《默记》载：

> 狱事之作，范公知庆州，忽台狱问："皇祐年，范公与逢相见，语言不顺。"范公仓卒无以为计。忽老吏言："是年，文正方守庆

州。"检架阁库，有文正差兵士送范公赴举公案尚在。据其年月，则范公方在庆州侍下。其月日不同，安得语言与逢相见也？遂据公案录白申台中乃止。向非公案，则无以解纷矣。[1]

架阁库为贮存文书档案之地，范仲淹差兵士送范纯仁赴举公案在过了规定期限之后移入架阁库保存，故而范纯仁得以"据公案录白"申报御史台作为不在场证据。此处"录白"显然指的是纯仁所录赴举公案的副本。"录白"即是录副本，这正是"录白"的最主要的含义。

元祐四年七月十六日重修御史台令，殿中侍御史孙升对新令提出异议，请求特降指挥下中书省重行立法，"所有新旧令文，谨录白连粘在后"。[2]同日中书省还下户部白札子指挥三省人吏请给之事，孙升认为处置不公，上疏论列，"窃恐天听高邈，未赐省察，今录白到今月十六日申明行下户部白札子签贴在前，可见三省人吏挟情自肆之意"。[3]以上两例中，前者是将新令、旧令令文录白，后者是将中书札子录白；前者录白是便于对照，后者录白则是相当于提供证据了。

令文、札子外，其他诏敕牒之类的官文书录白的场合也非常多。元祐六年九月甲寅，兵部论蕃官蕃兵子弟承袭事，"并将合缴录白，委官对读真命，具无差漏状连申"。[4]这是将任官之告敕录白。录白交上后，与告敕原本对读，没有差错后上级部门连同状一起申上。南宋初期，褒恤元祐党籍及元符上书人，建炎二年正月八日下诏："诸系籍及上书人，许其家子孙将父祖未责降以前官职告敕录白，仍召朝官三员委（系）保，经所在州军保明闻奏，当议与合得赠谥、碑额。其致仕、遗表等恩泽，条具取旨。"[5]后虑有遗漏，又下诏访求，绍兴元年刑部言："乞遍下诸路

---

1 王铚：《默记》，朱杰人点校，中华书局，1997，第14页。
2 《续资治通鉴长编》（以下简称《长编》）卷四三〇，元祐四年七月，第10403页。
3 《长编》卷四三〇，元祐四年七月，第10405页。
4 《长编》卷四六六，元祐六年九月甲寅条，第11140页。
5 徐松辑《宋会要辑稿》职官七六之六三，刘琳、刁忠民、舒大刚等校点，上海古籍出版社，2014，第5131页。

州、军、府、监，出榜晓谕，令元符元应诏上书之家，依元祐党籍人例，令本家录白元犯年月、因依及出身告敕或干照文字，经所在州军自陈，验实缴连，依赦保明闻奏。"[1] 有了这些告敕等文字的录白，便可以做追复旧官的参考。后来有黄策者，"以蔡京所书党碑及国子监所印党籍上书人姓名录白来上，付在有司"。[2] 有此名籍便可用来鉴别是否在籍党人了。

上面均是个人将文书录白呈送上级部门的例子，在地方政府同上级部门的行政往来中，也经常需要录白文书，比如奏上的案卷等。以捕贼请功为例。绍兴二年十一月十七日，诸路向吏部保奏到捕贼酬赏者，有的毁失元勘公案，于是吏部尚书沈与求奏请："如有当时招获贼人情款草案单状或不全，批书上有元获谋劫姓名、赃钱数，许作照据，即委宪司审验保奏，录白元据，送部推赏。"[3] 三年八月九日，吏部言："自来告获强盗酬奖，依条并所属州军保奏，并录元案赴部看详，依条格定夺推赏。"诏今后司勋定赏，将元案子细审覆施行。[4] 狱案中经常用到录白，如绍兴二十一年八月十九日曾有一诏书云："今后诸州军承勘凶恶强盗，案成，候审录讫，将前元勘始末一宗案款录白二本，审录问官具诣寔保明文状申缴，赴提刑司并刑部，行下大理寺收管。候所属保奏到陈乞推赏之人，参照并同，方许依格定赏。"[5]

在经济活动中，更是涉及大量的文书，比如各种契约等，这些契约因为都要自留，一旦发生纠纷，即需录白。朱熹曾作《约束榜》规定状词的写作"并直述事情，不得繁词带论二事。仍言词不得过二百字。一名不得听两状。并大字依式真谨书写。如有干照契据，并未尽

1 《宋会要辑稿》职官七六之六四、六五，第5132页。
2 《宋会要辑稿》职官七六之四六，第5123页。
3 《宋会要辑稿》职官一〇之四，第3282页。
4 《宋会要辑稿》职官一〇之五，第3283页。
5 《宋会要辑稿》刑法三之八一、八二，第8437页。

因依，听录白连粘状前"。[1] 要求将相关契据录白粘连状前。一旦进入诉讼程序，"交易有争，官司定夺，止凭契约"。[2] 被要求出示契约录白是很经常的事。[3]

其他还有诸如录白考卷[4]，录白宗枝图[5]，录白奏议[6]、奏状[7]、制词[8]、牒文[9]等，不一而足。

以上种种实例中，"录白"都是对原本文书的录副，行于各级政府、军队、民间，应用于行政、军政、婚姻、诉讼等各种场合。上至制诏敕札，下至民间私书，在宋代文书行政过程中，由于原本已成官府档案，或是需要个人自留，很多场合都需要文书的"录白"。这些录白所得之副本，多是被用来作为证明材料，以备检勘，因而录副的基本原则当然是按原本直录，即所谓"录元案""录元据""真本全文"之类。政和五年十二月朝散郎向子褒"取索到从义郎杨直中等四十五员脚色家状，依限无脱漏，仍各录白逐官应干宣告等真本全文，申部参照，尤为详备"而受到嘉奖。[10] 如果是官文书，其中的签押、印鉴等也都应该录上。理宗嘉定七年的一起土地买卖纠纷中，卖方败诉，盖因其"录白干照，即非经官印押文字，官司何以信凭？"[11] 而在诸如行政审批、诉讼之类的情况下，实际上案结之后便入了案卷，成为案底。录白作为案底的档案作用还可举出以下两例。

1　中国社会科学院历史研究所宋辽金元史研究室点校《名公书判清明集》附录朱熹《约束榜》，中华书局，1987，第 641 页。

2　《名公书判清明集》卷五《户婚门》"物业垂尽卖人故作交加"条，第 153 页。

3　《名公书判清明集》附录二《宋有论谢知府宅侵占坟地》，第 590 页。

4　《宋会要辑稿》选举六之二〇，第 5369 页。

5　《宋会要辑稿》崇儒七之七四，第 2927 页。

6　《宋会要辑稿》选举三二之二二，第 5875 页。

7　《宋大诏令集》卷一五六《乐正子封利国侯配飨孟子公孙丑等封伯从祀孟子制》，中华书局，1997，第 584 页。

8　《长编》卷四四二，元祐五年五月辛卯条，第 10641 页。

9　《宋会要辑稿》蕃夷四之八四，第 9820 页。

10　《宋会要辑稿》选举二五之一五，第 5736 页。

11　《名公书判清明集》卷五《户婚门》"物业垂尽卖人故作交加"条，第 153 页。

在南宋中后期的一桩母讼子马圭不孝的案件中，官府本拟科马圭以不孝之罪，其母出示了其父马早遗嘱求免，乃改判和解，"所有马早遗嘱，录白一纸入案，更以一纸付马圭，归家时时诵读，使之知乃父爱之如此其至，则天理或者油然而生尔"。[1] 则马早遗嘱是录白了两份，一份付不孝子时时诵读，一份入了本次案卷，而原件仍母亲自留。

绍兴四年六月吏部员外郎吕聪问上故相吕大防《吕公著神道碑》，以备修史之用，"乞俟御览毕，宣付三省、史馆，录白以为案底"。从之。[2] 像这样的录白以为案底的情况在当时各层级的文书行政中都是极常见的程序，留为案底的作用当然也是以备将来，这种事先录白与前面所述一旦需要各类文书，则录白申上实质上是一样的。

"录白"即是录副，那么"白"又是什么意思呢？是如《辨释》所说"空白"之白，还是"白纸"之白？答案是后者。徽宗宣和（1119~1125）年间，殿中侍御史许景衡曾上奏疏《谨名器》，其中有云：

> 国朝踵唐故事，制敕并用黄纸为之，所以严天子命令，示朝廷之尊崇，非百司庶府文移之比也。其敕令制书播告天下者，有司行下所属，仍用素纸以为符檄，连附于后，盖其所从来旧矣。近者开封府被受御笔诏书，民间有合通知者，并不依令录副本连于榜前，辄纯用黄纸誊写，揭示通衢。见者愕然，以为黄纸敕榜，尚书省之出也，开封府亦得为之哉？[3]

由此可见，地方接收到御笔诏书等，是要"依令"录副本的，而这个

1　《名公书判清明集》卷一〇《人伦门》"母讼其子而终有爱子之心不欲遽断其罪"条，第364页。
2　李心传：《建炎以来系年要录》卷七七，胡坤点校，绍兴四年六月庚子条，中华书局，2013，第1463页。
3　黄淮、杨士奇编《历代名臣奏议》卷一九八《谨名器》，上海古籍出版社，1989，第2593页。

副本只能是录以"素纸"。其他诸处所见之"录白"也同样都是录以白纸之意。还有一旁证是元丰改制后宋代枢密院之"录白"文书:"面得旨者为录白,批奏得画者为画旨,并留为底。惟以白纸录送,皆候报施行。"[1]虽然此处"录白"与本文所讨论的"录白"含义不同,但"白"即白纸之意则是一致的。

总而言之,"录白"是宋代文书行政过程中极为常见的程序,其做法即是以白纸录副本,这与日令所解释的"直于白纸录之,不点朱印,故云录白也"是基本一致的。

唐代"录白"的直接例子并不多见,但绝非没有,仅举一例。德宗建中十年,洺州刺史元诩据城叛,十一年诈降,入城唐兵尽数被杀,昭义留侯王虔休为此上疏解释,将城中诈降书等"前后帛书,谨录白并元本同封进"。[2]显然这个录白即是对"元本"的录副。

实际上,"录白"虽然当是后起的概念,但就录副这一点来讲,它绝非仅仅是汉唐旧制,而是可以回溯到更为久远的前朝。[3]

"录白"意义既明,《天圣令》唐1条中所新见之"自录副白"也就不难理解。仅从语词本身的理解看,"自录副白",就是自己录副、录白,即录于白纸上的副本,"自录副白"也就是自己所录之"录白",这与宋令、日令中所见之"副白"并无二致。换言之,"自录副白"这个语词的出现本身即可视为唐令中有"录白"这一概念的证明。至于从语境上看,此录白具体是对何种文书的录副,就是另一个值得讨论的问题了。[4]

1　《宋史》卷一六二《职官二》"枢密院"条,中华书局,2004,第3797页。

2　于公异:《为王尚书奏洺州事宜并进翻城副将李澄表》,《全唐文》卷五一三,中华书局,1983,第5214页。

3　《周礼·秋官·大司寇》:凡邦之大盟约,莅其盟书而登之于天府,太史内史司会及六官皆受其贰而藏之。贰,即为盟书之副本。参见孙诒让《周礼正义》,王文锦、陈玉霞点校,中华书局,2013,第2756页。

4　《辨释》认为此处之"副白"是行人在返回时请过所因随身物品变动而出示之市券之类文书,并据此修正了对唐1条令文的复原,可备一说。

三

关于关津勘验过所的程序，《天圣令》未出时，我们只知道日令中有"录白案记"的说法，此前的学者也都是根据日令的解释将"录白案记"理解为一件文书。如程喜霖先生说："由关司依正过所录白案记，皆不点朱印者为副过所。"[1] 陈国灿先生亦是据日令说法将莫高窟第122窟的 k122：14 文书视作"录白案记"一类的文书。孟彦弘先生的最新研究以石染典过所为据，提出"这些标识才是所谓的'录白案记'（而不是整个文书）"。[2] 这些理解有差异，但都是将"录白案记"看成是一事而没有将"录白"与"案记"区分开来，进而出现理解上的歧异。

日令之"录白"与"案记"并非一事，在日令条文中其实也可以找到佐证。宋代史料中常见之"录白"与《天圣令》宋 1 条中"案记"的单独出现，同样提示了这种区分，然而却并没有得到重视。

笔者在以前的研究中曾提出，案记本是常见词语，无非是记录为案之类的含义。表现在书写形态上，如《辨释》所言案记是"指的一条一条的记录"，与我的看法并无本质上的区别。需要重点思考的问题在于：这些案记，记的是什么？谁在记？为什么要记？

关于"案记"的最直接的史料当然是来自《天圣令》本身所载的五条，除了宋 3 条外，其他四条为：

> 《厩牧令》唐 15 条：诸在牧驹、犊及羔，每年遣使共牧监官司对印。驹、犊八月印，羔春秋二时印及割耳，仍言牝牡入帐。其马，具录毛色、齿岁、印记，为簿两道，一道在监案记，一道长、尉自收，以拟校勘。
>
> 《捕亡令》宋 4 条：诸亡失奴婢杂畜货物等，于随近官司申牒

1　程喜霖：《唐代过所研究》，中华书局，2000，第 102 页。
2　参见孟彦弘《唐代"副过所"及过所的"副白"、"录白案记"辨释》，第 186 页。

案记。

《医疾令》唐16条：诸医针师等巡患之处，所疗损与不损，患处官司录医人姓名案记，仍录牒太常寺，据为黜陟。诸州医师亦准此。

《杂令》唐23条：诸官奴婢及杂户、官户给粮充役者，本司明立功课案记，不得虚费公粮。

以上这些"案记"的使用中，案记都是指责任官司将某事记录为案，留本司备查。或者如《辨释》所言"都是指到官府登记备案"（所留下的记录）。那么这些备案所作出的"案记"对谁有意义呢？官司录了马匹的情况，官司登记了亡失货物的情况，官司登记了医人姓名，官司登记了给粮的情况。一旦需要查询了，官司便可据案记来处理。也即是说，这些案记只有对于作出这些案记的官司才真正有意义。就关津而言，同样是如此，若行人持过所过关，则官司勘过所放行，书于过所，同时自己也要将行人出入关的情况"案记"，留本司以备查。如果关津没有自己的出入情况的登记，将来一旦需要，又如何查起呢？以石染典过所为例，如果过所上的那些勘验记录就是"案记"，行人带走过所，又如何能称作是"到官府登记备案"呢？

学者公认的、确定为过关津的"录白"或者"案记"的实物资料尚没有，不过我们仍可从其他的职能部门的实物资料里获得对"案记"的认识。

近年在新疆吐鲁番地区发现了一组唐朝天宝年间交河郡客馆文书，共23块残片，整理者将这23块残片整理成了6个断片，定名为《唐天宝十载交河郡客使文卷》。其中第一个断片尺寸为19.7×31.3厘米，现存11行文字，第12行文字不存，仅残存勾划符，录文如下[1]：

---

[1] 《唐天宝十载交河郡客使文卷》，荣新江、李肖、孟宪实主编《新获吐鲁番出土文献》，中华书局，2008，第332~340页。第一断片图、文分别见于第332、333页。此件文书承孟宪实教授见告，谨致谢忱。

（一）

（前缺）

1 使果毅索升运并傔二人，七月 [月] [

2 *[1] 使迎兵官果毅骆怀文一人，七月卅日 [东] [

3 * 内侍判官霍义泉等三人，八月七日 [

4 * 陇右计会兵马使别将杨齐援并傔二人，七月 [月] [

5 * 使将军成仁畅并傔二人，八月一日西 [到]，[

6 * 送四镇行人别将陈豫一人，七月卅日东 [到]，[

　　　　　　　奉化王男一人

7 * 宁远国弟（第）二般首领将军呼末鲁等 [五] [

8 四日发向西。

9 * 使折冲白元璧一人，八月二日 [东] [

　　　　　　　奉化王男一人

10 * 弟（第）四般首领将 [军] 伊捺五人，八月四 [

11 * 弟（第）五般将军首领葛勒等口 [

12 *　　　　　　　　　　　 [

（后缺）

　　上面文书中"一条一条的记录"便是客馆对来往客人，主要是衔命出使的中央及地方公务人员及其家属的登记记录，文书中登录的客人信息主要包括：职衔、姓名、随行人员及总人数、到达和离去时间、来去方向等。这意味着对于客人的何种信息需要登记，客馆是在遵循一定的制度，是有章可循的。可以肯定，这组文书是一份客使信息登记记录。

　　有研究者指出，该件文书上未见有任何印鉴，字迹也不像一般的正式官文书那样工整，且多处有涂改痕迹，有些地方甚至写得比较潦

1 　"*"表示此条文字旁有勾划符号，"*"位于哪个字之前，表示勾画符号由此开始。

草；其登记的方式似乎表明到来时间是先记录下来，离开时间等走的时候再补记其后。故而判定这不是一件正式官文书，而是一份初步记录，内容是有关客使接待情况的汇总。很可能在一段时间之后，会制作一份钤印、誊清的版本，以留档存底，以备来日检核。[1]我认可这个"初步记录"的判断，而且我认为以上文书所见客馆登记客人信息的这种方式，即是"案记"，而这份文书也便可视作客人出入客馆时客馆所留下的"案记"实物。这样的"案记"可能用来制作定期的正式汇总文本，当然也可能直接留为案底，以备查询。

客馆出入与关津的出入有一定的相似性，客馆的登记程序及其内容，提示我们关津的出入一定也不会缺少类似的程序，而关津的重要性、出入人员的复杂性也决定了关津的出入必然有更为复杂的检勘与文书运行程序，比如对出入关文书的勘验与登记等。

更进一步考虑，我认为案记应该是很多部门所共有的一道行政程序，针对不同的事情，各个职能部门会根据需要留下登记在案的文字记录，以备照检或者汇总之用。它是部门留为己用的，也是其履行自身职能的体现。

四

钞本《天圣令》的发现，使得我们对于唐代过所申请与勘验的理解摆脱了对日令的单纯依赖，而且获知以前令文中所未见的"副白"的概念。笔者认为，自录"副白"即是"录白"，也就是对文书的录副，而"白"字所指也就是白纸，而不是"空白处"或者"未用官府印鉴"。尽管"副白"的用法，史料中很少见，"录白"却是常见，实际上文书的录副本就是古代文书行政中极为常见的做法。"案记"是与"录白"

1　毕波：《吐鲁番新出唐天宝十载交河郡客使文书研究》，沈卫荣主编《西域历史语言研究集刊》第 1 辑，科学出版社，2007，第 67 页。

含义完全不同的概念，它是职能部门所作的登记在案的文字记录。录白可以由彼、我双方作出，而案记则只能由职能部门来做。录副所形成的"录白"是一种文书，是可与原本互相勘验的；案记的侧重点在于它是一种工作程序，突出的是其"登记"的特点，至于登记之后形成的"案记"文书，其内容与形式如何，则各部门自有各自的侧重，不必有统一的文书式的规定。

通过以上对于录白、副白、案记等三个概念的梳理，我们知道录白、案记这两个程序在日令中以及唐、宋时代都是同时存在的。就过关津时的勘验而言，日令、宋令皆据唐令，其中日令有"录白、案记"，宋令只有"录白"，说明必有其一是按照自己时代的具体情况对唐令做了修改。既然唐令原先令文是"案记"或者"录白案记"的可能性同时存在，那么宋3条在复原为唐令时，复原为"案记"还是"录白案记"，就仍有待于新证据的出现了。[1]

（原刊《西域研究》2012 年第 3 期）

1　程喜霖先生定名为《唐天宝七载敦煌郡给某人残过所》的莫高窟第 122 窟的 k122：14 文书，笔者认为极有可能即是关司勘过所时之"录白"，孟彦弘先生认为应该是官府为处理此人申请改给过所时所存留于官府的案卷的一部分。分别参见前揭李全德文，第 218 页；孟彦弘文，第 186 页。

附录二　宋代文书行政中的"备申"

　　新史料在史学研究中的作用是不言而喻的，对新史料强调多了，便不免会有学者呼吁重新关注旧史料，读常见书。然而研究者因旧史料量多而习见，阅读时常会对一些本来重要的问题习焉不察，或不求甚解而轻易放过。旧史料的意义被重新发现常有待于新的方法或新出史料的刺激。宋代文书行政过程中的"备申"即是这样的例子。"备申"一词在宋代史料中并不少见，然而直到南宋武义徐谓礼文书发现后，在文书中反复出现的"备申"才引起笔者重视。

　　《徐谓礼文书》中包含录白印纸 80 则，包伟民先生归纳它们的格式，认为大致上都有书头、批书内容、结语、签押四个部分。[1] 这是从文书形态的角度，

1　包伟民：《前言：武义南宋徐谓礼文书概况及其学术价值》，包伟民、郑嘉励编《武义南宋徐谓礼文书》，中华书局，2012，第 11 页。

把"批书（过的）印纸"作为一类文书而归纳出的格式，基本上是一种静态的观察，而学界对于此种"印纸"也有了不少重要的研究。[1] 从政务运行的角度看，批书印纸是一个政务运作的过程，批书何事，如何申请批书，谁来批，如何批，不同事务之间、不同层级之间批书的异同，批书所反映的地方诸机构之间以及地方与中央之间的政务关系，体现着动态的、变化的政治过程。由"政务文书"的视角，我们不仅看到 80 则"批书"，还看到 80 则批书的背后有不少于 80 则徐谓礼个人申请批书的牒、状，以及为数不少的徐谓礼上级部门所作的申状。徐谓礼为申请批书印纸提交的牒、状中，多次出现"备申"一词，这在宋代文书行政过程中很常见。对"备申"概念的厘清，有助于我们理解"状"在宋代政务运行过程中使用的普遍性与重要性。

宋代官员在得到吏部所颁给的印纸后，"有合批书事，于所在州依条式批书（在京于所属）"，[2] 负责批书的在地方和中央分别为州和所属上级部门。徐谓礼文书 80 则录白印纸中，含拟注差遣 1 则，转官 10 则，保状 33 则，到任、交割、解任、帮放请给等 16 则，考课 19 则，服阕从吉 1 则。无论何种事务的印纸批书，首先都需要徐谓礼本人提交申请批书的牒、状。

其中有的事情，如保状批书，由本人直接申州或所属。如徐谓礼所做的第一次委保，即印纸 4《宝庆二年九月日洪溥等保状》，婺州方将徐谓礼提交的保状录到印纸上，批上"右今批书本官委保印纸照会"后再签押。其后在不同的职位上，保状都是直接向职能部门提交申状批书。有些事情，如与差遣相关的到、罢、交割、考察等事的批书则根据实际差遣决定是直接还是经由上司申批书部门。

---

1 参见魏峰《宋代印纸批书试论——以新发现"徐谓礼文书"为例》，《文史》2013 年第 4 辑；邓小南《再谈宋代的印纸历子》，《国学研究》第 32 卷，北京大学出版社，2013；王刚《宋代印纸的概念和流转程序——兼及印纸作为仕宦象征的意义》，《兰州学刊》2013 年第 7 期。

2 《录白印纸》1《嘉定十四年五月日拟注监临安府粮料院》，《文书·图版》，第 55 页；《文书·录文》，第 206 页。

　　徐谓礼的第一任差遣是监临安府粮料院。宝庆三年（1227）正月到任，任上相关的到任、帮放请给、考课批书，谓礼的申状便是直接申临安府，"乞批书施行"（印纸 5、6、8）。徐谓礼自淳祐八年（1248）知信州以后，批书事宜在本州，徐谓礼直接"牒州从条施行"，批书事在本州完成。

　　徐谓礼自第二任差遣知吴县丞到知信州之前，按照制度规定，批书的事情，"于所在州依条式批书（或在京于所属）"，需要通过直属上级部门申州或者申省来完成批。在这个阶段，谓礼本人以及相应官司都大量使用申状，在谓礼的申状中也开始出现"备申"一词。

　　绍定四年（1231）正月，徐谓礼知吴县丞第一考成，申吴县，"乞保明备申使府，批书印纸施行"。[1]

　　绍定五年正月，知吴县丞第二考成，再申吴县，"乞保明备申使府，批书印纸施行"。[2]

　　绍定五年五月，知吴县丞零考成，申吴县，"申乞备申使府，批书印纸施行"。[3]

　　谓礼的第三任差遣是权知建康府溧阳县。印纸 25 至印纸 28 等四份印纸为其知溧阳县时的批书印纸。徐谓礼此时因为已是知县，此四份印纸，不再是"申"县，而是"牒县"。然后由县再向建康府出具申状。印纸 25、印纸 26 的溧阳县申建康府状，说是承"徐谓礼公文"，此公文是牒，故谓礼说"牒县"。印纸 27、印纸 28 的溧阳县申建康府状便说是承"徐谓礼牒"了。

　　县司所承的四份徐谓礼公文中，谓礼的公文用语都是"牒县备申使府"。端平元年（1234）四月，徐谓礼知溧阳县到任，所有出身以来文字"合行牒县，乞保明备申使府，辨验施行"（印纸 25）；同时"所有到任月日，合行批书印纸证会，牒县乞保明，备申使府批书施行"（印

1　《录白印纸》14《绍定四年三月日知平江府吴县丞第一考成》，《文书·录文》，第 214 页。

2　《录白印纸》18《绍定五年二月日知平江府吴县丞第二考成》，《文书·录文》，第 217 页。

3　《录白印纸》19《绍定五年五月日知平江府吴县丞零考成》，《文书·录文》，第 218 页。

纸 26）以及"有合得供给料历，牒县，备申使府"（印纸 27）。端平二年四月知溧阳县第一考成，"所有考内合批书课绩事件，牒县保明，备申使府批书施行"（印纸 28）。[1]

不管是徐谓礼知吴县丞时的"申"县，还是知溧阳县时的"牒"县，都需要由本单位为之保明、申府，请予以批书施行。

印纸 30、印纸 31 为主管官告院时期的批书，分别为到任及零考批书。谓礼先牒官告院，然后由官告院出申状向吏部申请批书。嘉熙三年（1239）四月，主管官告院到任，谓礼牒官告院"牒院照应施行"。官告院"保明是实，申部，乞照会从条批书施行"。嘉熙三年七月，主管官告院零考成，"计在任两个月零壹拾柒日，所有印纸合行批书"，谓礼"牒院"请"保明，备申吏部，从条批书施行"。官告院为之"谨具申行在吏部尚书左选，伏乞照会，从条批书施行"。[2]

嘉熙四年添差通判建昌军，淳祐元年四月第一考成，二年四月第二考成，谓礼"申军，乞照条式批书"。[3]

淳祐二年（1242）七月三日，省札差徐谓礼监三省枢密院门兼提辖封桩上库。谓礼于七月七日到任，同年八月二十七日罢，在任五十日，其间到、罢相关批书共四份，即印纸 38 至印纸 41。[4]

印纸 38：徐谓礼牒三省枢密院门，"请保明备申检正左右司，从条批书施行"。三省枢密院门在收到牒后，将"所承本官公文备录在前，

1　《录白印纸》28《端平三年十二月日知溧阳县第一考成》，《文书·录文》，第 222 页。《录白印纸》28 拟名有疑问。本篇实为两份印纸残件。据《录白印纸》29："在任历过两考五个月零七日，于端平三年十月初二日在任丁母硕人陈氏忧，继即解官持服，扶护灵柩归乡。"故而《录白印纸》第四卷图四至图九，当为"端平二年四月日知溧阳县第一考成"，残签署环节八行；中缺第二考成批书；第五卷图一至图六，当为零考批书，上残八行。

2　《录白印纸》30《嘉熙三年四月日主管官告院到任》、《录白印纸》31《嘉熙三年七月日主管官告院零考成》，《文书·录文》，第 229~230 页。

3　《录白印纸》36《淳祐元年月日添差通判建昌军第一考成》、《录白印纸》37《淳祐二年四月日添差通判建昌军第二考成》，《文书·录文》，第 233~234 页。

4　《文书·录文·录白印纸》第六卷、第七卷，第 235~238 页。此处四份印纸，拟名皆有疑问。徐谓礼一身两任，是两处批书，各处负责批书上级主管部门不同。

本门保明是实"，申检正左右司。

印纸39："本职已于柒月初柒日赴库供职讫，合行批书印纸，请保明备申提领使所，从条批书施行。"

印纸40："在任计壹个月零贰拾日，合行批书事件，欲乞备申检正左右司，从条批书施行。"

印纸41："照得自淳祐贰年柒月初柒日到任，至淳祐贰年捌月贰拾柒日，实历伍拾日，合行批书印纸照会。请保明备申提领使所，从条批书施行。"

徐谓礼是监三省枢密院门兼提辖封桩上库，两差遣职任不同，主管部门不一样，因此谓礼需要向两不同的上级部门分别提交申请申请批书。

以上胪列徐谓礼第二至第五任差遣时所递交请求批书的牒、状情况，大多数状末提到请予以"保明备申"上级主管部门批书印纸，如"备申使府""备申吏部""备申检正左右司""备申提领使所"等。何谓"备申"？又该如何"备申"呢？

在徐谓礼监三省枢密院门兼提辖封桩上库时的两份印纸中（印纸39、41），他所提到的"提领使所"，是指"提领左藏封桩库所"。徐谓礼左藏封桩库到任、离任时都提交了牒，请"保明备申提领使所"。那么左藏封桩库是如何保明备申提领使所呢？

印纸39中，左藏封桩库为徐谓礼批书事，申提领使所。其申状的结构：前半照录徐谓礼牒，末云："右其本官印纸壹轴，随状见到。本库保明是实，申所，候指挥。"印纸41中，左藏封桩库申状前半照录徐谓礼申牒，末云："本库所承上项移牒，今开具下项，右其本官印纸壹轴，随状见到，保明是实，申乞从条批书施行。申所，候指挥。"徐谓礼向行在左藏封桩库进牒，请求行在左藏封桩库能够"保明备申提领使所"，行在左藏封桩库在收到牒后，为之出状申提领使所，"保明是实，申所，候指挥"，但其状中并无谓礼所说的"备"字，"备"是何意？

印纸 38、印纸 40 是徐谓礼监三省枢密院门的印纸批书。印纸 40 中，三省枢密院门申检正左右司状：前半录徐状，末云"本门保明是实，申乞从条批书施行"。此状及前述左藏封桩库两状申上的结构、语言基本相同，从中我们也并不明确备申含义，状中甚至都没有出现"备"字。然而在印纸 38 的三省枢密院门申状中则出现了"备录"字样。该印纸共 12 行，从第 2~7 行可录出三省枢密院门申检正左右司的申状，全文如下：

　　2 承奉议郎监三省枢密院门兼提辖封桩上库徐公文："照对本职元系奉议郎，添差通判建昌

　　3 军，成贰考离任讫。准淳祐贰年柒月初三日尚书省札子，三省同奉

　　4 圣旨，'徐差监三省枢密院门兼提辖封桩上库。'已于今年柒月初柒日赴省门并封桩上库供职讫，合行批书。印

　　5 纸壹轴，随牒见到。请保明备申

　　6 检正左右司，从条批书施行。"右所承本官公文备录在前，本门保明是实，乞照会从

　　7 条批书施行，伏候指挥。[1]

其状前半照录徐状，末云："右所承本官公文备录在前，本门保明是实，乞照会从条批书施行，伏候指挥。"其中最值得注意的措辞是：申状中提到已经将徐谓礼的牒（"本官公文"）"备录在前"，然后本门保明，请求予以批书。

备，即"备载""备录"之义，在这里也就是原文照录的意思，相当于将徐谓礼的公文"录白"在前。备录在前，并不是说徐谓礼的公文

---

1 《录白印纸》38《淳祐二年七月日监三省枢密院门兼提辖封桩上库到任》，《文书·录文》，第235 页。标点有改动。《文书·图版·录白印纸》第六卷图一一、第七卷图一，第 115~116 页。

单独重新抄录,而是指本门申状的前半所录徐状。这个"备录在前"是前面三状中所没有提到的,虽然前面三状无此措辞,但三状前半实际上确是"备录"了徐谓礼的牒。

结合此处的"备录在前"以及印纸 39、印纸 41 两状中的"申所"用语,我们可以对"备申"作如下解释:作为一公文用语,"备申"一词用于申请人希望直属上司部门向更高一级部门转达自己的请求时所呈上的申状中。作为文书运作的程序,备申,即备录原状以申,这个原状并不是单独抄录,而是将申请人的原状备载于呈于上级部门之申状中,即"备录在前"。

此义既明,我们再来看徐谓礼后面几任差遣的申状情况。

淳祐七年(1247)三月徐谓礼将作监簿到任,上申状于将作监请批书。其申状末尾言:"所有到任月日,合行批书印纸证会。右件印纸壹轴,随状见到。申监,伏乞保明申省部,从条批书施行。"(印纸 65)[1] 他说"乞保明申省部",而不是说"乞保明备申",但实际上将作监仍是需要"备申"尚书工部。将作监的申状,先是照录了徐谓礼申状,续言:"右所承本官状申,备录在前。本监保明是实,所有印纸壹轴,随状见到。申部,伏乞省部从条批书施行。候指挥。"将徐谓礼"申监"的申状,"备录在前",并为之保明,申尚书工部,也就是"备申省部"之意。徐谓礼申状中无"备",可能是疏漏。时隔一个月之后,徐谓礼因为转朝散郎,再上申状于将作监,其状末云:"右件印纸一轴,随状见到。申监,乞保明备申省部,从条批书施行。"(印纸 69)[2] 与前面三月份的申状相比,用语几乎全同,差别仅在于,前状之"申省部",后

---

1 《录白印纸》65《淳祐九年三月日行将作监簿到任》(《文书·录文》,第 250 页)将徐谓礼申状,断于"合行批书印纸证会",误,据"申监,伏乞保明申省部"可知,此句仍是申徐谓礼申状内容,而"右所承本官状申,备录在前。本监保明是实"才是将作监口气。"须至批书者"则是工部所批。

2 《录白印纸》69《淳祐七年月日浙西两淮发运司招籴推赏转朝散郎》,《文书·录文》,第 252 页。其中徐谓礼申状,同样断于"合行批书印纸证会",将作监申状与工部批语无区分,失误同前。

状为"备申省部"，多了一个"备"字。而将作监申省之状，同样是在照录了徐谓礼的申状之后，言"右所承本官状申，备录在前，本监保明是实。所有印纸一轴，随状见到。申部，伏乞省部从条批书施行。候指挥"。这段保明备申的行文，与前状完全相同。

同年十月，徐谓礼另有太府寺丞之命，须批书将作监主簿在任月日印纸，徐谓礼申将作监，将作监申工部，其文书行文格式，一如三、四月之状，都是徐谓礼乞"保明备申省部"，将作监则"备录"徐状，为之保明申省。[1]

同年十二月徐谓礼省札差知信州，次年二月批书太府寺丞在任月日，于是徐谓礼上申状于太府寺，"乞寺廷保明，备申省部，从条批书施行"。太府寺的申状同样是将徐谓礼申状"备录在前"，"本寺保明是实。申部"。[2]

有些申状中虽然没有"备录"措辞，但含义不变。如淳祐六年闰四月徐谓礼申两淮浙西发运司，"因发运魏侍郎被命归班，合行随司解任，乞备申朝廷，从申施行"。这是希望发运司能够"备申"都省，予以允准随司解任。发运司在申省状中前面照录了徐谓礼申状，续云："所据申述，申乞行下，以凭遵守，伏候指挥。"[3]从文字上看，申省状中并无前述"备录"云云用语，但实际上仍是走的"备申"的程序，将徐状"备录在前"申省。

总之，所有徐谓礼需要本司主管部门申上的文书运作中，不管是"申"还是"备申"，主管部门的申状中不管是否有"备录在前"的措辞，实际上都是按照"备申"的程序在运行。

"备申"的文书运作程序，因徐谓礼文书而得以明确，实际上"备

1　《录白印纸》70《淳祐七年十月日将作监主簿在任历过月日》，《文书·录文》，第253页。其中徐谓礼、将作监之申状句读错误同印纸65、印纸69。

2　《录白印纸》72《淳祐八年正月日太府寺丞在任历过月日》，《文书·录文》，第255页。申状等标点错误同前。

3　《录白印纸》52《淳祐六年闰四月日浙西两淮发运司主管文字随司解任》，《文书·录文》，第244页。

申"不仅见于徐谓礼文书中所见的各类批书申请中，在批书之外的其他场合也大量被运用，在其他宋代史料中亦不乏见，只是以前没有引起注意而已。在此仅举朱熹文集中数例。

绍兴二十五年（1155），朱熹在同安县主簿任上，为同安县学代笔请立苏颂祠堂，状末云"谨具状申主簿学士，伏乞备申县衙，照会施行"。[1] 县学事归主簿分管，故县学申主簿，希望主簿能将县学的申状"备录在前"申县衙。

朱熹文集中，县将个人申状"备申"于州的例子，可举《按唐仲友第四状》之例。淳熙九年（1182），朱熹按劾前知台州唐仲友，在其第四状中云，严蕊曾供称临海县贴司徐新等人"经本县陈状备申本州，乞免卖酒。许严蕊钱一百贯文省，托嘱仲友免卖"。[2]

州府申省之例。淳熙元年（1174），朱熹辞左宣教郎、主管台州崇道观，申建宁府，"乞钧慈矜念，特与备申朝廷，乞赐敷奏，收回元降告、札印纸……谨具状申建宁府使衙，伏乞照会，备申施行。谨状"。朱熹自己也不断直接具状申省辞免，此次是借建宁府派人送来省札、告身、印纸的机会，拒收告、札等，申建宁府请备申朝廷，后来使府也确为之"备申去讫"，只是未获准辞免。[3]

据徐谓礼文书以及其他文献中资料我们可以看到，文书流转中的"备申"，体现了政务运行中的层级关系。"备申"的文书运作程序存在于各个层级当中，体现了上行文书的运作。逐级"申"与"备申"的结果是形成决策，最后我们试析一件完整的省札的形成，作为这个问题的结束。

清人辑自《永乐大典》之《太医局诸科程文格》卷首有《太医局诸科程文格原牒》，全文如下：

---

1 《朱熹集》卷二〇《代同安县学职事乞立苏丞相祠堂状》，尹波、郭齐点校，四川教育出版社，1996，第800页。
2 《朱熹集》卷一九《按唐仲友第四状》，第746页。
3 《朱熹集》卷二二《申建宁府状一》《申建宁府状二》，第896~898页。

嘉定五年十月十四日准尚书省札子：礼部申，据太常寺申，据太医局申，承成安大夫特差判太医局何大任公文：照对本局自来依准指挥以十三科取医士，其文体格式并系用崇宁之制，迄今遵行。然契勘从前脱离场屋及见今蒙被教养者，大抵止皆京邑辅郡之人，甚非圣朝设科立学以待天下医士之意。盖缘居常中选程文及诸科当习篇目未尝流布，是以外方之士不知蹊径，虽欲从之而不可得。大任不才，具员深愧无补，每感于斯，遂率本局教官搜括从来合格程文，拔颖取尤，每科各列三场，仍分类，诸科当治之经冠于篇首。大任今欲开板流传，庶使外方之士知所矜式，翕然肯来，上可无负朝廷待遇之意。今录草本一部随状见到，伏乞寺廷缴申省部，备申朝廷，听候指挥，以凭遵守施行。申寺，候指挥。

本寺所据太医局备据判局成安何大夫所乞事理，备录在前，并程文草本一部五册，随状缴连见到。伏乞省部备申朝廷取自指挥施行。申部，候指挥。

右所据太常寺申到事理备录在前，本部今勘会如蒙朝廷从太官所乞径札下本局施行，上件事理，伏乞朝廷指挥施行，候指挥。

右札付太医局：从所申事理施行，准此。[1]

此事的起因是判太医局何大任等人搜集了一些优秀的考试范文，希望能够开板印刷流传。从何大任的公文开始，中经太医局、太常寺、礼部、尚书省，层层备申，每一次的备申，都形成新的公文，直到最后取得尚书省的同意，"从所申事理施行"，并颁下省札一道，而此省札，同样是礼部的申状"备录"于前，寥寥数字意见的指挥在后。随着省札的

1　何大任编《太医局诸科程文格》卷一《太医局诸科程文格原牒》，《景印文渊阁四库全书》第743册，台北：台湾商务印书馆，1986，第4页。

下发与执行，新一轮的文书运作过程又开始了。在层层申上的过程中，大量的公文书是需要"备录在前"以构成新的申状。各类公文的重复抄录成为文书行政中必不可少的程序。

程序的烦琐未免影响效率，对此朱熹曾批评道：

> 今朝廷举事，三省下之六部，六部下之监寺，监寺却申上六部，六部又备申三省，三省又依所申行下。只祠祭差官，其人不过在朝职事官，其姓名亦岂难记！然省中必下之礼部，礼部行下太常，太常方拟定申部，部申省，省方从其所申差官，不知何用如此迂曲？[1]

可以设想，在"备申"之类文书运作程序之下宋代政务文书必然会走向数量繁多、文字冗长的一面，而其行政也就难免繁文缛节、迂曲缓弱。

申状的运用，唐代已然。有学者认为其大量使用，扩大和改善了公文上行下达的流通方式，明确了官司与官员上下级之间的政务统属和等级地位，体现了官僚社会的行政基础、官场规则和人际关系，而"申状"的大发展，则是唐代官僚体制之下，公文运作最大的特点和变化之一。[2]具状申省，唐代自有制度，只是不太清楚是否已有"备申"之制。

（原刊《唐宋历史评论》第七辑，社会科学文献出版社，2020）

1　黎靖德编《朱子语类》卷一一二《论官》，王星贤点校，中华书局，1994，第2730页。
2　吴丽娱：《试论"状"在唐朝中央行政体系中的应用于传递》，《文史》2008年第1辑，收入《文书·政令·信息沟通：以唐宋时期为主》，第23、46页。

参考文献

一　史料

《旧唐书》，中华书局，1975。

《新唐书》，中华书局，1975。

《旧五代史》，中华书局，1976。

《宋史》，中华书局，1985。

董诰等编《全唐文》，中华书局，1983。

曾枣庄、刘琳主编《全宋文》，上海辞书出版社、安徽教育出版社，2006。

徐松辑《宋会要辑稿》，刘琳等校点，上海古籍出版社，2014。

北京图书馆金石组编《北京图书馆藏中国历代石刻拓本汇编》，中州古籍出版社，1989。

国家图书馆善本金石组编《宋代石刻文献全编》，北京图书馆出版社，2003。

上海市文物管理委员会、上海博物馆编《宋人佚简》，上海古籍出版社，1990。

天一阁博物馆、中国社会科学院历史研究所天圣令整理课题组校证《天一阁藏明钞本〈天圣令〉校证（附〈唐令复原研究〉）》，中华书局，2006。

包拯撰，张田编《包拯集》，中华书局，1963。

包伟民、郑嘉励编《武义南宋徐谓礼文书》，中华书局，2012。

蔡絛:《铁围山丛谈》，冯惠民、沈锡麟点校，中华书局，1983。

陈均:《皇朝编年纲目备要》，许沛藻、金圆、顾吉辰、孙菊园点校，中华书局，2006。

陈骙、佚名:《南宋馆阁录·续录》，中华书局，1998。

陈师道:《后山谈丛》，李伟国点校，中华书局，2007。

程大昌撰，许逸民校证《演繁露校证》，中华书局，2018。

程大昌:《考古编》，刘尚荣校证，中华书局，2008。

封演撰，赵贞信校注《封氏闻见记校注》，中华书局，2005。

葛洪:《涉史随笔》，张剑光整理，大象出版社，2013。

顾炎武著，黄汝成集释《日知录集释》，上海古籍出版社，1985。

洪迈:《容斋随笔》，孔凡礼点校，中华书局，2005。

洪咨夔:《洪咨夔集》，侯体健点校，浙江古籍出版社，2018。

黄庭坚撰，任渊、史容、史季温注《黄庭坚诗集注》，中华书局，2003。

黄淮、杨士奇编《历代名臣奏议》，上海古籍出版社，2012。

孔传:《东家杂记》，朱凯、姜汉椿整理，大象出版社，2003。

黎靖德编《朱子语类》，王星贤点校，中华书局，1986。

李纲:《李纲全集》，王瑞明点校，岳麓书社，2004。

李林甫等:《唐六典》，陈仲夫点校，中华书局，1992。

李焘：《续资治通鉴长编》，上海师范大学古籍整理所、华东师范大学古籍整理所点校，中华书局，2004。

李壐撰，燕永成校正《皇宋十朝纲要校正》，中华书局，2013。

李心传：《建炎以来系年要录》，中华书局，1988。

李心传：《建炎以来朝野杂记》，徐规点校，中华书局，2000。

李心传：《旧闻证误》，崔文印点校，中华书局，1997。

李心传：《道命录》，朱军点校，上海古籍出版社，2016。

李肇：《唐国史补》，上海古籍出版社，1983。

刘俊文：《唐律疏议笺解》，中华书局，1996。

刘克庄著，辛更儒笺校《刘克庄集笺校》，中华书局，2011。

陆游：《家世旧闻》，孔凡礼点校，中华书局，1993。

楼钥：《楼钥集》，顾大朋点校，浙江古籍出版社，2010。

吕祖谦：《吕祖谦全集》，浙江古籍出版社，2017。

吕祖谦编《宋文鉴》，齐治平点校，中华书局，1992。

马端临：《文献通考》，上海师范大学古籍研究所、华东师范大学古籍研究所点校，2011。

欧阳修：《太常因革礼》，广雅书局丛书本。

欧阳修：《欧阳修全集》，李逸安点校，中华书局，2001。

庞元英：《文昌杂录》，金圆整理，大象出版社，2006。

沈括撰，胡道静校注《新校正梦溪笔谈》，中华书局，1958。

司马光：《司马光集》，李文泽、霞绍晖点校，四川大学出版社，2010。

司马光：《资治通鉴》，中华书局，1956。

司马光：《涑水记闻》，邓广铭、张希清点校，中华书局，1989。

宋敏求：《春明退朝录》，诚刚点校，中华书局，1980。

苏轼：《苏轼文集》，孔凡礼点校，中华书局，1986。

苏颂：《苏魏公文集》，王同策等点校，中华书局，1988。

苏辙：《苏辙集》，陈宏天、高秀芳点校，中华书局，1990。

田汝成辑撰《西湖游览志余》，上海古籍出版社，1958。

田锡:《咸平集》,罗国威校点,巴蜀书社,2008。

王溥:《唐会要》,中华书局,1960。

王溥:《五代会要》,中华书局,1998。

王钦若等编纂《册府元龟》,周勋初等校订,凤凰出版社,2006。

王应麟:《玉海》,广陵书社,2003。

王曾:《王文正公笔录》,张其凡点校,中华书局,2017。

吴曾:《能改斋漫录》,刘宇整理,大象出版社,2012。

魏泰:《东轩笔录》,李裕民点校,中华书局,1983。

谢深甫:《庆元条法事类》,戴建国点校,黑龙江人民出版社,2002。

熊克:《中兴小纪》,顾吉辰、郭群一点校,福建人民出版社,1985。

徐度:《却扫编》,朱凯、姜汉椿整理,大象出版社,2008。

徐梦莘:《三朝北盟会编》,上海古籍出版社,1987。

徐自明撰,王瑞来校补《宋宰辅编年录校补》,中华书局,1986。

杨万里撰,辛更儒笺校《杨万里集笺校》,中华书局,2007。

杨亿:《武夷新集》,福建人民出版社,2007。

杨仲良:《皇宋通鉴长编纪事本末》,李之亮校点,黑龙江人民出版社,
    2006。

叶梦得:《石林燕语》,侯忠义点校,中华书局,1984。

叶绍翁:《四朝闻见录》,冯惠民、沈锡麟点校,中华书局,1989。

叶适:《叶适集》,刘公纯、王孝鱼、李哲夫点校,中华书局,2010。

佚名编《续编两朝纲目备要》,汝企和点校,中华书局,1995。

佚名撰,孔学辑校《皇宋中兴两朝圣政辑校》,中华书局,2019。

佚名:《吏部条法》,刘笃才、黄时鉴点校,黑龙江人民出版社,2002。

佚名:《宋大诏令集》,司义祖整理,中华书局,1962。

佚名:《宋史全文》,汪圣铎点校,中华书局,2016。

佚名撰,王瑞来笺证《宋季三朝政要笺证》,中华书局,2010。

岳珂撰,王曾瑜校注《鄂国金佗稡编续编校注》,中华书局,1989。

岳珂:《愧郯录》,朗润点校,中华书局,2016。

岳珂：《宝真斋法书赞》，《景印文渊阁四库全书》第 813 册，台北：台湾
　　商务印书馆，1986。

曾布：《曾公遗录》，顾宏义校点，中华书局，2016。

曾巩撰，王瑞来校证《隆平集校证》，中华书局，2012。

曾巩：《曾巩集》，陈杏珍、晁继周点校，中华书局，1984。

曾敏行：《独醒杂志》，朱杰人整理，大象出版社，2008。

张栻：《张栻集》，杨世文点校，中华书局，2015。

张咏：《张乖崖集》，中华书局，2000。

赵鼎：《辩诬笔录》，来可泓、刘强整理，大象出版社，2008。

赵汝愚编《宋朝诸臣奏议》，北京大学中国中古史研究中心校点整理，
　　上海古籍出版社，1999。

赵升：《朝野类要》，王瑞来点校，中华书局，2007。

周必大撰，王瑞来校证《周必大集校证》，上海古籍出版社，2020。

周敦颐：《周敦颐集》，梁绍辉等点校，岳麓书社，2007。

周密：《云烟过眼录》，邓子勉点校，中华书局，2018。

朱熹：《朱子全书》，朱杰人、严佐之、刘永翔主编，上海古籍出版社、
　　安徽教育出版社，2002。

朱翌：《猗觉寮杂记》，朱凯、姜汉椿整理，大象出版社，2008。

二　论著

包伟民主编《宋代制度史研究百年（1900~2000）》，商务印书馆，2004。

曹家齐、平田茂树、邓小南主编《过程·空间：宋代政治史再探研》，
　　北京大学出版社，2016。

曹家齐：《宋代交通管理制度研究》，河南大学出版社，2002。

曹家齐：《宋代的交通与政治》，中华书局，2017。

邓小南：《课绩·资格·考察——唐宋文官考核制度侧谈》，大象出版
　　社，1997。

邓小南主编《政绩考察与信息渠道——以宋代为重心》，北京大学出版社，2008。

邓小南、曹家齐、平田茂树主编《文书·政令·信息沟通：以唐宋时期为主》，北京大学出版社，2012。

方诚峰：《北宋晚期的政治体制与政治文化》，北京大学出版社，2015。

贾玉英：《宋代监察制度》，河南大学出版社，1996。

黄现璠：《宋代太学生救国运动》，吉林出版集团有限责任公司，2009。

刘后滨：《唐代中书门下体制研究》，齐鲁书社，2004。

平田茂树：《宋代政治结构研究》，上海古籍出版社，2010。

仁井田陞：《唐令拾遗》，栗劲等译，长春出版社，1989。

束景南：《朱熹年谱长编（增订版）》，华东师范大学出版社，2014。

宋靖：《唐宋中书舍人研究》，黑龙江大学出版社，2010。

孙继民：《俄藏黑水城所出〈宋西北边境军政文书〉整理与研究》，中华书局，2009。

孙继民、魏琳：《南宋舒州公牍佚简整理与研究》，上海古籍出版社，2011。

王化雨：《面圣——宋代奏对活动研究》，三联书店，2019。

王曾瑜：《岳飞和南宋前期政治与军事研究》，河南大学出版社，2005。

徐邦达：《古书画过眼要录》，湖南美术出版社，1987。

阎步克：《乐师与史官》，三联书店，2001。

杨果：《中国翰林制度研究》，武汉大学出版社，1996。

杨芹：《宋代制诰文书研究》，上海古籍出版社，2014。

余英时：《中国思想传统的现代诠释》，江苏人民出版社，1995。

虞云国：《宋代台谏制度研究》，上海社会科学院出版社，2001。

张国刚：《唐代藩镇研究（增订本）》，中国人民大学出版社，2010。

张国刚：《唐代官制》，三秦出版社，1987。

周佳：《北宋中央日常政务运行研究》，中华书局，2015。

朱传誉：《宋代新闻史》，台北：台湾商务印书馆，1967。

朱瑞熙：《中国政治制度通史·宋代卷》，人民出版社，1996。

祝总斌：《两汉魏晋南北朝宰相制度研究》，中国社会科学出版社，
　　1998。

三　论文

安洋：《宋代敕牒碑的整理与研究》，硕士学位论文，中国政法大学，
　　2006。

白钢：《二十世纪的中国政治制度史研究》，《历史研究》1996 年第 6 期。

曹家齐、金鑫：《〈参天台五台山记〉中的驿传与牒文》，《文献》2005 年
　　第 4 期。

曹家齐：《北宋熙宁间地方行政一撇——以杭、台二州对日僧成寻之接
　　待为中心的考察》，《江西社会科学》2010 年第 4 期。

曹家齐：《宋朝皇帝与朝臣的信息博弈——围绕入内内侍省与进奏院传
　　递诏奏之考察》，《历史研究》2017 年第 1 期。

曹家齐：《威权、速度与军政绩效——宋代金字牌递新探》，《汉学研究》
　　第 27 卷第 2 期，2009。

曹家齐：《南宋“三省合一”体制下尚书省“批状”之行用》，《学术研
　　究》2020 年第 11 期。

陈振：《政事堂制度辨证质疑》，《中国史研究》1985 年第 1 期。

陈振：《有关宋代抗金义军将领李宋臣的史料及其他》，《文物》1973 年
　　第 11 期。

程民生：《北宋探事机构——皇城司》，《河南大学学报》1984 年第 4 期。

程民生：《宋代的诣阙上诉》，《文史哲》2012 年第 2 期。

程民生：《宋代御药院探秘》，《文史哲》2014 年第 6 期。

邓小南：《南宋地方行政中的文书勾追——从“匣”谈起》，《张广达先
　　生八十华诞祝寿论文集》，台北：新文丰出版公司，2010；收入氏著
　　《宋代历史探求——邓小南自选集》，首都师范大学出版社，2015。

邓小南:《再谈宋代的印纸历子》,《国学研究》第 32 卷,北京大学出版社,2014。

邓小南:《信息渠道的通塞:从宋代"言路"看制度文化》,《中国社会科学》2019 年第 1 期。

邓小南:《掩映之间——宋代尚书内省管窥》,《汉学研究》第 27 卷第 2 期,2009。

邓小南:《司马光〈奏弹王安石表〉辨伪》,《北京大学学报》1980 年第 4 期。

丁义珏:《宋代御药院机构与职能考论》,《中华文史论丛》2018 年第 2 期。

丁义珏:《北宋覆奏制度述论》,《中华文史论丛》2013 年第 4 期。

丁义珏:《论北宋仁宗朝的"内降"——制度、政治与叙事》,《汉学研究》第 30 卷第 4 期,2012。

高柯立:《宋代粉壁考述——以官府诏令的传布为中心》,《文史》2004 年第 1 期。

高柯立:《宋代州县官府的榜谕》,《国学研究》第 17 卷,北京大学出版社,2006。

高柯立:《宋代地方官府胥吏再探——以官民沟通为中心》,《河北大学学报》2017 年第 3 期。

龚延明:《南宋文官徐谓礼仕履系年考释》,《中国史研究》2015 年第 1 期。

郭艳艳:《宋代赦书研究》,博士学位论文,河南大学,2011。

何忠礼:《介绍一件现存日本的宋代告身》,《绍兴师专学报》1988 年第 1 期。

侯明扬:《宋代社会的新闻控制》,硕士学位论文,内蒙古大学,2012。

胡明波:《中国古代官署平行公文文体研究》,硕士学位论文,南京师范大学,2005。

胡坤:《宋代基层文官的初仕履历——以〈武义南宋徐谓礼文书〉为中心》,《史学月刊》2014 年第 11 期。

黄纯艳:《宋代登闻鼓制度》,《中州学刊》2004 年第 6 期。

黄宽重：《晚宋军情搜集与传递——以〈可斋杂稿〉所见宋、蒙广西战役为例》，《汉学研究》第 27 卷第 2 期，2009。

黄毛：《宋代官告院及官告研究》，硕士学位论文，河南大学，2012。

黄正建：《关于"中国古文书学"的若干思考》，《中国古代史研究动态》2018 年第 2 期。

黄正建：《中国古文书学的历史与现状》，《史学理论研究》2015 年第 3 期。

金圆：《宋代封驳制度考》，《上海师范大学学报》1980 年第 1 期。

柯昌基：《宋代中枢的秘书制度》，《中国史研究》1986 年第 4 期。

李华瑞：《抄札救荒与宋代赈灾户口的调查统计》，《历史研究》2012 年第 6 期。

李锦绣：《唐"王言之制"初探》，《季羡林教授八十华诞纪念论文集》，江西人民出版社，1991。

李静、贾红棉：《宋朝的都进奏院和进奏院状》，《辽宁师范大学学报》2001 年第 1 期。

李如钧：《予夺在上——宋徽宗朝的违御笔责罚》，《台大历史学报》第 60 期，2017。

李亚菲：《宋代邸报研究》，硕士学位论文，安徽大学，2013。

刘丹：《宋代登闻鼓制度研究》，硕士学位论文，河南大学，2018。

刘后滨：《唐代中书门下体制下的三省机构与职权——兼论中古国家权力运作方式的转变》，《历史研究》2001 年第 2 期。

刘后滨：《古文书学与唐宋政治史研究》，《历史研究》2014 年第 6 期。

刘江：《北宋公文形态考述——以地方公文及其运作为中心》，博士学位论文，北京大学，2012。

刘江：《帖与宋代地方政务运作》，《文史》2019 年第 2 期。

毛汉光：《论唐代之封驳》，《中正大学学报》第 3 卷第 1 期，1992。

毛汉光：《论唐代制书程式上的官职》，《第二届国际华学研究会议论文集》，台北："中国文化大学"，1991。

毛汉光：《唐代给事中之分析》，《第二届国际唐代学术会议论文集》，台北：文津出版社，1993。

苗书梅：《朝见与朝辞——宋朝知州与皇帝直接交流的方式初探》,《首都师范大学学报》2007 年第 5 期。

内藤乾吉：《唐代的三省》,《日本学者研究中国史论著选译》第 8 卷《法律制度》，中华书局，1992。

平田茂树：《宋代的政治空间：皇帝与臣僚交流方式的变化》,《历史研究》2008 年第 3 期。

平田茂树：《宋代文书制度研究的一个尝试——以"牒"、"关"、"谘报"为线索》,《汉学研究》第 27 卷第 2 期，2009。

祁德贵：《论唐代给事中的主要职掌》,《中国史研究》1995 年第 1 期。

秦克宏：《宋代走马承受公事》，博士学位论文，北京大学，2012。

任石：《北宋时期转对制度补考》,《史学集刊》2016 年第 5 期。

任石：《北宋元丰后的内廷朝参制度》,《史学月刊》2017 年第 9 期。

申忠玲：《宋代的走马承受公事探究》,《青海社会科学》2011 年第 5 期。

申忠玲：《唐宋进奏院之比较研究》,《青海师范大学学报》2012 年第 1 期。

沈琛铮：《北宋神宗朝对西北的经略——以战略决策与信息传递为中心》，硕士学位论文，西北大学，2010。

沈小仙、龚延明：《唐宋白麻规制及相关术语考述》,《历史研究》2007 年第 6 期。

孙继民：《近代以来宋代新材料发现述议——以纸质文献为中心》,《中华历史与传统文化论丛》第 1 辑，中国社会科学出版社，2015。

孙继民：《黑水城所出宋赵德诚家状试释》,《敦煌学辑刊》2002 年第 2 期。

孙继民：《黑水城宋代文书所见荫补拟官程序》,《历史研究》2004 年第 2 期。

台静农：《南宋的小报》,《台静农论文集》，安徽教育出版社，2002。

唐春生：《宋代翰林学士的宿直制度》,《重庆师范大学学报》2006 年第 2 期。

唐长孺：《唐代的内诸司使及其演变》，《山居存稿》，中华书局，2011。

田海宾：《宋代进奏院研究》，硕士学位论文，河北大学，2014。

田建平：《〈邸报〉内容与宋代国政——哲宗时期李焘笔下的〈邸报〉记事》，《河北大学学报》2015 年第 6 期。

王刚：《宋代印纸的概念和流转程序——兼及印纸作为仕宦象征的意义》，《兰州学刊》2013 年第 7 期。

王化雨：《申状与宋代中枢政务运行》，《"宋代政治史研究的新视野"国际学术研讨会论文集》，北京大学，2013。

王化雨：《宋朝君主的信息渠道研究》，博士学位论文，北京大学，2008。

王化雨：《北宋宫廷的建筑布局与君臣沟通渠道：以内东门为中心》，《国学研究》第 21 卷，北京大学出版社，2008。

王化雨：《"进呈取旨"：从御前决策看宋代君主与宰辅的关系》，《四川师范大学学报》2012 年第 1 期。

王化雨：《宋朝的君臣夜对》，《四川大学学报》2010 年第 3 期。

王静：《唐大明宫内侍省及内侍诸司的位置与宦官专权》，《燕京学报》新 16 期，北京大学出版社，2000。

王静：《唐大明宫的构造形式与中央决策部门职能的变迁》，《文史》2002 年第 4 辑。

王静：《朝廷和方镇的联络枢纽：试谈中晚唐的进奏院》，邓小南主编《政绩考察与信息渠道——以宋代为重心》，北京大学出版社，2008。

王竟雄《〈司马光拜左仆射告身〉书法述介》，《故宫文物月刊》第 284 期，2006。

王雪玲：《论唐代的封驳制度》，《史学月刊》2005 年第 9 期。

王杨梅：《徐谓礼告身的类型与文书形式——浙江武义新出土南宋文书研究》，《浙江社会科学》2013 年第 11 期。

王杨梅：《南宋中后期告身文书形式再析》，《唐宋历史评论》第二辑，社会科学文献出版社，2016。

王宇:《〈武义南宋徐谓礼文书〉与南宋地方官员管理制度的再认识——以知州的荐举和考课为例》,《文史》2013 年第 4 期。

王育济:《论北宋末年的御笔行事》,《山东大学学报》1987 年第 1 期。

王曾瑜:《宋帝御集和御笔述论》,《兰州学刊》2015 年第 3 期。

王曾瑜:《宋史研究的回顾与展望》,《历史研究》1997 年第 4 期。

王智勇:《宋徽宗朝"御笔"与北宋后期政治》,《宋代文化研究》第 17 辑,四川大学出版社,2009。

魏峰:《宋代印纸批书试论——以新发现"徐谓礼文书"为例》,《文史》2013 年第 4 辑。

魏希德:《美国宋史研究的新趋向:地方宗教与政治文化》,《中国史研究动态》2011 年第 3 期。

魏莹莹:《宋代进奏院官吏研究》,硕士学位论文,河南大学,2017。

吴枫、关大虹:《封驳制度与唐初政治》,《历史教学》1982 年第 11 期;收入《吴枫学术文存》,中华书局,2002。

吴丽娱:《试论"状"在唐朝中央行政体系中的应用与传递》,《文史》2008 年第 1 辑。

吴丽娱:《下情上达:两种"状"的应用与唐朝的信息传递》,《唐史论丛》第 11 辑,三秦出版社,2009。

吴晓志:《登闻鼓制度研究》,硕士学位论文,西南政法大学,2010。

徐东升:《从转对、次对到轮对——宋代官员轮流奏对制度析论》,《厦门大学学报》2009 年第 5 期。

杨建宏:《略论宋代"内降"与国家权力的运行》,《求索》2004 年第 11 期。

杨倩描:《黑水城宋代军政文书与宋史研究:以鄜延路为中心》,《河北学刊》2007 年第 4 期。

杨世利:《论北宋诏令中的内降、手诏、御笔手诏》,《中州学刊》2007 年第 6 期。

杨一凡、刘笃才《中国古代瓯函制度考略》,《法学研究》1998 年第 1 期。

叶炜：《唐代"批答"述论——以地方官所获"批答"为中心》，《北京大学学报》2010 年第 2 期。

叶炜：《释唐后期上行公文中的兼申现象》，《史学月刊》2020 年第 5 期。

游彪：《宋代邮政管理体制的一个侧面——以进奏院的职能和官方文书的分类为中心》，《云南社会科学》2003 年第 3 期。

游彪：《宋代朝廷与地方之间的"文字"传递——围绕邸报及其相关问题而展开》，《河北大学学报》2003 年第 3 期。

游彪：《宋代的邸报与时政》，《中州学刊》2004 年第 6 期。

余春燕：《宋代内降研究》，硕士学位论文，河北大学，2008。

虞云国：《制度与具文之间：宋代台谏考察地方的信息渠道》，邓小南主编《政绩考察与信息渠道——以宋代为重心》，第 83~101 页。

远藤隆俊：《宋代的外国使节与文书传递：以成寻〈参天台五台山记〉为线索》，《历史研究》2008 年第 3 期。

张复华：《南宋给事中的封驳权》，《社会科学论丛》第 3 卷第 2 期，2010。

张国刚：《两份敦煌"进奏院状"文书的研究——论邸报非古代报纸》，《学术月刊》1986 年第 6 期。

张薇：《六科给事中制及对明代政治体制的监控和调节》，《武汉大学学报》1989 年第 4 期。

张祎：《制诏敕札与北宋的政令颁行》，博士学位论文，北京大学，2009。

张祎：《麻制草拟与宋代宰相任免——重在文书运行环节的探讨》，《汉学研究》第 27 卷第 2 期，2009。

张祎：《从"专行诰词"到"分押制敕"——北宋外制官在诏令颁行程序中的职事变化》，《北京大学学报》2009 年第 2 期。

张祎：《中书、尚书省札子与宋代皇权运作》，《历史研究》2013 年第 5 期。

张祎：《〈徐谓礼淳祐七年十月四日转朝请郎告〉考释》，《中国史研究》

2015 年第 1 期。

赵冬梅:《试论宋代的阁门官员》,《中国史研究》2004 年第 4 期。

赵冬梅:《试论通进视角中的唐宋阁门司》,《历史研究》2008 年第 3 期。

赵毅:《明代六科论略》,《社会科学辑刊》1988 年第 6 期。

赵轶峰:《明清庙堂政治的差异》,《安徽史学》2013 年第 5 期。

周佳:《北宋上殿札子探研》,《史学月刊》2012 年第 4 期。

周佳:《北宋仁宗朝的文书行政——以内降为中心》,《北大史学》第 16 辑,北京大学出版社,2012。

周佳:《南宋基层文官履历文书考释——以浙江武义县南宋徐谓礼墓出土文书为例》,《文史》2013 年第 4 期。

朱家溍:《宋高宗付岳飞敕书和批答》,《文物》1997 年第 2 期;收入氏著《故宫退食录》,紫禁城出版社,2009。

朱瑞熙:《宋朝"敕命"的书行与书读》,《中华文史论丛》2008 年第 1 辑。

朱瑞熙:《再谈宋墓出土的太学生牒》,《考古》1979 年第 3 期;收入氏著《嫪城集》,华东师范大学出版社,2011。

祝总斌:《试论我国封建君主专制权力发展的总趋势——附论古代的人治与法治》,《北京大学学报》1988 年第 2 期;收入氏著《材不材斋文集》(下),三秦出版社,2006。

佐伯富:《论宋代的皇城司》,《东方学报》第 9 册,1938;收入刘俊文主编《日本学者研究中国史论著选译》第 5 卷,中华书局,1993。

佐伯富:《宋代走马承受之研究——君主独裁权研究之二》,魏美月译,《东方杂志》第 13 卷第 8、9、10 期,(香港)商务印书馆,1980;原载《东方学报》,1944 年 2 月、10 月。

佐竹靖彦:《〈作邑自箴〉研究:对该书基础结构的再思考》,《人文学报》第 238 号,东京都立大学人文学部,1993;收入《佐竹靖彦史学论集》,中华书局,2006。

大庭脩「唐告身の古文書学的研究」『西域文化研究』3『敦煌吐鲁番社会经济资料』(下)、法藏馆、1960。

徳永洋介「宋代の御筆手詔」『東洋史研究』第 57 号第 3 期、1998。

梅原郁「進奏院をめぐって――宋代の文書伝達制度」『就実女子大学史学論集』第 15 号、2000。

清水浩一郎「南宋告身の文書形式について」『暦史』第 109 輯、2007。

小林隆道「宋代『文書』の様式と機能――蘇州玄妙観『天慶観尚書省箚并部符使帖』を事例に」『史滴』第 31 号、2009。

小林隆道「蘇州玄妙観元碑『天慶觀甲乙部符公據』考――宋元交替期の宋代『文書』」『東洋学報』第 92 巻第 1 号、2010。

友永植「御薬院考」『別府大学短期大学部紀要』第 6 号、1987。

友永植「内東門司考」『別府大学史学論叢』第 21 輯、1990。

后 记

本书关于宋代文书行政的研究，半为已刊文字，而其研究可追溯至在北大读博的时候。读博期间，适逢邓小南老师推动从文书与信息角度探讨唐宋政务运作机制研究，遂得预其流，至今已逾20年。

博士二年级时，确立了晚唐至北宋前期的中枢体制的题目。对于该课题的熟悉程度，邓老师在2001年10月初的评价是"相当陌生"。2002年1月提交题为《从堂帖到省札》的读书报告，邓师给了一个"不容易"的评价，并批示"文章可以说已经初具规模，但遗留的问题还很多，例证也尚嫌单薄。我的感觉是，运行中的堂帖—中书札子—省札可能还要复杂得多。规定中的文书性质、适用范围、运转模式及程序等，与现实中的往往不同，现实中所见违规者未必是'伪'，而且可能是大量而发生实际作用的"，又云

"要继续做。目前先'冷处理'一下为好"。一冷十年，该文 2012 年刊于《北京大学学报》第 2 期。2003 年入职人大后开始自通进银台司入手作沟通渠道的研究，邓师批示云："要审慎考虑通进银台司沿革的阶段性问题（制度史关心的，实际上就是这类问题）。北宋（元丰改制前、后亦有不同）、南宋应当贯通下来，但目前似乎太'时空交错'。"又鼓励云文章"比我以前设想的要深入得多，涉及面也更广"，建议拆分发表。通进银台司与文书运行的研究 2008 年刊于《中国史研究》第 2 期，基于通进银台司封驳职能的研究 2014 年刊于《唐宋历史评论》第一辑。以上三篇文章的主题可以说奠定了本书关于宋代文书行政研究的基本框架。

2007 年起在刘后滨、孟宪实两位教授的推动下，参与《天圣令》的研究，关于唐代过所的研究在 2008 年、2012 年分别刊于《唐研究》第 14 卷和《西域研究》第 3 期。因为唐代过所研究而第一次接触了宋代史料中"录白"的问题，2012 年经包伟民老师得见《徐谓礼文书》，首先映入眼帘的便是"录白"二字，倍感亲切。徐谓礼文书深化了自己关于省札、给舍封驳和申状的认识，其中后两者分别刊于《中国史研究》（2015 年第 3 期）、《唐宋历史评论》（第七辑，2020 年）。本书原拟有词臣与王言写作的一章，因篇幅较大且相对独立便未能收入，其中有关苏轼制敕写作的两篇文章分别刊于《美术研究》（2021 年第 3 期）和《北京大学学报》（2021 年第 5 期）。

感谢包伟民老师和刘后滨、孟宪实两位师兄，没有他们的推动，我对于唐宋文书的研究可能早早就结束了。

感谢荣新江老师、张彤老师、曲鸣丽老师、管琴老师、张鹏老师、常伯工老师以及匿名评审的各位专家。

感谢《唐宋历史评论》编辑部和历史学院诸位同人的包容与帮助。

感谢易素梅、许曼、高柯立等同门自 2000 年以来长期的相互支持与鼓励。本书的出版，尤其要感谢郑庆寰兄的鼎力相助和编辑赵晨、郑彦宁的细心编校。

　　此外提供过各种助益的朋友与同学尚多，未能一一，铭感在心。

　　本书相关文字从初稿到刊出，动辄数年；关于文书行政考虑已久，却仍然思之未熟。从体例、内容到对学界同行研究的把握上，均有不足，有待提高、完善处尚多，然文稿稽滞已久，未有竟时，不如且已，以取正于读者。

　　若没有邓师当初的接纳和不厌其烦的耳提面命，我不会以学术为业，更不会有本书的写作。这本书献给邓小南老师。

李全德

2022 年 5 月于海淀时雨园

图书在版编目（CIP）数据

信息与权力：宋代的文书行政 / 李全德著. -- 北
京：社会科学文献出版社，2022.5（2023.3重印）
（九色鹿. 唐宋）
ISBN 978-7-5228-0079-0

Ⅰ. ①信⋯　Ⅱ. ①李⋯　Ⅲ. ①行政－文书－研究－中
国－宋代　Ⅳ. ①K244.063

中国版本图书馆CIP数据核字（2022）第072468号

· 九色鹿 · 唐宋 ·

信息与权力：宋代的文书行政

著　　者 / 李全德

出 版 人 / 王利民
组稿编辑 / 郑庆寰
责任编辑 / 赵　晨
文稿编辑 / 郑彦宁
责任印制 / 王京美

出　　版 / 社会科学文献出版社·历史学分社（010）59367256
　　　　　 地址：北京市北三环中路甲29号院华龙大厦　邮编：100029
　　　　　 网址：www.ssap.com.cn
发　　行 / 社会科学文献出版社（010）59367028
印　　装 / 三河市东方印刷有限公司

规　　格 / 开　本：787mm×1092mm　1/16
　　　　　 印　张：25.5　字　数：366千字
版　　次 / 2022年5月第1版　2023年3月第2次印刷
书　　号 / ISBN 978-7-5228-0079-0
定　　价 / 78.80元

读者服务电话：4008918866